U0120061

福德資糧則人天俱攝　智慧資糧則聲緣相協

菩提道次第廣論

總攝佛經三藏十二部要義

宗喀巴大師◎著
法尊法師◎漢譯

釋迦文佛偈讚

天上天下無如佛
十方世界亦無比
世間所有我盡見
一切無有如佛者

佛本行集經

宗喀巴大師偈讚

釋尊大法，策源月邦，派分三幹，化各一方，
錫蘭支那，爰及西藏。蓮華生後，密咒當陽，
律像經教，若存若亡，末流猥雜，染風孔張。
大師崛起，獨激清揚，菩提之道，次第宣暢，
下中上士，胥歸金剛，根深枝茂，德隆譽芳。
此土禪淨，今亦淪荒，扶戒研理，救之不遑。
唯師與我，志趣相當，千年萬里，不隔毫芒。
我行未逮，我心正長，瓣香先覺，景仰無量。

支那釋子太虛敬禮

菩提道次第廣論目錄(兼科判表)

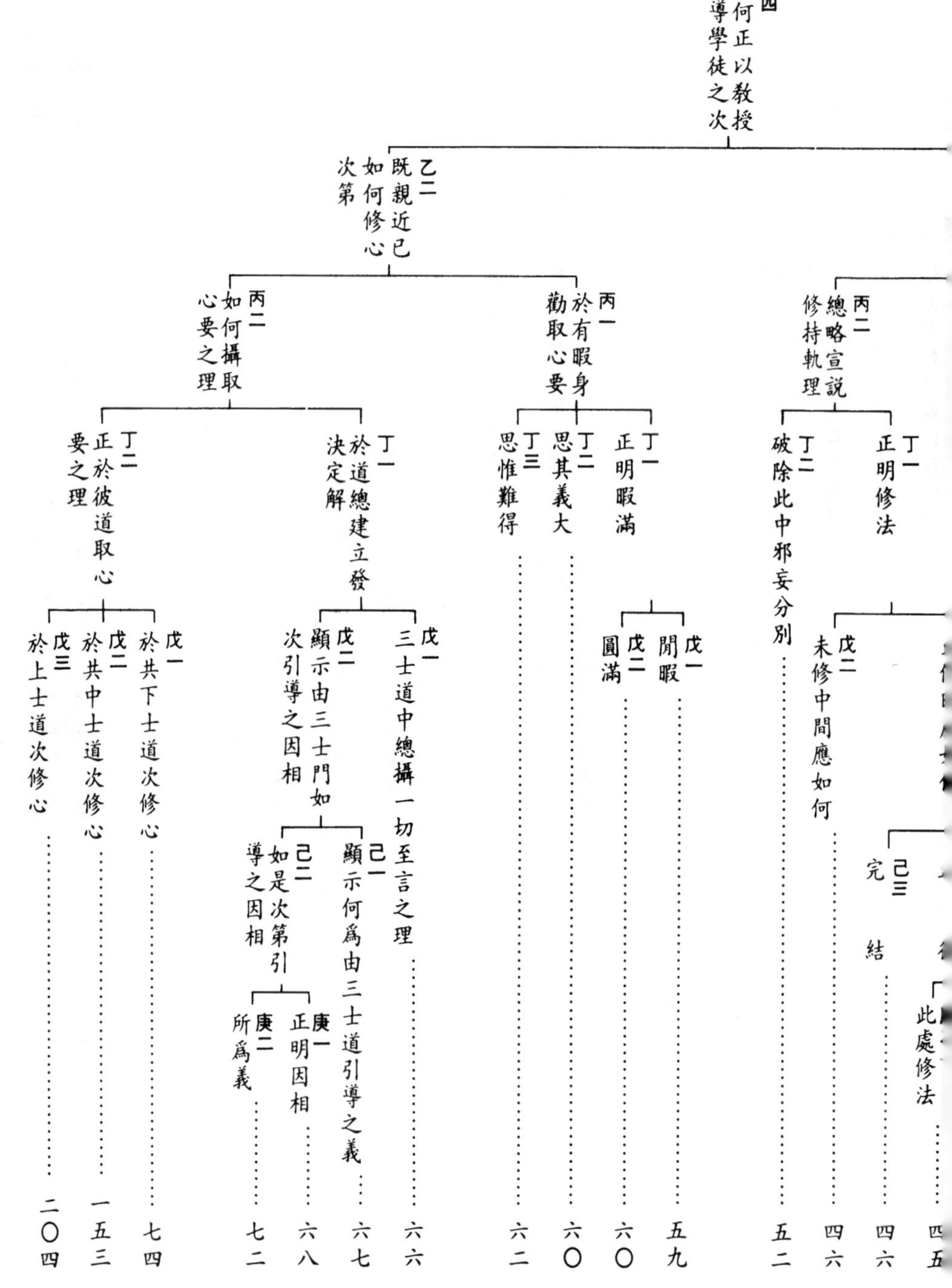

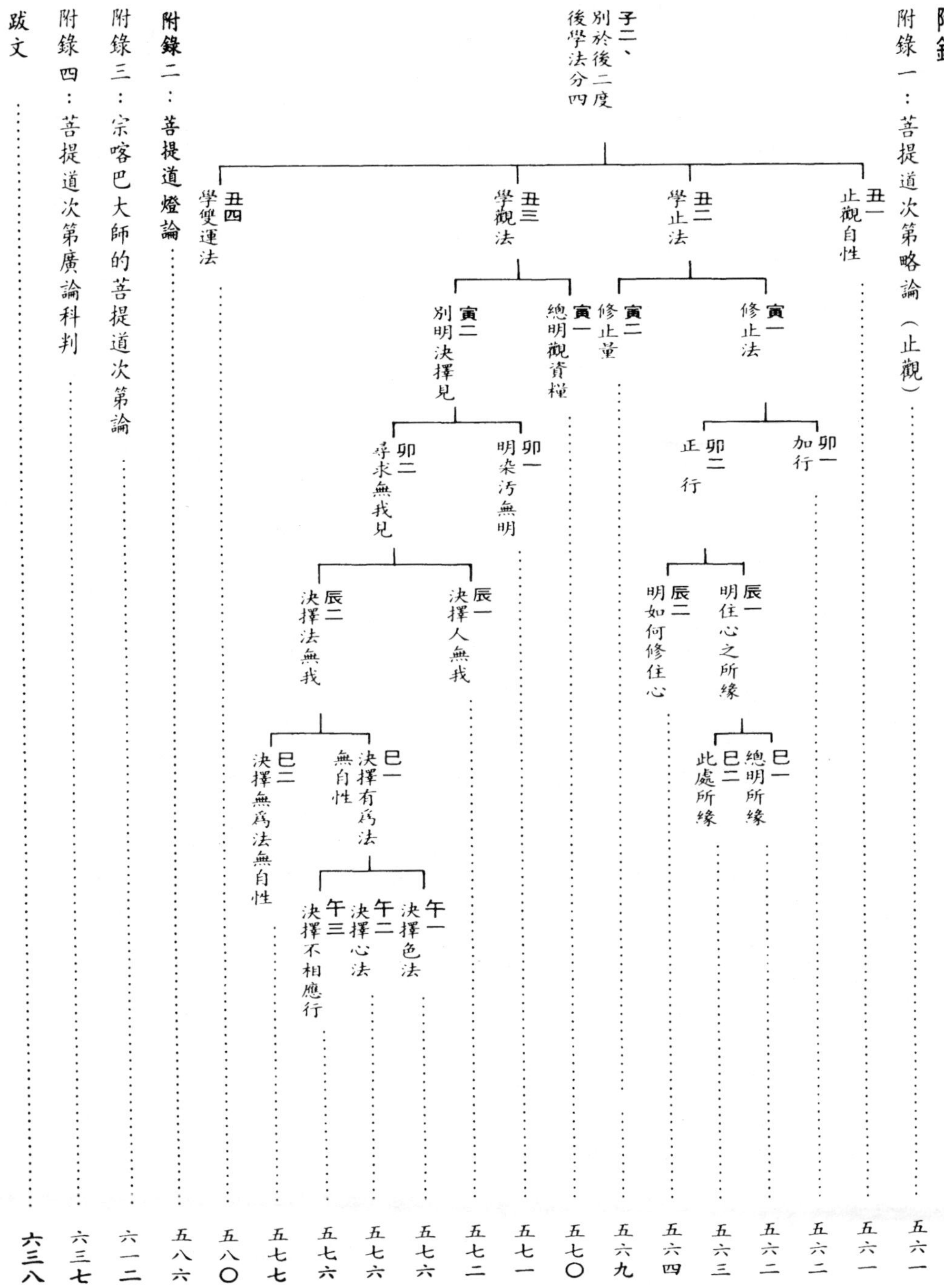

附錄：

本書譯例

一、本論原本．依拉薩新舊兩版菩提道次第廣論．及廣論四家注。

二、本論所譯法數名詞．多依奘師所譯。

三、本論之名詞．凡漢文經律論中所無者．俱依藏文原義及師口授譯之。

四、本論人名地名物名內地所無者．悉皆譯音．所引經論與舊譯漢文間有不合者．係依藏文譯成。

五、本論科目．多依藏文原式。

六、本論卷帙浩繁．翻譯時間短促．兼之强半係由藏來川之行程中倉卒所譯．失當之處．勢所難免．希讀者諒而教之。

七、本論曾請太虛大師參訂譯文．並於科目上加甲乙等字．因時間倉卒僅完四卷。茲因各方要求付印．故仍照原譯印出。

序

太虛

比因西藏學者法尊譯出黃衣士宗喀巴祖師所造菩提道次第廣論．教授世苑漢藏院學僧．將梓行而問世．余為參訂其譯文．閱至「如是以諸共道淨相續已．決定應須趣入密咒．以能速滿二資糧故。設踰共道非所堪能．或由種性功能虛劣不樂趣密咒者．則唯應將此之次第加以推廣。」其為特尚密宗之理論．甚為顯然。例之賢首以別教一乘特尚華嚴．天台以純圓獨妙特尚法華．固將無別。然中國尚禪宗者．斥除一切經律論義．雖若宗鏡錄遍錄經論．亦但揚厥宗．鄙餘法為中下。尚淨土者．亦勸人不參禪學教．專守一句彌陀。賢台雖可以小始終頓藏通別圓位攝所餘佛言．然既為劣機而設．非勝根所必須．縱曰圓人無不可用為圓法．亦唯俟不獲已時始一援之．而學者又誰肯劣根自居．於是亦皆被棄。此風至日本而加厲．橫判顯密教．竪判十住心之東密．則除秘密盡排為淺顯．高唱經題之日蓮．則於法華亦捨迹門而僅崇本門。今日本雖經明治維新復興．然亦祇有各宗而無整全之佛教。中國至清季除參話頭念彌陀外．時一講習者．亦禪之楞嚴淨之彌陀疏鈔及天台法華與四教儀或賢首五教儀附相宗八要而已。經律論古疏早多散失，保之大藏者亦徒資供奉或翻閱以種善根耳。空疏媕陋之既極，唯仗沿習風俗以支持。學校興而一呼迷信，幾潰頹無以復存，迄今欲扶掖以經論律儀，亦尚無以樹立其基礎。而借觀西藏四五百年來之黃衣士風教，獨能卓然安住，內充外弘，遐被康青蒙滿而不匱，爲之勝緣者雖非一，而此論力闡上士道必經中下士道，俾趣密之士亦須取一切經律論所詮戒定慧遍爲教授，實爲最主要原因。論云：『如道炬釋，「未修止觀學習律儀學處以前，是爲戒學。奢摩他者，是爲定學；毗鉢舍那，是爲慧學。復次奢摩他前，是方便分福德資糧，依世俗諦廣大道次。發起三種殊勝慧者，是般若分智慧資糧，依勝義諦甚深道次。」若於此次第決定數量決定之智慧方便中僅取一分者，當決定知不成菩提。』

福德資糧則人天俱攝，智慧資糧則聲緣相協，律及經論皆所依止，僅取一分不成菩提。雖未嘗不別有最勝之歸趣，而確定皆攝入次第之過程。於是不沒自宗，不離餘法，而巧能安立一切言教皆趣修證。故從天竺相性各判三時，以致華日諸宗之判攝時教，皆遜此論獨具之優點。余昔於佛學概論，明因緣所生法爲五乘共法，三法印爲三乘共法，一切法實相至無障礙法界爲大乘不共法。後於大乘本生心地觀經．又增說共不共通法爲總要．粗引端緒．語焉不彰。今雖未能獨崇密宗．欣覩三士道總建立之典要．乃特提出以申論之。

民國二十四年一月三十日於世苑圖書館

菩提道次第廣論卷一

宗喀巴大師造
法尊法師譯

校正版

南無姑如曼殊廓喀耶（藏語）

敬禮尊重妙音（漢譯）

俱胝圓滿妙善所生身　成滿無邊衆生希願語
如實觀見無餘所知意　於是釋迦尊主稽首禮

是無等師最勝子　荷佛一切事業擔　現化遊戲無量土　禮阿逸多及妙音
如極難量勝者教　造釋密意贍部嚴　名稱徧揚於三地　我禮龍猛無著足
攝二大車善傳流　深見廣行無錯謬　圓滿道心教授藏　敬禮持彼然燈智
徧視無央佛語目　賢種趣脫最勝階　悲動方便善開顯　敬禮此諸善知識
今勤瑜伽多寡聞　廣聞不善於修要　觀視佛語多片眼　復乏理辯教義力

故離智者歡喜道　圓滿教要勝教授　見已釋此大車道　故我心意徧勇喜
諸有偏執暗未覆　具辨善惡妙慧力　欲令暇身不唐捐　諸具善者專勵聽

此中總攝一切佛語扼要徧攝龍猛無著二大車之道軌。往趣一切種智地位勝士法範、三種士夫一切行持所有次第無所缺少。依菩提道次第門中導具善者趣佛地理、是謂此中所詮諸法。

此中傳有二派釋儀、勝那蘭陀諸智論師、許由三種清淨門中、詮釋正法。謂軌範語淨、學者相續淨、所說法清淨。後時止迦摩囉室囉聖教盛行、彼諸智者、則許三種而爲初要。謂正法造者殊勝、正法殊勝、如何講聞彼法規理。今於此中、應如後釋。

由是菩提道次引導分四、一爲顯其法根源淨故開示造者殊勝、二今於教授起敬重故開示其法殊勝、三如何講聞二種殊勝相應正法、四如何正以教授引導學徒之次第。　今初

總此教授、即是至尊慈氏所造現觀莊嚴所有教授、別則此之教典、即是菩提道炬。故彼造者、亦即此之造者。彼復即是大阿闍黎勝然燈智、別諱共稱勝阿底峽。

其殊勝分三、一圓滿種中受生事理、二其身獲得功德事理、三得已於教所作事業。　今初

如拏錯大譯師所造八十讚云「東薩賀勝境．其間有大城．謂次第聚落。其中有王都．名爲有金幢。其宮極廣博受用位饒盛．等支那國王。其國王善勝．妃名吉祥光。父母有三子．名蓮藏月藏．並其吉祥藏．太子蓮華藏有五妃九子。長子福吉祥．現時大善巧稱爲陀那喜。幼子吉祥藏苾芻精進月。次子月藏者即現至尊師。」

獲得功德事理分二：一 知見廣博獲教功德事理．二 如理修行獲證功德事理。 今初

如讚云「二十一歲中．善巧六十四．技術及一切工處善構言及一切諸量。」謂於二十一歲以內學習內外四共明處。聲明．因明．工巧業明．及醫方明．善巧究竟。特如大卓龍巴云十五歲時僅聞一次正理滴論．與一點慧戲論外道興辯．令彼墮伏．美譽偏揚。

於其黑山道場．瑜伽自在．親見歡喜金剛尊身．獲得金剛空行佛母授記之尊重。羅睺羅毱多前．具足請受一切灌頂．立密諱爲智密金剛。二十九歲以內．於多獲得成就師前．習金剛乘教典．教授善巧無餘。於諸密咒唯我善巧．作是念已．諸空行母於其夢中．陳示衆多昔所未見密咒經函．摧其慢意。此後尊重及諸本尊．若寤若夢．隨其所應．勸云若出家者．則於聖教及諸衆生．起大饒益。依是勸已．如讚中云「共稱汝親教爲加行道者。」隨請大衆

部持律上座得加行道一分眞實三摩地者．厥號戒鎧爲親教師．而正出家．其諱又名．勝然燈智。此後乃至三十一歲．習學相乘內明．上下諸藏。特於能飛聚落法鎧師前．十二年中．聽受大毗婆沙．極善根本四部教典．雖諸異部作受食等．諸微細分．互捨取處．徧知無雜。

由是度越自他諸部宗海彼岸．故是無倒解了一切教正法中樞要處者。

獲得證德事理者。總佛一切教法聖教．三藏寶攝．故證聖教亦須攝入三學寶中。其中戒學．至言及釋數數讚爲定慧學等一切功德之所依處。故須先具戒學增上諸證功德。其中分三。

成就最勝別解脫律儀事理者。如讚中云．「尊入聲聞乘門已．護戒如犛牛愛尾．具妙梵行勝苾芻．持律上座我敬禮。」謂其正受圓滿苾芻諸律儀已．如愛尾牛．若尾一縷掛著於樹．雖見獵士將離其命．寧捨其命護尾不斷。如是雖於一輕學處．尚寧捨命防護不犯．況其所受重大學處．是故成大持律上座。

成就菩薩律儀者。如讚中云．「尊入度彼岸門已．增上意樂善清淨．覺心不捨諸衆生．具慧大悲我敬禮。」總具修習慈悲爲本菩提之心．衆多教授．特依金洲大師．多時修習．至尊慈氏及妙音尊．傳授無著及寂靜天．最勝教授。如讚中云．「能捨自利以利他．為勝是即我師尊。」謂心發起．愛他勝自菩提之心．以此願心所引行心．受學菩薩廣大妙行．學受隨行所有學處．行賢妙故．能不違越諸勝者子所有制限。

成就金剛乘律儀者。如讚中云．「尊入金剛乘門已．自見天具金剛心．瑜伽自在獲中者．修密護禁我敬禮。」成就觀見自身即天生起次第．及金剛心圓滿次第三摩地故。總讚為其瑜伽中尊特讚如理獲三昧耶．不越制限。亦如讚云．「由具念正知．不作意非戒．慎念無諂誑．犯罪不染尊。」如是於諸三種律儀淨戒學處．非僅勇受．如其所受隨行防護．不越制限．設少違犯．亦以各各還出儀軌．疾疾令淨。如是淨傳應知是諸通達聖語扼要智者．所喜愛傳．隨諸正士應當修學。

成就定學分二。共者謂由奢摩他門．得堪能心。不共定學者．謂具極穩生起次第。此復三年或六年中．修明禁行。爾時遙聞飛行國中諸空行母謳歌之聲．心中亦有所憶持者。

成就慧學中共者．謂得止觀雙運毗缽舍那三摩地。不共者謂得圓滿次第殊勝三摩地。如讚中云．「如密咒乘教．顯是加行道。」

於聖教所作事中分二　一於印度所作事理.二藏中所作事理。　今初

於勝金剛座大菩提寺.曾經三次以法戰敗外道惡論住持佛教。即於自部上下聖教.所有未達邪解疑惑諸惡垢穢.亦善除遣而弘聖教。故一切部.不分黨類奉爲頂嚴。如讚中云.「於大菩提寺.一切集會中.自部及他部.諸惡宗敵者.以獅吼聲語.一切腦漿崩。」又云.「能飛聚落中.出家二百半.能映覆戒中.出家不滿百。四本部全住.尊部無慠舉.摩羯陀境內.一切寺無餘.成大師四衆.一切頂上珠.尊居十八部.一切頂中時.一切皆受教。」

藏中所作事理者。天尊師長叔姪.如其次第起大殷勤.數數遣使洛撈嚩賈精進獅子.及拏錯戒勝.往印迎請。菩提光時.請至哦日鐸.啓請治理佛陀聖教。依是因緣總集一切經咒要義.束爲修行次第.遂造菩提炬論等.而興教法。此復住於哦日三載.聶塘九歲.衞藏餘處五年之中.爲諸善士.開示經咒教典教授.罄盡無餘。聖教規模.諸已沒者.從新建樹。諸略存軌.倍令增廣.諸被邪解垢穢染者.皆善治除.令聖教寶悉離垢染。總之雪山聚中前弘聖教.謂聖靜命及蓮華生建聖教軌。然由支那和尚堪布.解了空性未達扼要。以是因緣.謗方便分.遮止一切作意思惟.損減教法.爲蓮華戒大阿闍黎善破滅已.決擇勝者所有密意.爲

恩極重。於後宏聖教．則有一類妄自矜爲善巧智者及瑜伽師．由其倒執相續部義．於教根本清淨梵行作大損害．爲此善士善爲破除。復能殄滅諸邪執著．弘盛增廣無倒聖教．故其深恩普徧雪山一切衆生。

如是造論．光顯能仁所有密意。復有三種圓滿勝因．謂善所知五種明處及具教授．謂從正徧知展轉傳來．於其中間善士未斷修持彼義扼要教授．並得謁見本尊天顏．獲言開許。此等隨一雖能造論．然三寶具極爲圓滿．此大阿闍黎三皆備具。

其爲本尊所攝受者。如讚云「勝歡喜金剛．立三昧耶王．雄猛世自在．主尊度母等．謁顏得許故．或夢或現前．常聞最甚深．及廣大正法。」師傳承中．有所共乘及其大乘二種傳承。後中分二．謂度彼岸及秘密咒。度彼岸中復有三種傳承．謂見傳承及行傳承。其行傳承復有從慈尊傳及妙音傳。於密咒中亦復具足傳承非一．謂五派傳承．復具宗派傳承．加持傳承．及其種種教授傳承等。親從聞學諸尊長者．如讚云「恆親近尊重．謂寂靜金洲．覺賢吉祥智。多得成就者．尊又特具足．從龍猛展轉．傳來最甚深．及廣大教授。」說有十二得成就師．然餘尚多善巧五種明處者．前已說訖。是故此阿闍黎能善決擇勝者密意。此阿闍黎於五印度．迦溼彌羅．鄔僅尼泊爾．藏中諸地．所有弟子不可思數。然主要者印度有四．謂與依怙智慧平等大善巧師．號毗柁跋．及法生慧．中獅．地藏．或復加入友密爲五。哦日則有寶賢譯師．犛錯譯師天尊重菩提光。後藏則有迦格瓦．及廓枯巴天生。羅札則有卡巴勝位．及善護。康地則有大瑜伽師。阿蘭若師．智慧金剛卡達敦巴。中藏則有枯嚨種三。是等之中．能廣師尊所有法業大持承者．厥爲度母親授記莂種敦巴勝生是也。造者殊勝略說如是．廣則應知出廣傳文。

顯示法殊勝中法者．此教授基論．謂菩提道炬。依怙所造．雖有多論．然如根本極圓滿者．厥爲道炬．具攝經咒所有樞要而開示故．所詮圓滿。調心次第爲最勝故．易於受持。又以善巧二大車軌．二師教授而莊嚴故．勝出餘軌。

此論教授殊勝分四．一通達一切聖教無違殊勝．二一切聖言現爲教授殊勝．三易於獲得勝者密意殊勝．四極大罪行自趣消滅殊勝。 今初

聖教者．如般若燈廣釋中云「言聖教者．謂無倒顯示諸欲證得甘露勝位．若人若天．所應徧知．所應斷除．所應現證．所應修行。」即薄伽梵所說至言．謂盡勝者所有善說。

達彼一切悉無違者．謂於此中解了是一補特伽羅成佛之道．此復隨其所應．有是道之正體．有是道之支分。此中諸菩薩所欲求事者．謂是成辦世間義利．亦須偏攝三種種性所化之機．故須學習彼等諸道。如釋菩提心論云「如自定欲令他發決定．故諸智者恆應．善趣無謬誤。」釋量亦云．「彼方便生因．不現彼難宣。」自若未能如實決定．不能宣說開示他故。

了知三乘道者．即是成辦菩薩求事所有方便。阿逸多云．「諸欲饒益衆生．由道種智成辦世間利。」勝者母中亦云．「以諸菩薩應當發起一切道．應當了知一切道．謂所有聲聞道所有獨覺道所有佛陀道。如是諸道亦應圓滿．亦應成辦諸道所作。」故有說云．是大乘人故不應學習劣乘法藏者．是相違因。

趣入大乘道者．有共不共二種道。共者即是劣乘藏中所說諸道．此等何因而成應捨．故除少分希求獨自寂靜樂等不共者外．所餘一切．雖大乘人亦應修持。故諸菩薩方廣藏中．廣說三乘．其因相者．亦即此也。

復次正偏覺者．非盡少過圓少分德．是偏斷盡一切種過．周偏圓滿一切種德．能成辦此所有大乘亦滅眾過備起眾德．故大乘道徧攝一切餘乘所有一切斷證德類。是故一切至言悉皆攝入成佛大乘道支分中．以能仁言無其弗能盡一過失．或令發生一功德故。又彼一切．大乘亦無不成辦故。

設作是云．若入波羅密多大乘．雖須劣乘法藏所說諸道。然於趣入金剛乘者度彼岸乘所有諸道．非為共同．道不順故。此極非理．以度彼岸道之體性．悉皆攝入。意樂．謂於菩提發心．行．謂修學六到彼岸。是則一切定應習近．如勝金剛頂云．「縱為活命故．不應捨覺心。」又云．「六度彼岸行．畢竟不應捨。」又餘咒教宣說．非一。

眾多趣入無上瑜伽曼陀羅時．亦多說須受共不共二種律儀。共者即是菩薩律儀．受律儀者．即是受學三聚戒等菩薩學處。除發心已如其誓受學所學處而修學外．雖於波羅密多乘中．亦無餘道故。又金剛空行及三補止．金剛頂中．受阿彌陀三昧耶時．悉作是云．「無餘受外密．三乘正妙法。」受咒律儀須誓受故．由見此等少有開遮不同之分．即執一切．猶如寒熱徧相違者．是顯自智極粗淺耳。

如是唯除少分別緣開遮之外．諸正至言．極隨順故。若趣上上三乘五道．必須完具下下乘道功德種類。波羅密多道者．如佛母中云「所有去來現在佛．共道是此度非餘。」是趣佛陀道之棟梁．故不應捨。金剛乘中亦多說此．故是經續二所共道。若於其上更加密咒諸不共道．灌頂三昧耶律儀二種次第及其眷屬．故能速疾趣至佛陀。若棄共道．是大錯謬。若未獲得如是知解．於一種法獲得一分相似決定．便謗諸餘．特於上乘若得發起一似勝解．如其次第遂謗棄捨下乘法藏諸度彼岸．即於咒中亦當謗捨下三部等．則當集成極相係屬．甚易生起尤重異熟毀謗正法深厚業障。其中根據至下當說。

是故應當依善依怙．於其一切正言．皆是一數取趣成佛支緣．所有道理．令起定解。諸現能修者即當修習．諸現未能實進止者．亦不應以自未能趣而爲因相．即便棄捨。應作是思．願於何時於如是等．由趣遮門現修學耶。遂於其因集積資糧．淨治罪障．廣發正願。以是不久漸漸增長智慧能力．於彼一切悉能修學。善知識敦巴仁波卿亦云「能知以四方道．攝持一切聖教者．謂我師長。」此語即是極大可觀察處。由是因緣．以此教授能攝經咒一切扼要．於一補特伽羅成佛道中而正引導。故此具足通達一切聖教無違殊勝。

一切聖言現爲教授者。總之能辦諸欲解脫現時久遠一切利樂之方便者．是即唯有勝者至言。以能開示一切取捨要義．盡離謬誤者．獨唯佛故。如是亦如相續本母云．「此世間中．更無善巧於勝者．偏智正知無餘勝性．定非餘．是故大仙自立契經．皆勿亂壞牟尼軌故．彼亦損於正法。」故諸契經及續部寶．勝者聖言．是勝教授。雖其如是．然因末代諸所化機．若不具足定量釋論及善教授．於佛至言自力趣者．密意莫獲。故諸大車造諸釋論．及諸教授。是故若是清淨教授．於諸廣大經論．須能授與決定信解。若於教授雖多練習．然於廣大佛語釋論所有義理．不能授與決定信解．或反顯示彼不順道．唯應棄捨。若起是解．諸大經論是講說法．其中無有可修要旨．別有開示修行心要正義教授．遂於正法執有別別講修二法．應知是於無垢經續無垢釋論．起大敬重而作障礙。說彼等中．不顯內義．唯是開闢廣大外解．執爲可應輕毀之處．是集誹謗正法業障。是故應須作如是思而尋教授．諸大經論．對於諸欲求解脫者．實是無欺最勝教授．然由自慧微劣等因．唯依是諸教典．不能定知是勝教授．故應依止善士教授．於是等中尋求定解。莫作是念起如是執．謂諸經論唯是開闢廣博外解．故無心要．諸教授者開示內義．故是第一。

大瑜伽師菩提寶云．「言悟入教授者．非說僅於量如掌許一小函卷而得定解．是說了解一切至言皆是教授。」又如大依怙之弟子修寶喇嘛云．「阿底峽之教授．於一座上．身語意三碎爲微塵。今乃了解．一切經論皆是教授。」須如是知。如敦巴仁波卿云．「若曾學得衆多法已．更須別求修法軌者．是爲錯謬。」雖經長時學衆多法．然於修軌全未能知．若欲修法．諸更須從餘求者．亦是未解如前說義而成過失。此中聖教．如俱舍云．「佛正法有二．以教證爲體。」除其教證二聖教外．別無聖教。教正法者．謂是決擇受持道理修行正軌。證正法者．謂是如其前決擇時．所決擇已而起修行。故彼二種．成爲因果。如跑馬時．先示其馬所應跑地．既示定已．應向彼跑。若所示地是此跑處而向餘跑者．定成笑事。豈可聞思決擇此事．若修行時修行所餘。如是亦如修次第後編云．「復次聞及思慧之所通達．即是修慧之所應修．非應修餘．如示跑地而應隨跑。」如是由此教授能攝一切經論道之樞要．於從親近善知識法乃至止觀。此一切中諸應捨修者即作捨修．諸應學修者即以擇慧而正思擇．編爲行持次第引導．故一切聖言皆現爲教授。若不爾者．於非圓滿道體一分．離觀察慧雖盡壽修．諸大經論非但不現爲眞教授．且於彼等．見唯開闢博大外解．而謗捨之。現見諸大經論之中所詮諸義．多分皆須以觀察慧而正觀擇。此復修時若棄捨者．則於彼等何能發生定解．見爲最勝教授。此等若非最勝教授．誰能獲得．較造此等尤爲殊勝教授論師。如是若能將其深廣契經及釋現爲教授．則其甚深續部及論．諸大教典．亦無少勞現爲教授．則能發起執持彼等爲勝教授所有定解．能盡遮遣妄執彼等非實教授．背棄正法諸邪分別罄無所餘。

易於獲得勝者密意者。至言及論諸大教典．雖是第一最勝教授．然初發業未曾慣修補特伽羅．若不依止善士教授．直趣彼等難獲密意。設能獲得．亦必觀待長久時期．極大勤勞。若能依止尊長教授．則易通達．以此教授能速授與決定解了經論扼要．其中道理．於各時中茲當廣說。

極大惡行自行消滅者。如白蓮華及諦者品宣說．一切佛語．或實或權．皆是開示成佛方便。有未解是義者．妄執一類爲成佛方便．及執他類爲成佛障礙．遂判好惡應理非理．及大小乘．謂其菩薩須於是學．此不須學．執爲應捨．遂成謗法。徧攝一切研磨經云「曼殊室利．毀謗正法業障細微。曼殊室利．若於如來所說聖語．於其一類起善妙想．於其一類起惡劣想．是爲謗法。若謗法者．由謗法故．是謗如來．是謗僧伽。若作是云．此則應理．此非應理．是爲謗法。若作是言．此是爲諸菩薩宣說．此是爲諸聲聞宣說．是爲謗法。若作是言．此是爲諸獨覺宣說．是爲謗法。若作是言．此者非諸菩薩所學．是爲謗法。」若毀謗法．其罪極重。三摩地王云「若毀此瞻部洲中一切塔．若毀謗契經．此罪極尤重．若弒盡殑伽沙數阿羅漢．若毀謗契經．此罪極尤重。」雖起謗法總有多門．前說此門極爲重大．故應勵力而斷除之。此亦若能獲得如前定解．即能遮除．故其惡行自趣息滅。此定解者．應由多閱諦者品．及妙法白蓮華經而尋求之。諸餘謗法之門．如攝研經中應當了知。

如何講聽二種殊勝相應法中分三．一聽聞軌理．二講說軌理．三於完結時共作軌理。　初中分三．一思惟聞法所有勝利．二於法法師發起承事．三正聽軌理。　今初

聽聞集云「由聞知諸法．由聞遮諸惡．由聞斷無義．由聞得涅槃。」又云．「如入善覆蔽黑暗障室內．縱然有衆色．具眼亦莫見。如是於此中．生人雖具慧．然未聽聞時．不知善惡法。如具眼有燈．則能見諸色．如是由聽聞．能知善惡法。」本生論亦云「若由聞法發信意．成妙歡喜獲堅住．啓發智慧無愚癡．用自肉買亦應理．聞除癡暗爲明燈．盜等難攜最勝財．是摧愚怨器開示．方便教授最勝友．雖貧不變是愛親．無所損害愁病藥．摧大罪軍最勝軍．

亦是譽德最勝藏．遇諸善士爲勝禮．於大衆中智者愛。」又云．「聽聞隨轉修心要．少力即脫生死城。」於其所說諸聞勝利．應當決心發起勝解。

復次應如菩薩地說．須以五想聽聞正法。謂佛出世極罕難遇．其法亦然．由稀貴故．作珍寶想。時時增長俱生慧故．作眼目想。由其所授智慧眼目能見如所有性．及盡所有性故．作光明想。於究竟時能與涅槃菩提果故．作大勝利想。現在亦能得彼二之因．止觀樂故．作無罪想。作是思惟．即是思惟聽聞勝利。

於法法師發起承事者。如地藏經云．「專信恭敬聽聞法．不應於彼起毀謗。於說法師供養者．謂於師起如佛想。」應視如佛．以獅座等恭敬利養而爲供事．斷不尊敬。應如菩薩地中所說而正聽聞．謂應無雜染．不應作意法師五處。離高舉者．應時聽聞．發起恭敬．發起承事．不應忿恚．隨順正行．不求過失．由此六事而聽聞之。離輕蔑雜染者．謂極敬重法及法師．及於彼二不生輕蔑。不應作意五處所者．謂戒穿缺．種性下劣．形貌醜陋．文辭鄙惡．所發語句粗不悅耳。便作是念．不從此聞．而棄捨之。如本生中亦云．「處極低劣座．發起調伏德．以具笑目視．如飲甘露雨．起敬專至誠．善淨無垢意．如病聽醫言．起承事聞法。」

正聞軌理分二．一斷器三過．二依六種想。今初

若器倒覆及縱向上然不淨潔．並雖淨潔若底穿漏。天雖於彼降以雨澤．然不入內。及雖入內或爲不淨之所染汚．不能成辦餘須用事。或雖不爲不淨染汚．然不住內當瀉漏之。如是雖住說法之場．然不屬耳．或雖屬耳然有邪執．或等起心有過失等。雖無上說彼等衆過．然聽聞時所受文義不能堅持．由忘念等之所失壞．則其聞法全無大益．故須離彼等。此三對治經說三語．謂善諦聽聞．意思念之。此亦猶如菩薩地說．「希於徧知．專注屬耳．意善敬住．以一切心思惟聽聞。」

依六想中．於自安住如病想者。如入行云．「若遭常病逼．尚須依醫言．況長遭貪等．百過病所逼。」延長難療．發猛利苦貪等惑病．於長時中．而痛惱故．於彼應須了知是病。迦摩巴云．「若非實事．作實事修．雖成顚倒。然遭三毒極大乾病之所逼迫．病勢極重．我等竟無能知自是病者。」

於說法師住如醫想者。如遭極重風膽等病．便求善醫．若得會遇發大歡喜．隨教聽受．恭敬承事。如是於宣說法善知識所．亦應如是尋求．既會遇已．莫覺如負擔．應持爲莊嚴．依

教奉行．恭敬承事。攝德寶中作是說故「故諸勇求勝菩提．智者定應摧我慢．如諸病人親醫治．親善知識應無懈。」

於所教誡起藥品想者。如諸病者．於其醫師所配藥品．起大珍愛。於說法師．所說教授．及其教誡．見重要已．應多勵力．珍愛執持．莫令由其忘念等門．而致損壞。

於殷重修起療病想者。猶如病者．見若不服醫所配藥．病則不瘥．即便飲服。於說法師所垂教授．若不修習．亦見不能摧伏貪等．則應殷重而起修習．不應無修．唯愛多積異類文辭．而爲究竟。是亦猶如害重癩疾．手足脫落．若僅習近一二次藥．全無所濟。我等自從無始．而遭煩惱重病之所逼害．若依教授義．僅一二次．非爲完足．故於圓具一切道分．應勤勵力．如瀑流水．以觀察慧而正思惟。如大德月大阿闍黎讚悔中云．「此中心亦恆愚昧．長時習近重病痾．如具癩者斷手足．依少服藥有何益。」由是於自作病者想．極爲切要．如有此想．餘想皆起。此若僅是空言．則亦不爲除煩惱故．修教授義．唯樂多聞．猶如病者．求醫師已．而不服藥．若唯愛著所配藥品．病終無脫。三摩地王經云「諸人病已身遭苦．無數年中未暫離．彼因重病久惱故．爲療病故亦求醫．彼若數數勤訪求．獲遇黠慧明了醫．醫亦安住其悲愍．教令服用如是藥。受其珍貴衆良藥．若不服用療病藥．非醫致使非藥過．唯是病者自過失。如是於此教出家．偏了力根靜慮已．若於修行不精進．不勤現證豈涅槃。」又云．「我雖宣說極善法．汝若聞已不實行．如諸病者負藥囊．終不能醫自體病。」入行論亦云．「此等應身行唯言說．何益若唯誦藥方．豈益諸病者。」故於殷重修．應當發起療病之想．言殷重者．謂於善知識教授．諸取捨處．如實行持。此復行持．須先了知．知則須聞．聞已了知．所有須要．即是行持。故於聞義．應隨力能而起行持．是極扼要。如是亦如聽聞集云．「設雖有多聞．不善護尸羅．由戒故呵彼．其聞非圓滿。設雖聞寡少．能善護尸羅．由戒故讚彼．其聞爲圓滿。若人既少聞．不善護尸羅．由具故呵彼．其禁行非圓。若人聞廣博．及善護尸羅．由俱故讚彼．其禁行圓滿。」又云．「雖聞善說知心藏．修諸三昧知堅實．若行放逸令粗暴．其聞及知無大義。若喜聖者所說法．身語如之起正行．是等具忍友伴喜．根護得聞知彼岸。」勸發增上意樂亦云．「謂我失修今何作．歿時凡愚起憂悔．未獲根底極苦惱．此是愛著言說失。」又云．「如有處居觀戲場．談說其餘勇士德．自己失壞殷重修．此是愛著言說失。」又云．「甘蔗之皮全無實．所喜之味處於內．若人嚼皮故非能．獲得甘蔗精美味．如其外皮言亦爾．思此中義如其味．故應遠離言說著．常不放逸思惟義。」

於如來所住善士想者。隨念世尊是說法師．發起恭敬。

於正法理起久住想者。作是思惟．何能由其聞如是法．令勝者教久住於世。

復次於法若講若聽．將自相續若置餘處．另說餘法．是則任其講何法事．不關至要。故須正爲．決擇自身．而聽聞之。譬如欲知面上有無黑汚等垢．照鏡知已即除其垢。若自行爲．有諸過失．由聞正法現於法鏡．爾時意中便生熱惱．謂我相續何乃至此。次乃除過．修習功德．是故須應隨法修學．本生論云「我鄙惡行影．明見於法鏡．意極起痛惱．我當趣正法。」是如蘇達薩子．請月王子宣說法時．菩薩了知彼之意樂．成聞法器而爲說法。總之應作是念發心．謂我爲利一切有情．願當成佛．爲成佛故．現見應須修學其因．因須先知．知須聽法．是故應當聽聞正法．思念聞法勝利．發勇悍心．斷器過等而正聽聞。

第二說法軌理分四．一思惟說法所有勝利．二發起承事大師及法．三以何意樂加行而說．四於何等境應說不說所有差別。　今初

若不顧慮利養恭敬名等染事．而說法者勝利極大。勸發增上意樂中云．「慈氏．無染

法施．謂不希欲．利養恭敬．而施法施。此二十種是其勝利。何等二十．謂成就念．成就勝慧．成就覺慧．成就堅固．成就智慧．隨順證達出世間慧．貪欲微劣．瞋恚微劣．愚痴微劣．魔羅於彼不能得便．諸佛世尊而爲護念．諸非人等於彼守護．諸天於彼助發威德．諸怨敵等不能得便．其諸親愛終不破離．言敎威重．其人當得無所怖畏．得多喜悅．智者稱讚．其行法施是所堪念。」於衆經中所說勝利．皆應至心發起勝解。其中成就堅固者．新譯集學論中．譯爲成就勝解．諸故譯中．譯爲成就勇進。

發起承事大師及法者。如薄伽梵說佛母時．自設座等．法者尚是諸佛所應恭敬之因．故應於法．起大尊敬及應隨念大師功德．及其深恩起大敬重。

以何意樂加行而說中．其意樂者．謂應安住．海慧問經所說五想。謂於自所應起醫想．於法起藥想．於聞法者起病人想．於如來所起善士想．於正法理起久住想．及於徒衆修習慈心。應斷恐他高勝嫉妬．推延懈怠．數數宣說所生疲厭．讚自功德舉他過失．於法慳悋．顧著財物．謂衣食等。應作是念．爲令自他得成佛故．說法功德即是我之安樂資具。其加行者．謂先沐浴具足潔淨．著鮮淨服．於其淸潔悅意處所．坐於座已．若能誦持伏魔眞言．海慧經說則其周匝百踰繕那．魔羅及其魔衆諸天所不能至．縱使其來亦不能障．故應誦咒。次以舒顏．具足審定義理所有喻因至敎而爲宣說。妙法白蓮經云．「智者常應無嫉妬．說具衆義和美言．復應遠離諸懈怠．不應起發厭患想．智者應離一切慼．應於徒衆修慈力．晝夜善修最勝法．智以俱胝阿庾喻．令衆愛樂生歡喜．於彼終無少希欲．亦不思欲諸飮食．噉嚼衣服及臥具．法衣病緣醫藥等．於諸徒衆悉無求．餘則智者恆願自．及諸有情當成佛．爲利世故而說法．思彼即我安樂具。」

於何等境應說不說．所有差別者。如毘奈耶經云．「未請不應說。」謂未啓請不應爲說．雖其請白亦應觀器．若知是器．縱未勸請．亦可爲說。如三摩地王經云．「若爲法施．故請白於汝者．應先說是語．我學未廣博．汝是知善巧．我於大士前．如何能宣說。汝應說彼語．不應忽爾說。觀器而後行．若已知是器．未請亦應說。」復次毘奈耶經云．「立爲坐者不應說法．坐爲臥者不應說法．坐於底座爲坐高座不應說法．妙惡亦爾。在後行者爲前行者不應說法．在道側者爲道行者不應說法．爲諸覆頭．抄衣．雙抄．抱肩及抱項者不應說法．爲頭結髻．著帽．著冠．著鬘．纏首不應說法．爲乘象馬．坐輦餘乘及著鞋履不應說法．爲手執杖傘器劍鉞及被甲者.不應說法。」返是應說依無病也。

於完結時共作軌理者。由講聞法所獲衆善.應以猛利欲心回向現時究竟諸希願處。若以是軌講聞正法者.雖僅一座亦定能生如經所說所有勝利。若講聞法至扼要故.依是因緣.則昔所集於法法師.不恭敬等一切業障.悉能淸淨.諸新集積亦截其流。又講聞軌至於要故.所講教授於相續上.亦成饒益。總之先賢由見此故.遂皆於此而起愼重.特則今此教授.昔諸尊重殷重尤極。

現見此即極大教授.謂見極多由於此事未獲定解.心未轉故.任說幾許深廣正法.如天成魔.即彼正法而反成其煩惱助伴。是故如云初一若錯乃至十五。故此講聞入道之理.諸具慧者應當勵力.凡講聞時.下至應令具足一分講教授前第一加行.即是此故。恐其此等文詞浩繁.總略攝其諸珍要者.廣於餘處應當了知。教授先導已宣說訖。

第四如何正以教授引導學徒次第分二。一道之根本親近知識軌理.二既親近已如何修心次第。

初中分二.一令發定解故稍開宣說.二總略宣說修持軌理。　今初

攝決定心藏云.「住性數取趣.應親善知識。」又如鐸巴所集博朵瓦語錄中云.「總

攝一切教授首．是不捨離善知識。」能令學者相續之中下至發起一德．損減一過．一切善樂之本源者．厥爲善知識。故於最初依師軌理極爲緊要。菩薩藏經作如是說．「總之獲得菩薩一切諸行．如是獲得圓滿一切波羅密多地忍等持神通總持辯才回向願及佛法．皆賴尊重爲本。從尊重出．尊重爲生．及爲其處．以尊重生．以尊重長．依於尊重．尊重爲因。」博朵瓦亦云．「修解脫者．更無緊要過於尊重．即觀現世可看他而作者．若無教者亦且無成．況是無間從惡趣來．欲往從所未經之地．豈能無師。」

由是親近知識之理分六．一所依善知識之相．二能依學者之相．三彼應如何依師之理．四依止勝利．五未依過患．六攝彼等義。 今初

總諸至言及解釋中．由各各乘增上力故．雖說多種．然於此中所說知識．是於三士所有道中．能漸引導．次能導入大乘佛道。如經莊嚴論云．「知識調伏靜近靜．德增具勤教富饒．善達實性具巧說．悲體離厭應依止。」是說學人．須依成就十法知識。此復說爲自未調伏．而調伏他．無有是處。故其尊重能調他者．須先調伏自類相續。若爾須一何等調伏．謂若隨宜略事修行．於相續中有假證德名．全無所益。故須一種順總佛教．調相續法．此即定爲

三種寶學．是故論說調伏等三．

其中調伏者．謂尸羅學。別解脫云．「心馬常馳奔．恆勵終難制．百利針順銜．即此別解脫。」又如分辨教云「此是未調所化銜。」如調馬師．以上利銜調懦悷馬．根如悷馬隨邪境轉．若其逐趣非應行時．應制伏之。學習尸羅．調伏心馬．以多勵力制令趣向所應作品。寂靜者．如是於其妙行惡行．所有進止．由其依止念正知故．令心發起內寂靜住．所有定學。近寂靜者．依心堪能奢摩他故．觀擇眞義發起慧學。如是唯具調伏相續三學證德．猶非完足．尚須成就聖教功德。言教富者．謂於三藏等．成就多聞。善知識敦巴云「言大乘尊重者．謂是須一．若講說時．能令發生無量知解．若行持時．於後聖教能成何益．當時能有何種義利。」

達實性者．是殊勝慧學．是謂通達法無我性．或以現證眞實爲正。此若無者．說由教理通達亦成。

如是雖能具足教證．若較學者或劣或等．猶非圓足．故須一種德增上者。親友集中作如是說．「諸人依劣當退失．依平等者平然住．依尊勝者獲尊勝．故應親近勝自者。所有具最勝．戒近靜慧尊．若親近是師．較尊勝尤勝。」如樸窮瓦云．「聞諸善士史傳之時．我是向上仰望於彼。」又如塔乙云．「我於惹珍諸耆宿所．而作目標。」是須一種目向上望增上德者。如是六法．是自所應獲得之德．諸所餘者是攝他德。此亦如云．「諸佛非以水洗罪．非以手除衆生苦．非移自證於餘者．示法性諦令解脫。」若除爲他說無謬道攝受而外．無有以水洗罪等事。其中四法．善巧說者．謂於如何引導次第而得善巧．能將法義巧便送入所化心中。

悲愍者．謂宣說法等起清淨．不顧利養及恭敬等．是由慈悲等起而說．是須猶如博朶瓦告慬哦瓦云．「黎摩子．任說幾許法．我未曾受讚一善哉．以無衆生非苦惱故。」

具精勤者．謂於利他勇悍剛決。遠離厭患者．數數宣說而無疲倦．謂能堪忍宣說苦勞。博朶瓦云．「三學及通達實性．並悲愍心五是主要。我阿闍黎嚮尊滾．既無多聞復不耐勞．雖酬謝語亦不善說．具前五德故．誰居其前悉能獲益。嚀敦全無善說．雖說施願唯作是念今此大衆皆未解此．餘無所知．然有前五．故誰近能益。」如是若於諸所學處．不樂修行．唯讚學處所有美譽．或其功德以謀自活者．則不堪任爲善知識。宛如有人讚美栴檀．謀自活命。有諸欲求妙栴檀者．而問彼曰．汝有檀耶．答曰實無．此全無義唯虛言故。三摩地王經云．「末世諸苾芻．多是無律儀．希欲求多聞．唯讚美尸羅．然不求尸羅。」於定慧解脫三種．亦如是說。次云「如一類士夫．稱揚栴檀德．謂栴檀如此．香相極可愛。次有諸餘人．問如所稱讚栴檀少有耶．諸士夫此問．答彼士夫云．我是稱讚香．以求自活命．非我有其香。如是末世出．諸不勤瑜伽．以讚戒活命．彼等無尸羅。」所餘三種亦如是說故。如是修行解脫之尊重．乃是究竟欲樂之根本．故諸欲求依尊重者．應當了知彼諸德相．勵力尋求具其相者．諸欲爲作學人依者．亦應知此．勵力具足如是德相。

由時運故．具全德者實屬難得。若未獲得如是師時．將如何耶。妙臂請問經云．「如其僅有一輪車．具馬於道亦不行．如是若無修行伴．有情不能獲成就。若有具慧形貌正．潔淨姓尊趣注法．大辯勇悍根調伏．和言能施有悲愍．堪忍餓渴及苦惱．不供婆羅門餘天．精悍工巧知報恩．敬信三寶是良伴。諸能完其如是德．於諍世中極稀．故半德四分或八分．應依如是咒師伴。」此說所說圓滿伴相．八分之一爲下邊際。鐸巴所集博朵瓦語錄中．述大依怙說尊重相．亦復同此。故於所說完具圓滿諸德相中．隨其所應．配其難易．具八分者．爲下邊際。

第二能依學者。四百論曰．「說正住具慧．希求爲聞器．不變說者德．亦不轉聽者。」釋論解云．「說具三法堪爲聞器。若具其三．則於法師所有衆德．見爲功德．不見過失。猶非止此．即於德衆所有功德．亦即於彼補特伽羅．見爲功德．非見過失。若不完具如是器相．說法知識雖極徧淨．然由聞者過增上故．執爲有過。於說者過．反執爲德。」是故縱得完具一切德相知識．然於其師亦難了知。若知彼已能親近者．必須自具是諸德相。

其中正住者．謂不墮黨類．若墮黨執．由彼蔽覆不見功德．故不能得善說妙義。如中觀心論云．「由墮黨惱心．終不證寂靜。」墮黨類者．謂貪著自宗．瞋他法派。應觀自心．捨如是執。菩薩別解脫經云．「應捨自欲．敬重安住．親教軌範所有論宗。」

若念唯此即完足耶．雖能正住．若無簡擇善說正道．惡說似道．二事慧力．猶非其器。故須具慧解彼二說．則能棄捨無堅實品．取諸堅實。若念僅具二德足耶．縱有此二．若如畫中聽聞法者．全無發趣．仍非其器。故須具有廣大希求。釋中更加敬法法師．屬意二相．開說爲五。若如是者可攝爲四．謂於其法具大希求．聽聞之時善住其意．於法法師起大敬重．棄捨惡說受取善說。此四順緣謂具慧解．棄捨違緣謂正直住。

是諸堪為尊重引導所有之法．應當觀察為具不具。若完具者應修歡慰．若不具者須於將來能完因緣勵力修作。故應了知能依諸法．若不了知如是德相．則不覺察．由此退失廣大義利。

第三彼應如何依師軌理者。如是若自具足器相．應善觀察尊重具否如前說相。應於具相受取法益。是復有二傳記不同．謂善知識敦巴與桑樸瓦。桑樸瓦者尊重繁多．凡有講說即從聽聞。自康來時．途中有一隖波索迦說法而住．亦從聽聞．徒衆白曰．「從彼聽聞．退自威儀。」答云「汝莫作是言．我得二益。」善知識敦巴者尊重尠少．數未過五。博朶瓦與公巴仁勤喇嘛共相議論彼二誰善．謂於未修心易見師過．起不信時．善知識敦巴軌理善美．應如是行。現見此說極為諦實．應如是學。

如是應知曾受法恩．特於圓滿教授導心知識．如何依止。其理分二．一意樂親近軌理．二加行親近軌理。 初中分三．一總示親近意樂．二特申修信以為根本．三隨念深恩應起敬重。 今初

華嚴經說．以九種心親近承事諸善知識．能攝一切親近意樂所有扼要．即彼九心攝

之爲四。棄自在．捨於尊重令自在者．如孝子心．謂如孝子自於所作．不自在轉．觀父容顏．隨父自在依教而行。如是亦應觀善知識容顏而行。現在佛陀現證三摩地經中亦云．「彼於一切應捨自意．隨善知識意樂而轉。」此亦是說於其德前乃可施行．任於誰前不能隨便授其鼻肉。

誰亦不能離其親愛能堅固者．如金剛心。謂諸魔羅及惡友等．不能破離。即前經云．「應當遠離親睦無常．情面無常。」

荷負尊重一切事擔者．如大地心。謂負一切擔．悉無懈怠。如博朵瓦教示慬哦瓦諸徒衆云「汝能值遇如此菩薩．我之知識．如教奉行．實屬大福．今後莫覺如擔．當爲莊嚴。」

荷負擔已應如何行．其中分六。如輪圍山心者．任起如何一切苦惱．悉不能動。慬哦住於汝巴時．公巴德熾因太寒故身體衰退．向依怙童稱議其行住。如彼告云．「臥具安樂．雖曾多次住尊勝宮．然能親近大乘知識．聽聞正法者．唯今始獲．應堅穩住。」如世間僕使心者．謂雖受行一切穢業．意無慚疑而正行辦。昔後藏中．一切譯師智者集會之處．有一泥灘．敦巴盡脫衣服掃除泥穢．不知從何取來乾潔白土覆之．於依怙前作一供壇。依怙笑曰．

「奇哉．印度亦有類似汝者。」如除穢人心者．盡斷一切慢及過慢．較於尊重應自低劣。如善知識敦巴云「我慢高坵．不出德水。」慬哦亦云．「應當觀視春初之時．爲山峯頂諸高起處青色徧生．抑於溝坑諸低下處而先發起。」如乘心者．謂於尊重事．雖諸重擔極難行者．亦勇受持。如犬心者．謂尊重毀罵．於師無忿。如朶壠巴對於善知識畫師．每來謁見便降呵責．畫師弟子嚨摩瓦云．「此阿闍黎於我師徒特爲瞋恚。」畫師告云．「汝尚聽爲是呵責耶．我每受師如此賜教一次．如得黑茹迦一次加持。」八千頌云「若說法師於求法者現似毀訾而不思念。然汝於師不應退捨．復應增上希求正法．敬重不厭隨逐師行。」如船心者．謂於尊重事任載幾許．若往若來悉無厭患。

第二修信爲根本者．寶炬陀羅尼云「信爲前行如母生．守護增長一切德．除疑度脫諸暴流．信能表喻妙樂城。信無濁穢令心淨．能令離慢是敬本．信是最勝財藏足．攝善之本猶如手。」十法亦云「由何出導師．信爲最勝乘．是故具慧人．應隨依於信。諸不信心人．不生衆白法．如種爲火焦．豈生青苗芽。」由進退門而說信爲一切德本。敦巴請問大依怙云．「藏地多有修行者．然無獲得殊勝德者．何耶。」依怙答云．「大乘功德生多生少．皆依尊重．乃能生起。汝藏地人．於尊重所．僅凡庸想．由何能生。」有於依怙發大聲白．「阿底峽請教授。」如其答云．「哈哈．我却具有好好耳根．言教授者．謂是信心信信。」信爲極要．其信總之亦有多種．謂信三寶．業果．四諦。然此中者．謂信尊重．此復弟子於尊重所．應如何觀。如金剛手灌頂續云．「秘密主．弟子於阿闍黎所．應如何觀．如於佛薄伽梵．即應如是。其心若如是．其善常生長．彼當速成佛．利一切世間。」諸大乘經亦說應起大師之想．毘奈耶中亦有是說。此諸義者．謂若知是佛．則於佛不起尋求過心．起思德心。於尊重所．特應棄捨一切尋察過心．修觀德心。此復應如彼續所說．依之而行．「應取軌範德．終不應執過．取德得成就．執衆過不成。」謂其尊重雖德增上．若僅就其少有過處．而觀察者．則必障碍自己成就。雖過增上．若不觀過．由功德處．而修信心．於自當爲得成就因。是故凡是自之尊重．任其過失若大若小．應當思惟．尋求師過所有過患．多起斷心而滅除之。設由放逸煩惱盛等之勢力故．發起尋覓過失之時．亦應勵力悔除防護。若如是行．力漸微劣。復應於其具諸淨戒．或具多聞．或信等德．令心執取．思惟功德。如是修習．設見若有少許過失．由心執取功德品故．亦不能爲信心障難。譬如自於所不樂品．雖見具有衆多功德．然由見過心勢猛故．而能映蔽見德之心。又如於自雖見衆過．若見自身一種功德．心勢猛利．此亦能蔽見過之心。

復次如大依怙持中觀見金洲大師持唯識宗．實相分見由見門中雖有勝劣．然大乘道總體次第及菩提心．是由依彼始得發起．故執金洲爲諸尊重中無能匹者。

菩提道次第廣論卷一終

菩提道次第廣論卷二

下至唯從聞一偈頌．雖犯戒等．亦應就其功德思惟．莫觀過失．悉無差別。寶雲經云．「若知由其依止尊重．諸善增長．不善損減．則親教師或聞廣博．或復寡少．或有智解．或無智解．或具尸羅．或犯尸羅．皆應發起大師之想。如於大師信敬愛樂．於親教師亦應信樂．於軌範師悉當發起恭敬承事。由此因緣．菩提資糧未圓滿者．悉能圓滿．煩惱未斷．悉能斷除。如是知已．便能獲得歡喜踴躍．於諸善法．應隨順行．於不善法．應不順行。」猛利問經亦云．「長者．若諸菩薩求受聖教．及求讀誦。若從誰所聽聞受持施戒忍進定慧相應．或是集積菩薩正道資糧相應．一四句偈．即應如法恭敬尊重．此阿闍黎．隨以幾許名句文身開示其偈．假使即於爾所劫中．以無諂心．以一切種利養恭敬．及諸供具承事供養．此阿闍黎。長者於阿闍黎作應敬重．阿闍黎事．猶未圓滿．況非以法而為敬事。」

第三隨念恩者．十法經云．「於長夜中．馳騁生死．尋覓我者．於長夜中．為愚癡覆．而重睡眠．醒覺我者．沈溺有海．拔濟我者．我入惡道．示善道者．繫縛有獄．解釋我者．我於長夜病所逼惱爲作醫王．我被貪等猛火燒燃．爲作雲雨而爲息滅．應如是想。」華嚴經說．「善財童子．如是隨念痛哭流涕。諸善知識．是於一切惡趣之中．救護於我。令善通達法平等性．開示安穩不安穩道．以普賢行而爲教授。指示能往一切智城所有之道．護送往赴一切智處．正令趣入法界大海．開示三世所知法海．顯示聖衆妙曼陀羅。善知識者．長我一切白淨善法。」應如此文而正隨念。一切句首．悉加「諸善知識是我」之語。於前作意善知識相．口中讀誦此諸語句．意應專一念其義理。於前經中．亦可如是而加諸語。

又如華嚴經云．「我此知識說正法．普示一切法功德．偏示菩薩威儀道．專心思惟而來此。此是能生如我母．與德乳故如乳母．周偏長養菩提分．此諸善識遮無利．解脫老死如醫王．如天帝釋降甘雨．增廣白法如滿月．猶日光明示靜品．對於怨親如山王．心無擾亂猶大海．等同船師偏救護．善財是思而來此。菩薩啓發我覺慧．佛子能生大菩提．我諸知識佛所讚．由是善心而來此。救護世間如勇士．是大商主及怙依．此給我樂如眼目．以此心事善知識。」應咏其頌而憶念之．易其善財而誦自名。

第二加行親近軌理者。如尊重五十頌云．「此何須繁說．勵觀彼及彼．應作師所喜．不喜應盡遮。金剛持自說．成就隨軌範．知已一切事．悉敬奉尊長。」總之應勵力行．修師所喜．斷除不喜。作所喜者．謂有三門．供獻財物．身語承事．如教修行。如是亦如莊嚴經論云「由諸供事及承事．修行親近善知識。」又云．「堅固由依教奉行．能令其心正歡喜。」

其中初者．如五十頌云「恆以諸難施．妻子自命根．事自三昧師．況諸動資財。」又云．「此供施即成．恆供一切佛．此是福資糧．從糧得成就。」復如拉梭瓦云．「如有上妙供．下惡者．犯三昧耶．若是尊長喜樂於彼．或是唯有下劣供物．則無違犯。」此與五十頌所說符順．如云「欲求無盡性．如如少可意．即應以彼彼．勝妙供尊長。」此復若就學者方面．以是最勝集資糧故．實應如是．就師方面．則必須一．不顧利養。霞惹瓦云．「愛樂修行於財供養．全無顧著．說爲尊重．與此相違．非是修行解脫之師。」

第二者．謂爲洗浴按摩擦拭及侍病等．當如實讚師功德等。

第三者．謂於教授遵行無違．此是主要．本生論云．「報恩供養者．謂依教奉行。」設若須隨師教行者．若所依師引入非理．及令作違三律儀事．如何行耶．毘奈耶經於此說云．「若說非法．應當遮止。」寶雲亦云．「於其善法隨順而行．於不善法應不順行。」故於所教．應不依行。不行非理者．本生論第十二品亦有明證．然亦不應以此諸理．遂於師所．不敬輕呰而毀謗等。如尊重五十頌云．「若以理不能啓白不能理．」應善辭謝而不隨轉。如是親近時．亦如莊嚴經論云．「爲受法分具功德．親近知識非爲財。」是須受行正法之分。博朶瓦云．「差阿難陀爲大師侍者時．謂若不持大師不著之衣．不食大師之餘食．許一切時至大師前．則當侍奉承事大師。如此愼重．其意是在教誨未來補特伽羅。我等於法全不計較．雖少許茶．悉計高低．謂師心中愛不愛念．此是心內腐爛之相。」親近幾時者．如博朶瓦云．「有一來者．是加我擔．若去一二．是擔減少．然住餘處亦不能成．是須於一遠近適中經久修習。」

第四親近勝利者。近諸佛位．諸佛歡喜．終不缺離大善知識．不墮惡趣．惡業煩惱悉不能勝．終不違越菩薩所行．於菩薩行具正念故．功德資糧漸漸增長．悉能成辦現前究竟一切利義．承事師故．意樂加行悉獲善業．作自他利．資糧圓滿。如是亦如華嚴經云．「善男子．若諸菩薩．爲善知識正所攝受．不墮惡趣。若諸菩薩．爲善知識所思念者．則不違越菩薩學處。若諸菩薩．爲善知識所守護者．勝出世間。若諸菩薩．承事供養善知識者．於一切行不忘而行。若諸菩薩．為善知識所攝持者．諸業煩惱難以取勝。」又云．「善男子．若諸菩薩．隨善知識所有教誡．諸佛世尊心正歡喜。若諸菩薩．於善知識所有言教安住無違．近一切智。於善知識．言教無疑．則能近於諸善知識。作意不捨善知識者．一切利義．悉能成辦。」不可思議秘密經中亦云「若善男子．或善女人．應極恭敬．依止親近承事尊重。若如是者．聞善法故成善意樂．及由彼故成善加行．由是因緣．造作善業．轉趣善行。能令善友．愛樂歡喜．由是不作惡業．作純善故．能令自他不起憂惱。由能隨順護自他故．能滿無上菩提之道．故能利益趣向惡道諸有情類。是故菩薩應依尊重．圓滿一切功德資糧。」復次由其承事知識．應於惡趣所受諸業．於現法中身心之上．少起病惱．或於夢中而領受者．亦能引彼令盡無餘。又能映蔽供事無量諸佛善根．有如是等最大勝利。地藏經云「彼攝受者．應經無量俱胝劫中．流轉惡趣所有諸業．然於現法因疾疫等．或飢饉等．損惱身心而能消除．下至呵責．或唯夢中亦能清淨。雖於俱胝佛所．種諸善根．謂行布施．或行供養．或受學處．所起眾善．然彼僅以上半日善．即能映蔽承事尊重．成就功德不可思議。」又云．「諸佛無量功德神變．應觀一切悉從此出。是故應如承事諸佛．依止親近供事尊重。」本生論亦云．「悉不應遠諸善士．以調伏理修善行．由近彼故其德塵．雖不故染自然薰。」博朶瓦云．「我等多有破衣之過．如拖破衣．唯著草穢．不沾金沙。其善知識所有功德．不能薰染．略有少過．即便染著。故於一切略略親近悉無所成。」

第五不依過患者。請爲知識若不善依．於現世中．遭諸疾疫非人損惱．於未來世．當墮惡趣．經無量時受無量苦。金剛手灌頂續云．「薄伽梵．若有毀謗阿闍黎者．彼等當感何等異熟。世尊告曰．金剛手．莫作是語．天人世間悉皆恐怖．秘密主．然當略說．勇士應諦聽。我說無間等諸極苦地獄．即是彼生處．住彼無邊劫．是故一切種．終不應毀師。」五十頌亦云．「毀謗阿闍黎．是大愚應遭．疾癘及諸病．魔疫諸毒死．王火及毒蛇．水羅叉盜賊．非人碍神等．殺墮有情獄。終不應惱亂．諸阿闍黎心．設由愚故爲．地獄定燒煮。所說無間等．極可畏地獄．諸謗師範者．佛說住其中。」善巧成就寂靜論師所造札那釋難論中亦引經云．「設唯聞一頌．若不執爲尊．百世生犬中．後生賤族姓。」

又諸功德未生不生．已生退失．如現在諸佛現證三摩地經云．「若彼於師住嫌恨心．或堅惡心．或恚惱心．能得功德．無有是處。若不能作大師想者．亦復如是。若於三乘補特伽羅．說法苾芻．不起恭敬．及尊長想．或大師想者．此等能得未得之法．或已得者．令不退失．無有是處。由不恭敬沉沒法故。」設若親近不善知識及罪惡友．亦令諸德漸次損減．一切罪惡漸次增長．能生一切非所愛樂．故一切種悉當遠離。念住經云．「爲貪瞋癡一切根本者．謂罪惡友．此如毒樹。」涅槃經云．「如諸菩薩怖畏惡友．非醉象等．此唯壞身．前者俱壞善及淨心。」又說彼二．一唯壞肉身．一兼壞法身。一者不能擲諸惡趣．一定能擲。諦者品亦云．「若爲惡友蛇執心．棄善知識療毒藥．此等雖聞正法寶．嗚呼放逸墮險處。」親友集云．「無信而慳悋．妄語及離間．智者不應親．勿共惡人住。若自不作惡．近諸作惡者．亦疑爲作惡．惡名亦增長．人近非應親．由彼過成過．如毒箭置囊．亦染無毒者。」惡知識者．謂若近誰能令性罪遮罪惡行．諸先有者不能損減．諸先非有令新增長．善知識敦巴云．「下者雖與上伴共住．僅成中等．上者若與下者共住．不待劬勞而成下趣。」

第六攝彼等義者．世徧讚說尊長瑜伽教授者．應知即是如前所說。若一二次．修所緣境．全無所至。若是至心欲行法者．須恆親近無錯引導最勝知識。爾時亦如伽喀巴云．「依尊重時．恐有所失。」謂若不知依止軌理而依止者．不生利益．反致虧損。故此依止知識法類．較餘一切極爲重要。見是究竟欲樂根本．故特引諸無垢經論．并以易解能動心意．符合經義．諸善士語．而爲莊嚴．將粗次第略爲建設。廣如餘處．應當了知。我等煩惱極其粗重．多不了知依師道理．知亦不行．諸聞法者．反起無量依師之罪．即於此罪亦難發生悔防等心．故應了知如前所說勝利過患．數數思惟．於昔多生．未能如法依止諸罪．應由至心而悔．多發防護之心．自應勵備法器諸法．數思圓滿德相知識．積集資糧．廣發大願．爲如是師．乃至未證菩提以來攝受之因。若如是者．不久當如志力希有常啼佛子．及求知識不知厭足善財童子。

略說修習軌理分二：一正明修法．二破除此中邪妄分別。　初中分二：一正修時應如何．二未修中間應如何。　初中分三：一加行．二正行．三完結。　今初

初加行法有六．乃是金洲大師傳記．謂善灑掃所住處所．莊嚴安布身語意像。由無諂誑求諸供具．端正陳設。次如聲聞地中所說「從昏睡蓋淨治心時．須爲經行。除此從餘貪欲等蓋．淨治心時．應於床座或小座等．結跏趺坐。」故於安樂臥具．端正其身．結跏趺坐．或半跏趺．隨宜威儀。既安住已．歸依發心．決定令與相續和合。於前虛空明現觀想廣大行派．

及深見派傳承諸師。復有無量諸佛菩薩．聲聞獨覺．及護法衆爲資糧田。又自相續中．若無能生道之順緣積集資糧．及除逆緣淨治業障二助緣者．唯勵力修所緣行相之正因．亦難生起。是故次應修習七支以治身心．攝盡集淨諸扼要處。

其禮敬支中．三門總禮者．謂所有等一頌。非緣一方世界及一時之佛．應緣十方過去當來及現在所有一切諸佛．以至誠心三業敬禮．非隨他轉。智軍阿闍黎釋中云．「此復若僅頂禮一佛．所得福德且無限量．何況緣禮爾許諸佛。」

三門別禮中身禮敬者．「普賢行願」等一頌。謂以方時所攝一切諸佛．以意攀緣．如現前境。變化自身等諸佛刹極微塵數而申敬禮。此復是於諸境所有普賢妙行．發淨信力．由此信力發起禮敬．一身頂禮其福尚大．況以爾許身業禮敬．其福尤大．智軍阿闍黎所釋也。

意敬禮者．「於一塵中」等一頌。謂於一一微塵之上．皆有一切塵數諸佛安住菩薩圍繞會中．應發勝解．隨念諸佛所有功德。

語敬禮者．「各以一切」等一頌。謂於諸佛功德勝譽．不可窮盡．化一一身．有無量首．

化一一首．有無量舌．以微妙音而稱讚之。此中音者．即是讚辭．其支分者．謂因即是舌根．（此與漢文稍有出入）海者是繁多辭。

供養支中．有上供者．「以諸最勝」等兩頌。最勝華者．謂人天等處．所有衆多希有散華。鬘謂配貫種種妙華。此二種中．皆有一切．或實或假。伎樂者．謂諸樂具．若弦若吹．若打若擊。塗香者．謂妙香泥。勝傘蓋者．謂諸傘中．諸勝妙者。燈燭者．謂香油等氣香光明．及摩尼寶有光明者。燒香者．謂配衆香．或唯一種所燒然香。勝衣服者．謂一切衣中．最勝妙者。最勝香者．謂妙香水．供爲飲水．以氛馥香偏三千界所熏水等。末香者．謂妙香末．可撒可燒．或積爲堆．或畫壇場．支配顏色．形量高廣等妙高峯。聚者加於前文一切之後．有衆多義．及莊飾義並種種義。

無上供者．「我以廣大」等一頌。言有上者．謂世間供．此中乃是諸菩薩等．神力所變微妙供具。頌後二句．於前一切．不具足此二句義者．悉應加之。是說敬禮及諸供養所有等起及其境界。（此與漢文稍有出入）

悔罪支者．「我昔所作」等一頌。依三毒因．身等三事．其罪自性．謂我所作．此復具有親自所作．及教他作．或於他作而發隨喜。總攝一切說「諸惡業。」應念此等所有過患．悔先防後．至心懺除．則昔已作．斷其增長．諸未來者．堵其相續。

隨喜支者．「十方一切」等一頌。隨念此五補特伽羅所有善利．修習歡喜．猶如貧者獲得寶藏。

勸請轉法輪支者．「十方所有」等一頌。謂於十方剎土之中．現證菩提．獲得無著無障礙智．未經久時．變爾許身．勸請說法。智軍阿闍黎作「現證菩提．」而為解釋。

請住世支者．「諸佛若欲」等一頌。謂於十方剎土之中．諸欲示現般涅槃者．為令發起一切眾生究竟利益．現前安樂．故變無量身．勸住佛剎微塵數劫．不般涅槃。

迴向支者．「所有禮讚」等一頌。以上六支善．表學所有一切善根．悉與一切有情共同．以猛利欲樂．迴向令成大菩提因．永無罄盡。如是了解此諸文義．意不餘散．具如文中所說而行．則能攝持無量德聚。此中禮敬供養勸請請白隨喜五者．是為順緣積集資糧．悔者是除違緣淨治罪障。隨喜支中一分．於自造善．修歡喜者．亦是增長自所作善。其迴向者．是使積集．淨治長養諸善．雖極微少．令增廣多。又使現前諸已感果將罄盡者．終無窮盡．總之攝於積集淨治增長無盡三事之中。

次令所緣明了顯現．供曼陀羅．應以猛利欲樂．多返祈禱．謂「維願加持．從不恭敬善知識起．乃至執著二種我相．所有一切顚倒分別．速當滅除。從敬知識．乃至通達無我眞實．所有一切無顚倒心．速當發起。及其內外一切障緣．悉當寂滅。」

正行分二．一總共修法．二此處修法。　今初

所言修者。謂其數數於善所緣．令心安住．將護修習所緣行相。蓋從無始．自爲心所自在．心則不爲自所自在．心復隨向煩惱等障．而爲發起一切罪惡。此修即是爲令其心．隨自自在．堪如所欲．住善所緣。此復若隨．任遇所緣．即使修者．則於所欲．如是次第．修習爾許．善所緣境．定不隨轉。返於如欲善所緣境．堪任安住．成大障碍。若從最初令成惡習．則終生善行．悉成過失。故於所修諸所緣境．數量次第．先須決定。次應發起猛利誓願．謂如所定．不令修餘。即應具足憶念正知．而正修習．如所決定．令無增減。

此處修法者。先應思惟依止勝利．速成佛等．及不親近所有過患．謂能引發現法後世諸大苦等。次應多起防護之心．謂不容蓄．分別尊長過失之心。隨自所知．應當思惟．戒定智

慧聞等諸德．乃至自心未起清淨行相信時．應恆修習。次應思惟如前經說．於自己作當作諸恩．乃至未發誠敬而修。

後時如何行者。應將所集衆多福善．以猛利欲由普賢行願．及七十願等．迴向現時畢竟諸可願處。如是應於晨起．午前．午後．初夜．四次修習。此復初修．若時長久．易隨掉沈自在而轉。此若串習．極難醫改．故應時短．次數增多。如云「有欲修心．即便截止．則於後次心欲趣入。若不爾者．見座位時．即覺發嘔。」若待稍固時漸延長．於一切中．應離太急太緩加行過失。由此能令障碍減少．疲倦惛沉等亦當消滅。

未修中間如何行者。總之雖有禮拜旋繞及讀誦等．多可行事．然今此中正主要者．謂於正修時勵力修已．未修之間．若於所修行相所緣．不依念知．任其逸散．則所生德．極其微尠。故於中間應閱顯說此法經論．數數憶持．應由多門修集資糧生德順緣。亦由多門淨治所有違緣罪障。一切之根本應如所知．勵力守護所受律儀。故亦有於所緣行相淨修其心．及律儀戒積集資糧三法之上．名爲三合而引導者。

復應學習四種資糧．是易引發奢摩他道毘缽舍那道之正因．所謂密護根門．正知而行．飲食知量．精勤修習悎寤瑜伽．於眠息時應如何行。

初中有五。(一)以何防護者．謂徧護正念及於正念起常委行。其中初者．謂於防護根門諸法．數數修習令不忘失。二者謂於正念常恆委重而修習之。(二)何所防護者．謂六種根。(三)從何防護者．謂從可愛及非可愛．六種境界。(四)如何防護．其中有二．守護根者．謂根境合．起六識後．意識便於六可愛境．六非愛境．發生貪瞋．應當勵力．從彼諸境護令不生。即以六根而防護者．若於何境由瞻視等．能起煩惱．即於此境．不縱諸根而正止息。其守護根者．是於六境．不取行相．不取隨好。若由忘念煩惱熾盛．起罪惡心．亦由防護而能止息。取行相者．謂於非應觀視色等．正爲境界．或現在前．即便作意彼等行相．現前往觀。取隨好者．謂於六識起後．能引貪瞋癡三之境．意識執持．或其境界雖未現前．由從他聞．分別彼等。(五)防護爲何者．謂從雜染守護其意．令住善性．或無記性。此中所住無覆無記者．謂威儀等時．非是持心住善緣時。

正知而行者有二．何爲所行事．於彼行正知。初中有二．謂五行動業及五受用業。其中初五之身事業者．謂若往赴所餘聚落．餘寺院等。若從彼還．眼事業者．一若略覷．謂無意爲先．見種種境。二若詳瞻．謂動意爲先．而有所見。一切支節業者．謂諸支節．若屈若伸。衣缽業者．謂若受用及其受持三衣及缽乞食業者．謂飲食等。寺內五種受用業中．身事業者．若行謂往經行處．或往同法者所．或爲法故行經於道。若住謂住行處．同法親敎．軌範尊重．似尊等前。若坐謂於床等上結跏趺坐。語事業者．謂若請受曾所未受十二分敎．分別了解。諸已受者．或自誦讀．或爲他說．或爲引發正精進故與他議論所有言說。意事業者．謂諸默然．若於中夜而正眠臥．若赴靜處思所聞義．若以九心修三摩地．若正勤修毘缽舍那．或於熱季極疲倦時．於非時中起睡眠欲．略爲消遣。晝夜二業者．謂於永日及初後夜．不應睡眠。此亦顯示身語二業．言睡眠者．顯示唯是夜間之業及是意業。

於此十事正知行者．謂隨發起若行動業．或受用業．即於此業先應住念．不放逸行。由彼二種所攝持故．應以何相而正觀察．如何方便而正觀察．即以是相．如是方便觀察正知。此中復有四種行相．初謂於其身事業等十種依處．應以何相如何觀察．即於是處以是行相．如是觀察．譬如於其往返事業．如律所說往返行儀．正了知已．即於其時正知現前行如是事。二謂於其何種方所．應以何相如何觀察．即於是方以是行相如是觀察．譬如行時．應先了知沽酒等處．五非應行．除此所餘是可行處．於彼彼時．安住正知。三謂於其何等時分．應以何相如何觀察．即於是時．以如是相如是觀察．譬如午前可赴聚落．午後不可．既了知已．即如是行．爾時亦應安住正知。四於所有此諸事業．應以何相如何觀察．即應於其爾所事業．以如是相．如是觀察．譬如宣說行時應當極善防護而入他家．所有此等行走學處．悉當憶念。總之所有若晝若夜一切現行．悉應憶念．了知其中．應不應行．於進止時．一切皆應安住正知．謂我現前正行如是．若進若止．若如是行．則現法中不爲罪染．沒後亦不墮諸惡趣．諸道證德未獲得者．即住能得正因資糧。

此與密護根門二者．如聖無著引經解釋而正錄取。若能勵力修此二事．則能增長一切善行．非餘能等。特能淸淨尸羅．及能速引止觀所攝無分別心勝三摩地．故應勤學。

飲食知量者．謂具四法。非太減少．若太減少飢虛羸劣．無勢修善．故所食量．應令未到次日食時無飢損惱。非太多食．若食太多令身沈重．如負重擔．息難出入．增長昏睡．無所堪任．故於斷惑全無勢力。相宜而食．消化而食者．依飲食起．諸舊苦受悉當斷除．諸新苦受皆不生長。非染汚心中量食者．謂不起衆罪．安樂而住。又於飲食愛著對治者．謂依修習飲食過患。過患有三．由受用因所生過患者．謂應思惟任何精妙色香味食．爲齒所嚼．爲涎所濕．

猶如嘔吐。由食消化所生過患者．謂思所食至中夜分．或後夜分．消化之後．生血肉等．諸餘一類變成大小便穢不淨住身下分。此復日日應須除遣．及由依食生多疾病。由求飲食所起過患．此有五種．由為成辦所生過患者．謂為成辦食及食因遭寒熱苦．多施劬勞．若不成辦憂慼而苦．設若成辦．亦恐劫奪及損失故．發起猛利精勤守護．而受諸苦。親友失壞者．謂由此故．雖父子等互相鬥諍。不知滿足者．由於飲食愛增長故．諸國王等互相陣戰．領受非一衆多大苦。無自在過失者．諸食他食者．為其主故．與他鬥競．受衆多苦。從惡行生者．謂為飲食．飲食因故．三業造罪．臨命終時．憶念其罪．追悔而死．沒後復當墮諸惡趣。雖乃如是．然亦略有少許勝利．謂由飲食安住其身．若唯為此．故依止飲食．不應道理。故應善思而後受用．謂由身住．我當善修清淨梵行。施者施主．亦為希求殊勝果故．搾皮血肉而行惠施．亦當成辦彼等所願．令得大果。又應憶念集學論說．應當思念饒益施主．及身中蟲．現以財攝．於當來世．當以法攝。又應思惟當辦一切有情義利．而受飲食。親友書亦云．「應知飲食如醫藥．無貪瞋癡而近習．非為憍故非慢故．非壯唯為住其身。」

精勤修習悎寤瑜伽．於眠息時如何行者。親友書云．「種性之主於永晝夜間亦過初後分．眠時亦莫空無果．具足正念於中眠。」此顯永日．及其夜間初後二分．若正修時．若其中間．如所應行。故行坐時．應從五蓋．淨修其心．令不唐捐．如前已說。此與護根正知三中．皆具修時修後二法．此中所說．是修後者。眠睡現行是修後事．故此莫令空無果。如何眠者．謂於永日及夜三分．於初分中．修諸善行．過初分已至中分時．應當眠息．諸爲睡眠所養大種．由須睡眠而增長故。若能如是長養其身．於諸善品修二精進．極有堪能．極爲利益。臨睡息時．應出房外．洗足入內．右脅而臥．重疊左足於右足上．猶如獅子而正睡眠．如獅子臥者．猶如一切旁生之中．獅力最大．心高而穩．摧伏於他。如是修習悎寤瑜伽．亦應由其大勢力等．伏他而住．故如獅臥。餓鬼諸天及受欲人所有臥狀．則不能爾。彼等一切悉具懈怠精進微劣少伏他故。又有異門．猶如獅子右脇臥者．法爾令身能不緩散．雖睡沈已．亦不忘念．睡不濃厚．無諸惡夢。若不如是而睡眠者．違前四種．一切過失悉當生起。

以何意樂睡眠有四．光明想者．謂應善取光明之相．以其光心而睡眠之．由是睡時心無黑暗。念者謂聞思修諸善法義．所成正念．乃至未入熟睡之際．應令隨逐．由此能令已睡沈時等同未睡．於彼諸法心多隨轉．總之睡時亦能修諸善行。正知者謂由如是依止念時．

隨起煩惱即能了知．斷除不受。起想有三．初者謂一切種．其心不應爲睡所蔽．應以精進所攝之心．驚懾而眠．猶如傷鹿．由此睡眠．不甚沈重．不越起時．而能醒覺。二者謂作是念．我今應修．佛所開許悎寤瑜伽．爲修此故．應大勵力．引發欲樂。由是能依佛所開許獅子臥式眠無增減。三者謂應作是思．如我今日勤修悎寤．及諸善法．明日亦應如是勤修．由是．於善欲樂相續．雖忘念中亦能精勤修上上品。此食睡行．若能無罪．具義而行．現見能遮衆多無義虛耗壽數故。如聖者無著引經．如所決擇．而爲解說。如是唯除正修時中所有不共修法之外．加行正行完結中間諸應行者．從此乃至毘鉢舍那．所修一切所緣行相．皆如是行．已釋中間所應行說。

第二破除於此修軌邪執分別者。心未趣向聖言及釋諸大教典．現教授者．作如是言．正修道時．不應於境數數觀察．唯應止修．若以觀慧數觀擇者．是聞思時故。又諸分別．是有相執．於正等覺爲障礙故。此乃未達修行扼要．極大亂說。莊嚴經論云「此依先聞．如理作意．起修正作意．眞義境智生。」此說從其思所成慧．如理作意．所聞諸義．修所成慧．眞義現觀．乃得起故。

故所應修者.須先從他聞.由他力故而發定解.次乃自以聖教正理.如理思惟所聞諸義.由自力故而得決定。如是若由聞思決定.遠離疑惑.數數串習.是名爲修。故以數數觀察而修.及不觀察住止而修.二俱須要。以於聞思所決擇義.現見俱有不觀止住.及以觀慧思擇修故。是故若許一切修習皆止修者.如持一麥說一切穀.皆唯是此.等同無異。復如聞所成慧.以聞爲先.思所成慧以思爲先.如是修所成慧.亦應以修爲先.以其修慧從修成故。若如是者.則修所成慧前行之修.即是修習思所成慧所決定義.故說修慧從思慧生。以是若有幾許多聞.亦有爾多從此成慧.此慧幾多其思亦多.思惟多故從思成慧.亦當不尠。如思慧多.則多修行.修行多故.則有衆多滅除過失.引德道理。故諸經論.皆說於修聞思最要。若謂聞思所決擇者.非爲修故.唯是廣闢諸外知解.若正修時.另修一種無關餘事。如示跑處另向餘跑.則前所說悉無係屬.亦是善破諸聖言中.諸總建立三慧次第生起之理.則其亂說趣無錯道.不須多聞亦成善說。未達此等扼要之相.即是多習經典續部.與一從來未習教者.於正修時.二人所修.全無多寡。又彼行者.是執聞法及觀擇等以爲過失.諸惡軌派令成堅固。是故串習聞思二慧所決定義.雖非修成.然許是修.有何相違。若相違者.則諸異生未得初禪未到定時．應全無修。以欲地中．除說已得入大地時．由彼因緣．可生修所成慧之外．餘於欲地無修所成．對法論中數宣說故。故言修者．應當了知．如波羅密多釋論．明顯文句中云「所言修者．謂令其意成彼體分．或成彼事。」譬如說云修信修悲．是須令意生爲彼彼。以是諸大譯師．有譯修道．有譯串習。如現觀莊嚴論云「見習諸道中。」蓋修習二．同一義故。

又如至尊慈氏云．「決擇分見道．及於修道中．數思惟稱量．觀察修習道。」此說大乘聖者修道．尚有數數思惟稱量觀察。思擇此語．則知若說將護與修二事相違．是可笑處。

如是如說修習淨信．修四無量．修菩提心．修無常苦．皆是數數思擇將護．說名爲修．極多無邊。入行論及集學論云．「爲自意修我造此。」是二論中所說一切道之次第．皆說爲修。集學論云．「以如是故身．受用福．如其所應．當恆修習捨護淨長。」此說身及受用善根等三．於一一中．皆作捨護淨長四事．說此一切皆名爲修。故言修者．不應執其範圍太小。

又說一切分別是相執故．障礙成佛．棄捨一切觀察之修．此爲最下邪妄分別．乃是支那和尚堪布之規。破除此執．於止觀時．茲當廣說。又此邪執．障礙敬重諸大教典．以彼諸教所有義理．現見多須以觀察慧而思擇故。諸思擇者．亦見修時無所須故。又此即是聖教隱沒極大因緣．以見諸大經論．非是教授心不重故。

如是修道有思擇修．及不思擇止修二種。然如何者思擇修耶．及如何者止住修耶．謹當解釋。如於知識修習淨信．及修暇滿義大難得．死沒無常．業果生死過患．及菩提心．須思擇修。謂於此等．須能令心猛利．恆常變改其意。此若無者．則不能滅此之違品．不敬等故。起如是心．唯須依賴數數觀察思擇修故。如於貪境若多增益．可愛之相．則能生起猛利之貪．及於怨敵．若多思惟不悅意相．則能生起猛利瞋恚．是故修習此諸道者．境相明顯不明皆可．然須心力猛利恆常．故應觀修。

若心不能住一所緣．於一所緣．爲令如欲堪能住故．修止等時．若數觀察．住心不生。故於爾時則須止修。於止觀時此當廣說。

又有未解此理者．說凡智者．唯應觀修。凡孤薩黎唯應止修。此說亦非．以此一一皆須二故。雖諸智者．亦須修習奢摩他等。諸孤薩黎於善知識．亦須修習猛信等故。又此二種修行道理．於諸經藏及續藏中．俱說多種。須由觀察而修習者．若無觀修或是微少．則不能生無垢淨慧．道勝命根。慧縱略生．亦不增長．故於修道全無進步。道所修證最究竟者．如敬母阿闍黎云「慧中如徧智．」謂能無雜簡擇一切如所有性．盡所有性．即是慧故。

是故於道幾許修習．返有爾許重大忘念．念力鈍劣．簡擇取捨意漸遲鈍．當知即是走入錯道正因之相。

又於三寶等功德差別．若能多知．依此之信．亦多增長．若多了知生死過患．故生衆多厭患出離。若由多門能見解脫所有勝利．故亦於此猛利希求。若多了解大菩提心及六度等希有諸行．則於此等諸不退信．欲樂精進．漸能增廣。如是一切皆依觀慧觀察經義修習而起．故諸智者應於此理．引起定解．他不能轉。

諸於修理見解極狹者．作如是言．若以觀慧極多思擇而修習者．則能障礙專注一緣勝三摩地．故不能成堅固等持。此當宣說．若謂其心於一所緣．如其所欲．堪能安住．此三摩地．先未成辦現新修時．若數觀擇衆多所緣．定則不生．乃至其定未成以來．於引定修．唯應止修．亦是我許。若謂引發如是定前．觀修衆多．即許是此定障礙者．是全未解大車釋論宣說引發三摩地軌。謂如黠慧鍛師．將諸金銀數數火燒．數數水洗．淨除所有一切垢穢．成極柔輭堪能隨順．次作耳環等諸莊嚴具．如欲而轉堪能成辦。如是先於煩惱隨惑及諸惡行．如在修習諸黑業果生死患等時中所說應以觀慧數數修習彼等過患令心熱惱．或起厭離．以是作意如火燒金令意背棄諸黑惡品淨此諸垢。如在修習．知識功德暇滿義大三寶功德．白淨業果及菩提心諸勝利等時中所說以觀察慧數數修習此等功德令心潤澤．或令淨信．以此作意．如水洗金令意趣向諸白淨品愛樂歡喜．以白善法澤潤其心。

如是成已．隨所欲修若止若觀．於彼屬意無大劬勞．即能成辦。如是觀修即是成辦無分別定勝方便故。如是亦如聖無著云「譬如黠慧鍛師或彼弟子．若時為欲淨除金銀．一切垢穢．於時時中火燒水洗．柔輭隨順．現前堪能成辦彼彼妙莊嚴具。黠慧鍛師若彼弟子．隨所了知順彼工巧以諸工具．隨所欲樂妙莊嚴相．皆能成辦。如是諸瑜伽師若時令心由不趣向貪等垢穢而生厭離．即能不趣染污憂惱．若時令心由於善品愛樂趣向．即生歡喜。次瑜伽師為令其心於奢摩他品．或毘缽舍那品．加行修習．即於彼彼極能隨順．極能安住．無動無轉．如為成辦所思義故．皆能成辦。」

又能令心堅固安住．一所緣境勝三摩地．所有違緣要有二種．謂沈及掉。是中若有猛利無間．見三寶等功德之心．則其沈沒極易斷除．以彼對治．即是由見功德門中策舉其心．定量諸師．多宣說故。若有無間猛利能見無常苦等過患之心．則其掉舉極易斷除．以掉舉者．是貪分攝散亂之心．能對治彼．諸經論中讚厭離故。是故從於知識修信．乃至淨修行心以來．若有幾許衆多熏修．即有爾許速易成辦．智者所喜妙三摩地。又非但止修．即諸觀修亦須遠離掉沈二過．將護修習。此教授中諸大善巧先覺尊長．隨授何等應時所緣．爲令於其所緣法類．起定解故。由師教授．引諸經論．應時之義．更以先覺語錄．莊嚴環繞其心圓滿講說。又如說云「若善說者爲善聽者宣講演說．如法會中所變．心力暗中獨思難得生起。」善哉．誠然。故不應謂此是修時方略策勵．以此所說聞思之時．修行時者．即是計執說衆多法與正修持二時相違．邪分別故。

然能了解．一切講說皆爲修持者．實屬少際．故能略攝所應修事．亦可別書。

能不能現一切至言皆教授者．唯是於此修習道理．獲與未獲決定知解．隨逐而成。況於法藏諸未學者．縱於經咒廣大教典．諸久習者．至修道時．現見多成自所學習經論對方。此亦雖應廣爲決擇．然恐文繁．故不多說．破於修理諸邪分別．已廣釋訖。

今應顯示．如前所說．如理依止善知識之弟子．尊重應當如何引導之次第。

第二依已如何修心之次第分二．一於有暇身勸取心要．二如何攝取心要之理。 初中分三．一正明暇滿．二思其義大．三思惟難得。 初中分二．一閒暇．二圓滿。 今初

如攝功德寶云「由戒斷諸畜趣體．及八無暇常得暇。」謂離八無暇即是其暇．八無暇者如親友書云「執邪倒見生傍生．餓鬼地獄無佛教．及生邊地篾戾車．性為騃啞長壽天．於隨一中受生已．名為八無暇過患．離此諸過得閒暇．故當策勵斷生死。」此復若無四衆遊行．是謂邊地。[一]愚啞缺耳．斷支節等．名根不具。[二]妄執無有前世後世．業果．三寶．是邪見者。[三]無佛出世．名無佛教。[四]四中初二及最後者．不能了解應取應捨．第三不能信解正法．三惡趣者．極難發生修法之心．設少生起．亦因苦逼不能修行。長壽天者．親友書釋中說是無想及無色天．八無暇論中亦說常為欲事散亂諸欲界天。無想天者．對法中說．於第四靜慮廣果天中處於一分．如聚落外阿蘭若處。除初生時及臨沒時．餘心心所現行皆滅．住多大劫。無色聖人非是無暇．故是生彼諸異生類．以無善根修解脫道．故是無暇。恆散欲天亦復如是．故說彼等亦名無暇。如親友書釋云「此八處中以無閒暇修作善品．故名無暇。」

第二圓滿。分二．五自圓滿者．如云「人生．中．根具．業未倒．信處。」言生中者．謂能生於四衆弟子所遊之地。諸根具者．謂非騃啞．支節眼耳皆悉圓具。業未倒者．謂未自作或教他作無間之罪。信依處者．謂信毘奈耶．是世出世一切白法所生之處．毘奈耶者此通三藏。此五屬於自身所攝．是修法緣．故名自滿。五他圓滿者．如云「佛降．說正法．教住．隨教轉．有他具悲愍。」言佛降世或出世者．謂經三大阿僧祇劫積集資糧．坐菩提座現正等覺。說正法者．謂若佛陀或彼聲聞宣說正法。教法住世者．謂從成佛乃至未示入般涅槃．勝義正法．可現修證未壞滅故。法住隨轉者．謂即如是證正法者．了知有力能證．如是正法衆生．即如所證隨轉隨順教授教誡。他悲愍者．謂有施者．及諸施主與衣服等。此五屬於他身所有．是修法緣．故名他滿。聲聞地中所說前四他圓滿者．現在不具。然說正法．法教安住．隨住法轉．尚有隨順堪爲具足。

第二思惟暇滿利大者。爲欲引發畢竟樂故．若未淸淨修習正法．僅爲命存以來引樂除苦而劬勞者．旁生亦有．故雖生善趣．等同旁生。弟子書云「猶如象兒爲貪著．深阱邊生數口草．欲得無成墮險阬．願現世樂亦如是。」

總之修行如是正法．特若修行大乘道者．任隨一身．不爲完具須得如前所說之身。如弟子書云「善逝道依將成導衆生．廣大心力人所獲得者．此道非天龍得非非天．妙翅持明似人腹行得。」入胎經亦云．「雖生人中．亦具如是無邊衆苦．然是勝處．經俱胝劫．亦難獲得．諸天臨沒時．諸餘天云願汝生於安樂趣中．其樂趣者即是人趣。」諸天亦於此身爲願處故。又有欲天昔人世時．由其修道習氣深厚．堪爲新證見諦之身．然上界身．則定無新得聖道者．如前所說．欲天亦多成無暇處．故於最初修道之身．人爲第一。此復俱盧洲人．不堪爲諸律儀所依．故讚三洲之身．其中尤以贍部洲身．爲所稱歎。是故應當作是思惟．我今獲得如是妙身．何故令其空無果利．我若令此空無利者．更有何事較此自欺．較此愚蒙．而爲重大。曾數馳奔諸惡趣等無暇險處．一次得脫此若空耗．仍還彼處者．我似無心．如被明咒之所蒙蔽。由此等門應數數修．如聖勇云．「得何能下種．度生死彼岸．妙菩提勝種．勝於如意珠．功德流諸人．誰令此無果。」入行論亦云．「得如是暇已．我若不修善．無餘欺過此．亦無過此愚。若我解是義．愚故仍退屈．至臨命終時．當起大憂惱。若難忍獄火．常燒我身者．粗猛惡作火．定當燒我心。難得利益地．由何偶獲得．若我如有知．仍被引入獄．如受咒所蒙．

我於此無心．何蒙我未知．我心有何物。」敦巴亦謂慬哦瓦云．「憶念已得暇滿人身乎。」慬哦亦於每次修時必誦一遍．入中論頌中．「若時自在轉順住．設不於此自任持．墮險成他自在轉．後以何事從彼出。」而爲心要．應如是學。如其觀待畢竟義大．如是觀待現時亦然．謂增上生中．自身受用眷屬圓滿之因．布施持戒及忍辱等．若以此身易能成辦．此諸道理亦應思惟。如是觀待若增上生．若決定勝．義大之身。若不晝夜殷勤勵力此二之因．而令失壞．如至寶洲空手而返．後世亦當匱乏安樂．莫得暇身。若不得此．衆苦續生．更有何事較此欺誑。應勤思惟．如聖勇云「若衆善富人．由無量劫得．愚故於此身．未略集福藏．彼等趣他世．難忍憂惱室．如商至寶洲．空手返自家．無十善業道．後亦不能得．不得人唯苦．如何能受樂．他欺無過此．無過此大愚。」如是思後．當發極大取心要欲。如入行論云「與此工價已．令今作我利．於此無恩利．不應與一切。」又云「由依人身筏．當度大苦流．此筏後難得．愚莫時中眠。」又如博朶瓦喩法中云．「蟲禮騎野馬．藏魚梅烏食。」應如是思發起攝取心要欲樂。

第三思惟極難得者。如是暇身如事教中說．從惡趣死復生彼者．如大地土．從彼死沒生善趣者．如爪上塵。從二善趣死生惡趣者．如大地土．從彼沒已生善趣者．如爪上塵。故從善趣惡趣二俱難得．若作是念．彼由何故如是難得。如四百頌云．「諸人多受行．非殊勝善品．是故諸異生．多定往惡趣。」謂善趣人等．亦多受行十不善等．非勝妙品．由是亦多往惡趣故。又如於菩薩所．起瞋恚心．一一剎那．尚須經劫住阿鼻獄．況內相續。現有往昔多生所造衆多惡業．果未出生．對治未壞．豈能不經多劫住惡趣耶。如是若能決定淨治往昔所造惡趣之因．防護新造．則諸善趣雖非希貴．然能爾者．實極稀少。若未如是修則定往惡趣．既入惡趣則不能修善．相續爲惡．故經多劫雖善趣名亦不得聞．故極難得。入行論云．「我以如是行．且不得人身．人身若不得．唯惡全無善。若時能善行．然我不作善．惡趣苦蒙蔽．爾時我何爲。未能作諸善．然已作衆惡．經百俱胝劫．不聞善趣名。是故薄伽梵．說人極難得．如龜項趣入海漂軛木孔。雖剎那作罪．尚住無間劫．況無始生死．作惡豈善趣。」若作是念．由受惡趣苦盡昔惡業已．仍可生樂趣．故非難脫也。即受彼苦之時．時時爲惡．從惡趣沒後．仍須轉惡趣．故難脫離。如云「非唯受彼已．即便能脫離．謂正受彼時．復起諸餘惡。」如是思惟難得之後．應作是念而發欲樂攝取心要．謂若使此身爲惡行者．是徒耗費．應修正法而度時期。如親友書云．「從旁生出得人身．較龜處海遇軛木孔隙尤難故大王．應行正法令有果。若以衆寶飾金器而用除棄吐穢等若生人中作惡業此極愚蒙過於彼。」弟子書中亦云．「得極難得人身已．應勤修證所思義。」此又如大瑜伽師謂慬哦云．「應略休息。」答云「實當如是．然此暇滿實爲難得。」又如博朶瓦云．「如昔坌宇有一雕房名瑪卡喀．甚爲壯麗．次爲敵人所劫經久失壞。有一老人因此房故．心極痛惜．後有一次聞說其房爲主所得．自不能走．憑持一矛逶迤而至．如彼喜曰今得瑪卡喀．寧非夢歟。今得暇滿．亦應獲得如是歡喜而修正法。」乃至未得如是心時．應勤修學。

如是若於暇身．能發一具相取心要一欲樂．須思四法。其中須修行者．謂一切有情．皆唯愛樂而不愛苦．然引樂除苦亦唯依賴於正法故。能修行者．謂外緣知識內緣暇滿．悉具足故。此復必須現世修者．現世不修．次多生中．暇滿之身極難得故。須於現在而修行者．謂何日死無決定故。其中第三能破推延於後生中修法懈怠。第四能破雖於現法定須修行．然於前前諸年月日．不起修行．而念後後修行．亦可不趣懈怠。總攝此二爲應速修．作三亦可．是則念死亦與此係屬．然恐文繁至下當說。

如是若由種種門中正思惟者．變心力大．故應思惟如前所說。若不能者則應攝爲．如何是爲暇滿體性．現竟門中利大道理．因果門中難得道理．隨所相宜從前說中．取而修習。其中因門難獲得者．謂僅總得生於善趣．亦須戒等修一淨善．特若獲得暇滿具足．則須淨戒而爲根本．施等助伴．無垢淨願爲結合等．衆多善根。現見修積如是因者．極爲希少．比此而思善趣身果．若總若別．皆屬難得。由果門中難獲得者．觀非同類諸惡趣衆．僅得善趣．亦屬邊際．觀待同類諸善趣衆．殊勝暇身極屬希少．如格喜鐸巴云「殷重修此．餘一切法由此引生。」故應勵力。

菩提道次第廣論卷二終

菩提道次第廣論卷三

第二如何取心要之理分二。一於道總建立發決定解。二正於彼道取心要之理。　初中分二。一三士道中總攝一切至言之理。二顯示由三士門如次引導之因相。　今初

佛初發心．中集資糧．最後現證圓滿正覺．一切皆是爲利有情．故所說法一切亦唯爲利有情。如是所成有情利義．略有二種．謂現前增上生．及畢竟決定勝。其中依於成辦現前增上生事．盡其所說．一切皆悉攝入下士．或共下士所有法類。殊勝下士者．是於現世不以爲重．希求後世善趣圓滿．以集能往善趣因故。道炬論云「若以諸方便．唯於生死樂．希求自利義．知彼爲下士。」決定勝中．略有二種．謂證解脫．僅出生死．及一切種智位。其中若依諸聲聞乘及獨覺乘．盡其所說．一切皆悉攝入中士．或共中士所有法類。中士夫者．謂發厭患一切諸有．爲求自利．欲得度出三有解脫．以趣解脫方便之道三種學故。道炬論云「背棄諸有樂．遮惡業爲性．若惟求自靜．說名中士夫。」如覺窩所造攝行炬論云「尊長佛說．依密咒度彼岸．能辦菩提故．此當書彼義。」謂修種智方便有二．謂密咒大乘及波羅蜜多

大乘。此二攝入上士法類。上士夫者．謂由大悲自在而轉．為盡有情一切苦故．希得成佛學習六度及二次第等。故道炬論云．「由達自身苦．若欲正盡除他一切苦者．是為勝士夫。」此士所修菩提方便．謂波羅蜜多及咒．下當廣說。

三士之名．攝決擇曰．「復有三士．謂有成就正受非律儀非非律儀所攝淨戒律儀．亦有成就正受聲聞相應淨戒律儀．亦有成就正受菩薩淨戒律儀。其中初者為下．第二為中．第三為勝。」與此義同。復說多種上中下士建立道理。如道炬所說．世親阿闍黎於俱舍釋中．亦說三士之相。下士夫中．雖有二類．謂樂現法及樂後世。此是第二．復須趣入增上生無謬方便。

第二顯示由三士門如次引導之因相分二．一顯示何為由三士道引導之義．二如是次第引導之因相。 今初

如是雖說三士．然於上士道次第中．亦能攝納餘二士道．無所缺少．故彼二種是大乘道或分或支。馬鳴阿闍黎所造修世俗菩提心論云．「無害與諦實．與取及梵行．捨一切所執．此是善趣行。遍觀生死苦．斷故修諦道．斷除二種罪．此是寂靜行。亦應取此等．是出離道

支。由達諸法空生悲衆生流．無邊巧便行．是勝出離行。」是故此中非導令趣．唯以三有之樂．爲所欲得下士夫道．及爲自利唯脫生死．爲所欲得中士夫道．是將少許共彼二道．作上士道引導前行．爲修上士道之支分。

是故若發如前所說取心要欲．取心要之法．如中觀心論云．「誰不將無堅．如蕉沫之身．由行利他緣．修須彌堅實。上士具悲故．將刹那老死．病根本之身．爲他安樂本．具正法炬時．斷八無暇．暇應以上士行．令其有果利。」謂應念云．我身無實．如蕉如沫．衆病巢穴．老等衆苦所出生處．應以上士所有現行．度諸晝夜．令其不空而趣大乘。

若爾理應先從上士引導．云何令修共下中耶。謂修此二所共之道．即上士道發起前行．此中道理後當宣說。

第二如是次第引導之因相分二．一正明因相．二所爲義。　今初

轉趣大乘能入之門者．謂即發心．於勝菩提．若於相續中生起此心．如入行論云．「若發大心刹那頃．繫生死獄諸苦惱．應說是諸善逝子。」謂即獲得佛子之名．或菩薩名．其身即入大乘之數。若退此心．亦從大乘還退出故。是故諸欲入大乘者．須以衆多方便勵力令

發。然發此心須先修習發心勝利。令於勝利。由於至心勇悍增廣。及須歸依七支願行。是能開示菩薩道次最勝教典集學處論及入行論中所說。

如是所說勝利略有二種。謂諸現前及畢竟勝利。初中復二。謂不墮惡趣及生善趣。若發此心能淨宿造衆多惡趣之因。能斷當來相續積集。諸善趣因。先已作者。由此攝故增長廣大。諸新作者。亦由此心爲等起故無窮盡際。畢竟利義者。謂諸解脫及一切種智。亦依此心易於成辦。若於現時畢竟勝利。先無眞實欲得樂故。雖作是言。此諸勝利從發心生。故應勵力發起此心。亦唯空言。觀自相續極明易了。若於增上生及決定勝二種勝利發欲得者。故須先修共中下士所有意樂。如是若於二種勝利。發欲得已。趣修具有勝利之心者。則須發起此心根本大慈大悲。此復若思自於生死安樂匱乏衆苦逼惱流轉道理。身毛全無。若動若轉。則於其他有情流轉生死之時。樂乏苦逼定無不忍。入行論云「於諸有情先如是思自利。夢中尚未夢。何能生利他。」故於下士之時。思惟自於諸惡趣中受苦道理。及於中士之時。思惟善趣無寂靜樂。唯苦道理。次於親屬諸有情所。比度自心而善修習。即是發生慈悲之因。菩提之心從此發生。故修共同中下心者。即是生起眞菩提心所有方便。非是引導令趣餘途。如是又於彼二時中．思惟歸依及業果等．多門勵力集福淨罪．如其所應．即菩提心之前行．修治相續之方便七支行願及歸依等。故應了知此等即是發心方便。此中下中法類．即是發無上菩提心支分之道理．尊重亦當善爲曉喻弟子於此應獲定解。每次修時當念此義．修菩提心發生支分．極應愛重．若不爾者．則此諸道與上士道別別無關。乃至未至實上士道．於菩提心未得定解而成此心發生障礙．或於此間失大利義．故於此事應殷重修。如是修習中下之道及善修習．如上士時所說道已．於相續中．隨力令生眞菩提心。次爲此心極堅固故．應以不共歸依爲先而受願軌．由願儀軌正受持已．於諸學處應勵力學。次應多修欲學之心．謂欲學習六度四攝菩薩行等。若由至心起欲學已．定受行心清淨律儀。次應捨命莫令根本罪犯染著．餘中下纏及諸惡作．亦應勵力莫令有染．設若有犯．亦應由於如所宣說出犯門中．善爲淨治。次應總學六到彼岸．特爲令心於善所緣．堪能隨欲而安住故．應善學習止體靜慮．道炬論說爲發通故修奢摩他者．僅是一例．覺噶於餘處亦說爲發毗缽舍那．故爲生觀亦應修止。

次爲斷執二我縛故．以見決定無我空義．次應將護無謬修法．成辦慧體毗缽舍那。如道炬釋說除修止觀學習律儀學處以下．是爲戒學奢摩他者是三摩地．或爲心學。毗婆舍那．是爲慧學。復次奢摩他下是方便分福德資糧．依世俗諦所有之道．廣大道次。發起三種殊勝慧者．是般若分．智慧資糧．依勝義諦甚深道次。應於此等次第決定．數量決定．智慧方便．僅以一分不成菩提．發大定解。

由如是理．欲過諸佛功德大海．佛子鵝王是由雙展廣大方便．圓滿無缺世俗諦翅．善達二種．無我眞實勝義諦翅．乃能超過。非是僅取道中一分．如折翅鳥所能飛越。如入中論云「眞俗白廣翅圓滿．鵝王列衆生鵝前．承善風力而超過．諸佛德海第一岸。」

如是以諸共道淨相續已．決定應須趣入密咒。以若入密速能圓滿二資糧故。設若過此非所能堪．或由種性功能羸劣．不樂趣者．則應唯將此道次第．漸次增廣。

若入密咒者．則依知識法勝出前者．依咒所說應當隨行．以總一切乘特密咒中．珍重宣說故。次以根源清淨續部．所出灌頂成熟身心。爾時所得一切三昧耶及律儀．應寧捨命如理護持。特若受其根本罪染．雖可重受．然相續已壞．功德難生．故應勵力莫令根本罪犯染者。又應勵防諸支罪染．設受染者．亦應悔除．防止令淨．以三昧耶及諸律儀．是道本故。

次於續部．若是下部有相瑜伽．若是上部生次瑜伽．隨其一種善導修學。此堅固已．若是下部無相瑜伽．或是上部滿次瑜伽．隨於其一應善修學。

道炬論說．如是建立道之正體．故道次第亦如是導．大覺嚩師於餘論中亦嘗宣說．攝修大乘道方便論云．「欲得不思議．勝無上菩提．賴修菩提故．樂修爲心要．已得極難得．圓滿暇滿身．後極難獲故．勤修令不空。」又云．「如犯從牢獄．若有能逃時．與餘事非等．速從彼處逃。此大生死海．若有能度時．與餘事非等．應當出有宅。」又云．「歸依增上戒．及住願根本應受菩薩律．漸隨力如理．修行六度等．菩薩一切行。」又云．「方便慧心要．修止觀瑜伽。」一定資糧品亦云．「先固悲力生．正等菩提心．不著有報樂．背棄諸攝持。圓滿信等財．敬師等於佛．具師教律儀．善勤於修習。瓶密諸灌頂．由尊重恩得．行者身語心．淸淨成就器。由圓滿定支．所生資糧故．速當得成就．是住密咒規。」

第二所爲義者．若中下士諸法品類．悉是上士前加行者．作爲上士道次足矣．何須別立共中下士道次名耶。別分三士而引導者．有二大義．一爲摧伏增上我慢．謂尚未起共同中下士夫之心．即便自許我是大士。二爲廣益上中下心．廣饒益之理者．謂上二士夫．亦須希求得增上生及其解脫。故於所導上中二類補特伽羅，教令修習此二意樂，無有過失，起功能故。若是下品補特伽羅，雖令修上，既不能發上品意樂，又棄下品，俱無成故。

復次爲具上善根者，開示共道，令其修習，此諸功德或先已生，若先未生速當生起。若生下下可導上上，故於自道非爲迂緩。須以次第引導心者，陀羅尼自在王請問經中，以黠慧寶師漸磨摩尼法喻合說，恐文太繁，故不多錄。

龍猛依怙亦云：「先增上生法，決定勝後起，以得增上生，漸得決定勝。」此說增上生道及決定勝道，次第引導。聖者無著亦云：「又諸菩薩爲令漸次集善品故，於諸有情，先審觀察。知劣慧者，爲說淺法，隨轉粗近教授教誡。知中慧者，爲說中法，隨轉處中教授教誡。知廣慧者，爲說深法，隨轉幽微教授教誡。是名菩薩於諸有情次第利行。」聖天亦於攝行炬論成立先須修習到彼岸乘意樂，次趣密咒漸次道理。攝此義云：「諸初業有情，轉趣於勝義，正等覺說此，方便如梯級。」四百論中亦說道次極爲決定：「先遮止非福，中間破除我，後斷一切見，若知爲善巧。」此說道有決定次第。敬母善巧阿闍黎亦云：「如淨衣染色，先以施等語善法動其心，次令修諸法。」月稱大阿闍黎亦引此教爲所根據，成立道之次第決定。現見於道引導次第諸修行者．極應珍貴．故於此理．應當獲得堅固定解。

第二正取心要分三．一於共下士道次修心．二於共中士道次修心．三於上士夫道次修心。　初中分三．一正修下士意樂．二發此意樂之量．三除遣此中邪執。　初中分二．一發生希求後世之心．二依止後世安樂方便。　初中分二．一思惟此世不能久住憶念必死．二思惟後世當生何趣二趣苦樂。　初中分四．一未修念死所有過患．二修習勝利．三當發何等念死之心．四修念死理。　今初

如是於其有暇身時．取心藏中有四顚倒．於諸無常執爲常倒．即是第一損害之門。其中有二．謂粗及細．於其粗劣死無常中．分別不死．是損害門。此復僅念今後邊際定當有死．雖皆共有．然日日中乃至臨終．皆起是念今日不死．今亦不死．其心終執不死方面。若不作意此執對治．被如是心之所蓋覆．便起久住現法之心。於此時中．謂須如是如是衆事．數數思惟．唯於現法除苦引樂所有方便．不生觀察後世解脫一切智等大義之心．故不令起趣法之意。設有時趣聞思修等．然亦唯爲現法利故．令所修善勢力微弱。復與惡行罪犯相屬而轉．故未糅雜惡趣因者．極爲希貴。

設能緣慮後世而修．然不能遮後時漸修延緩懈怠．遂以睡眠昏沈雜言飲食等事．散

耗時日．故不能發廣大精勤．如理修行。

如是由希身命久住所欺誑故．遂於利養恭敬等上．起猛利貪。於此障礙．或疑作礙．起猛利瞋．於彼過患蒙昧愚癡。由利等故．引起猛利我慢嫉等諸大煩惱及隨煩惱如瀑流轉。復由此故．於日日中漸令增長．諸有勝勢．能引惡趣猛利大苦．身語意攝十種惡行．無間隨近．謗正法等諸不善業。又令漸棄能治彼等．善妙宣說甘露正法．斷增上生及決定勝。所有命根．遭死壞已．爲諸惡業引導．令赴苦痛粗猛．炎燒非愛諸惡趣處．何有過此暴惡之門。四百論亦云．「若有三世主．自死無教者．彼若安然睡．豈有暴於此。」入行論亦云．「須棄一切走．我未如是知．爲親非親故．作種種罪惡。」

第二修習之勝利者。謂若眞起隨念死心．譬如決斷今明定死．則於正法稍知之士．由見親屬及財物等不可共往．多能任運遮彼貪愛．由施等門樂取堅實。如是若見爲求利敬及名稱等世間法故．一切劬勞皆如扇揚諸空穀殼．全無心實．是欺誑處，便能遮止諸罪惡行。由其恆常殷重精進．修集歸依及淨戒等諸微妙業．遂於無堅身等諸事取勝堅實。由是自能昇勝妙位．亦能於此導諸衆生．更有何事義大於此。是故經以多喩讚美．大般涅槃經云「一切耕種之中．秋實第一．一切跡中．象跡第一．一切想中．無常死想是爲第一．由是諸想能除三界一切貪欲無明我慢。」如是又以是能頓摧一切煩惱惡行大椎．是能轉趣頓辦一切勝妙大門．如是等喻而爲讚美。集法句中亦云「應達此身如瓦器．如是知法等陽燄．魔花刃劍於此折．能趣死王無見位。」又云．「如見衰老及病苦．并見心離而死亡．勇士能斷如牢家．世庸豈能遠離欲。」總之能修士夫義時．唯是得此殊勝暇身期中．我等多是久住惡趣．設有少時暫來善趣．亦多生於無暇之處。其中難獲修法之時．縱得一次堪修之身．然未如理修正法者．是由遇此且不死心．故心執取不死方面．是爲一切衰損之門。其能治此憶念死者．即是一切圓滿之門。故不應執此是無餘深法可修習者之所修持．及不應執．雖是應修然是最初僅應略修．非是堪爲恆所修持。應於初中後三須此之理．由其至心發起定解而正修習。

第三當發何等念死心者。若由堅著諸親屬等增上力故．恐與彼離起怖畏者．乃是於道全未修習畏死之理．此中非是令發彼心。若爾者何．謂由惑業增上所受一切之身．皆定不能超出於死。故於彼事雖生怖懼．暫無能遮．爲後當來世間義故．未能滅除諸惡趣因．未能成辦增上生因決定勝因．即便沒亡而應恐怖。若於此事思惟怖畏．則於此等有可修作．能令臨終無所怖畏．若未成辦如是諸義．總之不能脫離生死．特當墮落諸惡趣．故深生畏懼．臨終悔惱。本生論云．「雖勵不能住．何事不可醫．能作諸怖畏．其中有何益。如是若觀世法性．諸人作罪當憂悔．又未善作諸妙業．恐於後法起諸苦．臨終畏懼而蒙昧．若何能令我意悔．我未憶作如是事．復善修作白淨業．安住正法誰畏死。」四百論中亦云．「思念我必死．若誰有決定此棄怖畏．故豈畏於死主。」故若數數思惟無常．念身受用定當速離．則能遮遣．希望不離彼等愛著．由離此等所引憂惱增上力．故怖畏死沒皆不得生。

第四如何修念死者。謂應由於三種根本．九種因相．三種決斷門中修習。此中有三．一思決定死．二思惟死無定期．三思惟死時除法而外餘皆無益。

初中分三。思惟死主決定當來．此復無緣能令却退者．謂任受生何等之身．定皆有死．無常集云．「若佛若獨覺．若諸佛聲聞．尚須捨此身．何況諸庸夫。」任住何境．其死定至者．即彼中云．「住於何處死不入．如是方所定非有．空中非有海中無．亦非可住諸山間。」前後時中諸有情類．終為死摧．等無差別．即如彼云．「盡其已生及當生．悉捨此身而他往．智者達此悉滅壞．當住正法決定行。」於其死主逃不能脫．非以咒等而能退止．如教授勝光大王經云「譬如若有四大山王．堅硬隱固成就堅實．不壞不裂無諸隕損．至極堅强純一實密。觸天磨地從四方來．研磨一切草木本幹及諸枝葉．并研一切有情有命諸有生者．非是速走易得逃脫．或以力退．或以財退．或以諸物及咒藥等易於退却。大王．如是此四極大怖畏來時．亦非於此速走能逃．或以力退．或以財退．或以諸物及咒藥等易於退却。何等爲四．謂老病死衰。大王．老壞强壯．病壞無疾．衰壞一切圓滿豐饒．死壞命根。從此等中非是速走易得逃脫．或以力退．或以財退．或以諸物及咒藥等易於靜息。」迦摩巴云「現須畏死．臨終則須無所恐懼。我等反此．現在無畏．至臨終時用爪抓胸。」

思惟壽無可添．無間有減者。如入胎經云「若於現在善能守護．長至百年或暫存活。」極久邊際僅有爾許．縱能至彼．然其中間壽盡極速。謂月盡其年．日盡其月．其日亦爲晝夜盡銷．此等復爲上午等時而漸銷盡．故其壽命總量短少。此復現見多已先盡．所餘壽量雖刹那許亦無可添．然其損減則遍晝夜無間有故。入行論云「晝夜無暫停．此壽恆損減．亦無餘可添．我何能不死。」此復應從衆多喻門而正思惟。謂如織布．雖織一次僅去一縷．然能速疾完畢所織。爲宰殺故．如牽所殺羊等步步移時．漸近於死。又如江河猛急奔流．或如險岩垂注瀑布．如是壽量．亦當速盡。又如牧童持杖驅逐．令諸畜類．無自主力而赴其所．其老病等．亦令無自在引至死前。此諸道理．應由多門而勤修習．如集法句云．「譬如舒經織．隨所入緯線．速窮緯邊際．諸人命亦爾。如諸定被殺．隨其步步行．速至殺者前．諸人命亦爾。猶如瀑流水．流去無能返．如是人壽去．亦定不回還。艱勞及短促．此復有諸苦．唯速疾壞滅．如以杖晝水．如牧執杖驅．諸畜還其處。如是以老病．催人到死前。」如傳說大覺嚩行至水岸．謂「水漸漸流．此於修無常極爲便利。」說已而修。大遊戲經亦以多喻宣說「三有無常如秋雲．衆生生死等觀戲．衆生壽行如空電．猶崖瀑布速疾行。」又如說云「若有略能向內思者．一切外物．無一不爲顯示無常。」故於衆事皆應例思．若數數思能引定解．若略思惟．便言不生．實無利益。如迦摩巴云「說思已未生．汝何時思．晝日散逸．夜則昏睡．莫說妄語。」非但壽邊爲死所壞．而趣他世．即於中間行住臥三．隨作何事．全無不減壽量之時。首從入胎．即無刹那而能安住．唯是趣向他世而行．故於中間生存之際．悉被老病使者所牽．唯爲死故導令前行。故不應計於存活際．不趣後世安住歡喜．譬如從諸高峯墮時．

未至地前空墜之際，不應歡樂。此亦如四百頌釋引經說云：「人中勇識如初夜，安住世間胎胞中，彼從此後日日中，全無暫息趣死前。」破四倒論亦云：「如從險峯墮地壞，豈於此空受安樂，從生為死常奔馳，有情於中豈得樂。」此等是顯決定速死。

思於生時亦無閒暇修行妙法，決定死者。謂縱能至如前所說，爾許長邊，然亦不應執為有暇。謂無義中先已耗去衆多壽量，於所餘存亦由睡眠分半度遷，又因散亂徒銷非一，少壯遷謝至衰耄時，身心力退，雖欲行法，然亦無有勤修之力，故能修法時實為少許。入胎經云：「此中半數為睡覆蓋，十年頑稚，念年衰老，愁嘆苦憂及諸恚惱亦能斷滅，從身所生多百疾病，其類非一亦能斷滅。」破四倒論亦云：「此諸人壽極久僅百歲，此復初頑後老徒銷耗，睡病等摧令無可修時，住樂人中衆生壽餘幾。」伽喀巴亦云：「六十年中除去身腹睡眠疾病，餘能修法尚無五載。」

如是現法一切圓滿，於臨死時唯成念境，如醒覺後念一夢中所受安樂。若死怨敵定當到來，無能遮止，何故愛著現法欺誑。如是思已，多起誓願，決斷必須修行正法。如本生論所說而思：「嗟呼世間惑，匪堅不可喜，此姑姆達會，亦當成念境。衆生住於如是性，衆生無畏極希有死主自斷一切道．全無怖懼歡樂行。現有老病死作害．大勢怨敵無能遮．定赴他世苦惱處．誰有心知思愛此。」迦尼迦書中亦云．「無悲愍死主．無義殺士夫．現前來殺害．智誰放逸行。故此極勇暴猛箭無錯謬．乃至未射放．當勤修自利。」

第二思惟死無定期者。謂今日已後百年以前．其死已定．然此中間何日而來．亦無定期．即如今日謂死不死．俱不決定。然心應執死亡方面．須發今日定死之心。以念今日決定不死．或多分不死．其心則執不死方面．便專籌備久住現法．不能籌備後世之事．於此中間爲死所執．須帶憂悔而沒亡故。若日日中籌備死事．則多成辦他世義利．縱不即死．造作此事亦爲善哉．若即死者．則此尤其是所必須．譬如自有能作猛利損害大敵．從此時期至彼時期．知其必至．然未了知何日到來．須日日中作其防愼。

若日日中．能起是念今日必死．下至能念多分是死．則能修作所當趣赴後世義利．不更籌備住現世間．若未生起如此意樂．於現世間見能久住．便籌備此而不修作後世義利。譬如若念久住一處．則計設備住彼所須．若念不住當他往者．則當備作所趣之事．故日日中．定須發起必死之心。

此中分三。思贍部洲壽無定者．總之俱盧壽量決定．諸餘處者各各於自能住壽量．雖無決定．然亦多數能得定限。贍部洲壽極無定準．劫初壽數經無量年．今後須以滿十歲爲壽長際．即於現在老幼中年．於何時死皆無定故。如是亦如俱舍論云．「此中壽無定．末十初無量。」集法句云．「上日見多人．下日有不見．下日多見者．上日有不見。」又云．「若衆多男女．强壯亦歿亡．何能保此人．尚幼能定活。一類胎中死．如是有產地．又有始能爬．亦有能行走．有老有幼稚．亦有中年人．漸次當趣沒．猶如墮熟果。」應當作意所見所聞若諸尊重或友伴等．壽未究竟．忽由內外死緣．未滿心願而死。念我亦定是如是法．應數思惟．應令發生必死之心。

思惟死緣極多．活緣少者。謂於此命有多違害．謂諸有心及諸無心．若諸魔屬人非人等．衆多違害及旁生類．損此身命．亦有多種。彼等如何違害之理．如是內中所有諸病及外大種違損之理．皆應詳思。復次自身由四大種成．彼等亦復互相違害．諸大種界若不平等．有所增減．能發諸病．而奪命根．此諸違害．是與自體俱生而有．故於身命無可安保。如是亦如大涅槃經云．「言死想者．謂此命根．恒有衆多怨敵圍繞．剎那剎那漸令衰退．全無一事能使增長。」寶鬘論亦云．「安住死緣中．如燈處風內。」親友書亦云．「若其壽命多損害．較風激泡尤無常．出息入息能從睡．有暇醒覺最希奇。」四百論亦云．「無能諸大種生起說名身．於諸違云樂．一切非應理。」現是五濁極濃厚時．修集能感長壽久住大勢妙業．極其稀寡．飲食等藥．勢力微劣．故皆少有能治病力．諸所受用．安然消後．能長身中諸大種分．勢用虧減．故難消化．縱能消已亦無大益．資糧寡集．惡行尤重．念誦等事．勢力微劣．故延壽等．極屬難事。又諸活緣．亦無不能爲死緣者．爲不死故求諸飲食房舍伴等．此復由其受用飲食太多太少及不相宜．房舍倒塌．親友欺侮．是等門中而成死緣．故實不見有諸活緣．非死緣者。

復次存活即是趣向於死沒．故活緣雖多．然無可憑。寶鬘論云．「死緣極衆多．活緣唯少許．此等亦成死．故當常修法。」

思惟其身極微弱．故死無定期者。身如水沫．至極微劣．無須大損．即如名曰芒刺所傷．且能壞命．故由一切死緣違害．是極易事。親友書云．「七日燃燒諸有身．大地須彌及大海．尚無灰塵得餘留．況諸至極微弱人。」如是思後．不見死主何時決定壞其身命．莫謂有暇．

應多立誓．決從現在而修正法。如迦尼迦書云．「死主悉無親．忽爾而降臨．莫想明後行．應速修正法．此明後作此．是說非賢人．汝當何日無．其明日定有。」瑜伽自在吉祥勝逝友慶喜亦云．「國主所借身．無病衰樂住．爾時取堅實．病死衰無畏．病老衰等時．雖念有何益。」三根本中極重要者．厥由思惟死無定期．能變其心．故應勵修。

第三思惟死時除法而外．餘皆無益之三者。如是若見須往他世．爾時親友極大憐愛而相圍繞．然無一人是可隨去．盡其所有悅意寶聚．然無塵許可得持往．俱生骨肉尚須棄捨．況諸餘法。是故現法一切圓滿．皆棄捨我．我亦決定棄捨彼等．而赴他世。復應思惟．今日或死．又應思惟．爾時唯法是依是怙．是示究竟所有道理。迦尼迦書云．「能生諸異熟．先業棄汝已．與新業相係．死主引去時．當知除善惡．餘衆生皆返．無一隨汝去．故應修妙行。」吉祥勝逝友亦云．「天王任何富．死赴他世時．如敵刦於野．獨無子無妃．無衣無知友．無國無王位．雖有無量軍．無見無所聞．下至無一人．顧戀而隨往．總爾時尚無．名諱況餘事。」

如是思惟有暇義大而實難得．及雖難得然極易壞．念其死亡．若不勤修後世．以往畢竟安樂．僅於命存引樂除苦者．則諸旁生有大勢力．尤過於人．故須超勝彼等之行．若不爾者．雖得善趣．仍同未得。如入行論云．「畜亦不難辦．爲是小利故．業逼者壞此．難得妙暇滿。」以是此心縱覺難生．然是道基．故應勵力。博朶瓦云．「除我光榮者．即是修習無常．由已了知．定當除去親屬資具等現世一切光榮．獨自無伴而往他世．除法而外．皆無所爲．不住現法．始得生起．乃至心中未能生此．是乃遮阻一切法道。」鐸巴亦云．「若能兼修積集資糧淨治罪障．啓禱本尊及諸尊長．並發刻勤慇重思惟．雖覺百年亦不能生．然諸無常不安住故．略覺艱難即得生起。」於迦瑪巴請求另易所緣境時．重述前法。請其後者．則云後者全未能至。

如是自心若能堪任．應如前說而正修習。若不堪者．則隨其所稱．取三根本九種因相．觀現法中所有諸事．猶如臨殺飾以莊嚴．應當乃至意未厭離．數數修習。若經論中．何處有說親近知識暇滿無常諸法品類．皆應了知．是彼彼時所有行持．取而修習．乃能速得諸佛密意。餘處亦當如是了知。

第二思惟後世當生何趣．二趣苦樂者。如是決定速死沒故．於現法中無暇久居．然死而後亦非斷無．仍須受生．此復唯除二趣之外．無餘生處．謂生善趣或是惡趣。於彼中生．非自自在．以是諸業他自在故．如黑白業牽引而生。如是我若生惡趣者．當爲何等．故應思惟諸惡趣苦。如龍猛依怙云「日日恆應念極寒熱地獄．亦應念飢渴憔悴諸餓鬼應觀念極多愚苦諸旁生。斷彼因行善．瞻部洲人身難得今得時．勵斷惡趣因。」此中所修生死總苦．惡趣別苦至極切要。謂若自思墮苦海理．意生厭離能息傲慢。由見苦是不善果故．於諸惡罪極生羞恥．不樂衆苦故而樂安樂。由見安樂是善果故．於修善法深生歡喜．由量自心而悲愍他．由厭生死希求解脫．由畏衆苦發起猛利眞歸依等．故是能攝衆多修要大嗢柁南。如是亦如入行論云「無苦無出離．故心汝堅忍。」又云．「復次苦功德．厭離除憍傲．悲愍生死者羞惡樂善行。」又云「我由畏怖故．將自奉普賢。」此諸苦德入行論中雖依自身已有之苦增上而說．然其當受衆苦亦爾。以是因緣．思惡趣苦。

其中分三．一思惟地獄所有衆苦．二旁生所有衆苦．三餓鬼所有衆苦。　初中分四．一大有情地獄．二近邊地獄．三寒冷地獄．四獨一地獄。　今初

謂從此過三萬二千踰繕那下有等活地獄。從此漸隔四千四千踰繕那下．而有餘七。如是八中初等活者．謂彼有情多共聚集．業增上故．種種苦具次第而起．互相殘害．悶絕躃地，次虛空中，發如是聲，汝諸有情可還等活。次復欻起，如前殘害，由是當受無量衆苦。二黑繩者，其中所生諸有情類，謂多當受如是衆苦，諸守獄卒，以黑繩拼，或爲四方，或爲八方，或爲種種非一紋畫，如其所拼，如是以刀，或斫或割。三衆合者，謂彼有情，或時展轉而共集會，爾時獄卒驅逐令入，如二羺頭鐵山之間，從此無間兩山合迫，爾時從其一切門中，血流涌注，如是如諸羊馬象獅，及如虎頭，合迫亦爾。又集會時，驅逐令入極大鐵槽，壓迫全身，如壓甘蔗。又集會時，有大鐵山從上而墮，於鐵地基若斫若剖，若擣若裂，如是等時，血流涌注。四號叫者，謂彼有情尋求宅舍，即便趣入大鐵室中，始纔入已，火便熾起，由是燃燒。五大號叫者，多與前同，其差別者，謂其鐵室層匝有二。六燒熱者，謂彼有情爲諸獄卒，置於衆多踰繕那量極熱燒然大鐵鏊中，展轉燒燂，猶如炙魚，熾然鐵弗，從下貫入，徹頂而出，從口二眼，二鼻二耳，一切毛孔，猛燄熾生。又置熾然大鐵地上，或仰或覆，以極熾然炎熱鐵椎，或打或築。七極熱者，謂以三尖大熱鐵弗，從下貫入左右二鋒，徹左右髆，中從頂出，由是因緣從口等門，猛燄熾生。又以熾然炎熱鐵鍱，徧裹其身。又復倒擲熾然涌沸彌滿灰水大鐵鑊中，其湯涌沸，上下漂轉，若時銷爛皮肉血脈，唯餘骨瑣，爾時漉出置鐵地上，待其皮肉血脈生已，還擲鑊中．餘如燒熱。八無間者．謂自東方多百非一踰繕那地．猛火熾然．即從其中騰燄而來．由此漸壞彼諸有情皮肉筋骨．直徹其髓．徧身一切猛燄熾然．燒如脂燭．所餘三方．悉皆如是。四方火來．於彼合雜．所受苦痛．無有間隙．唯因號哭叫苦聲音．知是有情。又於盛滿熾然鐵炭大鐵箕中．而爲揃簸。又命登下熱鐵地上．諸大鐵山。又從口中拔出其舌．以百鐵釘．釘而張之．令無皺襵．如張牛皮。又置鐵地令其仰臥．以大鐵鉗鉗口令開．熾然鐵丸置其口中。又以洋銅而灌其口．燒口及喉．徹諸腑臟．從下流出。所餘諸苦．如極燒熱。此但略說粗顯苦具．非餘種種衆多苦具而不可得．如是所住住處之量及諸苦等．是如本地分中所說錄出。

此諸大苦要經幾時而領受者．如親友書云「如是諸苦極粗暴．雖受經百俱胝年．乃至不善未盡出．爾時與命終不離。」謂其乃至能受業力未盡以來．爾時定須受彼諸苦。此復人間五十歲．是四天王衆天一日一夜．以此三十爲一月．十二月爲一歲．此五百歲是四天王衆天壽量。總此一切爲一日夜．三十日夜爲一月．此十二月爲一歲．此五百歲．是爲等活地獄壽量。如是人間百歲二百四百八百千六百歲．如其次第是三十三．乃至他化自在諸天．一日一夜．其壽量者．謂各自天千歲二千四千八千萬六千歲。如此次第．是從黑繩．乃至燒熱一日一夜。以各自歲．從千乃至一萬六千。俱舍論云．「人中五十歲．是欲界諸天。下者一日夜．上者倶倍增。」又云．「等活等六次．日夜與欲天壽等．故彼壽．數與欲天同．極熱半無間中劫。」本地分中亦同是義。

近邊者。謂彼八種大那落迦．一一各有四牆四門．其外皆有鐵城圍繞．其城亦復各有四門．一一門外有餘四四有情地獄。謂煻煨坑。屍糞臭泥．或穢糞泥．惡臭如屍。利刀道等。無極大河。其中初者．謂有煻煨．沒齊膝許．彼諸有情．爲求舍宅．遊行至此．下足之時．皮肉及血．並皆銷爛．舉足之時．皮等還生。第二者．謂即與此無間相隣．有穢糞坑．臭如死屍．彼諸有情．爲求舍宅．遊行至此．顚陷其中．首足倶沒．其糞泥內．多有諸蟲．名曰利觜．穿皮入肉．斷筋破骨．取髓而食。第三者．謂與此泥無間相隣．有多利刀仰刃爲路．彼諸有情．爲求舍宅．遊行至此．下足之時．皮肉筋血．悉皆刺截．舉足之時．復生如故。與此無間．有劍葉林．彼諸有情．爲求舍宅．遊行至此．遂趣其陰．纔坐其下．衆多葉劍．從樹而落．斫截其身．一切支節。是諸有情．便即躃地．來諸氂狗．摣製脊胎．而噉食之。從此無間．有鐵設拉末梨林．彼諸有情．爲求舍宅．遊行至此．遂登其上．當登之時．諸刺向下．欲下之時．復迴向上。由是貫刺一切支節。次有大烏名曰鐵柴．上彼頭頂．或上其膊．探啄眼睛而噉食之．是等同是刀劍苦害．故合爲一。第四者．設拉末梨無間相隣．有廣大河名曰無極．沸熱灰水彌滿其中。彼諸有情爲求舍宅．墮中煎煮．上下漂沒．如以豆等置大鑊中．以水彌滿猛火煎煮。其河兩岸．有諸獄卒手執杖索．及以大網行列而住．遮不令出．或以索羂．或以網漉．仰置熾然大鐵地上．問何所欲．彼若答曰．我等今者竟無覺知．然甚飢渴．便以極熱燒然鐵丸置其口中．及以洋銅而灌其口。此等皆如本地分說．其中復說近邊獨一．二中壽量無有決定．然其能感如是苦業．乃至未盡爾時即當於如是處．恆受諸苦。

八寒地獄者。謂從八大有情地獄．橫去一萬踰繕那外．是有彼處。即從此下三萬二千踰繕那處．有寒皰獄。次下各隔二千二千踰繕那處．有餘七焉。其中皰者．謂遭廣大寒觸所觸．一切身分悉皆卷縮．猶如瘡皰。皰裂之中所有差別．謂瘡卷皺如泡潰爛。嚈哳詀。郝郝凡。虎虎凡者．是以叫苦聲音差別．而立其名。裂如青蓮者．謂遭廣大寒觸所觸．其色青瘀．裂五或六。裂如紅蓮．所有差別．謂過青已．變爲紅赤．皮膚分裂．或十或多。裂如大紅蓮所有差別．謂其皮膚變極紅赤．分裂百數．或更繁多。如是次第處所量齊．及諸苦等．皆是依於本地分說。本生論云．「斷無見者於後世．當住寒風黑暗中．由此能銷諸骨節．誰欲自利而趣彼。」此說住於黑暗之中．弟子書中亦云．「無比嚴寒侵骨力．偏身慄戰而縮屈．百皰起裂生諸蟲．嚼抓脂髓水淋滴．寒迫齒戰毛髮豎．眼耳喉等悉寒逼．身心中間極蒙蔽．住寒地獄苦最極。」

受如是苦經幾時者．謂乃至未盡如是惡業。此又如本地分云．「生寒地獄有情壽量．當知望於諸大有情地獄有情．次第相望各近其半。」俱舍釋中引經說云．「諸苾芻．譬如此間摩羯陀國．納八十斛胡麻大篅．以諸胡麻高盛充滿。次若有人經越百歲．取一胡麻．諸苾芻．由是漸次容八十斛胡麻大篅速當永盡．然我不說生寒皰中諸有情壽而能永盡。諸苾芻．如二十皰．如是乃爲一皰裂量．廣說乃至。又諸苾芻．如其二十裂．如紅蓮．如是裂如大紅蓮量．其一亦爾。」謂乃至爾許壽量受苦。

獨一地獄者。謂於寒熱地獄近邊。本地分說人間亦有。事阿笈摩．亦說住於近大海岸．猶如僧護因緣中說。俱舍釋亦云．「如是十六有情地獄．是由一切有情共業增上而成。獨一地獄．或由衆多．或二或一．別業而成。此等形相差別非一．處所無定．若河若山若曠野處．

若所餘處，若於地下，悉皆有故。」如是能感於彼等中受生之因，如下當說。極近易爲，於日日中亦集多種，先已集者現有無量，是故不應安穩而住，應思此等深生畏怖，與彼中間唯除隔絕悠悠之息而無餘故。如是亦如入行論云，「已作地獄業，何故安穩住。」親友書亦云，「諸作惡者唯出息，未斷之時而間隔，聞諸地獄無量苦，如金剛性無所畏。見畫地獄及聽聞，憶念讀誦造形相，尚能引發諸恐怖，況諸正受猛異熟。」生死苦中，諸惡趣苦，極難忍受，其中復以地獄諸苦極難堪忍，於一日中，以三百矛，無間猛刺，所有痛苦，於地獄中，微苦少分，亦莫能比，諸地獄中，又以無間苦爲至極。親友書云，「如於一切安樂中，永盡諸愛爲樂主，如是一切衆苦中，無間獄苦極粗猛。此間日以三百矛，極猛貫刺所生苦，此於地獄輕微苦，非喩非能及少分。」能感如是衆苦之因，唯是自內三門惡行，如是知已，應盡士夫力用策勵，輕微惡行，莫令染著。即前書云，「此諸不善果種子，即身語意諸惡行，汝應盡力而策勵，縱其塵許莫令侵。」

思惟旁生苦者，謂旁生中諸羸劣者，爲諸强力之所殺害，又爲人天資生之具，自無自在，爲他驅馳，遭其傷殺捶打損惱。本地分說，與諸人天共同依止，無別處所。俱舍釋云，「旁生謂諸水陸空行．其處根本是．謂大海．餘者皆從大海散出。」親友書亦云．「旁生趣中遭殺害．繫縛打等種種苦．諸離寂滅淨善者．互相吞噉極暴惡。有因眞珠及毛骨．由肉皮故而死亡．無自在故由他驅．足手鞭鉤及棒打。」其中初頌．顯示總苦．其第二頌．顯示別苦。言打等中等攝驅馳及穿鼻等．此是依於由人非人作殺害等。互吞噉者．是約傍生衆同分中．所爲損害。寂滅淨善者．謂能證得涅槃善法。遠離此者．顯極愚蒙．不堪道器。從足踢使．至以棒打．而爲驅使．五事如次．謂馬水牛驢象牛等。此等是如親友書釋中所說．其餘尙有生於黑暗及以水中．老死於彼．負重疲勞．耕耘剪毛．强逼驅使。又以非一．殺害方便苦惱而殺。又受飢渴．寒暑逼惱。又由獵士．多方惱害．應於此等常懸畏懼．思惟衆多苦惱道理．厭患出離。

其壽量者．俱舍論云．「旁生長經劫。」謂壽長者．能達劫量．短則無定。

菩提道次第廣論卷三終

菩提道次第廣論卷四

思惟餓鬼苦者。謂諸習近上品慳者．生餓鬼中．彼復常與餓渴相應．皮及血肉悉皆枯槁．猶如火炭．散髮覆面．口極乾焦．舌常舐略。此中有三．於諸飲食有外障者．謂彼若趣泉海池沼．即於其處爲餘有情持劍槍矛．遮其泉等不令趣近．及見其水變爲膿血．自不樂飲。於諸飲食有內障者．謂有其口細如針孔．口或如炬．或有頸癭．或腹廣大．縱得飲食無他障礙．自然不能若食若飲。於諸飲食自有障者．謂有餓鬼名猛燄鬘．所有一切若飲若食．悉皆然燒．有名食穢食糞飲溺．及有唯能飲食不淨生熟臭穢有損可厭．或有唯能割食自肉．不能受用淨妙飲食。

是等處所如俱舍釋云．「諸餓鬼王名爲琰魔．諸鬼本處琰魔王國．於此瞻部洲下過五百踰繕那而有．從此展轉散居餘處。」親友書亦云．「於餓鬼中須依近欲乏所生相續苦．無治飢渴寒熱勞怖畏所生極暴苦。或有口細如針孔．腹等山量爲飢逼．下劣捐棄不淨物．尚不具足尋求力。有存皮骨裸形體．如枯枝葉多羅樹．有於夜分口熾然．受用口中燒然食。有下種類諸不淨．膿糞血等亦無得．面互相衝有受用．頸癭成熟所生膿．諸餓鬼中於夏季．月炎冬季日亦寒．令樹無果諸餓鬼．略視江河亦當乾。」其中初頌顯示總苦．所餘諸頌顯示別苦。勞爲食故徧處馳求。畏謂由見．執劍杵索諸士夫故．而起畏怖。下劣捐棄．謂隨意棄。夜分者．謂至夜間其口燒然。口中燒然者．謂隨所食皆燒其口。受用謂食。眼如惡毒之所然燒．甘涼泉河．悉當枯竭。又於一類顯似猛燄．火炭充滿。又於一類顯爲膿河．種種穢蟲彌滿流注．是釋中說。弟子書亦云．「猛渴遙見無垢河．欲飲馳趣彼即變．雜髮青汚及爛膿．臭泥血糞充滿水．風揚浪灑山清涼．檀樹青蔭末拉耶．彼趣猛燄遍燒林．無量株杌亂雜倒。若奔畏浪高翻滾．泡沫充溢大水藏．彼於此見熱沙霧．紅風猛亂大曠野。此住其中望雲雨．雲降鐵箭具炭烟．流飛熾炎金剛石．金色電閃降於身。熱逼雪紛亦炎熱．寒迫雖火亦令寒．猛業成熟所愚蒙．於此種種皆顚倒。針口無量由旬腹．苦者雖飲大海水．未至寬廣咽喉內．口毒滴水悉乾銷。」

其壽量者．本地分及俱舍論說．鬼以人間一月爲一日．乘此自年能至五百。親友書云．「常無間息受衆苦．由其惡行堅業索．繫縛一類有情壽．五千及萬終不死。」其釋說爲一類餓鬼壽量五千．或有一類壽量萬歲本地分說三惡趣中身量無定由其不善增上力故．大小非一。若思如是惡趣衆苦．應作是念．現在探手煻煨之中住一晝夜．或於嚴冬極寒冰窟裸而無衣住爾許時．或數日中不用飲食．或蚊虻等．唽咬其身．尚且難忍．何況寒熱諸那落迦．餓鬼旁生互相吞噉．是等衆苦．我何能忍。度現在心．乃至未能轉變心意．起大怖畏．應勤修習。若雖知解．或未修習．或少修習．悉皆無益。如事阿笈摩說．慶喜妹家二甥出家．教其讀誦．彼讀數日．懈怠不讀．附與目犍連子．仍如前行。慶喜囑曰．應令此二意發厭離。目犍連子引至晝日所經處所．化爲有情大那落迦．彼等聞其斫截等聲．遂往觀視．觀見斫截所有衆苦．又見彼處有二大鑊．涌沸騰然。問云此中全無入者耶．報云阿難陀有二甥．既出家已．懈怠廢時．死後當生此中．彼二慌恐作如是念．設若知者現或置入．次返目犍連子處．詳白所見。目犍連子告云．二求寂．若此過患．若餘過患．悉是由其懈怠所生．當發精進。彼二遂發精進．若未食前憶念地獄．則不飲食．若於食後而憶念者．即便嘔吐。又引至餘晝經行處．於餘一處．化爲諸天．彼由聞其琵琶等聲．遂往觀視．見有天宮天女充滿而無天子．問其無有天子因緣．答云．阿難陀有二甥．既出家已．發勤精進．彼二死後．當生此中．彼二歡喜．還白目犍連子。教曰．二求寂．若此勝利．若餘勝利．悉從勤發精進而生．應發精進。次發精進受聖教時．見如前引眞實相應經中宣說從諸善趣而生惡趣。問云聖者．我等若從人天之中死後復生三惡趣耶。告云二賢首．乃至未能斷諸煩惱．爾時於其五趣生死．如轆轤理．應須輪轉。彼二厭離．作是白云．今後不行諸煩惱行．惟願爲說如是正法。目犍連子爲說法已．證阿羅漢。是故能滅懈怠．能發精進．勤修正道．策發其意．令希解脫．及證解脫。其根本因者．謂讚修苦。縱有大師現住世間．於此教授更無過上而可宣說．即於此中．發生下中士夫意樂．次第極顯。淨修心量．亦是乃至未起如是意樂以來．應須恆常勵力修習．內隝嗉巴亦云「應觀能生彼中之因．先作未作．現作未作．爲念不念．當來應作．若先已作．或現正作．或念後時．而當作者．則當生彼。若生彼中．爾時我當何所作耶．我能忍乎．作是念已．作意思惟．必須令其腦漿炎熱．起坐憧慌．無寧方便．隨力令發畏怖之心。此是切要．現得善身．若如是思．能淨先作．未來減少。先所作善．由猛欲樂．發願令轉增長繁多。諸當新作．堪能趣入．則日日中．能使暇身具足義利。若於現在不思彼等墮惡趣時．雖求從彼畏怖之中．救護依處．然不能得。爾時於其應不應作．無慧力故．不能取捨。如入行論云「若時能行善．然我未作善．惡趣苦蒙蔽．爾時我何爲。」又云「誰從此大畏．能善救護我．睜其恐懼眼．四方覓歸依．見四方無依．次乃徧迷悶．彼處非有依．爾時我何爲。故自今歸依．諸佛衆生怙．勤救衆生事．大力除諸畏。」此僅粗分．廣如念住經說。定須觀閱．數數觀閱．於所觀閱．應當思惟。

第二習近後世安樂方便分二．一趣入聖教最勝之門淨修歸依．二一切善樂所有根本發深忍信。初中分四．一由依何事爲歸依因．二由依彼故所歸之境．三由何道理而正歸依．四既歸依已所學次第。　今初

因雖多種．然於此中是如前說．於現法中速死不住．死歿之後．於所生處亦無自在．是爲諸業他自在轉。其業亦如入行論云．「如黑暗依陰雲中．剎那電閃極明顯．如是佛力百道中．世間福慧略發起．由是其善唯羸劣．恆作重罪極強猛。」諸白淨業勢力微劣．諸黑惡業至極強力．故墮惡趣．由思此理．起大畏怖．次令發生求依之心。猶如陳那菩薩云．「安住無邊底．生死大海中．貪等極暴惡．大鯨嚼其身．今當歸依誰。」總爲二事．由惡趣等自生怖畏．深信三寶．有從彼中救護堪能。故若此二唯有虛言．則其歸依亦同於彼．若此二因堅固猛利．則其歸依亦能變意．故應勵力勤修二因。

第二由依彼故所歸之境分二.一正明其境.二應歸依此之因相。 今初

如百五十頌云「若誰一切過.畢竟皆永無.若是一切種.一切德依處.設是有心者.即應歸依此.讚此恭敬此.應住其聖教。」謂若有一.能辨是依非依慧者.理應歸依.無欺歸處佛薄伽梵.由此亦表法及僧寶.如歸依七十頌云「佛法及僧伽.是求脫者依。」

應歸之相分四.初者謂自即是極調善性.已能證得無畏位故.若未得此則如倒者依於倒者.不能從其一切畏中救護他故。第二者謂於一切種.度所化機善方便故.此若無者.縱往歸依.亦不能辦所求事故。第三者謂具大悲故.此若無者.雖趣歸依.不救護故。第四者謂以一切財而興供養.未將為喜.要以正行而修供養.乃生喜故.此若無者.則定顧視先有恩惠.不與一切作歸處故。總之自正解脫一切怖畏.善巧於畏度他方便.普於一切無其親疏.大悲偏轉.普利一切有恩無恩.是應歸處.此亦唯佛方有.非自在天等.故佛即是所歸依處。由如是故.佛所說法.佛弟子眾皆可歸依。由是若於攝分所說此諸理上.能引定解.專心依仰.必無不救.故應至心發起定解。由能救自二種因中.外支或因無所缺少.大師已成.然是內支.未能實心持為歸依.而苦惱故。是故應知.雖未請求.由大悲引.而作助伴.復無懈怠.

無比勝妙眞歸依處．現前安住爲自作怙．故應歸此。讚應讚云「自宣我是汝．無怙者助伴．由大悲抱持一切諸衆生。大師具大悲．有愍願哀愍．勤此無懈怠．有誰與尊等。汝是諸有情．依怙總勝親．不求尊爲依．故衆生沉溺。若正受何法．下者亦獲利．能利他諸法．除尊非餘知。一切外支力．尊已正成辦．由內力未全．愚夫而受苦。」

第三由何道理而歸依者。攝決擇中略說四事．一知功德．二知差別．三自誓受．四不言有餘而正歸依。 初知功德而歸依者．須能憶念歸處功德．其中有三．一佛功德．二法功德．三僧功德。今初分四

身功德者。謂正思念諸佛相好．此亦應如喻讚所說而憶念之。如云．「相莊嚴尊身．殊妙眼甘露．如無雲秋空．以星聚莊嚴。能仁具金色．法衣端嚴覆．等同金山頂．爲霞雲縛纏。尊怙無嚴飾．面輪極光滿．離雲滿月輪．亦莫能及此。尊口妙蓮花．與蓮日開放．蜂見疑蓮華．當如懸索轉。尊面具金色．潔白齒端嚴．如淨秋月光．照入金山隙。應供尊右手．爲輪相殊飾．由以手安慰．生死所怖人。能仁遊行時．雙足如妙蓮．印畫此地上．蓮華何能嚴。」

語功德者。謂隨世界所有有情．同於一時**各各申一異類請問．能由**剎那心相應慧．悉

皆攝持以一言音答一切問.彼等亦能各隨自音而生悟解。應思惟此希有道理.如諦者品云「若諸有情於一時.發多定語而請問.一刹那心偏證知.由一音酬各各問。由是應知勝導師宣說梵音於世間.此能善轉正法輪.盡諸人天苦邊際。」又如百五十頌云.「觀尊面可愛.從彼聞此等.極和美言音.如月注甘露。尊語能靜息.貪塵如雨雲.拔除瞋毒蛇.等同妙翅鳥。摧壞極無知.翳障如日光.由摧我慢山.故亦等金剛。見義故無欺.無過故隨順.善綴故易解.尊語具善說。且初聞尊語.能奪聞者意.次若正思惟.亦除諸貪癡。慶慰諸匱乏.亦放逸者歸令樂者厭離.尊語相稱轉。能生智者喜.能增中者慧.能摧下者翳.此語利衆生。」應如是念。

意功德分二。智功德者.謂於如所有性.盡所有性.一切所知.如觀掌中菴摩洛迦.智無礙轉.能仁智偏一切所知。除佛餘者所知寬廣智量狹小.悉不能偏。如讚應讚云「唯尊智能偏.一切所知事.除尊餘一切.唯所知寬廣。」又云「世尊墮時法.一切種生本.如掌中酸果.是尊意行境。諸法動非動.若一若種種.如風行於空.尊意無所礙。」應如是念。悲功德者.如諸有情爲煩惱縛.無所自在.能仁亦爲大悲繫縛無所自在.是故若見諸苦衆生.常起大悲恆無間斷。如百五十頌云「此一切衆生．惑縛無差別．尊爲解衆生．煩惱長悲縛。爲應先禮尊．爲先禮大悲．尊知生死過．令如此久住。」諦者品亦云．「若見癡黑暗．常覆衆生心．陷入生死獄．勝仙發悲心。」又云．「若見欲蔽意．大愛常躭境．墮愛貪大海．勝者發大悲。見煩惑衆生．多病憂逼惱．爲除衆苦故．十力生大悲。能仁常起悲．終無不起時．住衆生意樂．故佛無過失。」應隨憶念。

業功德者。謂身語意業．由其任運無間二相．而正饒益一切有情。此復由於所化之別．堪引化者．能仁無不令其所化會遇圓滿．遠離衰損．定作一切所應作事。如百五十頌云．「尊說摧煩惱．顯示魔諂動．說生死苦性．亦示無畏所。思利大悲者．凡能利有情．此事尊未行．豈有此餘事。」讚應讚云「尊未度衆生．何有是衰損．未令世間會．豈有此盛事。」應憶念之。

此是略說念佛道理．若由種種門中憶念．亦由多門能發淨信．若能數數憶念思惟．則勢猛利常恆相續．餘二寶德亦復如是。

由如是修．若善了解．則諸經論多是開示三歸功德．此等皆能現爲教授。

念觀察修．皆是分別．於修行時．而棄捨者．是遮此等集聚資糧．淨治罪障非一門徑．故於暇身．攝取無量堅實心藏．應當了知爲大障礙。此等若作常時修持．心隨修轉。故於初時修心稍難．後時於彼能任運轉。又若能念．願我當得．如所隨念．如是佛者．是發菩提心．一切晝夜恆得見佛．於臨終時任生何苦．然隨念佛終不退失。三摩地王經云．「教汝應悟解．如人多觀察．由住彼觀察．心能如是趣。如是念能仁佛身無量智．常能修隨念．心趣注於此．此此行住坐時．欣樂善士智．欲我成無上．勝世願菩提。」又云．「清淨身語意．常讚佛勝德．如是修心續．晝夜見世依。若時病不安．受其至死苦．不退失念佛．苦受莫能奪。」博朶瓦云．「若數數思．漸能深信．漸淨相續．能得加持。由於此上獲得定解．故能由其誠心歸依．若於所學能正習學．則一切事悉成佛法。吾等對於諸佛妙智．尚不計爲準洽占卜。」此復說云．「譬如有一準利卜士說云．我知汝於今年無諸災患．則心安泰．彼若說云．今歲有災．應行此事．彼事莫爲．則勵力爲．若未能辦．心則不安．起是念云．彼作是說．我未能辦。若佛制云．此此應斷．此此應行．豈置心耶．若未能辦豈憂慮耶．反作是言．諸教法中．雖如彼說．然由現在．若時若處．不能實行．須如是行．輕棄佛語．唯住自知。」若不觀察．隨心愛樂．唯亂於言。若非爾者．

內返其意．詳細觀察．極爲諦實。故當數數思佛功德．勵力引發至心定解。此若生者．則於佛所從生之法及修法衆．亦能發起如是定解．是則歸依至於扼要．此若無者．即能轉變心意歸依．且無生處．況諸餘道。

法功德者。謂由敬佛而爲因緣．應作是念．佛具無邊功德者．是由證修滅道二諦．除過引德．以爲自性．教證二法．而得生起。如正攝法經云「諸佛世尊所有無邊無際功德．從法生起．受行法分．法所化現．法爲其主．從法出生．正法行境．依於正法．法所成辦。」

僧功德中。正謂諸聖補特伽羅．此亦由念正法功德．由其如理修行門中．而爲憶念。正攝法經云．「於諸僧伽．應如是念．謂說正法．受行正法．思惟正法．是正法田．受持正法．依止於法．供養於法．作法事業．法爲行境．法行圓滿．自性正直．自性清淨．法性哀愍．成就悲愍．常以遠離爲所行境．恆趣向法．常白淨行。」

由知差別而歸依者。如攝分說．由知三寶內互差別而正歸依。此中分六．相差別者．現正等菩提是佛寶相．即彼證果是法寶相．由他教授而正修行是僧寶相。業差別者．如其次第．善轉教業．斷煩惱苦所緣爲業．勇猛增長業。信解差別者．如其次第．應樹親近承事信解．

應樹希求證得信解．應樹和合同一法性共住信解。修行差別者．如其次第．應修供養承事正行．應修瑜伽方便正行．應修共受財法正行。隨念差別者．謂應別念三寶功德．如云「謂是世尊等。」生福差別者．謂依補特伽羅及法增上．生最勝福．佛及僧二是依初義．此復依一補特伽羅．及依衆多補特伽羅生長福德．以於僧伽定有四故。

由自誓受而歸依者。謂由誓受依佛爲師．依般涅槃爲正修法．歸依僧伽爲修助伴．由如是門而正歸依．如毘奈耶廣釋中說。

由不言餘而歸依者。謂由了知內外大師及其教法．諸學法者所有勝劣．唯於三寶執爲歸處．不執與此相違師等．是所應歸。

此二所有差別之中．師差別者．謂佛圓滿無邊功德．所餘大師與此相違。殊勝讚云．「我捨諸餘師．我歸依世尊．此何故爲尊．無過具功德。」又云「於餘外道教．如如善思惟．如是如是我．心信於依怙。如是非偏智．宗過壞其心．心壞者不見．無過大師尊。」教差別者．謂佛聖教．由安穩道得安樂果．息生死流．淨諸煩惱．終不欺罔．樂解脫者．唯一善妙．清淨罪惡．外道教法與此相違。如殊勝讚云「何故由尊教．安樂得安樂．故於說法獅．尊教此衆生。」讚應讚亦云．「謂應趣應遮．清淨及雜染．此是雄尊語．與餘言差別。此純顯眞如．彼唯欺罔法．尊語與餘言．除此須何殊。此專一妙善．彼唯障礙法．尊語與餘言．除此有何別。由彼染極染．由此能清淨．此即依怙語．與餘言差別。」僧伽差別由此能知。

第四既歸依已．所學次第分二．一攝分中出．二教授中出。今初

初中有二四聚。初四聚中．親近善士者．謂如前說善知識者．乃是一切功德依處．觀見是已而正親近．由歸依佛即是歸依示道大師．隨順此之正行．即是親近示道師故。聽聞正法．及如理作意者．隨其所應．謂當聽聞若佛所說．若佛弟子所說法教．諸契經等．及若作意何種所緣．能息煩惱．即應作意。由歸依法．於教證法應當現證．此即是彼隨順行故．法隨法行者．謂應隨順般涅槃法．而修正行。由歸依僧．於趣涅槃補特伽羅應執爲伴．其隨順行．謂應與諸趣解脫者共同學故。

第二四聚中．諸根不掉者．謂根於境放散之後．意亦隨逐．於境掉動．深見過患．令意厭捨。受學學處者．謂隨力受學佛制學處。悲愍有情者．謂佛聖教．由悲差別．故歸依此。於諸有情．亦應悲愍．斷除損害．應時時間於三寶所勤修供養者．謂應日日供養三寶。

第二教授中出分二[一]別學．[二]共學。　初中分二[一]遮止應學．[二]修行應學。　今初

如涅槃經云．「若歸依三寶是謂正近事．終不應歸依諸餘天神等。歸依正法者．應離殺害心。歸依於僧伽．不共外道住。」此說有三．謂不歸餘天．於諸有情捨離損害．與諸外道不應共住。其中初者謂於世間．若大自在偏入天等．尚不執爲畢竟歸處．況諸鬼趣山神龍等。此是不可不信三寶歸心彼等。若於彼等．請其助伴．現前如法所作事業．則無不可．如求施主爲活命伴．依諸醫師爲治病伴。第二謂於人及畜等．若打若縛若禁穿鼻實不能負強令負等．意樂加行損害有情．悉應遠離。第三謂與不信三寶．爲可歸宿而毀謗者．不應共住。

三種修行應學者。謂於佛像若塑若畫．隨好隨醜．不應譏毀．置塵險處．及押當等．不敬輕毀．皆當斷除．應當執爲是可敬田．猶如大師。親友書云．「隨工巧拙木造等．智者應供善逝像。」分辨阿笈摩說．劫毘羅摩納婆．由於學無學僧衆說十八種異類惡語。謂云．「汝等象頭．豈能了知是法非法」．等．感有十八異類頭形摩羯陀魚．自迦葉大師時．乃至釋迦法王住旁生中。雜事中說．拘留孫大師般涅槃後．端妙大王令建大塔．有一工人曾經二次作是譏云．今令樹其如是大塔．不知何日乃得完竣．後善成已．深生憂悔．將其工價造一金鈴．

掛於塔上．其後感生容顏醜惡．身形倭小．聲音和美．名曰善和。故於佛像不應說言．此如此類．於他所造諸佛像等．若因善妙．若量廣大．不應譏毀及遮止等。大瑜伽師．奉曼殊像．於覺嚩前．請觀視云．此善醜何似．若善妙者．可將絨巴迦格瓦所供之四錢金授與購取。覺嚩答云．至尊妙音之身．無所不善．師工中等．說已置頂．於一切像．悉如是行。雖於正法四句以上應離不敬．又應斷除一切不敬．謂抵押經卷．貿為貨物．置禿土地．灰塵險處．鞋襪并持及跨越等．應起恭敬．等如法寶。傳說慬哦瓦善知識．凡見有持經典來者．合掌起立．後不能起．殷勤合掌。又說覺嚩至哦日時．有一咒師不從聞法．大依怙尊見一記錄．以齒汙穢沾其經書．深生不忍．說云可愍．不可不可．咒師生信．遂從聞法。霞惹嚩亦云．我等於法任何玩耍．無所不作．然不敬法及法師者．是壞慧因．現在愚蒙如此已足．莫更作集愚癡之因．若愚過此．更有何能。

若於僧伽．或出家眾．持沙門相．及於其相不罵不毀．又一切種不應分黨．視如怨敵．云汝等我等．應當敬重．猶如僧寶。勸發增上意樂會云「希樂功德住林藪．不應觀察他過失．不應起心作是念．我是超勝我第一。此憍是諸放逸本．永不應輕劣苾芻．一劫不能得解脫．

此是此教正次第。」敦巴仁波卿．與大瑜伽師見碎黃布在行路中．皆不輕越．抖置淨處．如是行持．應隨修學．自能如何恭敬三寶．則諸衆生亦能如是恭敬自故．如三摩地王經云．「作集如何業．當得如是果。」

共學分六．初者隨念三寶功德差別．數數歸依者．謂數思惟如前所說．內外差別．及三寶中互相差別．並其功德。

第二隨念大恩恆勤供養．嚼啖之先亦當供養者。如三摩地王經云「由佛福德獲飲食．愚夫不知報佛恩。」此是以獲飲食爲喩．隨自所有一切樂善．悉應了知是三寶恩。由報恩德意樂供養．此中復二．謂供養事及供養意樂。初中有十．供養身者．謂親供養眞佛色身。供養塔者．謂供爲佛所建塔等。現前供養者．謂前二事．現自根前而設供養。不現前供養者．謂佛佛塔非現在前．普爲一切佛佛塔故而設供養。又若於佛般涅槃後爲供佛故．造像及塔．若一數等．亦非現供．若供此二隨一之時．作如是念而供養者．謂此一法性．即是一切法性．是故現前供養此二．亦即供養其餘三世一切諸佛．及供十方無邊佛塔。此是俱供現不現前。論說初者．獲廣大福．第二較前獲大大福．第三較前獲最大福．故於一佛．或佛像等．修供養時．應憶法性無所差別．先當遣意供養一切．極爲切要。自作供養者．謂非由於懈怠懶惰放逸．增上而令他作．唯自手作。教他供養者．謂念自己略有少物．然諸有情貧苦薄福．無力供養．若教此供．當獲安樂．由悲愍心．唯教他供。又亦勸他共供養者．謂自他俱共同供養．此三福果．大小如前。財敬供養者．謂供種種衣服飲食臥具坐具病緣醫藥．供身什物．薰香末香塗香華鬘伎樂及諸燈燭．敬問禮拜．奉迎合掌．唱種種讚．五支徧禮．右旋圍繞．又供田等無盡奉施．又供摩尼耳環臂釧．諸莊嚴具．下至供養諸小鳴鈴．散諸珍奇．纓寶縷線．供養諸佛．或佛塔廟。廣大供養者．謂以如是利養恭敬．常時供養．此復有七．謂所供物．衆多微妙．現非現前．自作教他．至心歡喜．猛利勝解．而爲供養．復將此善迴向無上正等菩提。非染汙供養者．謂不由輕蔑放逸懈怠而教他供．自手供養．殷重供養．不散漫心而設供養．不以貪等雜染供養．不於信佛國王等所．爲得利敬而爲供養．以隨順物而設供養。隨順物者．謂諸淨物．遠離不淨．雌黃所塗．酥所灌洗．局啒羅薰．遏迦花等．及諸所餘非清淨物。

又若如是財物供養．自無所集．無從他求．應於一切世界之中．所有如來諸供養具．以歡喜俱．及於廣大勝解俱心．周徧思惟．一切隨喜．少用功力．而修無量廣大供養．攝集菩提廣大資糧．恆常於此以眞善心．起歡喜心．當勤修學。又如寶雲經及建立三三昧耶經所說．無主攝持諸華果樹及珍寶等．亦當供養。正行供養者．謂於下至搆牛乳頃．精勤修習四無量心．四種法集．隨念三寶．波羅蜜多．及能勝解甚深空性．無分別住．於淨尸羅．起防護心．於菩提分．六度四攝．精勤修學。若能由此十種供養供養三寶．應知是名圓滿供養。由如是等．興供養時．有六意樂．能於三寶隨一之所．少分思惟．而生無量廣大果利．一者無上大功德田．二者無上有大恩德．三者一切有情中尊．四者猶如鄔曇妙華極難值遇．五者三千大千世界獨一出現．六者一切世出世間圓滿根本．作是思惟而設供養．此等是如菩薩地說而正摘錄。恆常時中．於如是等隨應而行．若遇佳節及大時會．當隨力能修妙供養。

復次恆須受飮食故．爾時若能首先供養無間缺者．少用功力而能圓滿衆多資糧．故隨受用淨水以上．應以先首至心供養。

此復非以糕之瘀處．菜葉黃處．是須擇其妙者而供。又供茶時．現一切人如洒揚塵．唯彈少許．不成供養．是霞惹瓦語錄中出。譬如有一極肥沃田．至下種時而不下種．任其荒蕪．如是廢止實生不忍．如是能生若現若後一切善樂最勝福田。於其四季一切時中．常恆無間．堪種一切善樂種子．復應於此如經說云。「當以信犁．耕耘福田。」若未能作．至極堪惜．故如讚應讚云「如尊之福田．三世間非有．施處尊第一．是淨令座淨。猶如虛空界．橫豎無邊際．於尊為利害．異熟無盡際。」於最勝田．尚不見如庸俗之田．此是我等無賢善相．故一切時．當勤精進供養三寶。若如是行．由於勝田種善根力．於諸道次．慧力增長。故於聽聞不能持文．思惟不能解義．修習相續不生．慧力至極微劣之時．依福田力．是要教授。如是亦如吉祥敬母云「作詩大善根．我慧依尊故．如夏季江河．雖小極增長。」又如說云．「供養亦復不賴其物．是在自信。」若有信心．用曼陀羅及諸淨水．并無主攝諸供具等．皆可供養．無餘財物．應如是行。如現實有．而不能捨．作是念云「我無福德極貧窮．諸餘供財我悉無。」等同博朵瓦云．「於一穢螺盃中．略擲少許香草．念云「栴檀冰片妙香水．」是諸生盲欺明眼者。又如樸窮瓦云「我於最初．供養香草．其氣辛辣．次有四合長香．供養其氣甘美．現在供養．若沈水香．嘟嚕迦等．其氣香馥。」若於微供．輕而弗供．則永生中．終是唯爾．若縱微少．發起殷重．漸得上妙．應如此師行持修學．傳說此師．每配一次．須用二十二兩金之香。若諸已得資具自在大菩薩眾．尚化其身為多俱胝．於一一身．復各化現百千等手．往一切剎．

經無量劫供養諸佛。諸由少許相似功德，便生喜足，云我不於此上希菩提者，是於正法極少知解，造次亂言，以是應如寶雲經中所說而行。如云：「應當聽聞諸契經中所有如是廣大供養，廣大承事，由其最勝眞實善心增上意樂，迴向諸佛及諸菩薩。」

第三隨念悲故，亦應安立於諸衆生於是道理者。謂由悲愍，隨能安立諸餘有情令受歸依。

第四隨作何事，有何所須，皆當供養啓白三寶，棄捨世間諸餘方便者。謂隨作爲何種所作，隨見何等緊要重事，應依三寶及與隨順三寶供養，於一切種，不應依止不順三寶邪道等儀，一切時中應當至心歸憑三寶。

第五由知勝利，晝三夜三，勤修歸依分二：一、攝分所出勝利，二、教授所出勝利。

初中有二四聚。初四聚中，一獲廣大福者，如無死鼓音陀羅尼云：「佛世尊難思，正法亦難思，聖僧不思議，諸信不思議，異熟亦難思。」攝波羅蜜多論亦云：「歸依福有色，三界器猶狹，如大海水藏，非握能測量。」二獲大歡喜者，如念集中云：「若諸日夜中，能隨念諸佛，正歸依佛者，此是人所得。」於餘二寶亦如是說，我今獲得依止如是三寶歸宿，是爲善得．作意思惟．增長歡喜。三獲三摩地．四獲大清淨者．謂由等持及以慧學而得解脫。

　第二四聚中．一具大守護者．至下當說。二於一切種邪勝解障．皆得輕微．或永滅盡者．謂由信解．歸依惡師惡法惡友增上力故．造諸惡業．皆得輕微．當得清淨。三得墮入正行正至善士數中．四爲其大師同梵行者．及於聖教淨信諸天愛念歡喜者。謂得趣入善士數中．爲大師等之所喜樂．諸天如何歡喜者．謂彼歡喜唱如是言．我等由其成就歸依．從彼處沒來生此間。是諸人等今既成就多住歸依．亦當來我衆同分中。

　教授所出勝利分八。一得入內道佛弟子者．總有多種建立內外差別道理．然共稱許．覺嚩與寂靜論師．以有歸依而爲判別．謂得歸依乃至未捨是故最初入佛弟子者．須由至心於三寶所受爲大師等．此若無者．任作何善．皆不能入佛弟子數。二成一切律儀所依處者．俱舍釋云「受歸依者．是受一切律儀之門。」歸依七十論亦云「近事歸三寶．此是八律本。」此中意趣．謂由歸依而能堅固涅槃意樂．從此意樂律儀發生。三先集業障輕微滅盡者．集學論中．顯示歸依能淨罪時．說云「此中應以生猪因緣而爲譬喻。」謂有天子當生猪中．由歸依故．即未生彼．是由歸依能淨當生惡趣因故。「若有歸依佛．彼不往惡趣．捨棄人身已.彼當得天身。」於法及僧亦如是說。故先集罪.有者輕微.有者罄盡。四積廣大福者.如前所說。五不墮惡趣由前應知。六人與非人不能爲難者.如經云.「諸遭怖畏人.多歸依山林及歸諸園囿.歸所供樹木。其歸非尊勝.其歸非第一.雖依其依處.不能脫衆苦。若時有歸依佛法及僧伽.由知苦苦集.正超越諸苦。八支聖道樂.當趣般涅槃.以智慧觀見.諸四聖諦理。此歸爲尊勝.此歸是第一.由歸此歸處.能解脫衆苦。」此中應以成就風索外道等緣而爲譬喩。七隨一切想悉當成辦者.隨行何等如法所作.若先供養歸依三寶.祈禱成辦.則易成就。八速能成佛者.如師子請問經云.「由信斷無暇。」謂由獲得殊勝閒暇.遇歸依處學殊勝道.由此不久當得成佛.如是憶念諸勝利故.於日日中晝三夜三.勤修歸依。

第六下至戲笑乃至命緣.應當守護不捨三寶者。身命受用定當捨離.若爲此故棄捨三寶.則一切生輾轉受苦.故任至何事.不捨歸依。作是念已.數起誓願.雖爲戲笑亦不應說捨歸依語.諸先覺等說一學處謂隨往何方.於彼如來應學歸依.未見根據。

如是六種共同學處.是如道炬釋論中說.各別學處等三種者.契經中說.後三種者.出於歸依六支論中。如彼說云.「應於形像頌.及諸碎黃布.信解爲大師.親口說諸法.不謗應頂戴．淨未淨諸人．應觀爲善士。」攝決擇中所說此等。迦摩跋云．「此諸學處．內鄔蘇跋．想亦宣說．我二同從阿蘭若師所聞。」此語出於此師所傳壠跋嚩道次第中。

若有違犯此諸學處．當成虧損及棄捨之理者。有說違犯六種成捨．謂初三種各別學處及恒修歸依．爲命不捨供養三寶。有說由其九種成捨．謂加違後三種．各別學處．其餘僅是虧損之因．然作是思．若與爲命亦不棄捨．有違犯者．實捨歸依．如是雖未棄捨三寶．然俱愛執三寶異品．大師等三．亦違不言有餘大師．心未誠歸．故亦成捨．若未犯此．僅違學處．非是捨因。

是故歸依．是於佛教能入大門。若有歸依．非唯虛言．則是依止最殊勝力。內外障緣不能違害。功德差別．易生難退．倍轉增長．故如前說．由於怖畏及由憶念功德等門．受持歸依．勵力不違歸依學處．是極扼要。

設作是念．如是念死及思死後當生惡趣．而起怖畏．能從其中救拔歸處．是爲三寶。若歸三寶不違學處．然其歸處．如何救拔．如集法句云．「能斷有箭道．我教示爾等．如來是大師．爾等應須行。」佛是歸依大師．僧是歸依正行助伴．故正歸依是爲法寶。若能得此．解脫畏故。最下法寶．亦是由其初修業時．遠一分過．修一分德．斷證二事．倍轉勝進．而爲安立．非離此外．忽從他來。

故於此時．是須善巧．善不善業及果差別．如理取捨而修正行．是爲修法。若不久思二業及果．如理取捨．則不能遮諸惡趣因．縱畏惡趣．然亦不能脫此畏故。是故救拔果位惡趣．須於因時．糾治其意．隨不善轉．此復依賴於諸業果得深忍信。

第二引發一切善樂根本深忍信中分三．一思總業果．二思別業果．三思已正行進止之理。 初中分二．一正明思總之理．二分別思惟。 今初

初中有四。業決定理者．謂諸異生及諸聖者．隨有適悅行相樂受．下至生於有情地獄．由起涼風所發樂受．一切皆是從先造集善業所起。從不善業發生安樂．無有是處。所有逼迫行相苦受．下至羅漢相續之苦．一切皆是從先造集不善而起。從諸善業發生諸苦．無有是處。寶鬘論云「諸苦從不善．如是諸惡趣．從善諸善趣．一切生安樂。」故諸苦樂非無因生．亦非自性自在天等不順因生．是爲從總善不善業生總苦樂．諸苦安樂種種差別．亦從二業種種差別．無少紊亂．各別而起。若於業果或決定相．或無欺罔．獲定解者．是爲一切內

佛弟子所有正見．讚爲一切白法根本。

業增長廣大者。謂雖從其微少善業．亦能感發極大樂果．雖從微少諸不善業．亦能感發極大苦果．故如內身因果增長．諸外因果無能等者．此亦如集法句云「雖造微少惡．他世大怖畏．當作大苦惱．猶如入腹毒。雖造微少福．他世引大樂．亦作諸大義．如諸穀豐熟。」從輕微業起廣大果．此復當由說宿因緣發定解者．如阿笈摩說．牧人喜歡．及彼手杖所穿田蛙．五百水鵝．五百魚龜．五百餓鬼．五百田夫．及五百牛所有因緣。並賢愚經說．金天金寶牛護因緣．當從阿笈摩及賢愚經．百業經等．求發定解。

復次尸羅軌則淨命正見四中．後未虧損．前三未能圓滿清淨．少虧損者．說生龍中。海龍王請問經云「世尊我於劫初．住大海內．時有拘留孫如來出現世間．爾時大海之中．諸龍龍子龍女悉皆減少．我亦減少眷屬。世尊現大海中諸龍龍子龍女悉皆如是無有限量．不能得知數量邊際．世尊有何因緣而乃如此。世尊告曰．龍王若於善說法毘奈耶而出家已．未能清淨圓滿尸羅．虧損軌則．虧損淨命．虧損尸羅．未能圓滿．然見正直．此等不生有情地獄．死沒已後．當生龍中。」此復說於拘留孫大師教法之中．在家出家有九十八俱胝．金仙大師教法之中．有六十四俱胝．迦葉大師教法之中．有八十俱胝．吾等大師教法之中．有九十九俱胝．由其虧損軌則淨命尸羅．增上於龍趣中已生當生。吾等大師般涅槃後．諸行惡行．毀犯尸羅．四衆弟子．亦生龍中。然亦宣說彼等加行．雖不清淨．由於聖教尚未退失．深忍意樂．增上力故．從龍死歿．當生人天。除諸趣入於大乘者．一切悉當於此賢劫諸佛教中．而般涅槃。是故微細黑白諸業．如影隨形．皆能發生廣大苦樂。當生堅固決定解已．雖微善業．應勵力修．微少惡罪．應勵力斷。如集法句云．「如鳥在虛空．其影隨俱行．作妙行惡行．隨彼衆生轉。如諸少路糧．入路苦惱行．如是無善業．有情往惡趣．如多有路糧．入路安樂行．如是作善業．有情往善趣。」又云．「雖有極少惡．勿輕念無損．如集諸水滴．漸當滿大器。」又云．「莫思作輕惡．不隨自後來．如落諸水滴．能充滿大器．如是集少惡．愚夫當極滿．莫思作少善．不隨自後來。如落諸水滴．能充滿大瓶．由略集諸善．堅勇極充滿。」本生論亦云．「由修善不善諸業．諸人即成慣習性．如是雖不特策勵．他世現行猶如夢。若未修施尸羅等．隨具種色少壯德．極大勢力多富財．後世悉不獲安樂。種等雖卑不著惡．具足施戒等功德．如夏江河能滿海．後世安樂定增廣。應善定解善非善．諸業他世生苦樂．斷惡勵力修善業．無信豈能如欲行。」

所未造業不會遇者。謂若未集能感苦樂正因之業，則定不受業苦樂果，諸能受用大師所集，無數資糧所有妙果，雖不必集彼一切因，然亦定須集其一分。

已造之業不失壞者。謂諸已作善不善業，定能出生愛非愛果，如超勝讚云，「梵志說善惡，能換如取捨，尊說作不失，未作無所遇。」三摩地王經亦云，「此復作已非不觸，餘所作者亦無受。」毘奈耶阿笈摩亦云，「假使經百劫，諸業無失亡，若得緣會時，有情自受果。」

第二分別思惟分二，一顯十業道而爲上首，二決擇業果。今初

如是了知苦樂因果各各決定，及業增大，未作不會，作已無失。彼當先於何等業果所有道理發起定解而取舍耶，總能轉趣妙行惡行三門決定，三門一切善不善行，雖是業道不能盡攝，然諸粗顯善不善法罪惡根本諸極大者，世尊攝其扼要而說十黑業道，若斷此等，則諸極大義利扼要亦攝爲十，見此故說十白業道。俱舍論云，「攝其中粗顯，善不善如應，說爲十業道。」辨阿笈摩亦云，「應護諸言善，護意身不應作諸不善，如是善淨三業道，

當得大仙所說道。」由善了知十黑業道及諸果已．於其等起亦當防護．使其三門全無彼雜。習近十種善業道者．即是成辦一切三乘及其士夫二種義利．所有根本．不容缺少．故佛由其衆多門中數數稱讚。海龍王請問經云．「諸善法者．是諸人天衆生圓滿根本依處．聲聞獨覺菩提根本依處．無上正等菩提根本依處．何等名爲根本依處．謂十善業。」又云．「龍王．譬如一切聚落都城市埠方邑國土王宮．一切草木藥物樹林．一切事業邊際．一切種子集聚．生一切穀若耕若耘．及諸大種．皆依地住．地是彼等所依處所．龍王．如是此諸十善業道．是生人天得學無學諸沙門果獨覺菩提．及諸菩薩一切妙行．一切佛法所依止處。」是故十地經中稱讚遠離十不善戒所有義理。入中論中亦總攝云．「若諸異生諸語生．若諸自力證菩提．及諸勝子決定勝．增上生因戒非餘。」

如是不能於一尸羅．數修防護而善守護．反自說云．我是大乘者．極應呵責。地藏經云．「由如是等十善業道而能成佛．若有乃至命存以來．下至不護一善業道．然作是言．我是大乘．我求無上正等菩提．此數取趣至極詭詐．說大妄語．是於一切佛世尊前欺罔世間．說斷滅語．此由愚蒙而至命終．顛倒墮落。」顛倒墮落者．於一切中．應知即是惡趣異名。

決擇業果分三．一顯示黑業果．二白業果．三業餘差別。　初中分三．一正顯示黑業道．二輕重差別．三此等之果。　今初

云何殺生。攝分於此說為事想欲樂煩惱究竟五相．然將中三攝入意樂更加加行攝為四相．謂事意樂加行究竟易於解釋．意趣無違。其中殺生事者．謂具命有情．此復若是殺者自殺有加行罪．無究竟罪。瑜伽師地論於此意趣．說他有情意樂分三．想有四種。謂如於有情事作有情想及非情想．於非有情作非情想及有情想．初及第三是不錯想．二四錯誤．此中等起若有差別．譬如念云．唯殺天授若起加行誤殺祠授．無根本罪．故於此中須無錯想。若其等起於總事轉．念加行時．任有誰來悉當殺害．是則不須無錯誤想。如是道理．於餘九中．如其所應皆當了知。煩惱者謂三毒隨一．等起者謂樂殺害．加行中能加行者．謂若自作．或教他作．二中誰作．等無差別。加行體者謂用器杖．或用諸毒．或用明咒．隨以一種起加行等。究竟者．謂即由其加行因緣．彼爾時死．或餘時死。此復如俱舍云「前等死無本．已生餘身故。」此中亦爾。

不與取。事者．謂隨一種他所攝物。意樂分三．想與煩惱俱如前說．等起者．謂雖未許令

離彼欲．加行中能加行者如前。加行體者．謂若力劫若闇竊盜．任何悉同．此復若於債及寄存．以諸矯詐欺惑方便．不與而取．或爲自義．或爲他義．或爲令他耗損等故．所作悉同成不與取。究竟者攝分中說「移離本處」．於此義中雖多異說．然從物處移於餘處．唯是一例．猶如田等無處可移．然亦皆須安立究竟．是故應以發起得心．此復若是教劫教盜．彼生即可．譬如遣使往殺他人．自雖不知．然他何時死．其教殺者．即生本罪。

註．瑜伽師地論云．菩薩於如來所修十種供養：㈠．設利羅供養（親現供養如來色身）。㈡．制多供養（塔廟等供養）。㈢．現前供養。㈣．不現前供養。㈤．自作供養。㈥．教他供養。㈦．財敬供養。㈧．廣大供養。㈨．無染供養。㈩．正行供養。

菩提道次第廣論卷四終

菩提道次第廣論卷五

欲邪行。事者．略有四種．謂所不應行．非支．非處．及以非時。此中初者．謂行不應行所有婦女及一切男非男非女。此之初者．攝分中云．若於母等母等所護．如經廣說名不應行。如馬鳴阿闍黎說此義云．「言非應行者他攝具法幢．種護至王護．他已娶娼妓．諸親及繫屬．此是不應行。」他所攝者謂他妻妾．具法幢者謂出家女．種姓護者謂未適嫁．父母等親．或大公姑．或守門者。或雖無此．自己守護。若王若勅而守護者．謂於其人制治罰律．於他已給價金娼妓．說為邪行．顯自給價．非欲邪行。大依怙尊亦作是說。男者俱通自他．非支分者謂除產門所有餘分．馬鳴阿闍黎云．「云何名非支．口．便道．嬰童腿逼及手動。」大依怙云．「言非支者謂口穢道及童男女前後孔戶．并其自手。」此說亦同。非處所者．謂諸尊重所集會處．若塔廟處．若大眾前．若於其境有妨害處．謂地高下及堅硬等．馬鳴阿闍黎云．「此中處境者在法塔像等．菩薩居處等．親教及軌範．并在父母前．非境不應行。」大依怙師亦如是說。非其時者．謂穢下降．胎滿．孕婦．若飲兒乳．若受齋戒．若有疾病．匪宜習故．若道量行量謂極至經於五返。馬鳴阿闍黎云「此中非時者．穢下及孕婦．有兒非欲解．及其苦憂等．住八支非時。」一大依怙尊亦復同此．稍差別者．謂晝日時．亦名非時。非時非支等三．雖於自妻．尚成邪行．況於他所。意樂分三．想者攝分中說．於彼彼想．是須無誤．毘奈耶中．於不淨行他勝處時．說想若錯不錯皆同。俱舍釋說作自妻想而趣他妻．不成業道．若於他妻作餘妻想而趣行者．有二家計．謂成不成。煩惱者三毒隨一。等起者謂樂欲行諸不淨行。加行者攝分中說．教他邪行．教者亦生欲邪行罪．俱舍釋說．如此則無根本業道．前或意說非根本罪．然須觀察。究竟者謂兩兩交會。

妄語事者．謂見聞覺知四．及此相違四．能解之境．謂他領義。意樂分三．想者謂於所見變想不見．及於未見變想見等。煩惱者謂三毒。等起者謂覆藏想樂說之欲。加行者謂或言說或默忍受或現身相．此復所求或爲自利或爲利他．隨爲何故說悉同犯．此中說於妄語離間及粗惡語．雖教他說其三亦成。俱舍本釋．於語四業．皆說教他亦成業道．毘奈耶中．說起此等究竟犯時．要須自說。究竟者謂他領解．俱舍釋說若他未解．僅成綺語．離間粗語．亦皆同此。

離間語事者．謂諸有情．或和不和。意樂分三．想及煩惱如前。等起者和順有情樂乖離欲．不和有情樂不合欲。加行者隨以實語．若非實語．隨說所說．若美不美．隨其所求爲自爲他而有陳說。究竟者攝分中云．「究竟者．謂所破領解。」謂他了解所說離言。

粗惡語事者．謂諸有情能引恚惱。意樂中想煩惱如前。等起者謂樂粗言欲。加行者謂以若實．若非實語．或依種過．或依身過．或依業過．或依戒過．或依現行所有過失．說非愛語。究竟者攝分中說．「究竟者謂呵罵彼。」俱舍釋說須所說境解所說義。

綺語事者．謂能引發無利之義。意樂中三．想者雖僅說爲於彼彼想．然於此中．是即於其所欲說義．彼想而說．此中不須能解境故。煩惱者謂三毒隨一．等起者謂樂宣說無屬亂語。加行者謂發勤勇宣說綺語。究竟者謂纔說綺語。此復七事相應．謂若宣說鬥訟競諍。若於外論或梵志咒以愛樂心受持諷頌．若苦逼語如傷嘆等．若戲笑遊樂受欲等語．若樂處衆宣說王論臣論國論盜賊論等．若說醉語及顛狂語．若邪命語．語無係屬．無法相應．非義相應者．謂前後語無所連續．若說雜染．若歌笑等．若觀舞時而發言詞。前三語過是否綺語．雖有二家．然此所說．順於前家。

貪欲。事者．謂屬他財產。意樂分三．想者謂於彼事作彼事想．煩惱者謂三毒隨一。等起者謂欲令屬我。加行者謂於所思義正發進趣。究竟者說於彼事定期屬己謂念其財等願成我有。此中貪心圓滿須具五相．一有耽著心．謂於自財所．二有貪婪心．謂樂積財物．三有饕餮心．謂於屬他資財等事．計爲華好深生愛味．四有謀略心．謂作是念凡彼所有何當屬我．五有覆蔽心．謂由貪欲不覺羞恥．不知過患及與出離。若此五心隨缺一種．貪欲心相即非圓滿．瑜伽師地論中．於十不善．俱說加行。又非圓滿貪欲之理者．謂作是念．云何當能令其家主．成我僕使．如我所欲。又於其妻子等及飲食等．諸資身具．亦如是思。又作是念云何當能令他知我．少欲遠離．勇猛精進．具足多聞．成施性等。又作是念．云何當能令諸國王及諸商主．四衆弟子．供事於我．得衣食等。又作是念起如是欲．云何令我當生天上．天妙五欲以爲遊戲．當生猛利．徧入世界．乃至願生他化自在。又於父母妻子僕等同梵行者．所有資具．發欲得者．亦是貪欲。

瞋恚心中。事想煩惱．如粗惡語。等起者．樂打等欲．云何令其遭殺遭縛．若由他緣．或自任運耗失財產。加行者即於所思而起加行。究竟者謂於打等．期心決定或已斷決。此亦有

五．全則圓滿．缺則非圓。謂具五心．一有憎惡心．謂於能損害相．隨法分別故．二有不堪耐心．謂於不饒益不堪忍故．三有怨恨心．謂於不饒益數數非理思惟隨念故．四有謀略心．謂作是念何當捶撻．何當殺害．五有覆蔽心．謂於瞋恚不覺羞恥．不知過患．及與出離。僅成損害心者．謂作是念彼於我所已作正作．諸無義事．故我於彼當作無義。盡其所有幾許思惟．爾許一切皆損害心．如是願他現法．喪失親屬資財及善法等．及願後法往惡趣中．亦是損心。

邪見事者．謂實有義。意樂分三．想者謂於所謗義．作諦實想。煩惱者謂三毒隨一。等起者謂樂誹謗欲。加行者即於所思策發加行．此復有四．謂謗因．果．作用．有事。誹謗因者謂云無有妙惡行等。誹謗果者謂云無有彼二異熟。誹謗作用分三．誹謗殖種持種作用者．謂云無有若父若母．誹謗往來作用者．謂云無有前世後世．誹謗受生作用者．謂云無有化生有情。謗實有事者謂云無有阿羅漢等。究竟者謂誹謗決定。此亦由於五相圓滿．謂具五心．一有愚昧心．謂不如實了所知故．二有暴酷心．謂樂作惡故．三有越流行心．謂於諸法不如正理善觀察故．四有失壞心．謂謗無布施愛養祠祀妙行等故．五有覆蔽心．謂由邪見不覺羞恥．不知過患及與出離故。此五若缺．則不圓滿。雖其邪見復有所餘．然唯說此名邪見者．由此能斷一切善根．隨順諸惡隨意所行．是爲一切邪見之中極重者故。其中殺生粗語瞋心．由三毒起．由瞋究竟。不與而取邪行貪欲．由三毒起．唯貪究竟。妄言離間及諸綺語．發起究竟．俱由三毒。邪見由其三毒發起．唯癡究竟。此等之中．思唯是業而非業道．身語所有七支是業亦是業道．思行處故。貪欲等三業道非業。

第二顯示輕重分二．一十業道輕重．二兼略顯示具力業門。

初中有五．例如殺生由意樂故重者．謂猛利三毒所作。由加行故重者．謂或已殺生．或正或當具歡喜心具踴躍心．或有自作或復勸他於彼所作稱揚讚歎見同行者意便欣慶。由其長時思量積蓄怨恨心已．方有所作．無間所作．殷重所作．或於一時頓殺多生。或令發起猛利痛苦而行殺害。或令怖畏作不應作而後殺害。若於孤苦貧窮哀慼悲泣等者而行殺害。由無治故重者．謂不能日日．乃至極少時持一學處．或亦不能半月八日十四十五．受持齋戒。於時時間．惠施修福問訊禮拜．迎送合掌和敬業等。又亦不能於時時間．獲得增上慚愧惡作．又不能證世間離欲．或法現觀。由邪執故重者．謂由依於作邪祠祀．所有邪見．執爲正法．而行殺戮。又作是心．畜等乃是世主所化爲資具故．雖殺無罪．諸如是等依止邪見而行殺害。由事故重者．謂若殺害大身傍生．人或人相．父母兄弟．尊長委信．有學菩薩．羅漢獨覺．及知如來不能殺害．而以惡心出其身血。違此五因．爲輕殺生。餘九除事．如其殺生．輕重應知。由其事故重不與取者．謂若劫盜衆多上妙及委信者。劫盜孤貧．出家之衆．及此法衆。若入聚落而行劫盜．若劫有學羅漢獨覺僧伽佛塔所有財物。由其事故重邪行者．謂行不應行中．若母母親．委信他妻．或比丘尼．或正學女．或勤策女．非支行中謂於面門．非時行中謂受齋戒．或胎圓滿．或有重病．非處行中謂塔近邊．若僧伽藍。由其事故重妄語者．謂爲誑惑多取他財而說妄語．若於父母乃至於佛．若於善賢．若於知友而說妄語．若能起重殺生等三而說妄語．爲破僧故而說妄語．於一切中．此爲最重。由其事故重離間語者．謂破壞他長時親愛．及善知識父母男女．若能破僧．若能引發身三重業．所有離間語。由其事故重粗惡語者．謂於父母等及餘尊長．說粗惡語．若以非眞非實妄語說粗惡語．現前毀罵．訶責於他。由其事故重綺語者．妄語等三所有綺語．輕重如前。若諸依於鬥訟諍競所有綺語．若以染心．於外典籍而讀誦等。若於父母親屬尊重．調弄輕笑．現作語言．不近道理。由其事故重貪欲者．謂若貪欲僧伽．佛塔所有財寶．及於己德起增上慢．乃於王等及諸聰叡同梵行所起增上欲貪求利敬。由其事故重瞋恚者．謂於父母親屬尊長．無過貧苦諸可哀愍．諸誠心悔所作過者．起損害心。由其事故重邪見者．謂能轉趣謗一切事．較餘邪見此爲最重。又謂世間無阿羅漢正至正行．此見亦爾。與上相違是輕應知。

本地分中說有六相成極尤重．加行故者．謂由猛利三毒．或由猛利無彼三毒．發起諸業。串習故者．謂於長夜親近修習．若多修習善惡二業。自性故者．謂屬身語七支．前前重於後後屬意三支後後重於前前事故者．謂於佛法僧諸尊重所．爲損爲益。所治一類故者．謂乃至壽存．一向受行諸不善業．未曾一次受行善法。所治損害故者．謂永斷除諸不善品．令諸善業離欲清淨。親友書中亦云「無間貪著無對治．從德尊事所起業．是五重大善不善．其中應勤修善行。」其三寶等爲具德事．其父母等爲有恩事．開二成立。

第二兼略開示具力業門分四。由福田門故力大者。謂於三寶尊重似尊父母等所．於此雖無猛利意樂．略作損益．能得大福及大罪故。此復猶如念住經云「從佛法僧雖取少許亦成重大。若不與取佛法僧物．仍以彼等同類奉還。盜佛法者．即得清淨．盜僧伽者．乃至未受不得清淨．福田重故。若盜食物．當墮有情大那落迦．若非食物．則當生於諸獄間隙．無間近邊極黑暗處。」一日藏經中特說犯戒受用僧物少許．或葉或華或果．當生有情大那落迦．設經長夜而得脫離．復當生於曠野尸林．無手乏足諸旁生類．及無手足盲餓鬼中．經歷多年恆受苦等極大過患。又說已施僧衆苾芻．雖諸華等自不應用．不應轉與諸居家者．諸居家者．不應受用．罪亦極重。即前經云「寧以諸利劍割斷自支體．已施僧伽物．不與在家者。寧食熱鐵丸．火燄即熾猛．不應於僧中．受用僧伽業。寧取食猛火．量等須迷盧．不以居家身．受用僧財物。寧破一切體．貫諸大串上．不以居家身．受用僧財物。寧入諸舍宅．火炭偏充滿．不以居家身．夜宿僧房舍。」又僧伽中若諸菩薩補特伽羅．是極大力善不善田。能入發生信力契印經說「設如有一由忿恚故．禁閉十方一切有情於黑暗獄。若有忿恚背菩薩住．云不瞻視此暴惡者．較前生罪極無數量。又較劫奪南瞻部洲．一切有情一切財物．若有輕毀隨一菩薩．亦如前說。又較焚毀殑伽沙數諸佛塔廟．若於勝解大乘菩薩．起損害心．發生瞋恚說諸惡稱．亦如前說。」能入定不定契印經說「若剜十方有情眼目．由慈心故令眼還生．及將前說一切有情．放出牢獄．悉皆安立轉輪王樂．或梵天樂。如次若於諸能勝解大乘菩薩．淨信瞻視．及由淨信樂欲瞻視．稱揚讚歎．較前生福極無數量。」極善寂靜決定神變經中亦說「較諸殺害南瞻部洲一切有情．或盡劫奪一切財產．若於菩薩所修善行．下至摶食施諸旁生而作障難．能生無量罪。」故於是處極應防愼。

由所依門故力大者。謂如鐵丸小亦沈水．即彼成器雖大上浮．說智不智所作罪惡而有輕重。此因相者．涅槃經說．諸愚癡者．如蠅粘涕不能脫離．雖於小罪不能脫離。由無悔心不能善行．由覆藏過．雖先有善為惡染汚。故應現受異熟之因．變為極重那落迦因。又如少水投鹽一掬．則難飲用．或如欠他一文金錢．不能還償．漸被逼縛受諸苦惱。又說五相．雖是當感現輕異熟．能令熟於那落迦中．謂重愚癡．善根微薄．惡業尤重．不起追悔．先無善行。故說輕微是指智者．能悔前失．防護後過．不藏諸惡．勤修善法．諸惡對治．若不修此妄矜為智．由輕蔑門．知而故行．是為尤重。寶蘊經亦說「三千所有一切有情．皆入大乘．具輪王位．各以燈燭器等大海．炷如須彌．供養佛塔．其福不及出家菩薩．於小燈燭塗以油脂．持供塔前．所得福德百分之一。」此中意樂．謂菩提心．及其福田俱無差別．然所供物殊異極大．是所依力極為明顯。

由是道理．則無律儀與有律儀．同是有中具一具二具三之身．修行道時．顯然後後較於前前進趣優勝。如諸在家修施等時．受持齋戒律儀而修．與無律儀所修善根．勢力大小．亦極明顯。制罰犯戒經說．較諸世人具十不善．經百歲中恆無間缺所集衆惡。若有比丘毀犯尸羅．仙幢覆身．經一日夜．受用信施．不善極多．亦是由其所依門中．罪惡力大。分辨阿笈摩亦云「寧吞熱鐵丸．猛燄極可畏．不以犯戒身．受用國人食。」通說犯戒及緩學處。敦巴仁波卿云「較依正法所起罪惡．十種不善是極少惡。」現見實爾。

由事物門故力大者。施有情中正法布施．供養佛中正行供養．較諸財施財物供養．最爲超勝．此是一例．餘皆應知。

由意樂門故力大者。寶蘊經說．較三千界一切有情．各建佛塔．量等須彌。於此諸塔．復經微塵沙數之劫．以一切種可供養事．承事供養。若諸菩薩不離一切智心．僅散一華．其福極多。如是由其攀緣所得．若有勝劣．及緣自他利益事等意樂差別。此復由其強盛微弱．恆促等門應當了知。又於惡行．若煩惱心猛利恆長．其力則大．其中復以瞋力爲大。入行論云．「千劫所集施．供養善逝等．此一切善行．一恚能摧壞。」此復若瞋同梵行者．及瞋菩薩．較前尤重。三摩地王經云．「若互相瞋恚．非戒聞能救．非定非蘭若．施供佛能救。」入行論中亦云.「如此勝子施主所設.若有發暴惡心.能仁說如惡心數.當住地獄經爾劫。」
第三其果分三。異熟果者。謂十業道.一一皆依事及三毒上中下品.有三三等。本地分說.此中上品殺生等十.一一能感生那落迦中.十一一感生餓鬼.下十一一能感旁生.十地經說.中下二果與此相違。

等流果者。謂出惡趣.次生人中.如其次第.壽量短促.資財匱乏.妻不貞良.多遭誹謗.親友乖離.聞違意聲.言不威肅.貪瞋癡三上品猛利。諦者品及十地經中.於其一一說二二果.謂「設生人中壽量短促多諸疾病.資財匱乏與他共財.眷屬不調或非可信妻有匹偶.多遭誹謗受他欺誑.眷屬不和眷屬鄙惡.聞違意聲語成鬥端.語不尊嚴或非堪受無定辯才.貪欲重大不知喜足.尋求無利或不求利.損害於他或遭他害.見解惡鄙諂誑爲性。」諸先尊長說.縱生人中愛樂殺生等事.是造作等流果.前所說者.是領受等流果。

諸主上果或增上果者。謂由殺生.能感外器世間所有飲食及藥果等.皆少光澤.勢力.異熟及與威德.並皆微劣.難於消變.生長疾病。由此因緣.無量有情.未盡壽量.而便中夭。不與取者.謂衆果尠少.果不滋長.果多變壞.果不貞實.多無雨澤.雨多淋澇.果多乾枯及全無果。欲邪行者．謂多便穢．泥糞不淨．臭惡迫迮．不可愛樂。虛妄語者．謂農作行船．事業邊際．不甚滋息．不相諧偶．多相欺惑．饒諸怖畏恐懼因緣。離間語者．謂其地處丘坑間隔險阻難行．饒諸怖畏恐懼因緣。粗惡語者．謂其地所多諸株杌．刺石礫瓦．枯槁無潤．無有池沼．河流泉湧．乾地鹵田．丘陵坑險．饒諸怖畏恐懼因緣。諸綺語者．謂諸果樹不結果實．非時結實．時不結實．未熟似熟．根不堅牢．勢不久停．園林池沼．可樂極少．饒諸怖畏恐懼因緣。貪欲心者．謂一切盛事．經歷一一年時月日．漸漸衰微．唯減無增。瞋恚心者．謂多疫癘．災橫擾惱．怨敵驚怖．獅子虎等．蟒蛇蝮蠍．蚰蜒百足．毒暴藥叉．諸惡賊等。諸邪見者．謂器世間所有第一勝妙生源．悉皆隱沒．諸不淨物．乍似清淨．諸苦惱物．乍似安樂．非安居所．非救護所．非歸依所。

思惟白業果分二一白業二果。　今初

本地分說．於殺生不與取欲邪行．起過患欲解．起勝善心．若於彼起靜息方便．及於彼靜息．究竟中所有身業語四意三．亦皆如是。其差別者．謂云語業及云意業．事及意樂．加行究竟．如應配合。例如遠離殺生業道事者．謂他有情。意樂者．謂見過患．起遠離欲。加行者．謂起諸行靜息殺害。究竟者．謂正靜息圓滿身業．以此道理．餘亦應知。

果中有三異熟者．謂由軟中上品善業．感生人中．欲界天中．上二界天。諸等流果．及增上果．違於不善．如理應知。十地經說．以此十種．怖畏生死．離諸悲心．由隨順他言教修習．辦聲聞果。又諸無悲．不依止他．欲自覺悟．善修緣起．辦獨勝果。若心廣大．具足悲心．善權方便．廣發宏願．終不棄捨一切有情．於極廣大諸佛智慧．緣慮修習．成辦菩薩一切諸地波羅蜜多。由善修習此一切種．則能成辦一切佛法。如是二聚十種業道．及彼諸果．凡餘教典．未明說者．一切皆是如本地分．攝決擇分．意趣而說。

第三顯示業餘差別中．引滿差別者。引樂趣業是諸善法．引惡趣業是諸不善。諸能滿者．則無決定。於樂趣中．亦有斷支．關節殘根．顏貌醜陋．短壽多疾．匱乏財等．是不善作。於諸旁生及餓鬼中．亦有富樂極圓滿者．是善所作。由如是故．共成四句．謂於能引善所引中．有由能滿善所圓滿．及由不善圓滿二類．於諸能引不善引中．有由能滿不善圓滿．及由善法圓滿二類。集論云「應知善不善業．是能牽引及能圓滿．於善惡趣受生之業．能牽引者．謂能引異熟．能圓滿者．謂既生已．能令領納愛與非愛。」俱舍論云．「由一引一生．能滿則眾多。」謂由一業能引一生．非能引多．亦非眾多共引一生．諸能滿中．則有眾多。集論則說．頗有諸業．唯由一業牽引一生。又有諸業．唯由一業牽引多生．頗有諸業．由衆多業牽引一生。亦有諸業．由衆多業牽引多生．釋中說云．「有由一剎那業．唯能長養一世異熟種子．及由彼業而能長養多世異熟種子．有由多剎那業．唯能數數長養一世種子．及由衆多互相觀待．而能數數長養展轉多生種子。」

定不定受業者．如本地分云．「順定受業者．謂故思已．若作若增長業。順不定受業者．謂故思已．作而不增長業。」作與增長所有差別者．即前論云．「云何作業．謂若思業．或思惟已．身語所起。」又云．「增長業者．除十種業．謂一夢所作．二無知所作．三無故思所作．四不利不數所作．五狂亂所作．六失念所作．七非樂欲所作．八自性無記．九悔所損害．十對治所損。除此十種業所餘諸業。不增長業者．謂即所說十種。」攝決擇分亦說四句．一作殺生而非增長．謂無識別所作．夢中所作．非故思作．自無樂欲他逼令作．若有暫作．續即發起猛利追悔及厭患心．懇責厭離．正受律儀．令彼薄弱．未與異熟．便起世間所有離欲．損彼種子及起出世永斷之道．害彼種子。二增長而非作者．爲害生故．於長夜中．數隨尋伺．然未殺生。三作而增長者．謂除前二句一切殺生。四非作非增長者．謂除前三。從不與取乃至綺語．隨其所應如殺應知。於意三中．無第二句．於初句中．亦無不思而作他逼令作。

決定受中．依受果時分三。其中現法受者．謂即彼果現法成熟．本地分說此復有八．若由增上顧戀意樂．顧戀其身．財物．諸有造作不善．於現法受。若由增上不顧意樂．不顧彼等．作諸善法。如是若於諸有情所．增上損惱．增上慈悲。又於三寶尊重等所．增上憎害．及於此所增上淨信勝解意樂。又於父母諸尊重等恩造之所．由增上品．酷暴背恩所有意樂．所作不善．於現法受。若由增上報恩意樂．所作善法．於現法受。順生受者．謂於二世當受其果。順後受者．謂於三世以後成熟。

於相續中．現有眾多善不善業成熟理者．謂諸重業．即先成熟。輕重若等．於臨終時何者現前．彼即先熟。若此亦等．則何增上多串習者。若此復等．則先所作．彼即先熟。如俱舍釋所引頌云「諸業於生死．隨重近串習．隨先作其中．即前前成熟。」

第二思惟別者．謂由遠離十種不善．雖定能獲善妙所依．然若成一圓具德相．能修種智．勝所依者．修道進程．非餘能比．故應成辦．如此所依。此中分三．一異熟功德．二異熟果報．三異熟因緣。

初中分八。一壽量圓滿者．謂宿能引牽引長壽．如其所引．長壽久住。二形色圓滿者．謂由形色顯色善故.顏容殊妙.根無闕故.衆所樂見.橫豎稱故.形量端嚴。三族姓圓滿者.謂生世間.恭敬稱揚.諸高貴種。四自在圓滿者.謂大財位.有親友等廣大朋翼.具大僚屬。五信言圓滿者.謂諸有情信奉言教.由其身語於他無欺.堪爲信委.於其一切諍訟斷證.堪爲量故。六大勢名稱者.有大名稱.有大美譽.謂於惠施.具足勇健精進等德.由此因緣.爲諸大衆所供養處。七丈夫性者.謂成就男根。八大力具足者.謂由宿業力.爲性少病.或全無病.於現法緣起大勇悍。此復第一謂住樂趣.第二謂身生爲第三.財位僚屬爲四.第五謂爲世間量則.第六謂彼所有名稱.七謂一切功德之器.第八謂於諸所應作勢力具足。

　異熟果報分八。初者依自他利.能於長時積集增長無量善根。第二者謂諸大衆暫見歡喜.咸共歸仰.凡所發言.無不聽用。第三者謂所勸敎.無違敬用。第四者謂以布施攝諸有情令其成熟。第五者謂以愛語利行同事.攝諸有情.速令成熟。第六者謂由營助一切事業.布施恩德.爲報恩故.速受勸敎。第七者謂爲一切勝功德器.欲樂勤勇.堪爲一切事業之器.智慧廣博.堪爲思擇所知之器。又於大衆都無所畏.又與一切有情同行.言論受用.或住屏處皆無嫌礙。第八者謂於自他利.皆無厭倦.勇猛堅固.能得慧力.速發神通。

異熟因分八．初者謂於有情．不加傷害．及正依止不害意樂。又云．「善放將殺生．如是利其命．遮止害衆生．則當得長壽。承事諸病人．善施諸醫藥．不以磈杖等．害衆生無病。」第二者謂能惠施燈等光明．鮮淨衣物．又云「由依止無瞋．施莊嚴妙色．說無嫉妬果．當感妙同分。」第三者謂摧伏慢心．於尊長等．勤禮拜等．於他恭敬．猶如僕使。第四者謂於乞求衣食等物．悉皆施惠．設未來乞．亦行利益．又於苦惱及功德田．乏資具所．應往供施。第五者謂修遠離語四不善。第六者謂發宏願．於自身中．攝持當來種種功德．供養三寶．供養父母．聲聞獨覺親教軌範．及諸尊長。第七者謂樂丈夫所有功德．厭婦女身．深見過患．樂女身者．遮止欲樂．將失男根．令得脫免。第八者謂他不能作．自當代作．若共能辦．則當伴助．惠施飲食。如是八因．若具三緣．能感最勝諸異熟果。於其三緣．心清淨中．待自有二．謂修彼因所有衆善．將用迴向無上菩提．不希異熟．由純厚意．修行諸因勢力猛利。待他有二．謂見同法者．上中下座．遠離嫉妬．比較輕毀．勤修隨喜。設若不能如此而行．亦應日日多次觀擇所應行事。加行清淨中．觀待自者．謂於長時無間殷重．觀待他者．謂未受行讚美令受。已受行者．讚美令喜．恆無間作不棄捨作。田清淨者．謂由彼二意樂加行．能與衆多微妙果故．等同妙田。此等是如菩薩地說以釋補滿而爲宣說。

第三思已進止道理中分二一總示二特以四力淨修道理。　今初

如入行論云「苦從不善生．如何定脫此．我晝夜恆時．理應思惟此。」又云．「能仁說勝解．一切善品本．又此之根本．恆修異熟果。」謂既了知黑白業果．非唯了知即便止住．應數修習．以此是爲極不現事．極難獲得決定解故。此復如三摩地王經云．「設月星處皆墮落．具山聚落地壞散．虛空界可變餘相．然尊不說非諦語。」於如來語應修深忍．若未於此獲得眞實決定信解．任於何法．悉不能得勝者所愛決定信解。如有一類．說於空性已獲決定．然於業果無決定信．不愼重者．是乃顚倒了解空性。解空性者．謂即見爲緣起之義．是於業果發生定解爲助伴故。即彼經云「一切諸法如水月．等於幻泡陽燄電．雖諸死已往他世．有情意生不可得。然作諸業終不失．如其黑白成熟果．如此理趣門賢妙．微細難見佛行境」是故應於緣起二業．及諸因果發生定解．一切晝夜觀察三門．斷截惡趣。若不先善因果差別．縱少知法．然將三門放逸轉者．唯是開啓諸惡趣門。海問經云「龍王．諸菩薩由一種法．能斷生諸險惡惡趣．顚倒墮落。一法云何．謂於諸善法觀察思擇．作如是念．我今若何

度諸晝夜」若能如是觀相續者諸先覺云此因果時、校對正法全不符順於此乃是我等錯誤全無解脫校對業果是觀順否若以法校自相續時全無符順而能至心了知如是是爲智者。集法句云「若愚自知愚是名爲智者」若校法時與法乖反猶如負屍自妄希爲法者智者淨者極頂是爲下愚。集法句云「若愚思爲智說彼爲愚癡。」故其極下亦莫思爲於法已解。又博朶瓦則引此本生論文觀察相續如云「虛空與地中隔遠大海彼此岸亦遠東西二山中尤遠凡與正法遠於彼」此說我等凡庸與法二者中間如彼諸喻極相隔遠。此頌是月菩薩從持善說婆羅門前供千兩金所受之法。朶壠巴亦云「若有觀慧而正觀察如於險坡放擲線團與法漸遠。」

如是思已遮止惡行之理者如諦者品云「大王汝莫爲殺生一切衆生極愛命由是欲護長壽命意中亦莫思殺生」謂十不善及如前說諸餘罪惡發起意樂亦莫現行應修應習應多修習靜息之心。若未如是遮止惡行雖非所欲然須受苦任赴何處不能脫故是故現前似少安樂然果熟時雖非所欲淚流覆面而須忍受如是之業是非應作。若受果時能感受用無罪喜樂如是之業是所應行集法句云「若汝怖畏苦汝不愛樂苦於現或不現．莫作諸惡業。設已作惡業．或當作亦然．汝雖急起逃．然不能脫苦。任其居何處．無業不能至．非空非海內．亦非入山中。」又云．「諸少慧愚稚．於自如怨敵．現行諸惡業．能感辛楚果。作何能逼惱．淚覆面泣哭．別別受異熟．莫作此業善。作何無逼惱．歡喜意欣悅．別別受異熟．作此業善哉。自欲安樂故．掉舉作惡業．此惡業異熟．當哭泣領受。」又云．「惡業雖現前．非定如刀割．然衆生惡業．於他世現起。由其諸惡業．各受辛異熟．是故諸衆生．於他世了知。如從鐵起銹．銹起食其鐵．如是未觀作．自業感惡趣。」康壠巴謂樸窮瓦云．「善知識說唯有業果是極緊要．現今講說聽聞修習皆非貴重．我念唯此極難修持。」樸窮瓦亦云．「實爾。」又敦巴云．「覺嚩瓦心莫寬大．此緣起微細。」樸窮瓦云．「我至老時．依附賢愚。」霞惹瓦云．「隨有何過．佛不報怨．是方所惡宅舍所感．皆說是由作如此業．於此中生。」

第二特以四力淨修道理者。如是勵力雖欲令其惡行不染．然由放逸煩惱盛等增上力故．設有所犯．亦定不可不思放置．須勵力修．大悲大師所說還出方便．此復墮罪還出之理．應如三種律儀別說。諸惡還出者．應由四力。開示四法經云．「慈氏若諸菩薩摩訶薩．成就四法．則能映覆諸惡已作增長．何等爲四．謂能破壞現行．對治現行．遮止罪惡及依止力。」作已增長業者．是順定受若能映此．況不定業。

此中初力者．謂於往昔無始所作諸不善業多起追悔欲生此者．須多修習感異熟等．三果道理．修持之時．應由勝金光明懺及三十五佛懺二種悔除。第二力中分六．依止甚深經者．謂受持讀誦般若波羅蜜多等契經文句。勝解空性者．謂趣入無我光明法性．深極忍可本來清淨。依念誦者．謂如儀軌念誦百字咒等．諸殊勝陀羅尼。妙臂請問經云「如春林火猛燄熾．無勵偏燒諸草木．戒風吹燃念誦火．大精進燄燒諸惡。猶如日光炙雪山．不耐赫熾而消溶．若以戒日念誦光．炙照惡雪亦當盡。如黑暗中燃燈光．能遣黑闇罄無餘．千生增長諸惡闇．以念誦燈能速除。」此復乃至見淨罪相．應當念誦。相者準提陀羅尼說「若於夢中夢吐惡食．飲酪乳等．及吐酪等．見出日月．遊行虛空．見火熾然．及諸水牛．制伏黑人．見苾芻僧苾芻尼僧．見出乳樹象及牛王山獅子座及微妙宮．聽聞說法。」依形象者．謂於佛所獲得信心．造立形像。依供養者．謂於佛所及佛塔廟．供養種種微妙養供。依名號者．謂聽聞受持諸佛名號．諸大佛子所有名號。此等唯是集學論中已宣說者．餘尚衆多。第三力者．謂正靜息十種不善．日藏經說．由此能摧所作一切自作教他見作隨喜．殺生等門．三門業障．諸煩惱障及正法障。毘奈耶廣釋中說．若無誠意防護之心．所行悔罪．唯有空言．阿笈摩中是故於此密意問云「後防護否。」故防護心後不更作．至爲切要。能生此心．復賴初力。第四力者．謂修歸依及菩提心。此中總之勝者．爲初發業．雖說種種淨惡之門．然具四力．即是圓滿一切對治。

惡淨之理者。謂諸能感於惡趣中極大苦因．或令變爲感微苦困．或生惡趣．然不領受諸惡趣苦．或於現身稍受頭痛．即得淸淨。如是諸應長時受者．或爲短期．或全不受。此復是由淨修之人力之大小．四力對治圓不圓具．勢猛不猛．及時相續恆促等門．故無定準。諸契經中及毘奈耶皆說「諸業縱百劫不亡。」意謂未修四力對治．若如所說而以四力對治淨修．雖順定受亦說能淨。八千頌大疏中云「謂若凡是近對治品．可損減法．彼由成就有力對治．能畢竟盡．如金穢等．正法障等一切皆是如所說法．由此正理．則妄執心所作墮處可無餘盡。諸經說云．諸業雖百劫等者．應知是說若不修習能對治品．若不爾者．則違正理及違多經。說順定受應知亦是如此所說。說不定者．雖不修習能對治品．然亦應知不定感果。」如是由悔及防護等．傷損能感異熟功能者．雖遇餘緣．亦定不能感發異熟。如是由生邪見瞋恚.摧壞善根.亦復同爾。分別熾然論云.「若時善法.由生邪見.瞋恚虧損.或諸不善.若由厭訶防護悔除.是等對治.傷損其力。彼等雖得衆緣會合.然由傷損.若善不善種子功能.豈能有果.從彼感發.由無緣合.時亦遷謝.豈非從其根本拔除。如經說云.受持正法.雖其所有順定受惡.亦當變爲於現法受。又如說云.復次諸往惡趣業.此唯能感頭痛許。設作是云.若尚有果.唯頭痛者.豈是從其根本拔耶。諸惡業果.無餘圓滿.謂當感受那落迦苦.若尚不受那落迦中諸輕微苦.豈非即從根本拔除。於此略起頭痛等故.豈是本來原無果報。」雖未獲得眞能對治壞煩惱種.然由違緣令傷損故.縱遇衆緣亦不感果.內外因果.多是如是。故雖勤修衆多善法.若不防護瞋恚心等壞善之因.則如前說。故須勵力防護瞋等.精勤修習不善還出

若能盡淨有力之業.云何經說唯除先業所有異熟.謂感盲等異熟之時.現在對治難以淨除.若在因位.尚未感果.則易遮止.密意於此.故如上說.無有過失。分別熾然論云.「設作是云.若諸惡罪至極永盡.云何說除先業異熟耶。意謂已受生盲.一目缺足.顚跛及啞聾等.自性因果.故作是說。何以故.以諸業果.若已轉成異熟位體.非有功能.令其偏盡。若因位

思．正造作者．獲得所餘思差別力．能令永盡。猶如開示指鬘．未生怨．婆嚩迦．殺父及無憂等。設作是云．未生怨王及殺母等．若已生起所餘善思．何故其業未得永盡．生無間耶。是爲令於所有業果發信解故．現示感生諸無間等．非是未能無餘永盡所有諸業。如擊綵球．隨擊而躍．生彼即脫．雖那洛迦火燄等事．亦未能觸。由是則成最極拔除諸惡根本．亦非諸業全無果報。」

補特伽羅差別一類．不決定者。三摩地王經說．「勇授大王．殺華月嚴．遂起追悔．爲建塔廟．經九十五俱胝千歲．廣興供養．一日三時．悔除罪惡．善護尸羅．然壽沒後．生無間中．經六十二阿庾他俱胝劫．受盲目等無邊衆苦。」雖則如是．然其悔罪非爲唐捐。若不悔除．須受極重恆常大苦．尤過彼故。

又由悔護清淨無餘．然從最初無罪染之清淨．及由悔除清淨之二．有大差殊。猶如菩薩地中所說．犯根本罪．雖可重受菩薩律儀．而能還出．然於此生．決定不能獲得初地．攝研磨經亦云「世尊．設若有一．由近惡友增上力故．造作如此誹謗正法．世尊爾時如何能脫此罪。作是請已．世尊告妙吉祥童子云．曼殊室利．設七年中一日三時於罪悔罪．後乃清淨．

其後至少須經十劫．始能得忍。」此說諸惡雖已清淨．然得忍位．任如何速．須經十劫．是故無餘清淨之義．謂是能感非悅意果無餘永淨．起道證等極爲遙遠．故應勵力令初無犯。是故聖者．於微小罪．雖爲命故．不故知轉。若懺悔淨與初無犯二無差別．是則無須如是行故．即如世間．亦可現見傷手足等．雖可治療．然終不如初未傷損。

如是勵力．如集法論云．「若作諸惡未修福．誤失正法得非法．具惡業人死怖畏．如於大海散朽船。若已修福未作惡行．諸善士妙法軌．此則終無死亡怖．如乘固船登彼岸。」莫依前作．應如後行。此復若說衆多應理言辭而放逸轉．義利微劣．若有僅知微少法義．然隨所知正行取捨．義利殊大。集法句云．「若人宣多如理語．放逸而不如是行．譬如牧人數他畜．彼非能得沙門分。設雖少說如理語．然能正行法隨法．及能遠離貪瞋癡．此等能得沙門分。苾芻樂防慎．深畏諸放逸．自導出惡趣．如象出淤泥。苾芻樂防慎．深畏諸放逸．能抖一切惡．如風吹樹葉。」如是親友書亦云．「若希善趣諸解脫．願多修習於正見．若人邪見雖妙行．一切皆具苦異熟。」此於緣起二業因果正觀見者乃是能成一切諸乘．及辦一切士夫義利．必不容少根本依處。故應多閱前文所說．及念住經賢愚因緣．百業百喻．及毘奈耶．阿笈摩中諸多因緣．並諸餘典．令起猛利恆常定解．應當持爲極扼要義。

第二生此意樂之量者。謂先有無僞．希求現世．其求後世．唯虛言辭。即換其位．令成希求後世爲主．現在爲副．則爲生起。然須令堅固．故此生已．仍須勵力善爲修習。

第三除遣於此邪分別者。謂有一類．以佛經說．悉應背棄生死所有一切圓滿．爲錯誤事。作是念云．身受用等諸圓滿事．增上生者．皆是生死．發求此心不應道理。然所求中略有二類．謂於現位．須應希求．及是究竟所應希求。生死之中身等圓滿．希解脫者．於現法中亦須希求．以由展轉漸受此身．後邊乃得決定勝故。非凡所有身及受用眷屬圓滿．增上生事．一切皆是生死所攝。以其身等圓滿究竟．即佛色身圓滿．佛土．佛眷屬故。故莊嚴經論於此密意說云．「增上生謂受用身圓滿眷屬勤圓滿。」此說由前四度成辦增上生。又多教典．說由此等成色身故。是故修種智者．經極長時．修諸極多諸極殊勝．戒施忍等．亦是希求彼等妙果最極殊勝身等勝生。成辦究竟決定勝者．謂如入行論云．「由依人身舟．度脫大苦海。」是須依止．以人所表善趣之身．度諸有海．趣妙種智．此復須經多生．故能辦此身勝因尸羅．是道之根本。

若善趣身而不圓滿一切德相．僅能成就一少分德．雖修諸道進程微少。故定須一最圓滿者．此中護求寂等未圓學處．猶非滿足．故須勵力護苾芻等圓滿學處。

有作是說．護持尸羅．若是爲辦諸善趣者．則近住等亦能獲得．何須艱難．義利微少．諸苾芻等。又餘衆云．若別解脫所有要義．是爲獲得阿羅漢故．然苾芻者．未滿二十．則不堪受．近事之身．亦有能得阿羅漢者．應讚其身。難行少義．苾芻何爲。應當知此是全未知聖教扼要．極大亂言。應以下下律儀爲依．受上上者．委重護持圓滿學處。已說於共下士道次．淨修心訖。

菩提道次第廣論卷五終

菩提道次第廣論卷六

敬禮勝尊具大悲者足。

如是隨念當死及思死後墮惡趣之道理．能令其心厭捨現世．於後善趣發生希求。次由共同皈依及由定解黑白業果勵力斷惡修善．則能獲得善趣妙位。然非以此便生喜足．是令發起共下士之意樂及發共中士之意樂．厭捨生死一切事已．依此因緣而發大菩提心引入上士．故於此中須修中士之意樂。所謂雖得人天勝位．然仍未能出於行苦．若即於此執爲樂性．實爲顚倒。故於眞實全無安樂．其後定當墮諸惡趣邊際惡故．譬如有一無間定當墮於懸險．現於險崖暫爲休息。入行論云「數數來善趣．數受諸安樂．死後墮惡趣．常受極大苦。」弟子書中亦云「諸常轉入生死輪而於暫憩思爲樂．彼定無主漸百返漂流等非等諸趣。」故於善趣亦當厭患．猶如惡趣。四百論云「諸智畏善趣．等同奈洛迦．不畏三有者．此中徧皆無。」攝功德寶中亦云「諸具貪生死意恆流轉。」弟子書中亦云。「如如於諸趣中起樂想．如是如是癡闇極重厚．如如於諸趣中起苦想．如是如是癡闇極微薄。

如如修習淨相極增長．如是如是貪欲極熾然．如如修習不淨極增長．如是如是貪欲極殄息。」此說從無始來．執著三有盛事爲樂．增益串習諸淨妙相。能治此者．若修苦性及不淨相彼等便息．若不修習便增癡貪．轉諸有輪．故修諸有過患爲要。

中士道次修心分四．一正修意樂．二彼生起之量．三除遣於此邪執分別．四決擇能趣解脫道性。

初中分二．一明求解脫之心．二發此之方便。　今初

言解脫者．謂脫諸縛。此復業及煩惱．謂於生死是能繫縛。即由此二增上力故．若依界判．欲界等三。以趣分別．謂天趣等或五或六。依生處門．謂胎等四．即於其中結蘊相續．是繫縛之體性。故從此脫．即名解脫．欲求得此．即是希求解脫之心。又此解脫．非爲惑業諸行生已息滅．以諸生法．於第二時定不安住．不待修習能治等緣．則不須勵力一切解脫便成過失．故若未生對治．當於未來結生相續。由其發起對治力故．結生相續即便止息。

第二發此之方便者。譬如欲得止息渴苦．由於渴逼．見非愛相。如是欲得諸取蘊苦寂滅解脫．亦由觀見取蘊苦性所有過患。故若未修三有過患．於彼發起欲捨之心．則於苦滅不起欲得。四百論云．「誰於此無厭．彼豈敬寂靜．如貪着自家．難出此三有。」

希求解脫方便分二，一由於苦集門中思惟，二由於十二緣起思惟。初中分二，一思惟苦諦生死過患，二思惟集諦流轉次第。　初中分二，一顯示四諦先說苦諦之意趣，二正修苦諦。　今初

集諦為因苦諦是彼之果，故集是先果應是後，何故世尊不順彼義之次第而作是說，諸苾芻此是苦聖諦，此是集聖諦耶。大師於此違因果次第而宣說者，以有至大修持扼要，故無過失。此復云何，謂諸所化，若於生死自先未發無倒希求解脫之心，根本斷絕，彼於解脫云何能導，以諸所化無明闇覆，於諸苦性生死圓滿，執為安樂，顛倒所誑。如四百論云，「此大苦海中，悉無諸邊岸，愚人沉此中，云何不生畏。」先須為說此實是苦非有安樂，說多苦相令起厭離，是故於初先說苦諦。此後自見墮於苦海，則於苦海欲求脫離，便見其苦必須滅除。此復了知未止其因苦終不滅，便念其因復為何等，由此始能了知集諦，是故集諦於苦後說。次知生死眾苦，皆由有漏業生，其業復由煩惱發起，煩惱根本是為我執，便知集諦。若見我執亦能止滅，誓願現證滅苦之滅，故於集後宣說滅諦。若爾開示苦諦之後，即於解脫發生希求，苦諦之後應說滅諦。答云無過，爾時雖有欲解脫心，欣得寂滅眾苦之滅，然猶未明眾苦之因，未見其因定能遮止，故於解脫，不能定執為所應得，定當證滅。如是若

執定當證滅，定當解脫，便念何爲趣解脫道，趣向道諦，是故道諦最後宣說。如是亦如相續本母云，「如病應知，斷病因，當得樂住，應依藥，苦因彼滅，如是道應知應斷應證修。」如是四諦，大小乘中皆數宣說，是爲善逝總攝生死流轉生死還滅諸扼要處。故修解脫極爲切要，亦是修行大嗢柁南，故須如是次第引導學者。若未眞實思惟苦諦，厭捨生死，則求解脫亦唯虛言，隨其所作悉成集諦。若未思集，善知惑業生死根本，猶如射箭未見鵠的，是即斷截正道扼要，遂於非脫三有之道妄執爲是，勞而無果。若未能知應斷之苦集，則亦不明靜苦之解脫，故欲求解脫，亦唯增上慢耳。

第二正修苦分二，一思惟生死總苦，二思惟別苦。　初中分三，一思惟八苦，二思惟六苦，三思惟三苦。

今初

如親友書云，「仁和應厭於生死，欲乏之死病及老等無量衆苦出生處。」應如是修。此中修習厭生死者，謂思惟彼是衆苦根源。苦者，謂已顯說欲乏等四。等字攝四，共爲八種。此八種苦，是薄伽梵於多經中明苦諦時數所宣說。

修共中士一切所緣法類，如共下時所說共法，此亦應取。諸不共之修事，若有慧力，如下所寫皆當善修。若慧劣弱．可暫捨置所引教文．唯當修習應時義體。此等雖是思擇而修．然除應修諸所緣外．餘善不善無記等上．悉不應散。當於所緣遮心掉等．亦莫令隨昏睡沈沒增上而轉．當令其識極爲明淨．漸次修習。入行論云．「雖長夜修行．念誦苦行等．若心散亂修．佛說無義利。」此說一切散亂善行．其果微少。又修信大乘經云．「善男子由此異門．說諸菩薩．隨其所有信解大乘．大乘出生．當知一切．皆是由其不散亂心．正思法義之所出生。」此中不散亂心者．謂除善所緣．不向餘散．法及義者．謂文及義．正思惟者．謂以觀慧觀察思擇．由此顯示隨修一切功德之法．皆須此二。故說引發三乘一切功德．皆須二事．一除善所緣心不餘散．專一而住眞奢摩他或其隨順．二善觀察善所緣境．如所有性盡所有性．毘缽舍那或其隨順。如是亦如解深密經云．「慈氏．若諸聲聞．或諸菩薩．或諸如來所有世間及出世間一切善法．當知皆是此奢摩他毘缽舍那所得之果。」此中若無眞實止觀及隨順二．則三乘一切功德．非定皆是止觀之果。

如是八苦之中．初思惟生苦分五。衆苦所隨故生爲苦者．謂諸有情那洛迦中．及諸一向唯苦餓鬼．並諸胎生卵生．如是四類．於初生時．便有無量猛利苦受．隨逐而生。粗重所隨故生爲苦者．謂三界一切諸行．爲煩惱品粗重所隨．無堪能性．不自在轉。三界有情諸行生起．皆爲煩惱品類粗重隨逐。總之由有生住增長．煩惱種子隨逐流轉．故無堪能安住善事．亦不如欲自在而轉。衆苦所依故生爲苦者．謂於三界既受生已．由此因緣．便能增長老病死等．無邊衆苦。煩惱所依故生爲苦者．謂於生死既受生已．便於貪境瞋境癡境發生三毒．由此能令身心苦惱不靜．不安樂住．謂諸煩惱．由種種門逼惱身心。不隨所欲離別法性故生苦者．謂一切生最後邊際．咸不出死此非所愛．此復能令唯受衆苦。故應思惟如是生時．衆苦俱生．粗重俱生．生復能引衰老病等煩惱死亡．此亦能令受苦道理。

特住胎時受何苦者。如弟子書云「極猛臭穢極逼切．最狹黑闇偏蔽覆．住胎猶入那洛迦．身屈備受極重苦。」此諸文義．如入胎經云「無量不淨周偏充滿．多千蟲類之所依處．具足最極臭穢二門．具足非一骨鏁穴孔．復有便利清腦腦膜髓等不淨．生藏之下熟藏之上．面向脊骨背對腹皮．於月月中．出諸血相以之資養．母食食時．以二齒鬘細嚼吞下．其所吞食．下以口穢津涎浸爛．上爲腦膜之所纏裹．猶如變吐。所有食味．從母腹中入自臍孔．而爲資長．漸成羯羅藍．頞部陀．閉尸．健南．手足微動．體相漸現。手足面等胎衣纏裹．猶如糞穢．生臭變臭猛暴黑闇．不淨坑中上下遊轉．以諸苦酸粗鹹辣淡．猶如火炭。食味所觸．猶如蒼蠅．以不淨汁而爲資養。如墜不淨．臭穢熾然．淤泥之中命根非堅。又母身內所有火力．煎炙偏炙極偏煎炙．燒熱偏熱極偏燒熱．燒然偏然極偏燒然．受諸猛利粗惡難忍．非所悅意極大苦受。如如其母轉動．偏動極偏轉動．如是如是如被五縛．亦如投擲煻煨坑中．受諸猛利粗惡難忍非所悅意．難以爲喻．極大苦受。」如是其母若受飲食太多太少及食太膩太乾太冷太熱．鹹淡苦酸及太甘辛．若行欲行．若太急走．若跳若倒．若住火前．或蹲居坐．亦說於胎起大痛苦。生藏上壓熟藏下刺．如被五縛插之尖標。從胎產時及產出時．所有眾苦．亦如弟子書云「此漸如硬壓油具．壓迫其次方得生．然未爾時即捨命．唯是受苦業力強．住不淨中顛倒身．濕爛裹胎極臭穢．猛逼切痛如潰瘡．猶如變吐宿念捨。」此諸文義．如入胎經云「次彼漸生一切肢節．從其糞廁腐爛滴墜．不淨暴惡生臭變臭黑闇可怖．糞尿熏粘臭氣垢穢．血水常流．瘡門之中．由其先業異熟生風．吹足向上令頭向下．兩手縮屈被二骨輪．逼迫偏迫周偏逼迫．由諸粗猛難忍非悅．最大苦受令其身分悉皆青瘀．猶如初瘡．難可觸著．身一切根悉皆楚痛．極穢胎垢偏粘其身．由乾渴故令其脣喉及以心臟悉皆枯燥．住此迫迮難忍苦處。此由因緣增上．宿業異熟生風吹促至極艱辛．始得產出。生已無間．被外風觸如割塗灰．手衣觸時如利劍割．當受粗猛難忍非悅極大苦受。」又說如牛剝皮．被蟲所食．及如癩人偏身潰爛．加諸鞭撻極受楚切。又產已無間．取懷抱等及寒熱觸．亦當受諸粗猛難忍非悅意苦。八苦之中．特於此初及於最後．須慇重修。故如前說．當以觀慧數數觀察．而善修習。

思惟老苦分五。盛色衰退者．謂腰曲如弓．頭白如艾．額如砧板．皺紋充滿．由如是等衰其容貌令成非愛。氣力衰退者．謂於坐時．如袋斷索．起如拔樹．語言遲鈍．行步緩慢等。諸根衰退者．謂眼等不能明見色等．重忘念等．減念力等。受用境界衰退者．謂受飲食等．極難消化．又無堪能受諸欲塵。壽量衰退苦者．謂壽多滅盡．速趣於死。應當數數思惟此等．廣大遊戲經中亦云「由老令老壞少壯．猶如大樹被雷擊．由老令耄朽屋畏．能仁快說老出離。諸男女眾由老枯．如猛風摧娑羅林．老奪精進及勇勢．譬如士夫陷淤泥。老令妙色成醜陋．老奪威德奪勢力．老奪安樂作毀訾．老奪光澤而令死。」慬哦瓦云「死苦雖重．而時短促．此老最重。」迦瑪瓦云「老漸漸至．故稍可忍．若一時頓至．實無能忍之方便。」

思惟病苦分五。身性變壞者，謂身肉銷瘦，皮膚乾枯等。增長憂苦多住憂苦者，謂身中水等諸界，分不平均，增減錯亂，身生逼惱，心起憂痛而度晝夜。不能受用悅意境界者，謂若有云，諸可意境於病有損，雖欲享受而不自在，如是諸威儀道，亦多不能隨欲。諸非可意境界受用，雖非所欲須強受用者，謂諸非悅飲食藥等須強飲用，如是火炙及刀割等，諸粗苦事皆須習近。速離命根者，謂見病難治，便生痛苦，當於此等審細思惟。廣大遊戲經云：「多百種病及病苦，如人逐鹿逼眾生，當觀老病壞眾生，惟願速說苦出離。譬如冬季大風雪，草木林藥奪光榮，如是病奪眾生榮，衰損諸根及色力。令盡財穀及大藏，病常輕蔑諸眾生，作諸損惱瞋諸愛，周偏炎熱如空日。」

思惟死苦分五。謂捨離圓滿可愛財位，捨離圓滿可愛親族，捨離圓滿可愛朋翼，捨離圓滿可愛身體，死時當受猛利憂苦，乃至意未厭此諸苦，當數思惟。前四爲苦之理者，謂見當離此四圓滿而發憂苦。廣大遊戲經亦云：「若死若沒死沒時，永離親愛諸眾生，不還非可重會遇，如樹落葉同逝水。死令王者無自在，死劫猶如水漂木，獨去無伴無二人，自業具果無自在。死擒多百諸含靈，如海鯨吞諸眾生，猶龍金翅象遇獅，同草木聚遭猛火。」

思惟怨憎會苦分五。謂如遇怨敵．便生憂苦．畏其制罰．怖畏惡名．遭非讚頌．畏苦惱死．違正法故．畏懼死後．墮諸惡趣．當思此等。

思惟愛別離苦分五。謂若捨離最愛親等．由此令心發生憂慼．語生愁歎．身生擾惱．念彼功德思戀因緣令意熱惱．應受用等有所缺乏．當思此等。

思惟所欲求不得苦分五。如愛別離．求不得者．謂務農業秋實不成．及營商賈未獲利等．由於所欲勵力追求而未得．故灰心憂苦。

思惟宣說五種取蘊總爲苦義分五。謂是當成衆苦之器．及依已成衆苦之器．是苦苦器．是壞苦器．是行苦器。於此諸苦當數思惟。其中初者．謂依受此取蘊．能引來生以後衆苦。第二謂依已成之蘊．爲老病等之所依止。第三第四．謂彼二苦粗重隨逐能生彼二。第五謂初成取蘊．即便生爲行苦自性．以一切行爲宿惑業他自在轉．是行苦故．於三苦時此當詳說。若於生死取蘊自性．未能發起眞實厭離．則其眞實求解脫心．無發生處。於諸有情流轉生死．亦無方便能起大悲．故隨轉趣大小何乘．然此意樂極爲切要。發生此者．亦隨當從無垢聖語．如量解釋．先正尋求清淨了解。次須長時觀擇修習．引發其心猛利變動。故薄伽梵令知苦諦生死過患．宣說八苦．所有密意．如聖無著極善決擇而爲宣釋。如博朵瓦云．「於六趣中．隨生何趣．其後發生病痛死等．衆苦惱者．是病者病．是死者死．非彼不應．忽爾而起。是生死相．或生死性．住生死時．必不能越。我等於此．若起厭離．須斷其生．此須斷因。」當於前說生老病死等已生衆苦．如是思惟。

第二思惟六苦者。親友書釋宣說七苦．其最後者是別過患．故於此中當思六種。其中無定過患者．謂於生死流轉之時．父母等親．於他生中轉爲怨敵．諸怨敵等轉成親屬．如是父轉爲子．子轉爲父．母轉爲妻．妻轉爲母等。唯是次第展轉流轉．是故全無可憑信處。親友書云．「父轉爲子母爲妻．怨仇衆生轉爲親．及其返此而死歿．故於生死全無定。」即現法中亦復展轉互爲親怨。如妙臂經云．「有時怨敵轉爲親．親愛如是亦爲怨．如是一類爲中庸．即諸中庸復爲怨．如是亦復爲親愛．具慧了知終莫貪．於親當止愛分別．於心善法安樂住。」如是修習破於親怨分別黨類而起貪瞋．觀生死法任何全無安心之處．應起厭離。

無飽足過患者。如云．「一一曾飲諸乳汁．過於四海．於今後隨異生性流轉者．尚須多飲過於彼。」謂當思惟．一一有情．飲母乳酪昔飲幾許．今後若不學解脫道．當飲幾何．此是略喻．更當思惟生死之中．盛事苦事．無所未經．令心厭離。

若謂受樂令意滿足．然三有樂．任受幾多．非但無飽．後後轉復增長貪愛．由此常夜馳騁生死．經無量劫．受諸至極難忍大苦．然其安樂不及一分。如親友書云．「如諸癩人為蟲癢．為安樂故雖近火．然不能息．應了知貪著諸欲亦如是。」弟子書亦云．「豈有百返未經趣．豈有昔未多受樂．未得吉祥如白拂．豈有是事反增貪。豈有昔未多經苦．衆生無欲能飽滿．無有情腹未曾臥．然何生死不離貪。」應如是思。又如除憂經說而思．極能厭離．如云．「數於地獄中所飲諸烊銅．雖大海中水．非有爾許量。生諸犬豕中．所食諸不淨．其量極超過．須彌山王量。又於生死中．由離諸親友．所泣諸淚滴．非海能為器。由互相鬥諍．積所截頭首．如是高聳量．出過梵世間。為蟲極飢虛．所噉諸土糞．於大乳海中．充滿極高盛。」如是又如華嚴經云．「汝應憶念為諸欲．徒耗諸身前邊際．今求菩提具禁戒．由禁於此摧諸欲。汝應憶念為諸欲．徒耗諸身前邊際．未能承事恆沙佛．未從佛聞如是語。」謂盡所得三有盛事．悉皆欺誑．領受無量無義大苦。如前唐捐無量色身．皆當憶念．若後仍不策勵勤修．更當如是．思惟此理．令起厭離。樸哦瓦云．「覺嚩敦巴從無始來．曾受何身．然皆未修大乘正法．

猶如今日故須策勵。」又如桑樸瓦云.「此生死中須多仰覆.此於心中實覺不安。」乃至未能起心如此.須勤思惟.縱起亦當恆常修習。

數數捨身過患者。如云.「一一身體諸骨聚.超過幾多須彌峯。」謂一一有情受身之骨.若不爛壞.多於須彌。

數數結生過患者。如云.「雖將地丸如柏子.數母邊際未能盡。」昔諸先覺解釋此義.謂一有情爲母之量.此非正義。即此釋中引經文云.「諸苾芻.譬如有人.從此大地執取諸丸.量如柏子.作是數云.此是我母.此是我母之母.而下其丸.諸苾芻.此大地泥速可窮盡.然諸人母展轉非爾。」是顯自母及彼母等母轉次第.此論亦說母邊際故.此成厭患因之理者.如四百論云.「若時雖一果.初因非可見.見一亦增多.爾時何不畏。」其釋亦云.「此顯由諸難可度量稠林相續.令極難行生死大野.常應厭患.隨順於此.當如理修。」如此當知。

數數高下過患者。如云.「既成百施世應供.業增上故復墮地.既滿轉輪聖王已.復於生死爲奴婢。天趣天女乳腰柔.長受安樂妙觸已.後墮地獄鐵輪中.當受粗磨割裂觸。長時安住須彌頂.安足陷下受安樂.後遊煻煨屍泥中.當念衆苦極難忍。天女隨逐受歡喜.遊戲端妙歡喜園．後當住止劍葉林．獲割耳鼻刖手足。天女殊妙如金蓮．共同游泳徐流池．後墮地獄當趣入．難忍灰水無極河。雖得天界大欲樂．及諸梵天離欲樂．後墮無間爲火薪．忍受衆苦無間絕。得爲日月自身光．照曜一切諸世間．後往極黑陰闇處．自手伸舒亦莫覩。」磨等三鐵輪者．如其次第．謂於衆合黑繩燒熱三中而有。天女隨逐者．謂爲天女之所依附。天界欲樂者．謂忉利以上欲天所有。日月光者．是如世間共許而說．未分能依及所依處．若分別說．乃是彼二宮殿之光。此等爲喩．當思一切從高墮下所有道理．厭患三有．以其三有一切盛事．最後邊際．衰所攝故。此如調伏阿笈摩云．「積集皆銷散．崇高必墮落．合會終別離．有命咸歸死。」

無伴過患者．如云．「若能了知如是過．願取三福燈光明．獨自當趣雖日月．難破無邊黑闇中。」了知過者．謂當了知如前所說．須如是死．願取福光。三種福者．謂三門善事．或施所生等三種善事。無邊黑闇者．謂無明黑闇。無伴而趣者．如入行論云．「獨生此一身．俱生諸骨肉．壞時尚各散．何況餘親友．生時獨自生．死時還獨死．他不取苦分．何須作障親。」如是六苦總攝爲三。謂於生死中．無保信處。受彼安樂．終無飽期。無始而轉。初中有四．一於所得身不可保信者．謂身數數捨．二作諸前益不可保信者．謂無決定．三於得盛事不可保信者．謂高下變易．四於諸共住不可保信者．謂無伴而往．第三者謂數數結生．展轉受生不見邊際．如是總攝亦當思惟。

第三修三苦者。謂譬如極熱或瘡或癰．若於其上灑以冷水．似為安樂．於生死中所有樂受若壞滅時．還起衆苦．故名壞苦。此復非唯其受．即此相應．餘心心所及為所緣諸有漏境皆是壞苦。又如熱癰逼切．觸熱水等變異觸時．起極楚痛。如是當知苦受隨纔生起．便能觸惱或身或心故名苦苦。譬如腎痛．此復如前．非唯其受。又如熱癰．俱未觸會二觸之時．有漏捨受為諸粗重之所隨逐．故名行苦。此亦如前．非唯其受．此由先業煩惱自在而轉．故名為苦．及為能發後煩惱種．所隨逐故．名為徧行粗重所隨。如是若起樂受貪欲增長．若起苦受瞋恚增長．苦樂俱非隨粗重身．則於無常執為常等．愚癡增長．其中貪欲能感當來於五趣中生等衆苦．瞋於現法起憂慼等．於後法中感惡趣苦．癡於前二所感二苦隨逐不捨．故於樂受應觀為苦滅除貪欲。於諸苦受應作是思．此蘊即是衆苦因緣．苦從此生．猶如毒箭．滅除瞋恚。於諸捨受應觀無常銷滅為性．滅除愚癡。不於三受為三毒因．此如瑜伽師地及攝決擇意趣而說。如負重擔．隨其重擔當負幾久便有爾許不樂．取蘊重擔亦爾．乃至執持爾時受苦．以此蘊中有苦煩惱粗重安住．故為行苦。既有此已．雖於現在苦受未生．然其無間由種種門能起衆苦．故此行苦徧一切苦及是所餘二苦根本．故應於此多修厭離。

又能增貪現前樂受．多是於苦漸息滅位妄起樂覺．全無不待除苦所顯自性之樂。譬如太走為苦．略為住息遂生樂覺。現見此是先生大苦．漸息滅時樂漸次起．故非性樂。若太久坐．仍復如前生衆苦故。若是性樂之因者．應如苦因．隨其習近．其苦漸增．如是習近行住坐臥．飲食日陰等．亦應隨其幾久習近便有爾許安樂漸起。現見太久唯生苦故。如是亦如入胎經云「難陀．行住坐臥諸威儀中．應當了知別別是苦。諸靜慮師應觀彼彼威儀自性．若行度日．不住不坐不臥．彼則於行．唯別受苦。別別領受猛性粗性難可忍性．非悅意性。非於其行．起安樂想」。餘三威儀亦如是說「難陀．然由彼彼威儀之苦暫間斷故．遂於餘餘新生衆苦．妄起樂想。難陀．生唯苦生．滅唯苦滅．生唯行生．滅唯行滅」。四百論亦云「如安樂增長．現見反成苦．如是苦增長．然非可轉樂。」

第二思惟別苦有六．三惡趣苦已如前說．人苦者．謂飢渴寒熱．不可意觸．追求勞苦．復有生老病死等七．如前當知。又如資糧論云．「惡趣苦無餘．人中亦現有．苦逼等地獄．貧如琰魔世。此中旁生苦．强力於羸弱．制罰及損害．相續如暴流。有因貧乏起．餘從不足生．追求難忍苦．一切謀略殺。」四百論云．「勝者爲意苦．庸流從身生．二苦日日中．能壞此世間。」

非天苦者。如親友書云．「諸非天中意苦重．由其性瞋天德故．此等由其趣性障．具慧不能見聖諦。」此由不忍嫉天富樂．令意熱惱．由此因緣．與天鬥諍．受割裂等傷身衆苦。此等雖具智慧．然由異熟障故．於彼身中不堪見諦．念住經說此爲旁生．瑜伽師地論說爲天趣。

思惟天苦分二．一欲天三苦。二上二界粗重苦。今初

初死墮苦中有二．死歿苦者．如云．「諸天趣樂雖極大．然其死苦大於彼．如是思已諸智者．莫愛有盡天趣樂。」謂較昔受天欲生樂．將臨歿時．五死相現所起痛苦．極重於彼。五死相者．即如彼云．「身色變爲不可愛．不樂本座．華鬘萎．衣服垢染．身出汗．是於先時所不出。天趣報死五死相．起於住天界諸天．等同地上諸人中．傳報當死諸死相。」墮下處苦者．如云．「從天世間死歿已．設若全無少餘善．彼無自在往旁生．餓鬼地獄隨一處。」悚慄苦

者．謂由有成就廣大福聚及上妙五欲天子生時．諸薄福天子．見已惶怖．由此因緣受大憂苦。斫裂殺害苦者．謂天與非天鬥諍之時．受斷支節破裂其身及殺害苦．若斷其頭．即便殞歿．傷身斷節．續還如故。驅擯者．謂諸具足強力諸天．纔一發憤．諸劣天子．便被驅擯出其自宮。又如資糧論云．「所有受欲天．彼亦無樂心．遭欲貪熾然．內火而燒煮。若諸心散亂．彼豈有安樂．非於無散心．剎那能自在。散逸擾亂性．終不能寂滅．等同有薪火．徧受大風吹。」又云．「如病愈未久．食所不宜食。」

色及無色上界諸天．雖無此諸苦．然煩惱隨逐．有諸障礙．於死於住悉無自在．故彼亦由粗重爲苦。又如資糧論云．「色無色諸天．超越於苦苦．以定樂爲性．住劫不傾動．然非畢竟脫．從彼仍當墮．似已得超越惡趣苦暴流．雖勵不久住．等同空飛鳥．如童力射箭．墮落爲邊際。如久然諸燈．剎那剎那壞．諸行變壞苦．仍當極侵惱。」

如是思惟五趣六趣．總別諸苦．厭患生死意欲出離．便當觀察其因．念云如是生死以何爲因。

第二．由集諦門思惟流轉生死次第分三．一煩惱發生之理．二彼集業之理．三死沒及結生之理。

今初

成辦生死之因雖俱須惑業．然以煩惱而爲上首。若無煩惱．雖有宿業超諸量數．然如種子．若無潤澤及其土等．定不發芽。如是諸業缺俱有緣．亦定不能發苦芽故。又若有煩惱．縱無宿業．無間新集取後有故。如是亦如釋量論云．「超度諸有愛．非餘業能引．滅盡俱有故。」又云「若有愛．仍當出生故。」是故開示煩惱對治極爲重要．此復賴於先知煩惱．故於煩惱．應當善巧。

此中分四．一正明煩惱．二如何生起之次第．三煩惱之因．四煩惱過患。　今初

煩惱總相者。如集論云．「若有法生．即便生起極不靜相．由彼生故令心相續．極不靜起．是煩惱相。」謂若何生．令心相續．極不寂靜。

各別相中有十煩惱。貪者．謂緣內外可意淨境．隨逐耽著．如油著布難以洗除．此亦耽戀自所緣境．與彼所緣．難以分離。瞋者．謂緣諸有情及苦．苦具謂刀杖荊刺等．發恚惱心．發粗猛心．於彼諸境思作無義。慢者．謂依止薩迦耶見．緣內外之高下好惡．令心高舉．高相隨轉。無明者．謂於四諦業果．三寶自性．心不明了．染污無知。疑者．謂緣諦等三法．念其有耶無

耶．是耶非耶。壞聚見者．謂緣取蘊．計我我所．染慧爲性．我我所見．其中壞是無常．聚是衆多．爲欲顯此所見之事．唯是無常非一之法．全無常一補特伽羅．故爲立名曰壞聚見。邊執見者．謂緣薩迦耶見所執之我．計爲常恆．或見斷滅．無從此沒．結生當來．染慧爲性。見取者．謂緣薩迦耶見邊見邪見三中隨一．及彼所依見者之蘊．執爲最勝．染慧爲性。戒禁取者．謂緣壞戒可捨之戒．及諸行狀軌則．身語定轉．所有邪禁．及緣彼等所依之蘊．見爲能淨罪惡．能解煩惱．能出生死．染慧爲性。邪見者．謂謗無前世後世及業果等．或計自在及勝性等爲衆生因．染慧爲性。此十煩惱．是如集論．瑜伽師地．釋五蘊論．所出而說。

第二如何生起次第者。如許薩迦耶見與無明異者．譬如盤繩．略降黑闇．於繩實體不能明了．於彼遂起執蛇之覺。如是障蔽明見蘊體．由無明闇誤蘊爲我．從此發生諸餘煩惱。如許彼二爲一．即薩迦耶見爲煩惱根本。此復由其薩迦耶見．執爲我已．遂即分判自他差別。如是分已．貪着自黨．瞋恚他品．緣我高擧．執我常斷．於我見等及彼相屬所有惡行．執爲第一。如是便於開示無我之大師．及師所說業果四諦三寶等法．邪見謂無．或復生疑．爲有爲無．是耶非耶．如釋量云「有我知有他．執瞋自他分．與此等係屬．生一切過失。」

第三能生煩惱之因分六。所依者謂煩惱之隨眠．所緣者謂順生煩惱境界現前．猥雜者謂隨學惡友非善士夫言教者謂聽聞邪法．串習者謂增長煩惱昔串習力作意者謂妄增益愛非愛相．及於無常妄執常等非理作意。

第四過患者。謂煩惱纔生．先能令心雜染．倒取所緣．堅固隨眠．同類煩惱．令不間斷。於自於他於俱損害．於現於後於俱生罪．領受苦憂感生等苦。遠離涅槃．退失善法．衰損受用．赴大衆中怯懼無樂及無無畏．一切方所惡名流布．大師護法聖者呵責．臨終憂悔．死墮惡趣．不能獲得自己義利。莊嚴經論云．「煩惱壞自壞他壞淨戒．退損失利護法大師呵鬥諍惡名他世生難處．失得未得意獲大憂苦。」入行論亦云．「瞋愛等怨敵．全無手足等．非勇智如何．彼令我如僕．安住我心中．歡樂反損我．於此忍不憤．忍非處應呵。一切天非天．設與我作敵．彼不能令入．無間大火中。此大力惑敵．若遇須彌峯．且不留灰塵．能刹那擲我。如我煩惱敵．長時無始終．餘敵皆不能．至如是久遠。若隨順承事．悉爲作利樂．若親諸煩惱．返作苦損惱。」此說過患．皆當了知。又如阿蘭若師云．「斷除煩惱．須知煩惱過患體相對治生因．由知過患．觀爲過失．計爲怨敵．若不知過患．則不知爲怨敵．故如莊嚴經論及入行論所說思惟。」又云.「知煩惱相者.亦須聽對法.下至當聽五蘊差別論.了知根本及隨煩惱.於心相續。若貪瞋等.隨一起時便能認識.此即是彼.他今生起.與煩惱鬥。」須如是知。

第二彼集業之理分二.一正明所集之業.二如何集業之理。 初中分二.一思業.二思已業。 今初

如集論云.「云何爲思.謂令心造作意業.於善不善及無記中役策心爲業。」謂令自相應心.於境轉動之心所意業。第二者謂彼思發起身語之業.俱舍論云.「業謂思彼起.思即是意業.彼起身語業。」於身語業分爲二種.有表無表。婆沙師許唯是有色.世親論師破之.許爲與身語表俱轉之思.故二種業俱說爲思。總業有三.謂善不善無記.此說初二。善業有二.謂有漏無漏.此明有漏。其中復二.謂聖人相續中有及異生相續中有.此說後者。其不善業者.謂非福業。福業者.謂欲界所攝善業.不動業者.謂色無色地所攝有漏善業。如是亦如俱舍論云.「福欲界善業.不動從上起。」何故名爲不動業耶.謂如欲界中應於天身成熟之業.有於人畜餓鬼之身而得成熟.果是可動。如是上界應於此地成熟之業.除此地外不於餘熟.故名不動。俱舍論云.「由於彼地中業熟不動故。」

第二集業之理者。總諸聖者.於諸善業發生增長。預流一來.亦有造集不善業者.然諸聖者.定不積集善趣惡趣引生死業。中觀論云「生死本爲行.故智者不造.故愚爲造者.非智見性故。」世親論師亦云「見諦無能引。」是故乃至自隨補特伽羅我執而轉.爾時容造能引之業。現證無我眞實義已.雖於生死由業煩惱增上受生.然不新造能引之業。預流一來.亦能不忍斷除我執.譬諸强力制伏羸劣.瑜伽師地論作此說故。是故造集能引生死業者.謂住大乘加行道上品.世第一法以下.一切異生。

如是若由染污無明薩迦耶見.他自在轉.三門作行殺等不善.集非福業。若行捨施守護戒等欲界善法.是集福業。若修靜慮無色地攝奢摩他等.是爲積集諸不動業。若爾於三有中一切盛事.見爲過患.希求解脫.欲樂發起修衆善業.又於無我義如理觀察慧相應思諸善淨業.是否集諦生死因耶。總資糧道加行道者.雖集庸常能引之業.然由如斯意樂所起.及於無我觀慧相應諸善淨業.是後有愛能對治品.與生死本我執行相.相違而轉.故非尋常眞能引之集諦。然能隨順引後有集.故立爲集攝。如是亦如攝決擇分云「問.若世間諸法.厭患後有.能背後有.引出世道.彼等何故集諦所攝。答.雖彼自性.厭背後有.然能隨順後有身語意妙行。是故當知是集諦攝。」此說善思生死過患。厭離生死意樂所起。引出世道諸善淨法。爲隨順集。故當勵力引此意樂及無我慧。

由是因緣。若未由多異門。觀察修習生死過患。於生死盛事破除貪愛。獲得對治。又未如理以正觀慧觀無我義。又離修習二菩提心。餘諸善行。唯除少數依福田力。悉是庸常集攝。轉生死輪。又增長業分爲二類。一爲樂受義故增長。二爲捨受義故增長。

初中復二。一爲受用色聲等欲塵所生諸樂。二於外樂厭捨貪著。爲定生樂受而增長業。初復有二。一正緣未死以前現法樂故。造非福業。二正緣來世諸欲樂故。增長福業。正緣定生樂受者。謂集能生第三靜慮下至初禪諸不動業。若於諸欲捨離貪著。復由樂受令意厭患。爲捨受故而作業者。謂集能生第四靜慮乃至有頂諸不動業。此是世親論師意趣。由此正理。若普厭棄一切諸有。爲解脫故三門行善。則能漸遠生死。漸近涅槃。

第三死歿及結生之理分五。一死緣。二死心。三從何攝煖。四死後成辦中有之理。五次於生有受生道理。

今初

壽盡死者。謂如宿業所引壽量。一切罄盡而死。是爲時死。福盡死者。謂如無資具死。未捨不平等死者．謂如經說．壽未窮盡有九死因緣．謂食無度量．食所不宜．不消復食．生而不吐．熟而持之．不近醫藥．不知於己若損若益．非時非量行非梵行。

第二死心分三。善心死者．謂由自憶．或他令憶．乃至粗想現行以來．信等善法現行於心。又行善不善補特伽羅將命終時．或自憶念或他令憶．昔於何法多所串習彼便力強．由此令心於彼流注．餘皆忘失。若於二事平等串習．先憶何法便不退捨．不起餘心。又作善者如從闇處趣向光明．臨命終時．猶如夢中見有種種可意之色．非不可愛安祥而逝。臨死其身無重苦受。造妙業者．解肢節苦．亦極輕微。

不善心死者．謂由自憶或他令憶．乃至粗想現行以來．追念貪等現行不善．臨死其身受重苦受。造不善業當死之時．現受先造不善業果所有前相．謂如夢中多怪色相．於彼顯現．如從光明趣向闇處。諸造上品不善業者．由見彼等不可愛相．身毛恐竪手足紛亂．遂失便穢．捫摸虛空翻睛咀沫．此等相現。若造中品不善．彼諸相中有現不現．設有不俱。作惡業者．解肢節苦最極尤重。又解肢節除天那落迦所餘生處．一切皆有。又一切人臨命終時．乃至未到昏昧想位．長夜所習我愛現行．復由我愛增上力故．謂我當無．便愛自身．此即能成中有之因。此中預流及一來者．雖其我愛亦復現行．然慧觀察制而不著．譬如强力制伏羸劣．諸不還者我愛不行。

無記心死者．謂行善不善者或未行者．自未能念此二種事．無他令憶。此臨終時俱離苦樂。善心死者．是於有粗想時．若細想行時．善心即捨．住無記心。彼於爾時．於曾習善亦不能憶．他亦不能令其憶念．不善亦爾。故細想行時．一切死心皆是無記。俱舍釋說「善不善心行相明了．不能隨順當斷死心。」

第三從何攝煖者。造不善者．識於所依從上分捨．上分先冷乃至心處。造善業者．自下分捨．下分先冷．二者俱從心處識捨。識最初託精血之中．即爲肉心．最後捨處即最初託。如是先從上身攝煖至心．或從下分收煖至心。次雖未說從下或上．亦攝至心．然當類知。

第四死後成辦中有之理者。如前所說識從何捨．即於彼處無間而成．死與中有．如秤低昂。依二種因．謂我愛已生故．無始樂著戲論已熏習故．善不善業已熏習故。又此中有．眼等諸根悉皆完具．當生何趣即彼身形．乃至未受生有以來．眼無障礙．猶如天眼．身無障礙．如具神通。俱舍亦云「爲當本有形．此謂死以前生刹那以後．同類淨眼見．具業神通力．根全無障礙．不轉爲尋香。」此說中有是同類見．及修所得離過天眼能見。成辦何趣中有．次定不可轉趣餘生．集論中說容有轉改。本有者俱舍論中總說四有．死已未生是爲中有．當正受生初一刹那是爲生有．從此第二刹那乃至死有最後刹那以前．是爲本有．臨終最後刹那是爲死有．此望將來受生之死有．是其本有．有誤解此說爲前生身形．又有見說是後形故．說三日半爲前生形．次三日半爲後生形。此說全無清淨依據．唯增益執．瑜伽論說識不住故．於前世身不起欲樂。故有說云．見前世身而生憂苦．亦屬增益。造不善者所得中有．如黑羺光或陰闇夜。作善中有．如白衣光或晴明夜．見己同類中有．及見自等所當生處。入胎經云「地獄中有如燒杌木．旁生中有其色如煙．餓鬼中有色相如水．人天中有形如金色．色界中有其色鮮白。」此是顯色差別。從無色沒生下二界則有中有．若從下二生無色者則無中有。於何處沒．即於其處成無色蘊．堪爲根據諸教典中除此而外．未說餘無中有之例．故說上下無間．皆無中有。亦不應理。經中又說天之中有頭便向上．人之中有橫行而去．諸作惡業所有中有．目向下視倒擲而行．意似通說三惡趣者．俱舍論說人鬼畜三．各如自行。壽量者．若未得生緣．極七日住．若得生緣則無決定．若仍未得則易其身．乃至七七以內而住，於此期內定得生緣，故於此後更無安住。堪依教典，悉未說有較彼更久，故說過此更能久住，不應道理。如天中有七日死已，或仍生為彼天中有，或轉成辦人等中有，謂由餘業轉變勢用，能轉中有諸種子故，餘亦如是。

第五次於生有結生之理者。若是胎生，則彼中有於當生處，見有自己同類有情，為欲看彼及戲笑等，遂願往趣當生之處。次於父母精血起顛倒見。爾時父母未行邪行，猶如幻變見行邪行，便起貪愛。此復若當為女，欲令母離，貪與父會，若當生男，便欲父離，貪與母會。瑜伽師地是說非實見其父母，誤於精血見行邪行。生此欲已，如如漸近，如是如是漸漸不見男女餘分，唯見男女二根之相，於此發憤中有即沒，而生其中。此復父母貪愛俱極，最後決定各出一滴濃厚精血，二滴和合住母胎中，猶如熟乳凝結之時，與此同時中有俱滅，與滅同時，即由阿賴耶識力故，有餘微細諸根大種和合而生，及餘有根同分精血和合摶生。爾時識住，即名結生。諸有不許阿賴耶者，許為意識結生相續。若薄福者，當生下賤種，彼於死時及入胎時，聞紛亂聲，及自妄見入諸蘆荻稠林等中。造善業者，當生尊貴族，聞有寂靜美妙音聲，及自妄見昇於高閣宮殿等處。又住胎者，凡經七日，有三十八，胎中圓滿一切肢節。次經四日．當即降生。如入胎經云「此經九月或過九月．是極圓滿．住八月者雖亦圓滿．非極圓滿。若經六月．或住七月．非爲圓滿．或復缺肢。」此等廣說．如入胎經．應當了知。

若於生處不欲趣赴．則必不往．若不往者定不應生。故作感那洛迦業及增長已．謂屠羊宰鷄．或販猪等．諸非律儀中有．猶如夢中．於當生處見有羊等。由先所習憙樂馳趣。次由瞋恚生處之色．中有遂滅生有續起。如是於餘似那洛迦瘦鬼等中．受生亦爾。若生旁生餓鬼人間欲天色天．便於生處見己同類．可意有情。次由於彼起欣欲故．便往其所．瞋當生處．中有遂滅．生有續起．此乃瑜伽師地論說。若非宰鷄及販猪等．不律儀者．生那洛迦．理同後說。俱舍論云「餘求香宅舍。」謂濕生欲香．化生求舍．而受生也。

復如釋說．若是當生熱那洛迦．希求煖熱．生寒地獄．希求清涼．中有遂往。諸卵生者．俱舍論說亦同胎生．死沒及結生之理．無特外者．皆如本地分說。

菩提道次第廣論卷六終

菩提道次第廣論卷七

第二由十二緣起門中思惟分四．一支分差別．二支分略攝．三幾世圓滿．四此等攝義。 今初

十二緣起支中初無明者．如俱舍云「無明如非親實等」此亦如說怨敵虛誑．非唯遮無親友諦實及異親實．是說親友實語相違所對治品。如是無明亦非僅遮能對之明及明所餘．是明相違所對治品。此中能治明者．謂正明了補特伽羅無我之義．此相違者．謂補特伽羅我執薩迦耶見。此乃法稱論師所許。無著論師兄弟則許倒執實義蒙昧實義二中後者．總謂邪解未解二心之中．爲未解心．然此相違能治上首．則同許爲覺無我慧。又此愚蒙．集論中說略分二種．謂業果愚及眞實義愚．初能招集墮惡趣行．後能招集往樂趣行。

行即是業．此有非福業能引惡趣及能引善趣業。後復有二．謂能引欲界善趣之福業及能引上界善趣之不動業。

識者．經說六識身．然此中主要．如許阿賴耶者．則爲阿賴耶．如不許者．則爲意識。此復若愚．從不善業起苦苦果．造作增長諸不善業．此業習氣所熏現法之識者．是因位識．由依

此識．未來世中於惡趣處結生之識者．是果位識。如是由於無我眞實義愚增上力故．未如實知善趣眞苦妄執爲樂．即便造集福不動業．爾時之識是因位識。由依於此遂於欲界上界善趣結生之識．是果位識。

名色中名者．謂受想行識非色四蘊。色者若生無色．唯有色種而無實色．除此餘位羯羅藍等色．如應當知。

六處者．若是胎生．由其最初識入精血．爲羯羅藍．與名俱增．成眼等四處．身與意處．於羯羅藍位而有。若是化生．結生之時．諸根頓起無此漸次。卵生濕生唯除住胎．餘者悉同。是本地分所說．由是因緣．成就名色得身自體．成就六處成身差別．是爲成就能受用者．五有色處者．於無色中無。

觸者．謂由根境識三種和合．取諸可意非可意中庸三境．說「六處緣」者．亦表境識。

受者．謂觸取三境．順生三受．謂苦樂捨。

愛者．謂於樂受起不離愛．於諸苦惱起乖離愛。說「由受緣生愛」者．是從無明和合觸緣所生之受而能生愛．若無無明．雖有諸受．愛終不生．由是因緣．觸是境界受用．受是生受用或異熟受用．若此二圓滿．即爲受用圓滿。其中三界有三種愛。

取者．於四種境起四欲貪．謂欲著於色聲等欲塵．及除薩迦耶見餘諸惡見．惡見係屬惡戒惡禁及薩迦耶見．是爲欲取見取戒禁取我語取。

有者．謂昔行於識熏業氣習．次由愛取之所潤發．引生後有有大勢力．是於因上．假立果名。

生者．謂識於四生最初結生。老死中老者．謂諸蘊成熟轉變餘相．死謂棄捨同分諸蘊。

第二支分略攝者。如集論云．「云何支分略攝．謂能引支．所引支．能生支．所生支。能引支者謂無明行識．所引支者謂名色六處觸受．能生支者謂愛取有．所生支者謂生老死。」若爾引生兩重因果．爲顯有情一重受生因果耶．抑顯兩重耶．若如初者．則已生起果位之識．乃至於受後生愛等不應道理。若如第二．則後重因果中缺無明行及因位識．前因果中缺愛取有。答無過．謂能引因所引之法．即能生因之所生起．所引已生．即於此立生老死故。若爾何爲說兩重因果耶。答爲顯引果苦諦．與生果苦諦相各異故。前者於所引位唯有種子．自體未成．是未來苦．後者已生苦位現法即苦。又爲說明果之受生有二種因．謂能引因及此所引生起之因．故說二重因果。如本地分云「問．識等至受及生老死．若是雜相．何故說爲二種相耶。答．爲顯苦相異故．及顯引生二差別故。」又云「問．諸支中幾苦諦攝．及現法爲苦．答．二謂生及老死。問．幾苦諦攝當來爲苦．答．識乃至受諸種子性。」是故能生之愛與發愛之受．二者非是一重緣起．發愛之受．乃是餘重緣起果位。

四相當知能引所引．一何爲所引．謂果位識乃至其受共四支半．二以何而引．謂依無明之行．三如何而引．謂於因位識中熏業習氣之理．四所引之義．謂若遇愛等能生．堪能轉成如是諸果。三相當知能生所生．一以何而生．謂以愛緣取．二何爲所生．謂生老死．三如何而生．謂由行於識所熏業習潤此堪能令有大力之理。緣起經釋中．以生一支爲所生支．老死則爲彼等過患。由是由愚業果無明起不善行．於識熏建惡業習氣．令其堪成三惡趣中果時之識．乃至於受。次以愛取數數潤發．令彼業習漸有勢力．於當來世惡趣之中感生老死。又由愚無我眞實義無明．起欲界攝戒等福行．及上界攝奢摩他等諸不動行．於識熏習妙業習氣．令其堪成欲界善趣及上界天果位之識．乃至其受。次以愛取數數潤發．令其業習漸有勢力．於當來世諸善趣中．生起生等。如是十二有支．復於煩惱業苦三道．悉皆攝盡。

如龍猛菩薩云「初八九煩惱．二及十爲業．餘七者是苦。」稻稈經說十二有支攝爲四因．謂無明種者．於業田中下識種子．潤以愛水．遂於母胎生名色芽。

第三幾世圓滿者。能引所引支之中間．容有無量劫所間隔．或於二世即能生起無餘世隔。其能生支與所生支二無間隔．速者二生即能圓滿。如於現法新造天中順生受業．即於現法滿二支半．謂無明行及因位識．臨終以前圓滿愛取及有三支．於當來世圓滿所引四支及半．並圓所生二支分故。遲久亦定不過三生．謂其能生及二所生幷三能引各須一生．諸所引支於所生支攝故．能引能生中間．縱爲多世間隔．然是其餘緣起之世．非此緣起之世故。此未別算中有之壽。如是已生諸果支時．然而全無實作業者．及受果者．補特伽羅之我。如前所說從唯法因支．起唯法果支．由不了知生死道理．於彼愚蒙妄執有我．求我安樂．故造三門善不善業．仍復流轉。故從三惑起二支業．及從彼業出生七苦．復從七苦而起煩惱．又從煩惱如前而轉．故三有輪流轉不息．龍猛菩薩云「從三出生二．從二而生七．從七復生三．數轉三有輪。」若正思惟由如是理．漂流生死．即是最勝厭離方便。從無量劫造集能引善不善業．異熟未出．對治未壞．今以愛取而爲滋養．由此增上．則當漂流善趣惡趣。

諸阿羅漢昔異生時．雖造無數能引之業．然無煩惱解脫生死．若於是理獲決定解．則於煩惱執爲怨敵．於滅煩惱能發精進。此中樸窮瓦大善知識．專於十二緣起有支．淨修其心．思惟緣起流轉還滅．著道次第。此復是說思惟惡趣十二有支流轉還滅爲下士類。次進思惟二善趣中十二有支流轉還滅爲中士類。如是比度自心．推想曾經爲母有情．亦皆由其十二支門漂流生死．發生慈悲．爲利彼故願當成佛．學習佛道爲大士類。

第四此等攝義者。如前所說．由業惑集增上力故生起苦蘊生死道理及特由其十二有支轉三有輪．於斯道理善了知已．正修習者．能壞一切衰損根本極重愚闇．除遣妄執內外諸行從無因生．及邪因生一切邪見．增盛佛語寶藏珍財．如實了知生死體相．便能發起猛利厭離．於解脫道策發其意．是能醒覺諸先修者．能得聖位微妙習氣最勝方便。如是亦如妙臂請問經云「於愚癡者．以緣起道」稻稈經說「善見緣起．則能遮除緣前後際．及緣現在一切惡見」龍猛菩薩云「此緣起甚深．是佛語藏寶」毘奈耶教中說第一雙．（即舍利弗與目犍連）所有現行．謂時時中遊觀五趣．遊觀之後還贍部洲．爲諸四衆宣說彼等所有衆苦。諸有共住近住弟子．不樂梵行．即便引彼付第一雙．請爲教誨．二人受已敎誨彼等得敎授已．愛樂梵行便能證得殊勝上德。大師見此問阿難陀啓白其事．佛曰一切時處不能徧有如第一雙應於門房畫生死輪分爲五分．周圍當畫十二緣起流轉還滅．其次乃興畫生死輪。又爲仙道大王寄佛像時．於下繪寫十二緣起流轉還滅而爲寄之。大王受已至天曉時．結跏趺坐．端正其身．住對面念．善觀緣起二種道理而證聖果。

第二生此意樂之量者。如是由於苦集二諦及其十二緣起支門．詳細了知生死體相．欲捨生死．欲彼寂滅及欲證得。雖纔生此．亦是出離意樂．然唯爾許猶非止足．如六十正理論釋云．「處於無常熾然大火三地之中．如入火宅決欲超出。」又云．「如因欲脫獄」等．如前所引。謂如誤入熾然火宅及墮牢獄．不樂彼處．能生幾許欲脫之心．即當發生如彼心量．次後更須令漸增長。

又此意樂如霞薏瓦說．若僅口面漂浮少許．如酸酒上所擲粉麵．則於集諦生死之因．見不可欲亦僅爾許。若如是者．則於滅除苦集之滅．求解脫心亦復同爾．故欲正修解脫道心亦唯虛言。見他有情漂流生死所受衆苦不忍之悲．亦無從起．亦不能生有大勢力策發心意無上眞菩提心．故云大乘．亦唯隨言知名而已。故當取此中士法類．以爲敎授之中心而善修習。

第三除遣此中邪分別者。若作是云．若於生死修習厭患．令心出離．則如聲聞墮寂滅邊．於生死中不樂安住．故修厭患．於小乘中可名爲妙．然諸菩薩不應修此。不可思議秘密經云．「諸菩薩者爲欲成熟攝受有情．於生死中見大勝利．非於涅槃見如是利。」又云．「若諸菩薩．於生死行境生怖畏者．墮非行境。」又云．「薄伽梵聲聞怖畏生死行境．菩薩返應周徧攝受無量生死。」此是倒執經義成大錯謬。經說不應厭離生死．此義非顯由於惑業增上力故．漂流三有生老病死．是等諸苦不應厭離．是顯菩薩爲利衆生．乃至生死最後邊際．擐披誓甲學菩薩行．雖總衆生一切大苦．一一刹那降自身心．然不由此厭離怖畏．於廣大行勤發精進．於生死中不應厭離。如是月稱論師亦云．「衆生衆苦無餘盡至盡生死邊．刹那刹那種種異相損害身心．然不因此而起恐怖。衆生衆苦一時頓至盡生死際發大勇進．刹那刹那悉能生起．一切衆生一切種智無量無邊珍寶資糧．知此因已應當更受百千諸有。」爲證此故．引彼諸經。

又於三有見爲勝利之理者．即彼經說菩薩精勤義利有情．如於此事所發精進．如是其心而獲安樂。故不厭患三有之義．是於生死．義利有情不應厭患．當於此事而發歡喜。若由煩惱及業增上漂流生死．衆苦逼迫尚不能辦自己義利況云利他．此乃一切衰損之門．較小乘人極應厭患極應滅除。若由大悲願等增上．於三有中攝取生者．則應歡喜。此二不同。若未如是分別．如前宣說．則此說者．若有菩薩律儀．菩薩地說犯一惡作．是染違犯．恐繁不錄。故見三有一切過失．雖極厭離．然由大悲牽引意故．不斷三有者．是為希有。若見三有盛事．如妙天宮愛未減少．借利他名而云我等不捨生死．智者豈能將以為喜。中觀心論亦云．「見過故非有．悲不住涅槃．利他具禁行而安住三有。」又菩薩地說百一十苦．是於一切有情發大悲之因。由見如是無邊衆苦．心生恆常猛利不忍．而云於生死不稍厭患．極為相違。若於生死心善出離．次見有情皆自親屬．為利他故入三有海．此道次第亦是菩薩觀行四百論之意趣。月稱論師於彼釋中亦詳明之．如云「由其宣說生死過患．令意怖畏求解脫者．為令決定趣大乘故．世尊告曰．諸苾芻有情類中．不易可得少數有情．經於長夜流轉生死．不為汝等若父若母兒女親族．隨一處所。」了知世尊如斯言教．菩薩為以大乘道筏．度脫無始流轉生死．為父母等諸親眷屬．無依無怙諸衆生故．安忍躍入無上密咒亦須此理．如聖天攝行炬論云「以此次第．應當趣入極無戲論行。其次第者．謂修行者最初當念．無始生死所有大苦求涅槃樂．徧捨一切猥雜．下至王位自在．亦當修苦想。」

第四決擇能趣解脫道性者。如室利勝逝友云「沈溺三有流．苦海無邊底．喜掉無厭畏．何物在我心。貧難求護壞．離及病老衰．入恆熾然火．覺樂寧非狂。」又云．「噫世具眼盲．雖現前常見．後仍不略思．汝心豈金剛。」當自策勵．修習生死所有過患。如七童女因緣論云「見住世動搖．如水中月影．觀欲如瞋蛇．盤身舉頭影。見此諸衆生．苦火徧燒然．大王我等樂．出離往尸林。」依正世間．剎那不住．滅壞無常．猶如水月．爲風所動。諸欲塵者．利小害大．等同毒蛇．身所現影。又見五趣．熾然三苦大火燒惱．由見是故．厭捨三有．生如北方孩童之心．欣樂欲得出離解脫。北方孩童者．傳說北方炒麵稀貴．於日日中唯食蔓菁．孩童飢餓欲食炒麵．向母索之．母無炒麵．給以生蔓菁．云我不要此．次給以乾蔓菁．亦云不要．次給以新煮者．又云不要．更給以熟冷者．亦云此亦不要．心不喜曰．此都是蔓菁云。如是我等．見聞憶念世間安樂．一切皆應作是念云．此是世間．此亦世間．此皆是苦．非可治療．發嘔吐心。如是思惟．昔從無始漂流生死．厭患出離．及思今後仍當漂流．令實發生畏懼之心．非唯空言。

如親友書云「生死如是故當知生於天人及地獄.鬼旁生處皆非妙.生是非一苦害器。」一生生死中乃是一切損害根本.故當斷除。此復要待滅除二因.謂煩惱業。此二之中.若無煩惱.縱有多業亦不受生。若有煩惱.縱無宿業率爾能集。故應摧壞煩惱.壞煩惱者.賴修圓滿無謬之道。

此中分二.一以何等身滅除生死.二修何等道而爲滅除。今初

如親友書云「執邪倒見.及旁生餓鬼地獄.無佛敎.及生邊地蔑戾車.性爲騃啞.長壽天。隨於一中受生已.名爲八無暇過失.離此諸過得閒暇.故當勵力斷生死。」是須於現得暇滿時斷除生死.生無暇中無斷時故.如前已說。大瑜伽師云「現是從畜分出之時。」博朵瓦云「昔流爾久未能自還.今亦不能自然還滅.故須斷除。斷除時者.亦是現得暇滿之時。」此復居家於修正法有多留難.及有衆多罪惡過失.出家違此.斷生死身出家爲勝.是故智者應欣出家。若數思惟.在家過患.出家功德.先已出家令意堅固.未出家者安立醒覺妙善習氣。此中道理當略宣說.其居家者.富則守護劬勞爲苦.貧則追求衆苦艱辛.於無安樂愚執爲樂.應當了知是惡業果。本生論云「於同牢獄家.永莫思爲樂.或富或貧乏.居家爲大病。一因守煩惱．二追求艱辛．或富或貧乏悉皆無安樂．於此愚歡喜．即惡果成熟。」是故執持衆多資具．求無喜足．非出家事．若不爾者．居家無別。又居家者與法相違．故居家中難修正法。即前論云．「若作居家業．不能不妄語．於他作罪者．不能不治罰．行法失家業．顧家法豈成．法業極寂靜．家事猛暴成．故有違法過．自愛誰住家。」又云．「憍慢癡蛇窟．壞寂靜喜樂．家多猛苦依．如窟誰能住。」應數思惟．如是等類在家過患．發願出家。

復應願以粗劣衣鉢乞活知足．於遠離處淨自煩惱．爲他供處．如七童女因緣論云．「願剃除髮已．守持糞掃衣．樂住阿蘭若．何時能如是。目視軛木許．手執瓦鉢器．何時無譏毀．於家家行乞。何時能不貪．利養及恭敬．淨煩惱刺泥．爲村供施處。」又應希願用草爲座．臥無覆處．霜露濕衣．以粗飲食而能知足．及於樹下柔軟草上．以法喜樂存活寢臥。「何時從草起．著衣霜濕重．以粗惡飲食．於身無貪著。何時我能臥．樹下柔軟草．如諸鸚鵡綠．受現法喜樂。」房上降雪博朶瓦云．「昨晚似於七童女因緣所說．心很歡喜．除欲如是修學．而無所餘。」又應希願住藥草地流水邊岸．思惟水浪起滅無常．與自身命二者相同．以妙觀慧滅除我執．三有根本能生一切惡見之因．背棄三有所有歡樂．數數思惟．依正世間如幻化等。「何時住水岸．藥草滿地中．數觀浪起滅．同諸命世間。破薩迦耶見．一切惡見母．何時我不樂．三有諸受用。何時我通達．動不動世間．等同夢陽燄．幻雲尋香城。」此等一切皆是希願．作出家身．作此諸事。伽喀巴云「若能以大仙．行住苦行山．間始爲文父．眞養子。」霞惹瓦亦云「於諸在家事．忙匆時應披．妙衣往赴其所．令彼念云出家安樂．則種未來出家習氣。」勇猛長者請問經亦云「我於何時能得出離苦處家庭．如是而行．何時能得作僧羯摩．長淨羯摩．解制羯摩．住和敬業．彼當如是愛出家心。」此說在家菩薩應如是願。此之主要爲慕近圓．莊嚴經論云．「當知出家品．具無量功德．由是勝勤戒．在家之菩薩。」如是非但修行解脫．脫離生死．歎出家身．即由波羅蜜多及密咒乘修學種智．亦歎出家身最第一。出家律儀．即三律儀中別解脫律儀．故當敬重聖教根本別解脫戒。

第二修何等道而爲滅除者。如親友書云「或頭或衣忽然火．尚應棄捨滅火行．而當勵求無後有．因無餘事勝於此。應以戒慧靜慮證．寂調無垢涅槃位．不老不死無窮盡．離地水火風日月。」應學寶貴三學之道．其中三學．數定有三。初觀待調心次第．數決定者．謂散亂心者令不散亂．是須戒學．心未定者爲令得定．謂三摩地或名心學．心未解脫爲令解脫．

是謂慧學．由此三學．諸瑜伽師一切所作．皆得究竟。觀待得果數決定者．謂不毀戒果．是爲欲界二種善趣．毀犯之果是諸惡趣．心學之果．謂得上界二種善趣．慧學之果即是解脫。總其所生．謂增上生及決定勝．初有上下二界善趣．故能生法亦有二種．此二即是本地分說。又諸先覺待所斷惑亦許三種．謂破壞煩惱．伏其現行．盡斷種子．故有三學。次第決定者．本地分中引梵問經顯此義云．「初善住根本．次樂心寂靜．後聖見惡見．相應不相應。」此中尸羅是爲根本．餘二學處從此生故．次依尸羅能得第二心樂靜定．心得定者見如實．故能得第三成就聖見．遠離惡見。三學自性者．如梵問經云．「應圓滿六支．四樂住成就．於四各四行．智慧常清淨。」此中戒學圓滿六支．具淨尸羅．守護別解脫律儀．此二顯示解脫出離尸羅清淨．軌則所行俱圓滿者．此二顯示無所譏毀尸羅清淨．於諸小罪見大怖畏者．顯無穿缺尸羅清淨。受學學處者．顯無顚倒尸羅清淨。四心住者．謂四靜慮．此於現法安樂住故．名樂成就．是爲心學。四謂四諦．各四行者．謂苦中無常苦空無我．集中因集生緣．滅中滅靜妙離．道中道如行出．達此十六有十六相．是爲慧學。若導尋常中士道者．此應廣釋於三學中引導之理．然非如是．故修止觀心慧二學．於上士時茲當廣釋．今不繁述。

當略宣說學戒之理。此中最初當數思惟尸羅勝利．令其至心增長歡喜．如大涅槃經云「戒是一切善法之梯．戒是根本猶如地是樹等根本戒是一切善法前導．如大商主是爲一切商人前導．戒是一切法幢如帝釋幢．戒畢竟斷一切罪惡及惡趣道．戒如藥樹治療一切罪惡病故．戒是險惡三有道糧．戒是甲劍能摧煩惱諸怨敵故．戒是明咒能除煩惱諸毒蛇故．戒是橋梁度罪河故。」龍猛菩薩亦云．「戒是一切德依處．如動不動依於地。」妙臂請問經云「一切稼穡依於地．無諸災患而生長．如是依戒勝白法．悲水灌澆而生長。」應如思惟。若受不護過患極重．如苾芻珍愛經云．「或有戒爲樂．或有戒爲苦．具戒則安樂．毀戒則成苦。」此說受學通於勝利過患二品．是故亦應善思過患．敬重學處。

如何修學之理者。四犯因中．無知對治者．謂當聽聞了知學處。放逸對治者．謂於取捨所緣行相．不忘憶念及以正知．率爾率爾觀察三門了知轉趣．若善若惡依自或法增上力故．羞恥作惡是爲知慚．恐他譏毀羞恥爲愧．及由怖畏惡行異熟．懷恐懼等．當如是學。不敬對治者．謂於大師師所制立．同梵行所應修恭敬。煩惱熾盛對治者．應觀自心何煩惱盛．勵修對治。若不如是策勵修學．思違越此．許其罪輕微．於諸佛制放縱而轉．當獲純苦．如分別阿笈摩云「若於大師大悲教起輕微心少違犯．由是而獲苦增上．折籬失壞菴沒林。現或有於王重禁違越而未受治罰．非理若違能仁教．如醫鉢龍墮旁生。」故應勵力．莫為罪染。

假設已染．莫不思慮而便棄捨．當如佛說還出罪犯．勵力悔除。梵問經云「於彼學尋求．及勤修彼行．終不應棄捨．捨命難亦無虧．常住正行中．隨毘奈耶轉。」成就眞實尸羅經云．「諸苾芻寧可離命而死．非可毀壞尸羅。何以故．離命而死．唯令此生壽量窮盡．毀壞尸羅．乃至百俱胝生．常離種姓．永失安樂．當受墮落。」此具因說．故當捨命而善守護。若不能爾．則應審思我剃鬚髮．披壞色衣．空無所義。如三摩地王經云「於佛聖教出家已．仍極現行諸惡業．於財穀起堅實想．貪諸乘具及象車．諸不殷重持學處．此等何故而薙頭。」若欲逃出有為生死趣．解脫城．壞戒足者．非僅不能實行．反當流轉生死．衆苦逼惱．并及譬喻．如三摩地王經云「若人為諸盜賊逼．欲活命故而逃避．如其人足不能行．仍為賊執而摧壞。如是愚人毀淨戒．而欲脫離諸有為．由戒壞故不能逃．為老病死所摧壞。」故此經又云「為著居家服．我所說學處．爾時諸苾芻．亦無此學處。」為近事說五種學處圓滿守護．苾芻亦無。若於此時精修學處．其果猶大．故應勵策。即此經云「若經俱胝恆沙劫．淨心以諸妙飲食傘蓋幢幡及燈鬘．承事百億俱胝佛。若於正法極失壞．善逝聖教將滅時．晝夜能行一學處．其福勝前俱胝倍。」

又若念云．毀犯可悔．無後不犯防護之心．放逸轉者．說可還出．如食毒藥。如彌勒獅子吼經云「慈氏．末世末劫後五百歲有諸在家出家菩薩．出現於世。彼作是云．悔除惡業能無餘盡．造作衆罪造已當悔．增上毀犯而不防護．我說彼等是作死業。云何爲死．謂如人食毒．此亦同彼命終之後．顚倒墮落。」又云「慈氏．於此聖法毘奈耶說爲毒者．謂諸違越所制學處．故說汝等莫自食毒。」若具別解脫律儀．應以如是道理守護．密咒亦然。如妙臂請問經云「佛我所說別解脫．淨戒調伏盡無餘．在家咒師除形相．軌則諸餘盡當學。」此說雖諸在家咒師．除出家相羯摩軌則．少分遮罪．尚如調伏所出而行．況出家咒師．又能成就密咒根本亦是尸羅。妙臂請問經云「咒本初爲戒．次精進忍辱．信佛菩提心．密咒無懈怠。如王具七寶．無厭調衆生．如是咒成就．七支能調罪。」曼殊室利根本續云「念誦若毀戒．此無勝成就．中悉地亦無．又無下成就。能仁未曾說．毀戒咒能成．非趣涅槃城．境域及方所。於此愚惡人．何有咒能成．此毀戒有情．何能生善趣．且不得天趣．又無勝安樂．何況佛所說．

諸咒豈能成。」康壠巴亦云．「若年饑荒．一切事情皆至糧麥．如是一切皆繞於戒．當勤學此。又戒清淨．不思業果必不得成．故思業果是眞教授。」霞惹瓦亦云．「總有禍福皆依於法．其中若依毘奈耶說．無須改易內心清淨．堪忍觀察．心意安泰．邊際善妙。」善知識敦巴云「有一類人依律毀咒．依咒輕律．除我尊長教授無餘能使調伏．爲咒助伴．及令密咒爲調伏伴。」覺嚙亦云．「我印度中凡有大事或忽然事．集諸受持三藏法師．問三藏中不曾遮耶．既決擇已．於此安住．我毘迦瑪拉希拉諸師．則於其上更須問云．菩薩行中不曾遮耶．不違彼耶．安欲根本隨持律轉。」

如是戒淨．又如內鄔蘇巴云．「現在於內與煩惱鬥．唯此爲要．不鬥煩惱戒不能淨．若爾不生．伏斷煩惱定學慧學．當須畢竟漂流生死。」又如前說認識煩惱．思彼過患．離彼勝利．以念正知而爲防慎．煩惱稍出．即應用矛數數擊刺．此復自心隨何煩惱生已無間．視如怨敵．與之鬥戰。若不爾者．初起忍受．非理作意令其資養．成無可敵．唯隨彼行。如是勵力縱未能遮．亦當速斷．莫令相續。應如畫水．莫如畫石．如親友書云．「當了知自心．如畫水土石．煩惱初爲上．樂法應如後。」若於法品與上相違。入行論亦云．「我應記恨此．與此共戰爭．

如是相煩惱．除能壞煩惱。我寧被燒殺．或被斷我頭．然於煩惱敵．終不應屈敬。」善知識樸窮瓦亦云「我雖忽被煩惱壓伏．後我從下而為切齒。」博朶瓦聞之曰「若能如是．當下即退。」世庸怨敵．一次擯逐．遂居他方．待得力時．仍來報怨．煩惱不同。煩惱於身．若能一次拔出根本．無往他方．亦無報復．然由我等．不能精勤破壞煩惱之所致耳。入行論云「擯庸敵出國．攝受住他方．養力仍返報．煩惱敵不爾。煩惱為惑慧眼斷．遣離我意能何往．豈能住餘返報我．唯我志弱無精進。」女絨巴云「煩惱起時不應懈怠．當下應以對治遮除．若不能遮．應即起立設曼陀羅及諸供具．供養祈禱尊長本尊．次緣煩惱忿怒念誦．即能折伏。」朗日塘巴亦云「彼又云移動住處．勁舉項頸．亦能折伏．可見彼與煩惱鬥爭。」此復應如阿蘭若師云「晝夜唯應觀察自心．豈有餘事。」依此而行．乃能生起．又傳說大覺嚆一日隨見幾次爾時定問「生善心否。」

此諸煩惱如何斷者。謂癡罪重．極難遠離．為餘一切煩惱所依。彼之對治．多修緣起．善巧生死流轉還滅。若能修此．則五見等一切惡見．悉不得生。瞋與現後二世大苦．斷諸善根是大怨敵。如入行論云「無罪能如瞋。」故一切種莫令生起．勵修忍辱．若不生瞋．則於現法．亦極安樂。如入行云．「若能勵摧瞋．此現後安樂。」貪愛能令先造一切善不善業．漸增勢力能生生死．又欲界者．從受用境觸緣生受．味著生愛．應多修習內外不淨及貪欲塵所有過患而正遮除。世親大阿闍黎云．「鹿象蛾魚蠅．五類被五害．一害況恆常近五何不害。」又易生難離．謂愛四事．利譽稱樂及於此等四相違品．意不歡喜．當修對治。此復總修生死過患．特修念死．即能退除。慢於現法最能障礙當生之道．及是當來奴賤等因．故應斷除。斷除道理．如親友書云．「當數思惟老病死．親愛別離及諸業．終不能越自受果．由對治門莫憍慢。」若於四諦三寶業果獲得定解．則不復生疑惑隨眠。

又睡眠昏沈掉舉懈怠放逸無慚無愧忘念不正知等．諸隨煩惱最易生起．障修善品．當知過患修習對治．率爾率爾令漸微劣。其過患者．如親友書云．「掉悔瞋恚及昏沉睡眠．貪欲並疑惑．應知如是五種蓋．劫善法財諸盜賊。」勸發增上意樂經云．「若樂睡眠與昏沈．痰癊風病及膽疾．其人身中多增長．令彼諸界極擾亂。若樂睡眠與昏沈．集飲食垢腹不清．身重容顏不和美．所發言語不清晰。」又云．「若樂睡眠與昏沈．其人愚癡失法欲．凡稚退失一切德．退失白法趣黑闇。」念住經云．「諸煩惱所依．獨一謂懈怠．誰有一懈怠．彼便無諸法。」集法句云．「若行於放逸．即壞凡夫心．如商護財貨．智當不放逸。」本生論云．「捨慚爲天王．意違於正法．寧瓦缽蔽衣．觀敵家盛事。」親友書云．「大王應知念身住．善逝說爲唯一過．故當勵力勤守念．失念則壞一切法。」入行論云．「雖諸具多聞．正信樂精進．由無正知過．而令有犯染。」不能如是斷諸煩惱及隨煩惱．然當不順煩惱．不執彼品．視如怨敵．是爲現在必不容少．故應勵力攝對治品．破除煩惱．清淨自內所受尸羅。大覺窩弟子吉祥阿蘭若師謂內鄔蘇巴云．「智然後有人問汝弟子衆．以何而爲教授中心．則定答爲已發神通或見本尊．然實應說於業因果漸漸決定．於所受戒清淨護持。」故修之成就．當知亦是無明等惑漸趣輕微。能感現後二世純大罪苦．謂與他鬥爭．然於爾時一切衆苦．捨命強忍．其傷疤等返自顯示．謂此即彼時所傷．若斷煩惱發精進時．忍耐苦行．極爲應理。入行論云．「無義被敵所毀傷．若尚愛爲身莊嚴．爲大義故正精進．小苦於我豈爲損。」若能如是戰勝煩惱．乃名勇士。戰餘怨敵如割死屍．雖不殺害自亦當死。入行論云．「輕蔑一切苦．摧伏瞋等敵．勝此名勇士．餘者如斬尸。」故又如論云．「住煩惱聚中．千般能安住．如野干圍獅．煩惱不能侵。」

道所治品，莫令侵害而當勝彼。已說共中士道次第。

菩提道次第廣論卷七終

菩提道次第廣論卷八

敬禮至尊成就大悲諸善士足。

如是恆長修習生死種種過患．見一切有如同火坑．欲證解脫息滅惑苦．由此希求策逼其．意學三學道．能得解脫脫離生死。又此解脫無所退失．非如善趣．然所斷過及所證德僅是一分．故於自利且非圓滿．由此利他亦唯少分．後佛勸發當趣大乘。故具慧者．理從最初即入大乘。如攝波羅蜜多論云．「無力引發世間利．畢竟棄捨此二乘．一味利他爲性者．應趣佛乘由悲說。」又云．「知樂非樂等如夢．見癡過逼諸衆生．捨棄利他殊勝業．此於自利何精勤。」如是見諸衆生墮三有海與我相同．盲閉慧眼不辨取捨．履步蹎蹶不能離險．諸有成就佛種性者．不悲愍他．不勤利他不應正理。即前論云．「盲閉慧目步蹎蹶．欲利世間有佛種．何人不起悲愍心．誰不精勤除其愚。」當知此中．士夫安樂．士夫威德．士夫勝力．謂能擔荷利他重擔．唯緣自利共旁生故。故諸大士本性．謂專一趣注行他利樂．弟子書云．「易得少草畜亦食．渴逼獲水亦歡飲．士夫此爲勤利他．此聖威樂士夫力。日勢乘馬照世遊．地不擇擔負世間．大士無私性亦然．一味利樂諸世間。」如是見諸衆生衆苦逼惱．爲利他故而發忽忙．是名士夫亦名聰叡．即前書云．「見世無明煙雲覆．衆生迷墮苦火中．如救頭然意勤忙．是名士夫亦聰叡。」是故能生自他一切利樂本源．能除一切衰惱妙藥．一切智士所行大路．見聞念觸．悉能長益一切衆生．由行利他兼成自利．無所缺少具足廣大善權方便．有此大乘可趣入者．當思希哉我今所得誠爲善得．當盡所有士夫能力．趣此大乘。此如攝波羅蜜多論云．「淨慧引發最勝乘．能仁遍智從此出．此是一切世間眼．具足照了如日光。」由種種門觀大乘德．牽引其意起大恭敬．而當趣入。

由是因緣於大士道次第修心分三．一顯示入大乘門唯是發心．二如何發生此心道理．三既發心已學行道理。　今初

如是若須趣入大乘．能入之門．又復云何。此中佛說二種大乘．謂波羅蜜多大乘與密咒大乘．除此更無所餘大乘。於此二乘隨趣何門．然能入門唯菩提心．若於相續何時生此．未生餘德．亦得安立爲大乘人。何時離此．縱有通達空性等德．然亦墮在聲聞等地．退失大乘。大乘教典多所宣說．即以正理亦善成立．故於最初入大乘數．亦以唯發此心安立．後出

大乘亦以唯離此心安立。故大乘者．隨逐有無此心而爲進退．如入行論云「發菩提心刹那後．諸囚繫縛生死獄．然應稱爲善逝子。」又云．「今日生佛族．今爲諸佛子。」此說發心無間．即爲佛子。聖彌勒解脫經云．「善男子譬如破碎金剛寶石．然能映蔽一切勝妙金莊嚴具．亦不棄捨金剛寶名．亦能遣除一切貧窮。善男子．如是發起一切智心．金剛寶石．縱離修習．然能映蔽聲聞獨覺．一切功德金莊嚴具．亦不棄捨菩薩之名．能除一切生死貧窮。」此說雖未學習勝行．然有此心便名菩薩。龍猛菩薩云．「自與此世間．欲證無上覺．其本菩提心．堅固如山王．」金剛手灌頂續云「諸大菩薩．此極廣大此最甚深．難可測量．秘密之中最爲秘密．陀羅尼咒大曼陀羅．不應開示諸惡有情。金剛手．汝說此爲最極希有．昔未聞此．此當對何有情宣說。金剛手答曰．曼殊室利．若有正行修菩提心．若時此等成就菩提心。曼殊室利．爾時此諸菩薩行菩薩行．行密咒行．當令入此大智灌頂陀羅尼咒大曼陀羅。若菩提心未圓滿者．此不當入．亦不使彼見曼陀羅．亦不於彼顯示印咒。」故法雖是大乘之法．不爲滿足．最要是彼補特伽羅入大乘數。

又大乘人依菩提心．假若此心僅有解了．大乘亦爾。若有此心德相圓滿．則其大乘亦成眞淨．故當勤學。如華嚴經云．「善男子．菩提心者．猶如一切佛法種子。」當獲定解．故更釋之。此如水糞及暖土等．與稻種合爲稻芽因．與麥豆等種子相合爲彼芽因．故是共因。如麥種子任會何緣．終不堪爲稻等芽因．故是麥芽不共之因。由此所攝水糞等事．亦皆變成麥芽之因。如是無上菩提之心．佛芽因中猶如種子．是不共因。解空之慧．如水糞等是三菩提共同之因。故上續論云．「信解大乘爲種子．慧是能生佛法母。」謂菩提心如父之種．證無我慧如同慈母。如父是藏人．決定不生漢胡等子．父是子姓決定之因．母是藏人生種種子．故是共因。龍猛菩薩云．「諸佛辟支佛．諸聲聞定依．解脫道唯汝．決定更無餘。」此讚般若波羅蜜多．聲聞獨覺亦須依此．故說般若波羅蜜多爲母．是大小乘二子之母．故證空慧．不能判別大乘小乘．以菩提心及廣大行而分判之。寶鬘論云．「諸聲聞乘中．未說菩薩願．大行及回向．何能成菩薩。」此說不由見分．當以行分。如是證空性慧．尚非大乘不共之道．況諸餘道．故若不以菩提心爲教授中心而正修習．僅於起首．略憶文句．而於餘道微細一分多般重修．顯然於法知見太淺。總如生子俱須父母．道支圓滿亦須方便智慧二品。特須方便上首發菩提心．智慧上首通達空性。設修一分而未全修．若唯希求解脫生死．於奢摩他須莫誤爲毘鉢舍那．善修無我空性之義。然若自許是大乘者．是則必須修菩提心．如慈尊云「智不住三有．悲不住寂滅。」以慧遮止墮生死邊．以悲遮止墮寂滅邊．慧不能遮墮寂滅故。不墮有邊小乘有故．菩薩道者．正所斷除．墮寂邊故。

解佛密意堪爲定量諸佛子等．若有如此寶貴之心．於內生起．執爲希有．歎生如此希有妙道．若內心生愚夫所愛微分功德．則不執爲如是希奇。入行論云「餘自利不起．利益有情心．此希勝心寶．先無今得生。」又云「豈有等此善．何有此知識．豈有如此福。」又云．「誰發勝心寶．即禮彼士身。」又云「從搖正法乳．出此妙醍醐。」此說是出佛語心藏勝教授故。是故吉祥阿底峽尊．持中觀見．金洲大師．持唯識中實相之見．然菩提心依金洲得．故爲師中恩最重者。若有了解聖教扼要．觀此傳記．於道扼要有大了解。若勤修此生眞實心．雖施烏鴉少許飲食．由此攝持亦能墮入菩薩行數．若無此心．縱將珍寶充三千界而爲布施．亦不能入菩薩之行。如是淨戒乃至智慧．修諸本尊脈息明點等．皆不能入菩薩之行。猶如世說刈草磨鐮．若此寶心未至扼要．任經幾久勵修善行．無甚進趣．如以鈍鐮刈諸草木。若令此心至於扼要．亦如磨鐮雖暫不割．使其鋒利．其後刈草雖少時間．能刈甚多。一一剎那亦能速疾淨治罪障．積集資糧．雖微少善能令增廣．諸將盡者能無盡故。入行論云．「大力極重惡非大菩提心．餘善何能映。」又云．「此如劫火一剎那．定能燒毀諸罪惡。」又云．「若思爲除療．諸有情頭痛．具此利益心．其福且無量。況欲除一一．有情無量苦．欲爲一一所．成無量功德。」又云．「餘善如芭蕉．生果即當盡．菩提心樹果．恆無盡增長。」

第二如何發生此心道理分四．一由依何因如何生起．二修菩提心次第．三發起之量．四儀軌受法。

初中有三．初從四緣發心道理者。若見諸佛及諸菩薩難思神力．或從可信聞如是事．依此發心．謂念所住所修菩提有大威力。雖無如是若見若聞．而由聽聞依於無上菩提法藏．信解佛智而發其心。雖未聞法．由見菩薩正法將滅．便作是念而發其心．謂念如是正法久住．能滅無量有情大苦．我爲令此菩薩正法久安住故．定當發心。雖未觀見正法欲滅．然見惡世上品愚癡．無慚無愧．嫉妒慳等．便作是念．於此世中雖於聲聞獨覺菩提能發心者．尚屬難得．況於無上菩提發心。我且發心．餘當隨學．見難發心而發其心．共爲四種。發心之理．論說於大菩提發心．故是發心欲證菩提。由何緣者．初由見聞希有神變．生希有想．念我當得如是菩提．第二謂從說法師所聞佛功德．先生淨信．次於此德發欲證心。第三謂由不忍大乘聖教遷滅．於佛妙智發欲得心。此中由見聖教不滅則能滅除有情大苦．亦緣除苦而發其心．然其發心主要因緣．是由不忍聖教寢滅．若不爾者．則與下說依悲發心有重複過。第四由見此心大利極爲希貴．正由此緣之所激動．便於佛所發欲得心。又此發心．由於菩提發欲得心而爲建立．非就所爲而爲安立。若不於佛功德修信．則於佛位不希證得．不能滅除．於辦自利執唯寂滅爲足之心。若由修習慈悲門中．見於利他須大菩提．欲得佛者．此能遮遣於利他中執唯寂滅爲足之心．不能遮前滿足執故．又無餘法能遮彼故。又於自利執唯寂滅爲足之心．非不須遮．以於小乘唯脫生死．唯有一分斷證功德．其自利義不圓滿故。又此雖脫三有衰損．然未解脫寂滅衰故．又經宣說圓滿自利是佛法身．故於佛德淨修信已則能觀見．況云利他即辦自利．若不得佛亦必不可．是爲不退小乘最大因緣。又前所說初二發心．曾未見說慈悲所引．諸餘經論亦多僅說見佛色身法身功德．引起欲得成佛之心名曰發心。又說誓願安立一切有情成佛亦名發心。故此二中．雖一一分亦應預入發心之數。圓滿一切德相發心者．僅見利他必須成佛．引起欲得成佛之心猶非滿足．即於自利亦見成佛必不可少而引欲得。又此亦非棄捨利他．亦須爲求利益他故現觀莊嚴論云「發心爲利他欲正等菩提。」此說雙求菩提與利他故。

二從四因發心者。謂種姓圓滿．善友攝受．悲愍有情．而不厭患生死難行．依此四因而發其心。

三從四力發心者。謂由自功力欲大菩提．是名自力．由他功力希大菩提．是名他力．昔習大乘．今暫得聞諸佛菩薩稱揚讚美而能發心．是名因力．於現法中親近善士．聽聞正法．諦思惟等長修善法．名加行力．依此四力而發其心。菩薩地說依上總別八種因緣．若由自力或由因力而發心者是名堅固．又由依止此諸因緣．或由他力或加行力而發心者名不堅固。如是善知總諸聖教及大乘教．將近隱滅．較諸濁世最爲惡濁．現於此世應當了知至誠發心極爲希少。當依善士聽大乘藏．諦思惟等．勤修加行．非唯他勸．非隨他轉．非爲仿效其規式等．當由自力至誠發心樹立根本．以其菩薩一切諸行皆依此故。

第二修菩提心次第者．從大覺窩所傳來者現分二種．一修七種因果教授．二依寂天佛子著述所出而修。　今初

七因果者．謂正等覺菩提心生．此心又從增上意樂．意樂從悲．大悲從慈．慈從報恩．報

從念恩憶念恩者從知母生．是爲七種。

此中分二．一於其漸次令發定解．二如次正修。　**初中分二．一開示大乘道之根本即是大悲．二諸餘因果是此因果道理。**

初中有三。初重要者．若由大悲發動心意．爲欲拔除一切有情出生死故起決定誓．若悲下劣不能如是。故荷盡度衆生重擔．賴此悲故．不荷此擔便不能入大乘數故。悲初重要．如無盡慧經云．「大德舍利弗．又諸菩薩．大悲無盡．所以者何．是前導故。大德舍利弗．如息出入是人命根之所前導．如是諸菩薩所有大悲．亦是成辦大乘前導。」伽耶經云．「曼殊室利．諸菩薩行云何發起何爲依處。曼殊室利告曰天子．諸菩薩行．大悲發起有情爲依。」若不修學至極廣大二種資糧．終不能滿如是誓願．觀見是已轉趣難行廣大資糧．故爲轉入諸行所依。

中重要者。如是一次發如是心趣入正行．然因有情數量衆多行爲惡暴．學處難行．多無邊際經劫無量．見已怯畏退墮小乘．非唯一次發起大悲應恆修習漸令增長。於自苦樂全不顧慮．於利他事毫無厭捨．故易圓滿一切資糧。如修次初篇云．「如是菩薩大悲所動．

全不自顧．極欲希求利益他故．而能趣入至極難行．長夜疲勞集聚資糧．如聖發生信力經說。其大悲者．為欲成熟一切有情．全無苦生是所不受．全無樂生是所不捨．若趣如是極大難行．不久即能圓滿資糧．決定當得一切智位．是故一切佛法根本唯是大悲。」

後重要者。諸佛獲得果位之時．不如小乘而住寂滅．盡虛空住義利眾生．亦是由於大悲威力．此若無者同聲聞故。如修次第中篇云．「由大悲心所攝持故．諸佛世尊雖得圓滿一切自利．盡有情界究竟邊際而善安住。」又云．「佛薄伽梵無住大涅槃．因即大悲。」譬如稼禾初以種子．中以雨澤．後以成熟而為最要。佛之稼禾．初中後三．悲為最要。吉祥月稱云「以許悲為佛勝苗．初如種子增如水．長時受用如成熟．是故我先讚大悲。」由見此義．正攝法經云「世尊．菩薩不須學習多法。世尊．菩薩若能善受善達一法．一切佛法皆在其手。一法云何．所謂大悲。世尊．由大悲故．一切佛法皆能自來菩薩手中。世尊．譬如轉輪聖王輪寶所至．一切軍眾皆至其處。世尊．如是菩薩大悲所至．一切佛法咸至其所。世尊．譬如命根若在．餘根亦在。世尊．如是大悲若在．菩提餘法亦當生起。」若於如是勝道扼要．無邊教理之所成立．獲得定解．於菩薩心根本大悲所有法類．何故不執為勝教授。故如響那窮敦巴說「於覺囑所雖請教授．終唯教云．捨世間心．修菩提心。」善知識敦巴識笑告曰．「此是掘出覺囑所有教授中心。」知法扼要獲決定解．唯此最難。故應數數集聚淨治．閱華嚴等諸大經論．求堅定解。如吉祥敬母云「尊心寶即是正等菩提種．唯尊知堅實．餘凡莫能曉。」

第二諸餘因果是此因果之理。初從知母乃至於慈爲因之理者。總欲離苦．數數思惟其有情苦即能生起．然令此心易生猛利及堅固者．則彼有情先須悅意愛惜之相。如親有苦不能安忍．怨敵有苦心生歡喜．親怨中庸若有痛苦多生捨置。其中初者．因有可愛．此復隨其幾許親愛．便生爾許不忍其苦．中下品愛下品不忍．若極親愛．雖於微苦亦能生起廣大不忍。見敵有苦．非但不生欲拔之心．反願更大願不離苦．是不悅意相之所致。此亦由其不悅大小．於苦歡喜而成大小。親怨中庸所有痛苦．既無不忍亦無歡喜．是由俱無悅非悅意相之所致。如是應知．修諸有情爲親屬者．是爲令起悅意之相。親之究竟是爲慈母．故修知母．憶念母恩及報恩三．是爲引發悅意可愛．愛執有情猶如一子．此悅意慈是前三果。由此即能引發悲心。欲與樂慈及拔苦悲．因果無定。故知母等三種所緣．即是與樂慈及拔苦悲二者根本故於此中當勤修學。又發心因修諸有情皆爲親者．是月稱論師及大德月蓮花戒論師等之所宣說。

增上意樂及以發心爲果之理者。由其如是漸修其心．悲心若起．便能引發爲利有情．希得成佛即此便足．何故於此添增上心。欲令有情得樂離苦．慈悲無量聲聞獨覺亦皆有之．若自荷負一切有情與樂拔苦．則除大乘決定非有．故須發此心力強勝增上意樂。是故僅念一切有情．云何得樂云何離苦．非爲滿足．須自至誠荷此重擔．故當分辨此等差別、海慧問經云「海慧．如有商主或有長者．唯有一子．可悅可愛可惜可意見無違逆．然此童子因其幼稚而作舞娛．墮不淨坑。次其童子若母若親．見彼童子墮不淨坑．見已雖發號哭憂嘆．然終不能入不淨坑拔出其子。次童子父來至其所．彼見一子墮不淨坑．見已急急舉止慌措．欲出其子心甚愛顧．全無嘔吐．跳不淨坑取出其子。」此說三界爲不淨坑．獨愛一子謂諸有情．若母若親者謂聲聞獨覺．見諸有情墮生死中．憂慼嘆嗟然不能出．商主長者謂諸菩薩．法譬合說。又說獨一愛子落不淨坑．如母之悲．聲聞獨覺亦皆共有．故依悲愍當發荷負度衆生擔增上意樂。如是若發度有情心．然我現時不能圓滿利一有情。又非止此．即使證得二羅漢位亦僅利益少數有情．利亦唯能引發解脫．不能立於一切種智。故當思惟無邊有情誰能圓滿此諸有情現前究竟一切利義．則知唯佛方有此能．故能引發爲利有情．欲得成佛。

第二如次正修分三．一修習希求利他之心．二修習希求菩提之心．三明所修果即爲發心。 初中分二．一引發生起此心所依．二正發此心。 初中分二．一於諸有情令心平等．二修此一切成悅意相。 今初

如前下中士中．所說諸前行等所有次第．於此亦應取來修習。又若此中不從最初遮止分黨．令心平等．於諸有情一類起貪．一類起瞋．所生慈悲皆有黨類．緣無黨類則不能生．故當修捨。又捨有三．行捨受捨及無量捨．此是最後。此復有二．謂修有情無貪瞋等煩惱之相．及於有情自離貪瞋令心平等．此是後者。修此漸次爲易生故．先以中庸無利無害爲所緣事．次除貪瞋令心平等。若能於此心平等已．次緣親友修平等心。若於親友心未平等．或由貪瞋分別黨類．或貪輕重令不平等。此亦平已．次於怨敵修平等心．此若未平．專見違逆而起瞋恚。若此亦平．次當偏緣一切有情．修平等心。

若爾於彼由修何事能斷貪瞋．謂修二事。就有情者．謂念一切欣樂厭苦．皆悉同故．緣於一類執爲親近而興饒益．於他一類計爲疏遠．或作損惱或不饒益．不應道理。就自己者．當作是思．從無始來於生死中．未經百返爲我親屬．雖一有情亦不可得．於誰應貪．於誰當瞋．此是修次中篇所說。又於親屬起貪愛時．如月上童女請問經云．「我昔曾殺汝一切．我昔亦被汝殺害．一切互相爲怨殺．汝等如何起貪心。」及如前說無定過時．一切親怨速疾變改所有道理．當善思惟．由此俱遣貪瞋二心。此取怨親差別事修．故不須遣親怨之心．是滅由執怨親爲因．所起貪瞋分黨之心。

引發一切成悅意相者。修次中篇云．「慈水潤澤內心相續．如濕潤田．次下悲種易於增廣．故心相續以慈薰習．次應修悲。」所說慈者．謂於諸有情見如愛子悅意之相。又此所說由修等捨．息滅貪瞋不平惡澀．如調善田。次以見爲悅意慈水而潤澤已．下以悲種．則大悲心速疾當生．應當了知極爲切要。此中有三．初修母者。生死無始．故自受生亦無始際．若生若死輾轉傳來．於生死中未受此身．未生此處決定非有．亦無未作母等親者。如本地分引經說云．「我觀大地．難得汝等．長夜於此未曾經受無量生死．我觀有情．不易可得．長夜流轉未爲汝等若父若母兄弟姊妹軌範親教若餘尊重．若等尊重。」此復非僅昔曾爲母．於未來世亦當爲母無有邊際。如是思惟．於爲自母應求堅固決定了解。此解若生．次念恩等亦易發生．此若未生．則念恩等無所依故。

二修念恩者。修習一切有情是母之後．若先緣於現世母修速疾易生。如博朵瓦所許而修．先想前面母相明顯．次多思惟非唯現在．即從無始生死以來．此爲我母過諸數量。如是此母爲母之時．一切損害悉皆救護．一切利樂悉皆成辦。特於今世先於胎藏恆久保持．次產生已黃毛疏豎．附以暖體十指捧玩．哺以乳酪．授以口食．口拭涕穢．手擦屎尿．種種方便．心無厭煩而善資養。又饑渴時與以飲食．寒時給衣．乏時給財．皆是自己未肯用者。又此資具皆非易得．是負罪苦及諸惡名．受盡艱辛求來授與。又若其子有病等苦．較其子死寧肯自死．較其子病寧肯自病．較其子苦寧肯自苦．出於自心實願易代．用盡加行除苦方便．總盡自己所知所能．但有利樂無不興辦．凡有損苦無不遣除．於此道理應專思惟。如是修已．若念恩心非唯虛言眞實生者．次於父等諸餘親友．亦當知母如上修習。次於中人知母而修．若能於此生如親心．則於怨敵亦應知母而正修習。若於怨敵起同母心．次於十方一切有情．知母爲先漸廣修習。

三修報恩者。如是唯除轉生死故．不能相識而實是我有恩之母．彼等受苦無所依怙．捨而不慮自脫生死．薄無慚愧何甚於此。如弟子書云．「諸親趣入生死海．現如沈沒大水中．易生不識而棄捨．自脫無愧何過此。」故若棄捨如是有恩．於下等人且不應理．況與我法豈能隨順。如是思已．取報恩擔．即前書云．「嬰兒始產全無能．飲誰慈力授乳酪．依慈多勞此諸母．雖最下等誰樂捨。」又云．「由得誰腹而安住．由誰悲憫而取此．此母煩惱苦無依．最下衆生孰樂捨。」無邊功德讚云．「有情無明盲．意樂衰損．慧爲父子承事．慈悲饒益我。棄此獨解脫．非是我之法．故汝發願度．無怙諸衆生。」若爾如何報其恩耶．生死富樂母自能得．然彼一切無不欺誑．故我往昔於由煩惱魔力所傷．如於重傷注硝鹽等．於性苦上更令發生種種大苦．慈心饒益應將彼等．安立解脫涅槃之樂．而報其恩。中觀心論云．「又由煩惱魔．傷害已成瘡．我如注灰水．反令苦病苦。若有於餘生．慈敬及恩益．欲報其恩惠．除涅槃何有。」不報恩担重於大海及須彌擔．若能報恩．即是智者稱讚之處。如龍王鼓音頌云．「大海及須彌．地等非我擔．若不知報恩．即是我重擔。若人心不掉．報恩及知恩．令恩不失壞智者極讚此。」總之自母未住正念心狂目盲復無引導．步步蹎蹶趣向可怖險崖而行．其母若不祈望其子．復望於誰。若子不應從其險怖救度其母．又應誰救．故應從此而救度之。如是若見為母眾生．由煩惱魔擾亂其心．自心無主而成狂亂。又離慧眼觀增上生決定勝道。又無眞實善友引導．一一剎那造作惡行．如步蹎蹶。總於生死．別於惡趣奔馳懸險．母當望子．子應濟母。如是思已．拔出生死而報其恩。集學論云．「煩惱狂癡盲．於多懸險路．步步而蹎蹶．自他恆憂事．眾生苦皆同。」此說如是觀已．不應於他尋求過失．見一功德應覺希有．然此亦合苦惱之理。

第二正發此心分三。初修慈中慈所緣者．謂不具足安樂有情。行相者．謂念云何令遇安樂．惟願令其獲得安樂．我應令其遇諸安樂。勝利者．三摩地王經云．「徧於無邊俱胝剎．盡其無量眾供養．以此常供諸勝士．不及慈心一數分。」此說較以廣大財物於究竟田常時供養．其福尤大。曼殊室利莊嚴佛土經云．「於東北方有大自在王佛世界曰千莊嚴．其中有情皆具安樂．如諸苾芻入滅定樂。設於彼土修淨梵行經過百千俱胝年歲．若於此土最下乃至於彈指頃．緣一切有情發生慈心．其所生福較前尤多．況晝夜住。」寶鬘論云．

「每日三時施．三百罐飲食．然不及須臾．修慈福一分。天人皆慈愛．彼等恆守護．喜樂多安樂．毒刀不能害。無勞事得成．當生梵世間．設未能解脫．得慈法八德。」若有慈心．天人慈愛．自然集會．佛以慈力戰敗魔軍．故守護中為最勝等．故雖難生．然須勵力。集學論說．當一切心思惟金光明中開示修習慈悲偈文．下至語中讀誦而修。其文為「以此金光勝鼓音．於三千世界中．惡趣諸苦閻羅苦．匱乏苦苦願息滅」等。修慈次第．先於親修．次於中庸．次於怨修．其次徧於一切有情．如次修習。修習道理．如於有情數數思惟苦苦道理．便生悲愍．如是亦當於諸有情．數數思惟缺乏有漏無漏諸樂．樂缺乏理．若修習此．欲與樂心任運而起．又當作意種種妙樂．施諸有情。

二修悲中悲所緣者．由其三苦如其所應苦惱有情。行相者．謂念云何令離此苦．願其捨離．我當令離。修習漸次．先於親友．次於中者．次於怨修．若於怨處如同親友．心平等轉．漸於十方一切有情而修習之。如是於其等捨慈悲別分其境．次第修者．是蓮華戒論師隨順阿毘達磨經說．此極扼要。若不別分．初緣總修．似生起時．各各思惟．皆悉未生。若於各各皆生前說變意感覺．漸次增多．後緣總修．隨緣總別．清淨生故。修習道理．當思為母．此諸有情墮生死中．如何領受總別諸苦．具如前說。此復若修前中士道已生起者．比自心修易於生起．若於自上思惟此等．則成引發出離心因．若於他上而思惟者．則成引發悲心之因。然未先於自上思惟．則不能生令至扼要。此乃略說．廣則應如菩薩地說．悲心所緣百一十苦．有彊心力應當修學。此說較諸聲聞現證究竟苦諦．以厭患心所見諸苦．菩薩修悲思苦衆多．若無量門思惟無樂苦惱道理．慈悲亦多。若恆思惟則能發生猛利堅固．故少教授便覺飽足．棄修諸大教典所說．力極微弱。此如前說趣大乘門．是發心理及以大悲爲根本理．善別此等以觀察智思擇修習後生證悟。若其知解未善分別．唯專策勤略生感觸．全無所至．修餘事時皆如是知。

　　其悲生量者。修次初篇云．「若時猶如可意愛子．身不安樂．如是亦於一切有情．欲淨其苦．此悲行相任運而轉．性相應轉。爾時即是悲心圓滿得大悲名。」此說心中最愛幼兒．若有痛苦其母能生幾許悲痛．即以此許而爲心量．若於一切有情悲任運轉．說爲圓滿大悲體相．由此生起大慈之量．亦當了知。又彼論緒云．「由修如是大悲力故．立誓拔濟一切有情．願求無上正等菩提．以爲自性菩提之心．不須策勵而得生起。」此說能生願心之因．

須前所說如是大慈。由此當知大菩提心發生之量。此非已至高上聖道所有發心。初發業者所有發心說爲如是。攝大乘論亦云「清淨增上力堅固心昇進名菩薩初修。無數三大劫。」三無數劫起首菩薩。亦須發起如是之心。

故全未知此之方境。僅作是念。爲欲利益一切有情。願當成佛。爲此義故我行此善。發此意樂便大誤會。未得謂得堅固所有增上之慢。不以菩提心爲教授中心而善修習。追求餘事勵力欲想超邁多級。了知大乘扼要觀之實可笑處。多經宣說諸勝佛子。於多劫中尚須執爲修持中心。而正修學。況諸唯能了知名者。又此非說不修餘道。是說須將修菩提心。而爲教授中心修習。總未能生前說領感。若善了知大乘學處。堅信大乘亦可先爲發心正受律儀。次乃修習菩提之心。如入行論。先受律儀及菩提心。次於彼學六度之中。修靜慮時乃廣宣說修菩提心。然爲成就此法器故。於先亦須修衆多心。謂思惟勝利。七支歸依。修治身心。了知學處。發心欲護。故進道中。修空性解。須漸增進。尚有名在。然此相等大菩提心。亦須善修上上轉勝。令道昇進名亦弗存。此於一切佛子。唯一眞道波羅蜜多教授論中。宣說二十二種發心。從諸論師解釋此等進道之理。應當了知。

第三修增上意樂者。如是修習慈悲之後．應作是思．噫此諸有情．可愛悅意如是乏樂．衆苦逼惱云何能令得諸安樂．解脫衆苦。俾能荷負度此重擔．下至語言亦當修心。前報恩時雖亦略生．然此說者．僅生慈悲與樂離苦．猶非滿足．是爲顯示須有慈悲．能引是心．我爲有情成辦利樂。又此非唯於正修時．即修完後．一切威儀皆能憶念相續修習增長尤大。修次中篇云．「此即大悲．或住定中．或於一切威儀之中．於一切時一切有情皆當修習。」悲是一例．隨修何等所緣行相．一切皆同。如大德月大論師云．「心樹自從無始時．煩惱苦汁所潤滋．不能改爲甘美味．一滴德水有何益。」謂如極苦「嗽嗟」大樹．以一二滴糖汁澆灌不能令甜。如是無始煩惱苦味．薰心相續．少少修習慈悲等德．悉無所成．是故應須相續修習。

第二修習希求菩提之心者。由如前說次第所致．便見利他定須菩提．起欲得心．然僅有此猶非滿足。如歸依中說．由思惟身語意三事業功德．先應盡力增長淨信。論說信爲欲依．次於彼德發起誠心證得之欲．則於自利亦定了知．一切種智必不可少。能爲引生發心之因．雖有多種．然悲爲勝．自力所發極爲殊勝．此是修次初篇引智印三摩地經所說。

第三顯所修果即爲發心者。總相如前所引現觀莊嚴教義。其差別者．隨順華嚴經義．入行論云「應知如欲往正往之差別．如是智應知此二別如次。」此說分爲願行二種。異說雖多．然作是念爲利有情願當成佛或應成佛．作是願已於施等行隨學未學．乃至何時未受律儀．是名願心。受律儀已當知此心是名行心。修次初篇云．「爲利一切諸有情故願當成佛．初起希求是名願心。受律儀後修諸資糧．是名行心。」此中雖有多種徵難．茲不廣說。

註・菩提心總相者・即本卷四緣發心中・現觀莊嚴論云・「發心爲利他・欲正等菩提。」

菩提道次第廣論卷八終

菩提道次第廣論卷九

第二依寂天教典而修分三．一思惟自他能換勝利及不換過患．二若能修習彼心定能發生．三修習自他相換法之次第。　今初

思惟自他能換勝利．及不換過患者。入行論云．「若有欲速疾．救護自及他．彼應自他換．密勝應受行。」又云「盡世所有樂．悉從利他生．盡世所有苦．皆從自利起。此何須繁說，凡愚作自利．能仁行利他．觀此二差別。若不能眞換．自樂及他苦．非僅不成佛．生死亦無樂。」謂當思惟唯自愛執．乃是一切衰損之門．愛執他者則是一切圓滿之本。

若修自他換易意樂．定能發起。如先怨敵聞名便怖．後若和順相結爲友．設無彼時．亦能令生最大憂惱．一切悉是隨心而轉。故若能修觀自如他．觀他如自亦能生起。即此論云．「困難不應退．皆由修力成．先聞名生畏．後無彼不樂。」又云「自身置爲餘．如是無艱難。」若作是念．他身非我身．云何於彼能生如自之心耶。即此身體亦是父母精血所成．是他體分．然由往昔串習力故而起我執．若於他身修習愛執．宛如自體亦能生起。即彼論云．

「如汝於他人．一滴精血聚．虛妄執爲我．如是應修餘。」如是善思勝利過患．則能至心愛樂修習．又見修習便能生起。

彼修自他換易之理．次第云何。言自他換．或說以自爲他以他爲自者．非是於他强念爲我．於他眼等念爲我所而修其心。乃是改換愛著自己．棄捨他人．二心地位．應當發心愛他如自．棄自如他。故說改換自樂他苦．應知亦是於我愛執視如怨敵．滅除愛重我之安樂．於他愛執見爲功德．滅除棄捨他人痛苦．於除他苦殷重修習．總當不顧自樂而除他苦。

此中分二．一除其障礙．二正明修法。　今初

修習此心有二障礙。一謂執自樂他苦．所依自他二身．猶如青黃各各類別。次於依此所生苦樂．亦便念云．此是我者應修應除．此是他者輕而棄捨。能治此者．謂觀自他非有自性各各類別．唯互觀待．於自亦能起如他心．於他亦能起自覺故。如彼山此山．譬如彼山雖就此岸起彼山心．若至彼山則定發起此山之覺。故不同青色．任待於誰唯起青覺．不起餘色之覺。如集學論云．「修自他平等．堅固菩提心．自他唯觀待．妄如此彼岸。彼岸自非彼．觀誰而成此．自且不成自．觀誰而成他。」此說唯由觀所待處而假安立．全無自性。二謂又念

他之痛苦．無害於我．爲除彼故不須勵力。除此礙者．謂若如是．則恐老時受諸苦惱．不應少年積集財物．以老時苦無害於少故。如是其手亦不應除足之痛苦以是他故。老時幼年前生後生僅是一例．即前日後日．上午下午等皆如是知。若謂老幼是一相續．其手足等是一身聚．故與自他不相同者。相續與身聚．是於多刹那多支分而假施設無獨立性．自我他我亦皆於假聚相續而安立。故言自他皆觀待立全無自性．然由無始串習愛執增上力故．自所生苦便不忍受．若能於他修習愛執．則於他苦亦能發生不忍之心。

如是除自他換諸障礙已．正修習者。謂由於自貪著力故．起我愛執．由此執故無始生死乃至現在．發生種種不可愛樂．欲修自利作自圓滿．行非方便經無數劫．自他二利悉無所成．非但無成．且唯受其衆苦逼惱。若自利心移於利他．則早定成佛．圓滿自他一切利益．由未如是．故經長時勞而無益。今乃了知第一怨敵．即我愛執．應後依止念及正知．堅固決定勵力滅除。其未生者當令不生．其已生者令不相續。入行論云「此於生死中．百返損害我．意汝欲自利．雖經衆多劫．以此大疲勞．汝唯引生苦。」又云「若汝從往昔．能作如是業．除佛圓滿樂．定無如斯時。」如是不執自言．不護自品．當數修心．將自身財及諸善根悉無顧慮惠施有情。

又施彼已即應利彼．不應於彼而行邪行．故於身等應當滅除自利之心。如云．「意汝定應知自爲他自在．除利諸有情．汝今莫想餘。他自在眼等．不應作自利．眼等於利他．不應作邪行。」若見身等棄捨利他攀緣自利．或身語意而反於他作損害緣．應作是念而正遮止．此於往昔．亦曾令受無邊衆苦．現今若於相似利益而生錯誤．隨彼轉者當生大苦。如云．「汝昔傷害我．已往可不諫．我見汝何逃．應摧汝憍慢。今汝應棄捨．思我有自利．我於餘賣汝．莫厭應盡力。放逸不將汝．惠施諸有情．汝則定將我．授與諸獄卒。如是汝長時．捨我令久苦．今念諸怨恨．摧汝自利心。」如是數思愛他勝利．當由至心發生勇悍棄他之心未生不生．其已生者令不相續．於他令發可愛可樂可意之相。

如昔於自愛樂執著．今於他所應令發起愛執之心．如云．「應執餘如我。」能發如是愛執有情．其因謂當念彼恩德．或見於自所作饒益。此復猶如見諸沃田善植種子．能結衆多上妙果實便極珍愛。如是若於有情福田植施等種．亦能出現時究竟一切利樂。若獲定解．亦起愛執．故於是等應當思惟。入行論云「有情與諸佛．同能生佛法．如其敬信佛．何不敬有情。」此如令諸有情歡喜頌說．若殺有情則能引其墮三惡趣．若救其殺能引善趣復得長壽．若於有情不與而取及施資財．發瞋恚心及修慈悲．亦能引生善趣惡趣。特緣有情乃得發心．爲利有情始修諸行．是故成佛亦須有情．要依有情施等乃滿．當審思惟。釋菩提心論云．「世間善惡趣．其愛非愛果．皆由於有情．作利損而生．若無上佛位．且依有情得．人天諸資財．梵釋及猛利．護世所受用．於此三趣中．無非利有情．所引此何奇。地獄鬼畜中．有情之所受．苦事非一種．從損有情起。飢渴互打擊．及侵害等苦．難遮無窮盡．皆損有情果。」諸聲聞等果報下劣．是由未能廣行利他．諸佛獲得究竟果位．是由廣利有情而生．應思此理．不應剎那貪著自利。即前論云．「於有情離貪．如毒應棄捨．諸聲聞離貪．豈非下菩提．由不棄有情．佛證大菩提。若知生如是．利非利諸果．則於剎那頃．豈有貪自利。」是則專住利他及菩提果．亦見是從菩提心苗之所出生．此心根本見爲大悲。故諸佛子愛樂修習．若多修習令其堅固．則能任運趣極難行諸廣大行。即前論云．「悲堅爲根本．菩提心苗生．專利他覺果．諸佛子應修。若修令堅固．諸怖他苦者．能捨靜慮樂．而趣入無間．此奇此應讚．此爲勝士法。」今於此義．亦應用諸先賢言論而發定解．如覺嗃云．「不知修慈悲之菩薩．唯藏人能知。」

若爾當如何修．「須從最初次第學習。」朗日塘巴云．「霞婆瓦與我有十八種人方便．一種馬方便。人方便者．謂發大菩提心隨作何事悉學利益有情。馬方便者．謂菩提心未生者令不生．已生者令不住．不使增長者爲我愛執．故特於彼盡力違害．正對有情盡力利益。」大瑜伽師謂善知識敦巴云．「我有風息平等轉等．如此如此三摩地。」答云．「汝修縱能耳邊擊鼓不可破壞．若無慈悲及菩提心．猶當生於晝夜應悔之地。」此中意趣似說．當成能生無暇無色等處．異生之因。康壠巴云．「我等於覺嚩有情顛倒行事．有情於我等亦當如是行。」立與未立大乘根本．入與未入大乘之分．一切皆是相值於此．故一切時應觀於此令心生起。若生者善．若未生者莫如是住．應常親近開示此法大善知識．常與如是修心伴侶共同居住．觀閱顯示此法經論．勤修此因積集資糧．淨此障礙。自能如是淨修其心．則定能下圓滿種子．誠非小事．理應歡喜。如大覺嚩云．「欲趣大乘門．覺心如日月．除暗息熱惱．勵劫亦令生。」

第三此心發起之量。如前已說．應當了知。註：菩提心量即「由修如是大悲力故．立誓拔濟一切有情．願求無上正等菩提．以爲自性菩提之心．不須策勵而得生起。」詳閱卷八「悲心生量」者。

第四儀軌正受者。如大覺嚩云．「欲修令此生．應勵恆修習．慈等四梵住．應除貪及嫉．以儀軌正發。」若修心已．於其發心獲得定解．當行受此之儀軌。此中分三．一未得令得．二已得守護不壞．三設壞還出之方便。　初中分三．一所受之境．二能受之依．三如何受之軌則。　今初

覺嚩於尊長事次第中僅云．「具相阿闍黎」．更未明說．諸先覺說．「具足願心住其學處．猶非完足須具行心律儀。」此與勝敵論師說．「當往具菩薩律儀善知識所．」極相符順．十法經中由他令受而發心者說有聲聞．是說由彼勸令厭離而受發心．非說聲聞為作儀軌。

能受之依者。總如勝敵論師說．「若善男子或善女人．具足圓滿身及意樂。」謂天龍等其身意樂堪發願心者．一切皆可為此之依。然此中者如道炬釋論說．「厭離生死．憶念死沒．具慧大悲。」謂於前說諸道次第已修心者．是於菩提心略為生起轉變意者。

如何受之儀軌分三．一加行儀軌．二正行儀軌．三完結儀軌。　初加行軌分三．一受勝歸依．二積集資糧．三淨修意樂。　初中分三．一莊嚴處所安布塔像陳設供物．二勸請歸依．三說歸依學處。　今

初

遠離罪惡衆生之處．善治地基令其平潔．以牛五物塗灑其地．以栴檀等上妙香水而善澆灑．散妙香花。設三寶像謂鑄塑等．諸典籍等．諸菩薩像．安置床座或妙棹臺。懸挂幡蓋及香花等諸供養具盡其所有。又當預備伎樂飲食諸莊嚴具。用花嚴飾大善知識所居之座。諸先覺等．又於先時供養僧伽．施食鬼趣集聚資糧。若無供具應如賢劫經說．其碎布等皆成供養．有者則應無諸諂曲殷重求覓廣興供養．令諸同伴心難容納。傳說西藏諸知識在莽宇境及桑耶等處．於覺嗗前請發心時．覺嗗教曰「供養太惡不生。」所供像中．須善開光大師之像．必不可少．經典亦須攝頌以上諸般若經。次如尊長事次第說迎請聖衆．誦念三遍供養雲陀羅尼．應讚誦之。其次弟子沐浴着鮮淨衣．合掌而聽．尊長開示福田海會所有功德．令其至心發生淨信．教彼自想住於一一佛菩薩前．徐徐念誦七支供養。先覺多云．「龍猛寂天所傳來者俱修七支．慈氏無著所傳來者唯修禮拜供養二支。若修悔罪必須追悔．令意不喜．菩提心者具足踴躍歡喜方生。」不應道理。大覺嗗師於發心及律儀儀軌說．「禮敬供養等．」以等字攝略．尊長事次第中於發心前明說七支．又其因相．若果如是則龍猛及寂天派中亦當許不生。

第二者次說於師須住佛想故應作佛勝解．禮敬供養．右膝著地．恭敬合掌．爲菩提心而正請白．「如昔如來應正等覺及入大地諸大菩薩．初於無上正等菩提而發其心。如是我名某甲亦請阿闍黎耶．今於無上正等菩提而發其心。」乃至三說。次應爲授殊勝歸依．謂佛爲世尊．法是大乘滅道二諦、僧爲不退聖位菩薩．以爲其境。時從今起乃至未證大菩提藏．爲救一切諸有情故．歸佛爲師．正歸於法．歸僧爲伴．具此總意樂．特如道炬論說．「以不退轉心。」當發猛利欲樂．令如是心一切時中而不退轉。威儀如前而受歸依．「阿闍黎耶存念．我名某甲．從今時始乃至證得大菩提藏．歸依諸佛薄伽梵兩足中尊。阿闍黎耶存念．我名某甲．從今時始乃至證得大菩提藏．歸依寂靜離欲諸法衆法中尊。阿闍黎耶存念．我名某甲從今時始乃至證得大菩提藏．歸依不退菩薩聖僧諸衆中尊。」如是三說。歸依一一寶前各一存念．及歸法文句與餘不同．皆如覺嚩所造儀軌。

歸依學處者．前下士時所說學處．今於此中阿闍黎耶亦應爲說。

積集資糧者。發心儀軌中．於此亦說修禮供等．釋論中說修七支供．憶念諸佛及諸菩薩．若昔若現諸善知識．應如是行。供諸尊長者．前供養時亦應了知。七支者普賢行願．入行論文．隨一即可。

修淨心者。道炬論說慈心爲先．觀苦有情而發其心．謂令慈悲所緣行相．皆悉明顯．俱如前說。

正行儀軌者。謂於阿闍黎前．右膝著地或是蹲踞．恭敬合掌而發其心。如道炬論云．「無退轉誓願．應發菩提心。」儀軌中說．「乃至菩提藏．」故非僅念爲利他故願當成佛而爲發心．是緣所發心乃至未證菩提誓不棄捨．當依儀軌發此意樂。若於願心學處不能學者．則不應發如是之心。若用儀軌僅發是念．爲利一切有情我當成佛者．則於發心學處．能不能學皆可授之願心．容有如是二類。若用儀軌受其行心．若於學處全不能學．則一切種決定不可。故有說云龍猛與無著所傳律儀儀軌．於衆多人有可授不可授之差別者．是大蒙昧。復有一類造初發業行法論．說受行心儀軌令數數受．然全不知諸總學處及根本罪．未嘗宣說所學差別．是令受行最大無義。教授勝光王經說．「若不能學施等學處．亦應唯令發菩提心．能生多福。」依據此意修次初篇云．「若一切種．不能修學諸波羅蜜多．彼亦能得廣大果故方便攝受亦當令發大菩提心。」此說若於施等學處不能修學．容可發心．不可受戒．最爲明顯。

受心儀軌者「惟願現住十方一切諸佛菩薩於我存念．阿闍黎耶存念．我名某甲．若於今生若於餘生．所有施性戒性修性善根．自作教他見作隨喜．以此善根如昔如來應正等覺及住大地諸大菩薩．於其無上正等菩提而發其心。如是我名某甲．從今爲始乃至菩提．亦於無上正等菩提而發其心．有情未度而當度之．未解脫者而令解脫．諸未安者而安慰之．未涅槃者令般涅槃。」如是三說。歸依儀軌及此二種．雖未明說須隨師念．然實須之。此是有師之軌．若未獲得阿闍黎者．應如何受．覺噶所造發心軌云．「若無如是阿闍黎耶．自發菩提心之儀軌者．自當心想釋迦牟尼如來及其十方一切如來．修習禮供諸儀軌等．捨其請白及阿闍黎語．歸依等次第悉如上說」如此而受。

完結儀軌者。阿闍黎耶應爲弟子．宣說願心諸應學處。

第二得已守護不令失壞者．謂當知學處故應宣說．此中分二．一修學現法不退發心之因．二修學餘生不離發心之因。初中分四．一爲於發心增歡喜故應當修學憶念勝利．二正令增長所發心故應當修學六次發心．三為利有情而發其心應學其心不捨有情．四修學積集福智資糧。

今初

若閱經藏或從師聞．思菩提心所有勝利．華嚴經中廣宣說故應當多閱。如前所引說如一切佛法種子．又說總攝菩薩一切行願故．猶如總示。謂若廣說支分無邊．於總示中能攝一切．故謂總示。又如嗢柁南．攝集一切菩薩道法所有扼要．說為嗢柁南。菩薩地中所說勝利．是願心勝利．彼最初發堅固心有二勝利．一謂成就尊重福田．二能攝受無惱害福。第一者如云「天人世間皆應敬禮．」謂發心無間即成一切有情所供養處。又如說云．「發心無間．由種性門．亦能映蔽諸阿羅漢。」謂成尊上。又說．「雖作小福．亦能出生無邊大果．故為福田．一切世間悉應依止．猶如大地。」謂如一切眾生父母。第二者如說得倍輪王護所守護．若寢若狂或放逸時．諸惡藥叉宅神非人不能嬈害。若餘眾生為欲息滅疾疫災橫所用無驗咒句明句．若至此手尚令有驗．何況驗者。由此顯示息災等業．發心堅固則易成辦。諸共成就．若有此心亦得速成．隨所居處．於中所有恐怖鬥諍飢饉過失非人損惱．未起不起．設起尋滅．轉受餘生少病無病．不為長時重病所觸．常為眾生宣說正法．身無極倦念無忘失心無勞損。

菩薩安住種性之時．由其自性粗重微薄．既發心已．身心粗重轉復薄弱．由其成就堪忍柔和．能忍他惱不惱於他．見他相惱深生悲惱．忿嫉諂覆等多不現行．設暫現起亦無彊力．不能久住速能遠離．難生惡趣．設有生時速得解脫．即於惡趣受小苦受．即由此緣深厭生死．於彼有情起大悲心。菩提心福若有色形．雖太虛空亦難容受．以諸財寶供養諸佛．尚不能及此福一分。勇授問經云「菩提心福德．假設若有色．偏滿虛空界．福尤過於彼。若人以諸寶．偏滿恆沙數．諸佛剎土中．供養世間依。若有敬合掌．心敬禮菩提．此供最殊勝．此福無邊際。」傳說覺嚩繞金剛座時．心作是念．當修何事而能速證正等菩提。時諸小像起立請問諸大像曰．欲速成佛當修何法．答曰當學菩提心。又見寺上虛空之中．有一少女問一老婦．亦如前答。由聞是已．於菩提心心極決定。由是能攝大乘教授一切扼要．一切成就大寶庫藏．超出二乘大乘特法．策發菩薩行廣大行．最勝依止．應知即是菩提之心。於修此心當漸增長勇悍歡喜．如渴聞水．乃至多劫以希有智．最極深細觀察諸道．諸佛菩薩唯見此是速能成佛勝方便故。如入行論云「能仁多劫善觀察．唯見此能利世間。」

正令增長所發心故修學六次發心分二　一不捨所發心願　二學令增長。　今初

如是以佛菩薩知識爲證立彼等前立大誓願未度有情令度脫等。次見有情數類繁多行爲暴惡或見長久須經多劫勵力修行或見二種資糧無邊難行皆須修學爲怯弱緣若更捨置發心重擔較別解脫他勝之罪尤爲重大。如攝頌云「雖經億劫修十善欲得獨勝及羅漢爾時戒過戒失壞發心重過他勝罪。」此說菩薩毀犯尸羅以能防護二乘作意即是菩薩最勝尸羅故若失此即是破戒。若未捨此縱於五欲無忌受用猶非破壞菩薩不共防護心故。即前經云「菩薩受用五欲塵歸依佛法及聖僧作意徧智願成佛智者應知住戒度。」若棄如是所受之心則須長夜馳騁惡趣。入行論云「於少惡劣物由意思布施若人後不施說爲餓鬼因。若於無上樂至心請喚已欺一切衆生豈能生善趣。」是故此論又云「如盲於糞聚獲得妙珍寶如是今偶爾我發菩提心。」謂當思念我得此者極爲希有於一切種不應棄捨更當特緣此心多立誓願剎那不捨。

第二者如是不捨尚非滿足須晝三次及夜三次勵令增長。此復如前所說儀軌若能廣作即如是行若不能者則應明想福田供諸供養修慈悲等六返攝受。其儀軌者謂「諸

佛正法衆中尊，乃至菩提我歸依，以我所修布施等，爲利衆生願成佛。」每次三返。

學心不捨有情者。道炬論及發心儀軌中說學處時，雖未說及，道炬釋云，「如是攝受不捨有情，於菩提心所緣及其勝利，發心軌則，共同增長及不忘故，應當守護。」爾時數之與根本文意無乖違，故於此事亦應修學。心棄捨之量者，依彼造作非理等事而爲因緣，便生是念，從今終不作此義利。

修學積集二種資糧者。從以儀軌受願心已，當日日中供三寶等，勤積資糧，是能增上菩提心因。此除先覺傳說而外，雖未見有清淨根據，然有大利。

第二修學餘生不離發心之因分二：一、斷除能失四種黑法，二、受行不失四種白法。今初

大寶積經迦葉問品說，成就四法，於餘生中忘失發心或不現行。又成就四法，乃至未證菩提，中間不忘菩提之心或能現行，此即願心學處。四黑法中，欺誑親教及阿闍黎尊重福田者。當以二事了知，一境，二師易知，言尊重者謂欲爲饒益，言福田者謂非師數然具功德，此是迦葉問品釋論所說。二即於此境由作何事而成黑法，謂於此等隨一之境，故知欺誑則成黑法。欺誑道理者，釋論解云，「謂彼諸境以悲愍心學發所犯，以虛妄語而蒙迷之。」總其凡以欺誑之心．作蒙蔽師長等方便．一切皆是。然諂誑非妄者．如下當說．此須虛妄．以集學論說斷除黑法即是白法。能治此者．即四白法中第一法故。若於尊重啓白餘事．而於屏處另議餘事．說善知識已正聽許．亦是弟子欺蒙師長。

於他無悔令生追悔。其中亦二．境者．謂他補特伽羅修諸善事．不具追悔。於境作何事者．謂以令起憂悔意樂．於非悔處令生憂悔。釋論中說同梵行者正住學處．以諂誑心令於學處而生蒙昧。此上二法能不能欺．生不生悔皆同犯罪．釋論亦同．然釋論中於第二罪作已蒙昧。

說正趣大乘諸有情之惡名等。境者．有說已由儀軌正受發心而具足者．有說先曾發心現雖不具爲境亦同．此與經違不應道理。其釋論中僅說菩薩餘未明說．然餘處多說具菩薩律學所學處者．謂正趣大乘似當具足發心。於此作何事者．謂說惡名等。由瞋恚心發起而說．與釋論同。對於何境而宣說者．釋論說云「如彼菩薩欲求法者．信解大乘或欲修學．爲遮彼故對彼而說。」然了義者即可。其惡稱者如云本性暴惡．未明過類惡名者如云行非梵行．分別而說。惡譽者如云以如是如是行相．行非梵行廣分別說。惡讚者通於前三之後．是釋論解。此於我等最易現行．過失深重前已略說。又如菩薩起毀訾心．則此菩薩須經爾劫恆住地獄。寂靜決定神變經說．唯除毀謗諸菩薩外．餘業不能令諸菩薩墮於惡趣。攝頌亦云．「若未得記諸菩薩．忿心諍毀得記者．盡其惡心剎那數．盡爾許劫更擐甲。」謂隨生如是忿心之數．即須經爾許劫．更修其道．則與菩提極爲遙遠．故於一切種當滅忿心．設有現起．無間勵力悔除防護。即前經云．「應念此心非善妙．悔前防後莫愛樂．彼當學習諸佛法。」若有瞋恚．則其慈悲先有薄弱．若先無者雖久修習亦難新生．是斷菩提心之根本。若能滅除違緣瞋恚．如前正修則漸漸增長以至無量。釋量論云．「若無違品害心成彼本性。」又云「由前等流種．漸次增長故．此諸悲心等．若修何能住。」

於他人所現行諂誑．非增上心。境者．謂他隨一有情。於此作何事者．謂行諂誑。增上心者．釋論說爲自性意樂．諂誑者謂於秤斗行矯詐等。又如勝智生．實欲遣人往惹瑪．而云遣往垛壠．後彼自願往惹瑪。集論中說．此二俱因貪著利養．增上而起．貪癡一分．誑謂詐現不實功德．諂謂矯隱眞實過惡．言矯隱者謂於自過矯設方便令不顯露。

四白法中初白法中．境者．謂凡諸有情。事者．謂於彼所以命因緣下至戲笑．斷除故知而說妄語。若能如是.則於親教及軌範等殊勝境前.不以虛妄而行欺惑。第二白法.境者.謂一切有情。事者.謂於彼所不行諂誑住增上心.謂心正直住。此能對治第四黑法。第三白法.境者.謂一切菩薩.事者.謂起大師想.於四方所.宣揚菩薩眞實功德。我等雖作相似微善.然無增相.盡相極多.謂由瞋恚毀呰破壞菩薩.伴友而致窮盡。故能斷此及破壞菩薩者.則集學論說.依補特伽羅所生諸過悉不得生。然於何處有菩薩住.非所能知.當如迦葉問經所說.於一切有情起大師想.修淸淨相讚揚功德。謂有聽者時至.非說不往四方宣說便成過咎.此能對治第三黑法。第四白法.境者.謂自所成熟之有情。事者.謂不樂小乘.令其受取正等菩提.此就自己須令所化受行大乘。若彼所化不能發生大乘意樂.則無過咎.非所能故.由此能斷第二黑法。若由至心欲安立他於究竟樂.定不爲令他憂惱故而行令他憂惱加行。師子請問經云「由何一切生.不失菩提心.夢中尚不捨.何況於醒時。」答曰.「於村或城市.或隨住境中.令正趣菩提.此心則不捨。」又曼殊室利莊嚴國土經說.「若具四法不捨大願.謂摧伏我慢.斷嫉.除慳.見他富樂心生歡喜。」寶雲經說.「若於一切威儀路中修菩提心.隨作何善以菩提心而爲前導.於餘生中亦不捨離如此心寶.如如若人多觀察。」

等明顯宣說。

第三犯已還出道理者。多作是說．犯四黑法及心捨有情之五．或加念云我不能成佛棄捨發心共爲六種。若越一時則捨願心．若一時內而起追悔．僅是失因。若犯六次發心及學二資糧．亦唯退失之因。若已失者應以儀軌重受願心．若唯退失因者則不須重受悔除即可。其中若念我不能成佛．故捨發心者．即彼無間棄捨．無待一時．故一切種畢究非理。四黑法者．非是現法失發心因．是於他生令所發心不現起因．故於現法而正遮止。道炬論云．「此爲餘生憶念故．如說學處應盡護。」言如說者．謂如迦葉問品所說也．即此經意亦是如此。四白法時顯然說云．「迦葉．若諸菩薩成就四法．一切生中生已無間．菩提之心即能現起．乃至菩提中無忘失。」四黑法時．雖無現後明文．故亦當知是約後世．然於現法若行黑法．則所發心勢力微弱。若非爾者．則具菩提心律儀者．爲戲笑故．略說妄語．於有情所略起謟誑．瞋恚菩薩略說惡名．於他善根略令生悔．自無追悔．過一時竟．皆當棄捨菩薩律儀。以由此等棄捨願心．若捨願心即捨律儀．菩薩地中及集學論俱宣說故。若許爾者．亦應立彼爲根本罪．然任何中悉無立者．不應理故。又算時者．當是依於鄔波離請問經．然彼全非經義．我於戒品釋中已廣決擇．故此不說。心捨有情者．若緣總有情．謂我不能作此許有情之事．心棄捨者即捨願心．極爲明顯。若緣別有情．謂我終不作此義利．若起是心．如壞一分即壞整聚．便壞爲利一切有情所發之心。若不爾者．則棄二三四等多有情．已爲餘有情而發心者．亦當能發圓滿菩提之心。

如是於此發心學處．道炬釋論．別說因陀羅補底．龍猛．無著．勇識．寂天．大德月．靜命等派各有差別。有者許爲盡初發心及行諸行所有學處．又有許爲經說一切皆應守護．復有許爲盡資糧道所有學處。餘者有謂不許如此如此定相．有餘更許於其歸依學處之上．應護八法．謂不忘心法及忘失心法．說此諸軌．皆是經說．應隨自師所傳受持。說云「我師所說」許彼一切皆是經義。總此釋論從善知識敦巴所傳．諸大知識皆不說是覺𡃤自造．拏錯所傳．則說是覺𡃤造．是拏錯之秘法。然諸先覺傳說覺𡃤．於補讓時作一略釋．次在桑耶譯師請其更爲增釋．覺𡃤教令廣之即可。是以覺𡃤所作略解．更引衆談說之事而爲增補．故亦略有數處謬誤．然於正義亦多善說。諸無謬者．我於餘處及道次中亦多引述。此說學處多不可信．若以發心是爲行心．其學處者則於歸依學處之上．僅加取捨白黑八法．定非完足故不應理。若單取願心者．則其學處不須俱學經說一切．及入行以後所有學處。若非爾者．則與律儀學處無差別故。除前所說二學處外諸餘學處．是如道炬論及發心儀軌所說。須學七法經者．說是欲求速發通者所應修學．故非發心特別學處．此中不錄。如是自宗除捨願心．心捨有情犯餘學處．乃至未具菩薩律儀．無依菩薩之罪犯。僅違所受中類善性學處．故是惡行應以四力而悔除之。從得菩薩律儀之後．即犯違越律儀學處．如論所說還出罪法．依行即可．故即攝入行心學處．非爲別有。然六次發心．是爲願心不共學處。

第三既發心已於諸勝行修學道理分三．一發心已後須學學處之因相．二顯示學習智慧方便一分不能成佛．三正釋學習學處之次第。 今初

如是發願心已．若不修學施等學處．雖如前引慈氏解脫經說有大勝利．然不修學菩薩學處定不成佛．故於勝行應當修學。伽耶經云「菩提是以正行而爲堅實諸大菩薩之所能得．非以邪行而爲堅實諸人所有。」三摩地王經亦云「故以正行而爲堅實．何以故．童子若以正行而爲堅實．無上正等菩提非難得故。」言正行者謂成佛方便．即是學習菩薩學處故。修次初篇亦云「如是發心菩薩．自未調伏不能伏他．如是知已自於施等極善

修學．若無正行不得菩提。」釋量論云．「具悲爲摧苦．當修諸方便．彼方便生因．不現彼難宣。」謂於他所．若有大悲須除他苦。又除彼苦但有善心．願其離苦猶非滿足．故應轉趣除苦方便。又若自不先趣方便．不能度他．故欲利他當先自調。又於自調．經說「正行而爲堅實．」其正行者．說「受律儀已學其學處。」故以正行爲堅實者．於所行處無錯爲要。

菩提道次第廣論卷九終

菩提道次第廣論卷十

第二者如是欲求成佛猶非滿足．應須進趣成佛方便。又此方便須無錯謬．於錯謬道．任何勵力終不生果．如欲搆乳而扯牛角。若雖不錯然不圓滿．縱多勵力亦不生果．猶如種子及水土等．隨缺一緣亦不生芽。故如修次中篇云．「若於錯因殷重修習．雖極長時終不能獲所欲得果．譬如從角而搆牛乳。若不修行一切因者．亦不生果．如種子等隨缺一緣．亦不發生芽等果故。故欲得果．當依無錯一切因緣。」若爾何爲圓滿無錯因緣耶．如毘盧遮那現證菩提經云．「秘密主．一切種智者．從大悲根本生．從菩提心因生．以諸方便而至究竟。」其中大悲如前已說．菩提心者謂世俗勝義二菩提心．方便者謂施等圓滿．是蓮花戒大師所說。

支那堪布等．於如此道顚倒分別．有作是云．「凡是分別．況惡分別．即善分別亦能繫縛生死．其所得果不出生死。金索繩索皆是繫縛．黑白二雲俱障虛空．黑白狗咬皆生痛苦．是故唯有無分別住是成佛道。其施戒等爲未能修如是了義愚夫而說．若已獲得如是了義．更修彼行．如王爲農得象求跡。」和尚於此引八十種讚歎無分別經根據成立．此說一切方便之品．皆非眞實成佛之道．毀謗世俗破佛教之心藏．破觀察慧思擇無我眞實義故。故亦遠離勝義道理．任何勝進終唯攝於奢摩他品．於此住心執爲勝道．是倒見中最下品者。蓮花戒大菩薩以淨教理已善破除．宏揚如來所愛善道．然由聖教將近隱沒．能以了義無垢教理．判決正道圓滿扼要．諸善士夫亦盡滅亡。又諸有情多是薄福．雖於正法略有信仰．然其慧力最極羸劣．故現仍有輕毀行品持戒等事．於修道時棄捨此等．宛如和尚所教而修。又有一類除不毀謗方便而外見解道理．許和尚說而爲善哉。又有餘者棄捨觀慧．全不思惟．意許和尚修法爲善。此等之道．全未接近修空方所．縱許修空．然若說云已得無倒空性之義．無謬修習．有修證者唯當修空．不當更修世俗行品．或說行品不須執爲中心．多門修習．亦與一切聖教相違．唯是違越正理之道。

以諸大乘人所應成辦．是爲無住大般涅槃。其能不住生死者．是由覺悟眞實義慧．依勝義道次甚深之道．智慧資糧智慧支分之所成辦故。不住寂靜般涅槃者．是由了悟盡所有慧．俗諦道次廣大之道．福德資糧方便支分之所成辦故。如秘密不可思議經云．「智慧資糧者.謂能斷除一切煩惱.福德資糧者.謂能長養一切有情。世尊.以是因緣.菩薩摩訶薩當勤修習福智資糧。」聖虛空庫經云.「由慧智故而能偏捨一切煩惱.由方便智故而能不捨一切有情。」聖解深密經云.「我終不說一向棄背利益衆生事者.一向棄背發起諸行所作者.能得無上正等菩提。」無垢稱經云.「何爲菩薩繫縛解脫.若無方便攝取三有是爲菩薩繫縛.若以方便趣向三有是爲解脫.若無智慧攝取三有是爲菩薩繫縛.若以智慧趣向三有是爲解脫。方便未攝慧爲繫縛.方便所攝慧爲解脫。慧所未攝方便爲縛.慧攝方便是爲解脫。」如是廣說。是故欲得佛果.於修道時須依方便智慧二分.離則不成。伽耶經云.「諸菩薩道略有二種.何等爲二.謂方便智慧。」祥勝初品云.「般若波羅蜜多者是母.善巧方便者是父。」迦葉請問經云.「迦葉.譬如大臣所保國王則能成辦一切所作.如是菩薩所有智慧.若由方便之所攝持.能作一切諸佛事業。」故當修習完具施等一切方便.具一切種最勝空性.僅以單空.於大乘道全無進趣。寶頂經云.「應披慈甲住大悲處.引發具一切種最勝空性而修靜慮。何等名爲具一切種最勝空性耶.謂不離布施.不離持戒.不離忍辱.不離精進.不離靜慮.不離智慧.不離方便。」如經廣說。上續論中釋此義云.「此諸能畫者．謂施戒忍等具一切種勝．空性爲王像。」謂如有一善能畫首．不善畫餘．有知畫手不知餘等集多畫師畫一王像．若缺一師亦不圓滿。國王像者譬如空性．諸畫師者譬如施等。施等方便若有缺少．則同缺頭殘手等像。

又若執謂唯應修空餘不應修．世尊親爲敵者而善破斥。謂若果爾．則菩薩時多劫行施護尸羅等悉成壞慧未解了義。攝研經云「彌勒．若諸菩薩爲欲成辦正等菩提．修行六種波羅蜜多。然諸愚人作如是說．菩薩唯應修學般若波羅蜜多．何須諸餘波羅蜜多．此是思惟．破壞諸餘波羅蜜多。無能勝．此作何思。前爲迦希王時．爲救鴿故自肉施鷹．豈慧壞耶。彌勒白言．不也世尊。世尊告曰．彌勒．我昔修行菩薩行時．修集六種波羅蜜多相應善根．是諸善根有損我耶。彌勒白言．不也世尊。世尊告曰．無能勝．汝亦曾於六十劫中正修布施波羅蜜多．六十劫中正修尸羅波羅蜜多．六十劫中正修忍辱波羅蜜多．六十劫中正修精進波羅蜜多．六十劫中正修靜慮波羅蜜多．六十劫中正修般若波羅蜜多。彼諸愚人作如是說．唯以一法而證菩提．謂以空法．此等未能清淨諸行。」故若說云有空解者不須勵力修方便分．是謗大師昔本生事．爲是未解了義之時．設作是念．由種種門修施等行．是未獲得堅固空解若有空解即此便足．是大邪見。此若是實．則已獲得無分別智．證勝義諦大地菩薩．及諸特於無分別智獲得自在八地菩薩不須修行．然此非理。十地經說．「於十地中雖各各地．於施等行別別增上．然於餘行非不修行。」故一一地中說皆修六度或修十度．此等經義．無能勝尊龍猛無著．皆如是釋．定不可作餘義解故。

特八地位滅盡一切煩惱．安住寂滅一切戲論勝義之時．諸佛於彼作是勸云．「唯此空解不能成佛．聲聞獨覺亦皆得此無分別故。當觀我身及智土等．此無量德我之力等汝亦非有．故當精進。又當思惟未能靜寂諸有情類種種煩惱之所逼惱．亦復不應棄捨此忍。」尚須修學菩薩諸行．得少三昧便生喜足．棄捨餘德．誠爲智者所輕笑處。如十地經云．「佛子．若有菩薩安住菩薩此不動地．諸佛世尊於此安住法門之流．發宿願力．爲令善修如來智慧．作是教言．善男子善哉善哉．當隨證悟一切佛法．此雖亦是勝義法忍．然汝尚無我之十力及無畏等圓滿佛法。爲徧求此圓滿佛法故．當發精進．亦不應捨此法忍門。善男子汝雖得此靜寂解脫．當思此諸異生凡夫未能靜寂．起種種惑種種損惱。又善男子當念宿願．饒益有情．不可思議智慧之門。又善男子此乃諸法法性．隨諸如來出不出世．然此法界恆常安住。謂一切法空性．一切法不可得性．非以此故差別如來．一切聲聞獨覺亦皆得此無分別法性。又善男子當觀我身無有限量．無量智慧．無量佛土．無量成辦智．無量光明輪．無量清淨音聲．汝亦當如是修。」十地經又說「譬如大船入大海已．順風所吹一日進程．未入海前勵力牽行．縱經百年亦不能進．如是已至八地不待策勵．須臾進趣一切智道．若未得入此地之前．縱經億劫勵力修道亦不能辦。」故若唱言有速疾道．不須修學菩薩行者．是自誑自。

設謂非說不須施等．然即於此無所思中完具施等．不著所施能施施物具無緣施．如是餘度亦悉具足。經中亦說一一度中攝六六故。若僅由此便爲完足．則諸外道心一境性奢摩他中亦當具足一切波羅蜜多．於住定時亦無如是執著故．特如前說聲聞獨覺．於諸法性無分別時．應成大乘．具足一切菩薩行故。若因經說一一度中攝六六度．便以爲足．若爾供獻曼陀羅中「具牛糞水即是施」等文亦說具六．唯應修此。故見攝行方便攝慧者．譬如慈母喪失愛子．憂惱所逼．與諸餘人言說等時．任起何心．憂惱勢力雖未暫捨．然非一切心皆是憂心。如是解空性慧．若勢猛利．則於布施禮拜旋繞念誦等時．緣此諸心雖非空解.然與空解勢力俱轉.實無相違。如初修時若菩提心猛勢爲先.入空定時.其菩提心雖非現有.此力攝持亦無相違.故於如此名無緣施。若全無捨心則不能施.如是於餘亦當了知.方便智慧不離之理.當知亦爾。又經宣說福資糧果爲生死中身及受用長壽等事.亦莫誤解。若離智慧善權方便.雖則如是.若由此攝持.亦是解脫一切智因。如寶鬘論云「大王總色身.從福資糧生。」教證無邊。又汝有時說一切惡行一切煩惱惡趣之因.皆能變爲成佛之因.有時又說施戒等善增上生因.是生死因非菩提因.應當令心正住而說。

又如經說「著施等六.是爲魔業。」三蘊經說.「墮所緣故而行布施.由戒勝取守護戒等.如是一切皆悉懺悔。」梵問經云「盡其所有一切觀擇.皆是分別.無分別者.即是菩提。」於此等義亦莫誤解。

初經義者.謂於二我顚倒執著.所起施等未清淨故.說爲魔業.非說施等皆是魔業。若不爾者.六度俱說靜慮般若.亦當許爲是諸魔業。

第二經義亦於顚倒執著所起未清淨者.作如是說.非說不應修習施等。若不爾者.說墮所緣而行布施.則不須說墮所緣故.理應總云行施當悔.然未作如是說故.修次下編如是回答理最切要。若倒解此．則一切行品皆爲補特伽羅．或法我相執．許爲有相故。

又若捨心念捨此物．及防護心防此惡行．如是等類諸善分別．一切皆是執著三輪法我執者。則諸已得法無我見．於一切種理應斷除．如瞋慢等不應習近。又諸分別念此爲此．一切皆是分別三輪法我執者．則思知識所有功德．及思暇滿．死沒無常．諸惡趣苦．淨修皈依．從如此業起如是果．大慈大悲及菩提心．修學行心所有學處。一切皆思此者爲此．此從此生．此中有此功德過患而引定解。如於此等增長定解．當是漸增諸法我執．又法無我增長定解．此道定解漸趣微劣。行見二品違如寒熱．故於二品全無發生猛利恆常定解之處。故如果位安立法身爲所應得．及立色身爲所應得．二無相違。於如是道時二我相執所緣之事．雖微塵許戲論永離．引發定解．及於此從此生．此中有此功德過失．引發定解．二須無違。此復依賴因位正見．決擇二諦之理。故以教理決擇生死涅槃一切諸法．於自本性無少自性立勝義量．與因果法各各決定無少紊亂安立因果名言之量．此二互相況爲能損所損．實互爲伴。獲此定解．其後乃爲證二諦義．始得墮入獲得諸佛密意數中。此理於毘缽舍那時．茲當廣說。

第三經義．其經文時正是觀擇生等之時．故說施等眞實無生。言分別者．顯其唯是分別假立．非說施等不應習近而應棄捨。是故乃至未成佛前．於此諸行無不學時．故須學習六度等行。此復現在當由至心勵力修行．諸能修者策勵而修．暫未能者當爲願境．於能修習此等之因．集聚資糧淨治業障廣發大願．是則不久當能修行。若不如是行．執自不知及不能行．謂於此等不須學者．自害害他．亦是隱滅聖教因緣．故不應爾。集經論云「觀察無爲厭有爲善．是爲魔業．知菩提道而不尋求波羅蜜多道．是爲魔業。」又云「若諸菩薩離善方便．不應勤修甚深法性。」不可思議秘密經云「善男子．如火從因然無因則滅．如是從所緣境心乃熾然．若無所緣心當息滅。此諸善巧方便菩薩般若波羅蜜多徧清淨．故亦能了知息滅所緣．於諸善根不滅所緣．於諸煩惱不生所緣．安立波羅蜜多所緣．亦善觀察空性所緣．於一切有情以大悲心亦觀所緣。」此中別說無緣有緣．當善分別。如是煩惱及執相縛當須緩放．學處之索則當緊束．當壞二罪．不當滅壞諸善所作。學處繫縛與執相縛．二事非一．護律緩放與我執縛緩放．二亦不同。一切種智由多因成．僅一一因非爲完足。獲妙暇身．本當從其種種門中而取堅實．若說一石驚飛百鳥．修道一分不修餘者．當知是遮二資糧門不善惡友。

又大小乘亦是修時學不學習無邊資糧．曰少分乘及曰小乘．二是異名。少分義者是一分故．現在劣果飲食等事．尚須衆多因緣成辦．而於士夫第一勝利．欲修成佛．反計一分而爲完足．極不應理．果隨因行．是諸緣起法性爾故。悲華於此密意說云．「少分成少分．一切成一切。」如來出現經云．「若諸如來出現於世．非一因緣．何以故．最勝子．諸如來者要以十億無量正因．乃能成辦。何等爲十．謂以無量福智資糧圓滿正因。」乃至廣說。無垢稱經亦云．「諸友伴．如來身者從百福生．從一切善法生．從無量善道生。」如是廣說。龍猛菩薩亦云．「若佛色身因．如世間無量．爾時法身因．如何而可量。」如是方便智慧．以六波羅蜜多總攝修學者．如前所說是諸密咒與波羅蜜多二所共同。諸大咒典釋諸宮殿及中諸尊．盡其所有一切皆是內心德時．數數說爲六波羅蜜多．三十七菩提分．十六空等圓滿波羅蜜多道故。故除少數補特伽羅差別．以諸欲塵爲正道等．與波羅蜜多所說略有取捨。當知諸餘唯是共學。若以上說而爲種子．善思惟已．非一分道．於全分道未獲定解．則不能知大乘總道。故具慧者．當於此發堅固定解．由多門中漸增大乘種性堪能。

第三解釋學習學處次第分二．一於總大乘學習道理．二特於金剛乘學習道理。　初中分三．一淨修欲學菩薩學處．二修已受取佛子律儀．三受已如何學習道理。　今初

律咒二中．若先未受各各律儀．不可聽聞所有學處。此不同彼．此諸學處先當善知淨修相續．次樂受者．乃可授與諸律儀故。如菩薩地云．「欲受菩薩淨戒律儀．先應為說菩薩法藏摩怛履迦。其中所說菩薩學處及犯處相．若慧觀察自思擇已至心愛樂．非為他勸非為勝他。當知是名堅固菩薩．堪受菩薩淨戒律儀．如受戒法彼亦應受亦應授彼。」故先了知諸所學處．為作意境。若於學處至心愛樂．修欲學已次受律儀則極堅固．是善方便。此及下文二處宣說．文恐太繁．當於後釋。

第二者初當如何正受道理．受已無間於根本罪及惡作罪防護道理．設有毀犯還出道理．戒品釋中已廣決擇。未受律儀定須先閱．如彼當知。

第三分三．一何所學處．二其中能攝諸學道理．三於此如何學習次第。　今初

若廣差別雖無邊際．隨類略攝．於六度中盡攝菩薩諸應學事．故六度者攝菩薩道一切扼要大嗢柁南。四攝亦即攝於其中．攝施易知．愛語者是依六度教誡所化．利行者是安

立他於所教義同事者是自亦同所化行故。又二資糧及三學等．亦攝菩薩一切正道。然如六度所引解了．諸餘能攝則不能爾．故以六度爲能攝事最爲第一。

第二分二．一正義數量決定．二兼說次第決定。　今初

佛薄伽梵略說六度總嗢柁南．最勝紹尊如佛密意而爲開解．解釋如是重要因相．令發定智．即此數量決定道理。若於此理獲勝定解．則執六度修持爲勝教授．故當得定解。其中分六．

觀待增上生數決定者。謂圓滿菩提廣大行者．必須轉經無量生世．此復進道若無圓滿德相之身．如現在身略有少相．縱勤修行實難增進．故須身德一切圓滿。又須具足所受用財．能受用身．同受用伴．凡所作業悉能成辦．四種圓滿。又此盛事亦多變爲煩惱之緣．故須不隨煩惱力轉．此猶非足．尚須對於諸取捨處能善分辨無倒進止。若不爾者．猶如竹蕉結子便枯．騾孕自死．即彼盛事而爲害故。若有智慧．知是往昔妙業之果．更勤修因令漸增長．若無智慧．受盡先果而不增新．後苦起首。故於餘生感六盛事．非爲無因．不平等因．其隨順因定爲六度。故於現法．當修當習當多修習六到彼岸．以殊勝因能感如是殊勝果故。此

是現前增上生果身圓滿等究竟增上生者．唯佛地有。如莊嚴經論云．「受用身眷作圓滿增上生恆不隨惑轉諸事無顛倒。」

以如是身學菩薩行．菩薩唯有二所作事．謂正引發自利利他。是故觀待引發二利數決定者。其修利他先須以財而作饒益。此若損惱有情而施亦無所濟．善遮損他及所依事．利他極大故須尸羅。若不能忍他作怨害報一報二．戒難清淨．故戒究竟須耐怨害忍。由不報復能免衆多他所造罪．他若信樂堪令行善．故是最大利他。自利者．謂以慧力得解脫樂．若心散亂不能得此．故須靜慮令心住定．堪能如欲安住所緣。有懈怠者不能生此．故須晝夜發勤精進無有勞倦。此即彼等一切根本．故修二利．六度決定。如云「勤行利有情．修捨不害忍．住脫及根本．一切自利行。」此中利他非一切種．言住脫者心住所緣．是靜慮行跡．解脫生死是慧行跡．若辨此二則於寂止不致誤爲毘缽舍那。如是自許甚深持心．亦僅是此靜慮一分．故於六度圓滿之體．當求定解。

觀待引發圓滿一切利他數決定者。先以財捨除其匱乏．次於有情不爲損惱．且忍怨害．於助他事發起精進而無厭離．依於靜慮以神通等引攝其意．若成法器次依智慧善說斷疑.令解脫故六度決定。如云.「不貪及不害.耐怨事無厭.引攝善說故.利他即自利。」此二頌說修自他利.不可不依六度.若於引發自他利理.獲得定解.則能殷重修習六度。

觀待能攝一切大乘數決定者。謂已得財位無所貪著.及於未得不希求故.於諸財位能不顧戀.有此則能守護學處.受戒敬戒.依情非情所生衆苦.能堪忍故不起厭患.修善所作勇悍無厭.修奢摩他無分別瑜伽.及毘缽舍那無分別瑜伽.以此六事攝盡一切能趣大乘.此由六度次第引發無須更多。如云.「不樂著受用.極敬二無厭.無分別瑜伽.諸大乘唯此。」由是因緣.欲入大乘棄捨六度.實爲相違。

依一切種道或方便數決定者。謂於已得境界受用.無貪欲道.或方便者.謂行惠施.由修能捨離彼貪故。諸未得境爲得彼故功用散亂.防護方便.謂持淨戒.由能安住苾芻律儀.一切事業邊際散亂悉不生故。不捨有情方便.謂能堪忍.不厭怨害一切苦故。增善方便.謂發精進.由發精進善增長故。淨障方便.謂後二度.靜慮伏惑.般若能淨所知障.故六度決定。如云.「不貪諸境道.餘防爲得散.不捨有情增.餘二能淨障。」又不隨已生欲塵散亂自在轉者.謂無貪施.若先未生預遮滅者.則須尸羅.防護無義非義散亂.惡行有情數多易遇.

由此因緣退捨利他．能對治者．謂當修習有力堪忍。淨善衆多長時修作．令增長者．要由思惟此勝利等．發起恆常猛利勇進。暫伏煩惱．須修靜慮。滅煩惱種及所知障．謂須般若。此於六度．能與最大決定知解。

觀待三學數決定者。戒學自性即是戒度．此要有施不顧資財．乃能正受．是戒資糧。旣正受已．由他罵不報罵等忍耐守護．忍是眷屬。靜慮心學．般若慧學．精進徧通三學所攝．故六度決定。如云「依三學增上．佛正說六度．初學攝前三．後二攝後二．一通三分攝。」如是當以何等勝身．圓滿何等自他二利．安住何乘．由具幾種方便之相．修行何學．能滿能攝如是身．利．大乘方便．及諸學者。當知即是六波羅蜜．總攝菩薩一切修要．大嗢柁南．乃至未得廣大定解．應當思惟。又初不令超出生死．其因有二．謂貪資財及著家室．能治此者．謂施及戒。設暫出離．不能究竟而復退墮．其因有二．謂由有情邪行衆苦．長修善品而生厭離．能治此者．謂忍及進。以耐衆苦及他怨害．經無量時猶如一日．善知修習勇悍之法．若多修練發起忍進．則能對治退墮之因．極爲扼要。非但修此菩薩諸行．即現在時修諸善行．於少艱辛忍力薄弱．於所修道無大勇悍．以是因緣．初入雖多．然於中間能不退者．實不多見．皆由未修忍辱精進教授所致。又於中間雖未退轉．然有二種失壞之因．謂心散亂不住善緣．及壞惡慧。對治此者．謂靜慮般若．佛說散心修念誦等無大義故。若於內明法藏之義無簡擇慧．雖於粗顯取捨之處．亦起錯誤顛倒行故。此依斷除所對治品能治增上數量決定。依能成辦一切佛法根本扼要數決定者．謂初四度是定資糧。以此四種能成不散靜慮度故．依此因緣若修妙觀則能通達眞實義故。隨順成熟有情增上數決定者．與前所說第三義同．此是聖者無著所許．如獅賢論師所立而說．對於六度引發定解．最爲切要。

第二兼說次第決定分三．生起次第者．若能布施於諸資財．不顧不貪則能受戒．若具尸羅善防惡行則於怨害而能堪忍．若有忍耐不厭難行．退緣微少能發精進．若能晝夜發勤精進能發正定．心於善緣堪能安住．若心定者乃能如實通達眞實。勝劣次第者．前前微劣．後後殊勝。粗細次第者．前較後者易轉易作．故相粗顯．後較前者難轉難作．各較自前故爲微細。莊嚴經論云「依前而生後．安住勝劣故．粗顯微細故．說如是次第。」

第三學此次第分二．一初於總行學習道理．二特於後二波羅蜜多學習道理。　初中分二．一學習六度熟自佛法．二學習四攝熟他有情。　初中分六．一學習布施．二持戒．三忍辱．四精進．五靜慮．六般

若道理。初中分四．一布施度性．二轉趣發起布施方便．三布施差別．四此等略義。今初

菩薩地云．「云何施自性．謂諸菩薩不顧自身一切資具所有無貪俱生之思．及此所發能捨施物身語二業。」謂善捨思．及此發起身語諸業．圓滿布施波羅密多．不待於他捨所施物．捐除衆生所有貧窮。若不爾者．現有衆多貧乏衆生．過去諸佛所行布施．當非究竟．是故身語非爲主要．唯心爲主。謂自所有身財根善．一切慳執皆悉破除．至心施他。又非唯此．即諸捨報亦施有情．由修此心到極圓滿．即滿布施波羅蜜多故。如入行論云「若除衆生貧．是施到彼岸．現有貧衆生．昔佛如何度。一切有及果．心與諸衆生．說名爲施度．以是施即心。」故修布施波羅蜜多．現無財物可施於他．當由多門引發捨心漸令增長。

第二者唯盡破除身財慳悋．猶非布施波羅蜜多。慳是貪分．小乘羅漢幷其種子無餘斷故．故非唯除慳執施障．須由至心發心施他一切所有。此須修習攝持過患惠施勝利．故當宣說。月燈經云「此腐爛色身．命亦動無主．如夢如幻化．愚夫由貪此．造極重惡業．而隨罪惡轉．不智被死乘．當往那洛迦。」此說身不潔淨．命常動搖如懸岩水．身命俱是隨業自在．無我主宰．觀其虛妄猶如夢幻．滅除貪著。貪若未除．則隨貪轉．造大惡行而往惡趣。修無

邊門陀羅尼經云．「諸有情鬥諍根本爲攝持．故於境斷愛．斷愛得總持。」集學論云．「如是我身心．一一剎那滅．若以無常身垢穢常流注．得常淨菩提．豈非獲無價。」本生論云．「無我易壞無堅身．衆苦無恩恆不淨．此身若能饒利他．不生歡喜非聰叡。」雖勤守護無堅實身．然定須捨．若思施他能辦衆多自他義利．未能如是淨修其心．當自思擇我誠愚癡．故當發心施他身等。入行論云．「捨一切涅槃．我心修滅度．一切終頓捨．施諸有爲勝。」攝波羅蜜多論云．「資財無常現可見．若能任運起大悲．當知布施極順理．猶如他物寄自舍。若施由此無恐怖．置於自家生怖畏．無足共他恆須護．若施無此諸過失．由施能生他世樂．不施現法亦生苦．人間諸財如流星．定無不捨諸財物。諸未施財無常滅．由施反成有財庫．饒利有情所惠施．諸財無堅亦有實。若能惠施智者讚．此諸愚夫樂集財．攝持終無不離散．由施恆感諸盛事。由捨不起染污執．慳非聖道生煩惱．若施即是道中尊．聖呵餘者爲惡道。」隨修大小一切善根．至心廻向成辦有情現前究竟廣大利樂而行布施．則由依於一一有情得爾許福．速當圓滿福德資糧。如寶鬘論云．「如所說福德．假說有色相．盡殑伽沙數世界難容納。此是世尊說．正因亦現成．有情界無量．欲利亦復然。」又能障礙捨心增長．

增長慳貪能令捨心未生不生．已生退失．所有眷屬及諸資財．先已有者不應攝持．若他施與亦不應受。攝波羅蜜多論云．「由何增長慳悋過．或能不令捨心增．虛誑攝持爲障礙．菩薩應當盡斷除．若諸能障惠施心．及障眞正菩提道．如是財寶或王位．皆非菩薩所應取。」如是行時．若由慳心貪著資具．應念能仁捨一切有而證菩提．我亦誓願隨佛學習。我將身財一切善根．於有情所先已惠施．若我今者仍貪資財而受用者．如同諸象爲日所逼．入水洗沐至乾岸已．於地滾倒見土沾身．仍下水洗次復如前．如是思已當修無貪．即前論云．「應念諸佛殊勝行．當自立誓思隨學．爲除貪著攝持故．以善分別觀察心。我身已施諸衆生．施身果法我亦捨。我若反貪諸外物．如象洗垢非我理。」如是多思能捨勝利．若能引發廣大歡喜．及多思惟攝持過患．若能引發極大怖畏．則能任運生惠施心。

如是修習慈悲之心．及善思惟諸佛菩薩傳記等後．亦當引發能捨之心。發起道理者．如入行論云「身及諸受用．三世一切善．爲利諸有情．故當無惜施。」謂身受用善根三法．爲所緣境．思惟惠施一切有情。如是若於一切所有．破我所愛．數數修習施他之心．是名菩薩。如攝波羅蜜多論云．「此等一切是汝物．於此我無我所慢．數數觀察此希有．隨行正徧覺功德．誰有此德名菩薩．難思勝士佛所說。」現在力弱勝解未熟．意樂將身已施有情．不當眞實施彼肉等．然於身命．若不淨修能捨意樂．由未修故後亦不能惠施身命．集學論中作如是說．故從現在當修意樂．集學論說．如是至心於有情所．已捨衣食及房舍等．若受用時當作是念．爲利他故受用此等。若忘此心．愛著自利而受用者．是染違犯。若無愛著．或忘安住緣利一切有情之想．或貪利益餘一有情．非染違犯。於已施他．作他物想．爲自受用成不與取．若價滿足．犯別解脫他勝處罪。此中有說．以是迴施一切有情．待一有情價不能滿．故無他勝。有餘師說．於一一有情皆施全物．前說非理。餘者又云．雖已施他他未攝受．故無他勝。其密意者．謂於人趣至心迴施．他亦了知執我有時．作他物想爲自利取．若價滿足可成他勝．故說是爲他部之義．亦不應理。若謂受用他有情物作利他事．由作是念而受用者悉無違犯。集學論云．「以有主財護有主身．若由是念受用無罪．僕使恆時爲主作業．非自有財以爲存活。」設作是念．此諸資具已施有情．他未聽許用當有罪。無如是過．即前論云．「譬如有僕善勤主事．主因病等其心狂亂．雖未聽許受用無罪。」現於有情一切不施．以心惠施實爲欺誑．故如此修全無堅實．莫生不信。即前論云．「若有一類於如是行諸菩薩前未見實施而不信解．不應道理。當知捨心最希有故．於此道理．有起疑惑．不應道理。」

第三布施差別有三．一總一切依當如何行．二觀待別依所有差別．三布施自性所有別差。 今

初

初中具六殊勝．依殊勝者．依菩提心．由此發起而行布施。物殊勝者．總諸施物無餘行施．若於別物而行施時．亦應不忘總施意樂。所爲殊勝者為令一切有情現前安樂究竟利義而正惠施。善巧方便殊勝者．經說無分別智之所攝持．初發業者．當以通達法無性慧之所攝持。廻向殊勝者．廻向施善於大菩提。清淨殊勝者．攝大乘論說．滅煩惱障及所知障。具足六種波羅蜜多者．如行法施防止聲聞獨覺作意．是名持戒．於種智法信行堪忍．忍恕他罵．爲令法施倍復增長發起欲樂．是名精進．心專一趣不雜小乘．廻向此善於大菩提是名靜慮．了知能施所施受者悉如幻化．是名般若．具足六種力最強大．此是八千頌廣釋所說。

第二者．總之經說在家菩薩應修財施．出家菩薩應行法施。菩薩別解脫經云「舍利子．若有在家菩薩．以七珍寶充滿殑伽沙數諸佛國土．供養如來應正等覺．舍利子．若有出家菩薩．開示宣說一四句頌．此所生福極多於彼。舍利子．如來未許出家菩薩修諸財施。」

集學論說此中密意障礙聞等．謂遮出家特集財寶而行布施．若無妨害自善所作．由宿福力多所獲得．當行財施。霞惹瓦云．「我不爲汝說施功德．我是宣說攝持過患。」是於出家辛勤追求集積財寶而行布施．令其淨戒多生瘡尤不喜之語。

施性差別有三．法施者．謂無顚倒開示正法．如理教誨工巧等明．世間無罪事業邊際．令受學處。無畏施者．謂從王賊等人間怖畏．獅虎鯨等非人怖畏．水及火等大種怖畏救護有情。

財施分二．一實捨財施．二唯意樂施。　初中分三．一捨財道理．二若不能捨當如何行．三習近對治布施障礙。　初中分四．一惠施何田．二何心惠施．三如何行施．四施何等物。　今初

略有十種．一諸親友於自有恩．二諸怨敵謂作損害．三中庸者俱無恩怨．四有德者謂具戒等．五有過者謂戒犯等．六劣於己．七與自等．八勝於自．九者富樂．十者貧苦。

意樂分二。初當具足何等意樂者．緣所爲事謂作是念．當依此故圓滿無上菩提資糧．圓滿布施波羅蜜多。緣所施物謂於自物作他物解．所施之物如取寄存．當念菩薩一切所有．於有情所先已施故。緣行施田．爲善知識．謂於來乞未乞諸田．應念此等滿我布施波羅蜜多.當具如是三種意樂。攝波羅蜜多論云「乞者現前諸佛子.爲增菩提資糧故.當於自物住他想.於他應起知識想。」施一一物.念爲如是如是而施.緣所爲事意樂廣說.如妙手問經及攝波羅蜜多論.應行了知。如前所說緣田意樂.於一切境皆應起.故是總意樂。別意樂者.於諸怨害以慈意樂.於諸有苦以悲意樂.於諸有德以喜意樂.於諸有恩以諸意樂而行惠施。又於諸田當住捨心.行善施果.亦當廻施乞等有情.特於苦田當住悲愍。如月稱云.「施謂離慳貪.於諸器非器平等心等施.此施施者淨.悲施及施果.二俱施來求.此施無慳恪.善士所稱讚。」無量功德讚云「若見諸貧劣衆生有求心.無悲希果報.尋餘有德器.意壞雖行施.等同諸乞丐.故尊由大悲.布施諸乞者。」

次當斷除何等意樂.中無惡見取意樂者.謂念布施全無果報及念殺害而行惠施.以爲正法.或計瑞相吉祥而施.或念唯由布施圓滿便證世間出世離欲.莫如是施。當無高舉意樂者.謂不毀求者.不爲勝他.亦不施已而起憍慢.謂我能施.餘則不爾。清淨業障經說.「若諸異生行布施時.於諸慳恪便生不信.他發憤恚而墮地獄.故於布施而爲障礙。」又說「守護戒時毀訾犯戒.令多有情起不信心.他由不信而墮惡趣.住忍等時毀訾安住.此等逆品故障戒等。」故當如無量功德讚說而行。如云「汝聞慧大時．未嘗自讚歎．餘少德衆生．亦曾高恭敬．自住功德時．取自微惡行。」當無依止意樂者．謂不望名稱而行惠施。當無怯弱意樂者．謂施前歡喜．施時心淨．施後無悔．聞諸菩薩廣大施時．莫自輕蔑恐怖退弱．增長勇悍。當無背棄意樂者．謂於親怨及諸中庸不隨朋黨．悲心而施。當無望報意樂者．謂非望他報恩而施．觀諸衆生缺乏安樂．愛火所燒．無除苦力本性苦故。當無希望異熟意樂者．謂不希望後世異熟身財圓滿．觀一切行悉無堅實．無上菩提有勝利故．非破現前希此諸果．是破唯以三界身財爲所欲得。復次當無邪命意樂．謂念行施爲國王等知其能施而起敬事．不應慮貧而不行施。又於乞者無欺誑心．不喜忿恚．心行散亂．乞者來作種種邪行應無厭患．雖見乞者欺詐等過．無宣布心．從別別施生別別果．深忍而施不爲他動。

如何行施分二。不以何等加行而施者．謂不速與．稽留乃與．令起煩惱然後乃與．令行非法或違世間道理之業而後施與．先誓與此後減少給．或給下劣．數恩而與．一時能與而爲漸次少少相給。自爲國王奪他妻子而爲惠施．逼取父母奴輩等財而與餘者．由能損害他人方便而行惠施．自懶惰住敎他行施．於來求者呵責嗤笑．旁言輕弄．粗言恐嚇而後給與違越佛制學處而施．不能如有資財而施．長時積集然後頓施．是爲應斷．故當捨離此等加行。又諸菩薩見積集施其施有罪．見隨得施其施無罪。謂若積集然後頓施．福幷無多．及於集時退却衆多求資具者．令生嫌恨後施諸餘未求者故。菩薩地中所說此等極爲重要．謂見集時生長慳等衆多煩惱．護等劬勞障多善行．多於中間發生損失．不能畢竟惠施事故。

當以何等加行而捨者．謂舒顏平視．含笑先言．隨對何田．皆應恭敬。親手應時．於他無損．耐難行苦而行惠施。此等果者．如諦者品云．「由恭敬施感親友等而爲敬重．由舒手施感得承事．由應時施感一切事應時成辦。」又云．「不損他施感得堅固資財．由忍苦施感知心眷屬。」俱舍論說「舒手惠施得廣大財。」堅固資財者．如俱舍釋說「他於資財不能障難．火等無毀。」又助他施加行者．謂若自有可施財物．見有慳悋曾未少施．應往其家．歡喜安慰如是告言．我家現有廣大資財．我爲圓滿布施波羅蜜多．希欲乞者．若有求者與汝會過．莫令空返．可取我財惠施彼等．或是將彼引到我所．我行惠施．當生隨喜．彼財無減即便歡喜．能如是行．如是令彼漸種能除慳垢種子．由漸修習自施少財．依下無貪進得中品．依中無貪進得上品。如是若自親教軌範弟子助伴．是慳貪性不能惠施．或雖非慳．然無資財與彼資財．令於三寶樹修布施自己不作．由此因緣自所生福彌更弘多．令餘一類調伏煩惱．圓滿一類善法樂欲．攝受有情成熟有情。如是若自現無資財．應以工巧事業之處集財惠施．或於他所宣正法語．令諸貧者及慳恪者悉樂惠施．或諸求者教往俱信富饒之家．躬詣其所隨力隨能助其惠施。又於施物擇勝妙施．及將所備可施財物圓滿惠施。

菩提道次第廣論卷十終

菩提道次第廣論卷十一

第四施何等物分二．一略示應捨不應捨物．二廣釋。　今初

謂由施此物．能令現前離惡趣因．引生樂受究竟利益．能令斷惡或立善處。又於現前雖無安樂．然於究竟能生義利．是則菩薩當施於他。若由施此．現生逼惱後亦無義．或雖現樂於後有害．不應施他。

第二分二．一廣釋內物可捨不捨．二廣釋外物可捨不捨。　今初

若知不捨內物道理與此相違．知是應捨．故當先說不捨道理。此中分三．初就時門不應捨者．菩薩身等雖已至心先施有情．然乃至未廣大悲意樂．不厭乞求肉等難行．縱有求者亦不應捨。集學論云「由何能令精進厭患．謂由少力而持重物．或由長夜而發精進．或由勝解尚未成熟而行難行。」如施肉等．此雖將身已施有情．然於非時．唯應遮止不令現行。若不爾者．能使菩薩厭諸有情．由此失壞菩提心種．故即失壞極大果聚。是故聖虛空庫經云．「非時欲行是名魔業。」入行論云．「悲心未清淨．不應捨其身．若能成現後大利因

應捨。」就所爲門不應捨者．若爲小事不應捨身．即前論云「能行正法身．爲小不應損．如是能速滿．諸有情意樂。」若就自分已離慳等布施障礙．而就他分若不捨身．能辦衆多有情利義大事之時．有求肢等亦不應施。若爲令作殺生等事．俱害自他諸惡行故來乞求者．則自不應暫施於他。就求者門不應捨者．若魔衆天或由彼天所使有情．懷惱亂心來求肢等．不應捨與．勿令於彼有損害故。若諸瘋狂心亂有情來乞求者．亦不應與．此等非是實心來求．唯於衆多浮妄言故。非但不施此等無罪．施則成犯。除此等時來求身者．則應施與。此復有二．謂割身支等畢究施與．及爲辦他如法事故．爲作僕等暫施自在。

第二廣釋外物捨不捨理分二．一不捨外物道理．二惠施外物道理。　今初

初中有五．一就時門不應捨者。如於出家及諸近住．施午後食。

二就施境門不應捨者。於持戒者．施殘飲食．或與便穢涕唾變吐膿血所雜所染飲食．於諸不食葱蒜肉者．不飮酒者．縱欲飲食．然具律儀不當授彼．施與蒜等及所雜染。雖復先以正言曉喻．令其於施生歡喜心．然於怨家藥叉羅叉兇暴所覆．不知報恩．諸忘恩惠來乞求者．與子僕等．病人來求非宜飲食．或雖相宜．然不知量而與飲食．若已飽滿性極饞嗜．來

求妙食惠施妙食。若諸外道為求過端及非求知經典之義．以財貨想而來乞求．捨彼經典．菩薩地中略說如是．廣如菩薩地攝決擇分應當了知。如云「若是已寫完善經典有嬰兒慧衆生來乞．若施與之當知有罪．若爲施彼轉向餘求亦是有罪。若我令他持諸深法及觀彼能如實信解．唯以是思而惠施者．是爲無罪。若令諸具正信有情書寫相似正法典籍．或外道論．或先已寫現在手中而施信者．或從他乞而施與者．是名有罪。手中現有已寫似典．菩薩應令改拭彼典書佛聖教．自亦應知彼無堅實亦應爲他說其非善。若諸紙葉猶未書寫．有來乞者．爾時菩薩應問彼言．汝今以此欲何所爲．若云轉賣以充食用．菩薩若是將此紙葉預書正法．則不應施。若有財者應施價值．若無價值．二俱不施亦無有罪。若非預爲寫正法者．應即施與．令彼隨意受用安樂。如是若乞欲書最極下劣典籍．不施無罪。如欲書寫極惡典籍．如是欲修中典亦爾．若欲書寫最勝經典．不施求者．當知有罪。」

三就自身門不應捨者。若自了知．於經卷等其義未辨．又於經卷亦無慳垢而將經卷惠施求者。此不應施之理者．謂行如是法施．爲成三種隨一所須．若不施者．尚有後二殊勝所須．施則無故。初一所須已辨訖故．謂我自心都無慳垢．故慳煩惱不須更除．若不施者．見增衆多妙智資糧．施則無之．若不施者．便能修集妙智資糧．利益安樂一切有情．即爲愛念此一有情及餘一切．若施唯是愛此一故。菩薩地中所須輕重如是宣說。入行論亦云．「爲小勿捨大．」故不施此非僅無罪。不施方法者．不應直言此不施汝．要當施設方便善巧．曉喩遣發。方便善巧者．謂諸菩薩先於所有一切資具．以淨意樂迴向十方諸佛菩薩。譬如苾芻於法衣等爲作淨故．捨與親教軌範師等而守持之。由如是捨．雖復貯蓄衆多資具．亦名安住聖種菩薩．增無量福。此於如是一切資具．如佛菩薩所寄護持。見乞者來．若施與彼此諸資具稱正理者．應作是念．諸佛菩薩無有少物不施有情。思已而施。若不稱理．即當念先作淨施法．由已捨故．告言賢首．此是他物不許施汝．輭言曉喩．或以紙價二倍三倍施與遣發．令他了知菩薩於此非貪愛故不施於我．定於此經不自在故不能施我。如是行者是巧慧施。

四就施物門不應捨者。若自父母．有虫飮食．妻子．奴等未正曉喩．雖正曉喩若不信解。若自妻子形容輭弱．族姓之人．雖說此等不施爲奴。然亦即是物之重者．故墮物數。菩薩地攝決擇分說．若是三衣及餘長物佛所聽許．無慳意樂於修善品極所須者．雖不施與亦無有罪。如云「出家菩薩除三衣外．所餘長物佛所聽許．身所受用順安樂住．若故思擇施來求者當知無罪。若顧善品非墮欲貪．雖不施與亦唯無罪。」菩薩別解脫經云「舍利子．若諸菩薩重來求者．捨與三衣．此非修習少欲。」故出家菩薩施自三衣．即是有犯。

五就所爲門不應捨者。若有來乞毒火刀酒．或爲自害或爲害他即便施與．若有來乞戲樂等具能令增長墮惡趣因．是應呵止．反施彼物。若有來求或來學習罝羅罝弶爲害有情．教施彼等。由此顯示．凡害衆生身命資財．皆不應學彼等教授。若爲殺害或陸或水所住衆生．來乞水陸即施此等．若爲損害此國人民或爲害他來求王位而行惠施．若有怨家來求仇隙．施彼讎敵。

第二應施外物之道理者。若即此身非是大師所遮之時．於彼補特伽羅捨所施物．非不稱理．於彼相宜即應施與。又若自身與前相違．於諸經卷有慳悋心．雖未已辨經典之義．應施來求樂勝智者。此復若有二書即應施與．若無二者應與書價．價亦無者應作是念．我行此施．縱於現法而成癡瘂．不忍慳貪．如是思已定當惠施。若所施物除前所說．又自作王時．終不抑奪餘妻子等．令離其主而轉惠施．唯持村等可施求者．如是不爲墮惡趣因。諸戲樂具及罩羅等．不損於他衆生所居水陸之處．不傷衆生無蟲飲食應施求者。若有來求毒火刀酒．爲自饒益或饒益他．即當施與。若如是行財施之時．來二求者．一貧一富．應如何施。先作是念．設二求者來至我所．若堪於二充足滿願．即當俱施滿願充足．若不堪者．則當圓滿貧者所願。由其先作如是念故．若不能滿二所欲時．即當滿足貧者所願．應以輭語曉喻富者．告曰賢首．我此資具於此貧者先已捨訖．切莫思爲特不施汝。受菩薩律初發業者．如是學施極爲緊要．故特錄出．凡無別義者．皆如菩薩地意趣而釋。

第二不能捨時當如何行者．若有求者正來求時．爲慳覆者．應作是思．此可施物定當離我．此亦棄我我亦捨此．故應捨此令意喜悅．攝取堅實以爲命終．若捨此者．則臨終時不貪財物無所憂悔發生喜樂。如是思已仍不能捨．如勇利經說．「應以三事曉喻求者．謂我現今施力微弱善根未熟．於大乘中是初發業．隨不捨心自在而轉．住於取見我我所執．唯願善士忍許．不生憂惱。如何能滿汝及一切有情意樂．我當如是漸次而爲。」此是斷餘不信過失．非無慳過．集學論說．菩薩慳悋是應呵責．然如是行似能遮免「由慳不施財法他勝。」攝波羅蜜多論亦云．「若有求者現在前．力極微故不能施．必令求者不退弱．應以輭語慰其意。以後若再來前乞．必定不應令失悔．當除慳悋諸過失．爲斷愛故應勤修。」

第三習近對治布施障。障者如攝決擇分略說四種．謂未串習．匱乏．耽著．未見大果。其中初者．謂雖現有可施財物．然於求者不樂惠施．能治此者應速了知如此過患．是我於施先未串習．今若不施．則於後世亦不樂施．强思擇已而行惠施．不隨未習過失而轉。第二者．由其財物極尠闕故．不生捨心．能治此者應作是念．我於生死流轉之時．或由宿業或繫屬他．於他人所未能饒益。令我具受衆多難忍飢渴等苦．設由利他．於現法中發生衆苦乃至殞歿．此施於我猶爲善哉．非空發遣諸來求者．縱無彼財尚有菜葉可以活命．如是思已．忍匱乏苦而行惠施。第三者貪可施物極爲悅意最上勝妙．於來求者不能生起捨與之心．能治此者應速了達耽著過失．我今於苦倒執樂想．由此能生當來衆苦．如是知已斷除耽著．即將此物而行惠施。第四者未見行施能生正等菩提勝利．觀見廣大資財勝利而發施心．能治此者當速見其過．總應觀察一切諸行．皆念念滅．特觀資財速滅速離．一切所施皆當迴向廣大菩提。若唯顧視財等異熟．則唯能得廣大財位．不得解脫。如諸商賈爲與價故．一切資財悉無悋惜捨與於他．此唯得利非能得福。四百頌曰「云於此行施能生大果利．爲報而行施．如商利應呵。」

第二唯意樂布施者。內居閑靜由淨意樂淳厚淨信．分別化現種種廣大無量財寶．勝解惠施一切有情．以少功用生無量福．亦名菩薩巧慧布施．是菩薩地說。妙手問經雖說此是無資財者所應修學．非有財者不應修習。無資財時巧慧布施．是為乃至未證增上清淨意樂初極喜地．若證此地．則諸資財定無匱乏。如菩薩地云．「如是菩薩現無財寶．巧慧方便而行布施．此說乃至未證增上清淨意樂．若諸菩薩已證增上清淨意樂．如已獲得超諸惡趣．如是生生必當獲得無盡財寶。」

第四此等略義者。正受菩薩律儀已．學習大地布施道理．發願修學。如前所說布施之理．當先了知現在進修開遮之處而勤學習．特於慳悋身財善根而修對治．勵力增廣能捨之心．能如是修應自慶喜．心若未能如是薰修應生憂惱。若如是者．則如妙手請問經說．於當來世．少用功力能滿布施波羅蜜多。若此一切皆悉捨置．即於現法亦當恆為重過所染．於當來世心不趣入．極難趣入諸菩薩行。又如攝波羅蜜多論云「布施根本菩提心．勿棄如此能施欲．世間具此能施欲．佛說此為施中尊。」此說應當憶念修習菩提心為諸行所依願證菩提，即是一切能捨根本，是爲一切能捨之尊，故於此心應勵力學。此即總攝妙手問經勝扼要義。

第二尸羅波羅蜜多分五，一尸羅自性，二趣入修習尸羅方便，三尸羅差別，四修尸羅時應如何行，五此等攝義。 今初

從損害他及其根本令意厭捨，此能斷心即是尸羅。由修此心增進圓滿，即是尸羅波羅蜜多，非由安立諸外有情悉離損惱爲滿尸羅波羅蜜多。若不爾者，現諸有情未離損惱，過去諸佛尸羅波羅蜜多應未圓滿，亦不能導此諸有情往離損害諸方所故。是故其外一切有情與諸損害隨離不離，自相續上有離損他能斷之心，修此即是受行尸羅。入行論云，「魚等有何處，驅彼令不殺，由得能斷心，說爲尸羅度。」戒雖有三，此約律儀尸羅增上，說爲斷心，此復若具等起增上，斷十不善是十能斷，若就自性增上，斷七不善是七能斷身語業性。入中論疏云「此由不忍諸煩惱故，不生惡故，又由心中息憂悔火，清涼性故，是安樂因，爲諸善士所習近故，名爲尸羅。此以七種能斷爲相，無貪無瞋正見三法爲其等起，故具等起尸羅增上說十業道。」

第二趣入修習尸羅方便者。如是發心受學諸行．此即誓辦一切有情令具正覺尸羅妙莊．應修其義。此復自須先生清淨戒力．以自未能清淨尸羅及有虧損當墮惡趣．況云利他．即自利義莫能辦故。故勤利他．當愛尸羅不應緩慢．必須力勵守護防範。攝波羅蜜多論云「若具正覺戒莊嚴．勤修一切衆生利．先當善淨自尸羅．發起清淨尸羅力。」又云．「毀戒無能辦自力．豈有勢力而利他．故勸善修利他者．於此緩慢非應理。」如是能令尸羅清淨．依賴於諸進止之處．如制行持。又此隨逐猛利堅固欲守護心．故當久修．未護過失善護勝利．而令發起欲護之心。初者如前論云「當見猛利大怖畏．可斷雖小亦應斷。」謂由過患深生怖畏．雖於小罪勵力斷除。尸羅障品其粗顯者．謂十不善所有過患．如前已說當思惟之。其勝利者前亦略說．吉祥勇猛所說者．即前論云．「可愛天物及人財．妙樂妙味天盛事．由戒因生有何奇．當觀佛法皆此生。」又由依此能令相續輾轉勝進．與諸菩薩大悲性者共同學處．永斷一切惡行種子．得淨妙智。餘莊嚴具太老太少．若著戴者成譏笑處．非爲端嚴。尸羅莊飾．老幼中年任誰具足皆生歡喜．故爲第一莊嚴之具。諸餘香者．能薰順風非薰逆風．是有方限．戒名稱香薰一切方。能除炎熱檀等塗香有違出家．能除煩惱炎熱塗香．

於出家者隨順無違。雖同具足出家之相．具戒財者勝出餘人。即前論云．「尸羅能得殊勝道．與諸悲性平等修．清淨勝智以爲性．離過第一莊嚴具。徧薰三界悅意香．塗香不違出家衆．行相雖同若具戒．此於人中最超勝。」又雖未說虛讚邪語．未以勤勇功力積集．所須資財任運而得．不以暴業而令怖畏．然諸衆生悉皆禮敬．非爲親屬．先未利彼．初本無識．然諸衆生自然慈愛．足跡之塵亦爲天人恭敬頂戴．得者持去供爲福田．此諸勝利悉由戒生。即前論云．「未曾出言未力集．能攝所須諸資具．無怖世人悉敬禮．無功未集得自在。非可說爲諸親族．未作利益及除害．先無相識諸衆生．皆禮持戒勝士夫。足履吉祥諸塵土．頂戴接受諸天人稽首禮拜得持供．故具尸羅爲勝種。」如是智者善爲思惟．功德過失應善守護。即如此論云．「菩薩應護諸尸羅．莫耽自樂而破壞。」又云．「得自在故恆受樂．智讚護戒妙莊嚴．圓滿具足諸學處．極圓無慢依尸羅。」又護尸羅非唯爲自怖畏惡趣．及唯希望人天盛事．當爲安立一切有情於妙尸羅。即前論云．「若欲安立無邊世．一切有情於淨戒．爲利世故修尸羅．說爲尸羅到彼岸。非畏惡趣希王位．及願善趣諸圓滿．唯願善護淨尸羅．爲利世間而護戒。」

第三戒差別分三　一律儀戒　二攝善法戒　三饒益有情戒。　今初

菩薩地說即是七衆別解脫戒故若具足別解脫律儀而住菩薩律儀者。或在家品或出家品所有眞實別解脫律儀及諸共同能斷律儀是律儀戒。若非堪爲別解脫律儀之身而具菩薩律儀者謂共別解脫斷除性罪及諸遮罪隨其所應能斷律儀是律儀戒。

攝善法者謂緣自相續六度等善未生令生已生不失令倍增長。

饒益有情者謂緣十一種利有情事如其所應引發彼等現法後法無罪利義此等廣如戒品釋中我已決擇定應於彼數數參閱。

故別解脫所制諸戒是諸出家菩薩律儀學處一分非離菩薩學處別有。三聚戒中律儀戒者謂於眞實別解脫戒或此共戒而正進止此於菩薩亦爲初要故當學彼攝決擇菩薩地云「此三種戒由律儀戒之所攝持令其和合若能於此精進守護亦能精進守護餘二若有於此不能守護亦於餘二不能守護。是故若有毀律儀戒名毀菩薩一切律儀。」是故若執別解脫律是聲聞律棄捨此律開遮等制說另學餘菩薩學處是未了知菩薩戒學所有扼要以曾多次說律儀戒是後二戒所依根本及依處故律儀戒中最主要者謂斷性

罪．攝諸性罪過患重者．大小乘中皆說斷除十種不善．故於彼等善護三業．雖等起心莫令現起。攝波羅蜜多論云「不應失此十業道．是生善趣解脫路．住此思惟利衆生．意樂殊勝定有果．應當善護身語意．總之佛說爲尸羅．此爲攝盡尸羅本．故於此等應善修。」月稱論師於尸羅波羅蜜時．亦說是斷十種不善．十地等經多如是說．故先於此如前所說修靜息心．則諸餘戒亦易成辦。

第四如何修此等者。謂應具足六種殊勝．及具六種波羅蜜多而正修習．具六波羅蜜多修時．自住尸羅．亦能將他安住尸羅．是尸羅施．餘如前說。

第五此等攝義者。諸行所依謂菩提心．不應失壞漸令增長者．是爲趣入戒等諸行所有根本．亦是第一遮止損害一切有情．大地以上所持尸羅爲所願境．於初發業諸進止處．當從現在至心修學．特當了知十不善等性遮諸罪．日日多起防護之心．又於自受律儀諸根本罪．尤應勵力數起防護。

忍波羅蜜多分五．一忍之自性．二趣入修忍之方便．三忍之差別．四修忍時如何行．五此等攝義。

今初

耐他怨害安受自身所生衆苦及善安住法思勝解。此等違品亦有三種．初謂瞋恚．次謂瞋恚及怯弱心．三謂不解無其樂欲。圓滿忍辱波羅蜜多者．唯由自心滅除忿等修習圓滿．非爲觀待一切有情悉離暴惡．非能辦故．調伏自心即能成辦所爲事故。入行論云．「惡有情如空．非能盡降伏．唯摧此忿心．如破一切敵。以皮覆此地．豈有爾許皮．唯以鞋底皮．如覆一切地。如是諸外物．我不能盡遮．應遮我自心．何須遮諸餘。」

第二趣入修忍之方便者．雖有多門．且當宣說修忍勝利不忍過患。其中勝利如菩薩地云．「謂諸菩薩．先於其忍見諸勝利．謂能堪忍補特伽羅．於當來世無多怨敵無多乖離．有多喜樂．臨終無悔．於身壞後當生善趣天世界中。見勝利已自能堪忍．勸他行忍讚忍功德見能行忍補特伽羅慰意慶喜。」攝波羅蜜多論云．「若有棄捨利他意．佛說忍爲勝方便．世間圓滿諸善事．由忍救護忿過失。是具力者妙莊嚴．是難行者最勝力．能息害心野火雨．現後衆害由忍除．諸勝丈夫堪忍鎧。惡人粗語箭難透．反成讚歎微妙華．名稱花鬘極悅意。」又云．「忍爲巧處成色身．功德端嚴相好飾。」謂有情邪行不退利他．從能摧壞衆多善根忿恚怨敵而爲救護．下劣爲害亦能堪忍．是極悅意莊嚴之具。諸難行者破煩惱逼惱最勝之力．能滅害心大火之水．諸暴惡人以邪行箭不能透鎧．微妙色身具金色相．奪諸衆生眼觀意思．是能造此黠慧巧師．以如此等衆多勝利而爲讚歎。入行論云．「若勵摧忿勃．此現後安樂。」若能恆常修習堪忍不失歡喜．故於現法一切時中常得安樂．於當來世破諸惡趣生妙善趣．畢竟能與決定勝樂．故於現後悉皆安樂．此等勝利皆由忍生．於此因果關係乃至未得堅固猛利定解之時．當勤修學。

瞋恚過患中不現見之過患者．入行論云．「千劫所施集．供養善逝等．此一切善行．一恚能摧壞。」此是如其聖勇所說錄於入行．曼殊室利遊戲經說摧壞百劫所積衆善。入中論亦說．「由起刹那忿恚意．能摧百劫修習施戒波羅蜜多所集諸善。」須瞋何境者．或說菩薩．或說總境．前者與入中論所說符合．如云．「由瞋諸佛子．百劫施戒善．刹那能摧壞。」生恚之身者．入中論釋說．「菩薩生瞋且壞善根．況非菩薩而瞋菩薩。」境爲菩薩隨知不知．見可瞋相隨實不實．悉如前說能壞善根。總其能壞善根．非是定須瞋恚菩薩．集學論云．「聖說一切有教中亦云．諸苾芻見此苾芻以一切支禮髮爪塔．發淨心否。如是．大德。諸苾芻．隨此覆地下過八萬四千踰繕那．乃至金輪．盡其中間所有沙數．則此苾芻應受千倍爾許轉輪王位。」乃至「具壽鄔波離來世尊所．恭敬合掌安住一面．白世尊言．世尊說此苾芻善根如是廣大．世尊．如此善根何能微薄銷滅永盡。鄔波離．若於同梵行所而爲瘡患．爲瘡患已我則不見有如是福．鄔波離．此大善根由彼微薄銷滅永盡。鄔波離．故於枯樹且不應起損害之心．況於有識之身。」壞善根義．有諸智者作如是說．摧壞先善速疾感果之功能．令果久遠．先當出生頂等之果．非後遇緣不自生果．以世間道皆不能斷所斷之種．定不能斷煩惱種故。然此理不定．如諸異生．以四對治力淨治不善所獲清淨．雖非斷種．然後遇緣其異熟果定不生故。又已感異熟善不善業．雖非斷種．然後遇緣亦定不生異熟果故。又加行道得頂忍時．未斷邪見及惡趣因不善種子．然遇緣時．亦定不起邪見及惡趣故。又如前引「諸業於生死隨重．」隨先熟一善不善業．暫遮餘業成熟之位．僅以此義不能立爲壞善不善．亦未說故。又異熟暫遠．不能立爲壞善根義．若不爾者．應說一切有力不善業．皆壞善根故。故於此中清辯論師如前所說．以四種力淨治不善．及由邪見損害之心摧壞善根．俱如敗種．雖遇助緣而不發芽．後雖遇緣亦不能生果。又如前說．雖以四力淨所造罪而得清淨．而與發生上道遲緩無相違義．故有一類雖壞布施護戒之果圓滿身財．然不能壞修習能捨及能斷心作用等流．後仍易起施戒善根。又有一類．雖壞施戒作用等流同類相續．然未能壞發生圓滿身資財等。又有一類如前所說．若不瞋恚授記菩薩．一劫所能圓滿道證由起瞋心自相續中已有之道．雖不棄捨．然一劫中進道遲緩。總之如淨不善．非須盡淨一切作用．故壞善根亦非壞盡一切作用．此極重要。唯應依止佛陀聖教．及依教之正理而善思擇．故當善閱經教而善思擇。如是能引極非可愛粗猛異熟．及能滅除餘業所引最極可愛無量異熟．是爲非現見之過患。

現法過患者．意不調柔心不靜寂。又諸喜樂．先有失壞後不可得．睡不安眠．心失堅固平等而住．若瞋恚重．雖先恩養忘恩反殺．諸親眷屬厭患棄捨．雖以施攝亦不安住等。入行論云「若持瞋箭心．意不受寂靜．喜樂不可得．無眠不堅住。有以財供事．恩給而依止．彼反於瞋恚恩主行弒害．由瞋親友厭．施攝亦不依．總之有瞋恚．全無安樂住。」本生論亦云．「忿火能壞妙容色．雖飾莊嚴亦無美．縱臥安樂諸臥具．忿箭刺心而受苦。忘失成辦自利益．由忿燒惱趣惡途．失壞名稱及義利．猶如黑月失吉祥。雖諸親友極愛樂．忿墮非理險惡處。心於利害失觀慧．多作乖違心愚迷。由忿串習諸惡業．百年受苦於惡趣．如極損他來復讎怨敵何有過於此。此忿爲內怨。我如是知已。士夫誰能忍令此張勢力。」此等過患皆從忿起乃至未得決定了解應當修習。如入行論云。「無如瞋之惡。無如忍難行。故應種種理。殷重修堪忍。」由見勝利過患爲先。應以多門勤修堪忍。初句之理由。如入中論釋云。「如大海水。非以秤量能定其量。其異熟限亦不能定。故能如是引非愛果及能害善。除不忍外。更無餘惡最爲强盛。」若僅生最大非愛異熟而不壞善根。則非如此最大惡。故然能雙具引大異熟及壞善根所有惡行。除瞋而外餘尚衆多。謂誹謗因果所有邪見。及謗正法。並於菩薩尊長等所起大輕蔑。生我慢等。如集學論應當了知。

第三忍差別分三。一耐怨害忍。二安受苦忍。三思擇法忍。　初耐怨害忍分二。一破除不忍怨所作害。二破除不喜怨家富盛喜其衰敗。　初中分二。一破除不忍障樂作苦。二破除不忍障利等三作毀等三。　初中分二。一顯示理不應瞋。二顯示理應悲愍。　初中分三。一觀察境。二有境。三所依瞋非應理。　今初

初中有四。一觀察有無自在不應瞋者。應當觀察。於能怨害應瞋之因相爲何。如是觀已。覺彼於自欲作損害。意樂爲先。次起方便遮我安樂。或於身心作非愛苦。爲彼於我能有

自在不作損害．強作損害而瞋恚耶．抑無自在由他所使而作損害故瞋恚耶。若如初者瞋不應理．他於損害無自在故。謂由宿習煩惱種子境界現前．非理作意因緣和合起損害心．縱不故思此諸因緣亦能生故。若彼因緣有所缺少．則故思令生．亦定不生故。如是由諸因緣起損害欲．由此復起損害加行．由此加行生他苦故。此補特伽羅無少主宰．以他亦隨煩惱自在．如煩惱奴而隨轉故。若他自己全無自在．爲餘所使作損害者．極不應瞋。譬如有人．爲魔所使隨魔自在．於來解救饒益自者．反作損害行捶打等。彼必念云．此爲魔使自無主宰故如是行．不少瞋此．仍勤勵力令離魔惱。如是菩薩見諸怨家作損害時．應如是思．此爲煩惱魔使無主．故如是行．不少瞋此補特伽羅．須更發心爲欲令其離煩惱．故我應勤修諸菩薩行。如四百論云「雖忿由魔使．醫師不瞋怪．能仁見煩惱．非具惑衆生。」月稱論師亦云．「此非有情過．此是煩惱咎．智者善觀已．不瞋諸有情。」入行論中雖說多理．然唯於此易生定解．對治瞋恚最爲有力。菩薩地說修唯法想．堪忍怨害與此義同．故於此上乃至定解當勤修習。若諸有情能有主宰皆應無苦．以此諸苦非所願故．有自在故。又諸有情若爲猛利煩惱激動．尚於最極愛惜自身而作損害．或跳懸岩．或以棘刺及刀劍等而自傷害．或斷食等．況於他人能不損哉．應如是思滅除瞋恚。入行論云．「一切皆他使．他主自無主．知爾不應瞋．一切如化事。」又云．「故見怨或親．爲作非理時．謂此因緣生．思已當樂住。若由自喜成．皆不願苦故．則一切有情．皆應無有苦。」又云．「若時隨惑轉．自愛尚自殺．爾時於他身．何能不爲損。」

第二觀是客現及是自性皆不應瞋者。損他之過不出二事．謂是否有情之自性．若是自性瞋不應理．如不應瞋火燒熱性。若是客現亦不應瞋．如虛空中有烟等現．不以烟過而瞋虛空．應如是思滅除瞋恚。入行論云．「若於他惱害．是愚夫自性．瞋彼則非理．如瞋燒性火．若過是客來．有情性仁賢．若爾瞋非理．如瞋烟蔽空。」

第三觀其直間由何作損皆不應瞋者。若瞋直接發生損害能作害者．應如瞋恚補特伽羅瞋刀杖等。若瞋間接令生損害能作害者．如刀杖等爲人所使．其人復爲瞋恚所使而作損害．應憎其瞋。如云「杖等親爲害．若瞋能使者．此亦爲瞋使．定應憎其瞋。」故不瞋杖．亦不應憎能使之人．若瞋能使．理則亦應瞋其瞋恚。不如是執．即是自心趣非理道．故應定解一切道理悉皆平等．令意不瞋補特伽羅．如不瞋杖．此未分別杖與能使有無怨心者．由前所說破自在理應當了知。

第四觀能發動作害之因不應瞋者。受由怨害所生苦時．若是無因不平等因則不生苦．要由隨順衆因乃生．此因是宿不善業故。由自業力發動能害令無自主．故自所招不應憎他．作是念已應怪自致．於一切種破除瞋恚．如那落迦所有獄卒．是由自己惡業所起爲自作害。如云「我昔於有情．曾作如是害．故害有情者．我理受此損。」又云「愚夫不願苦．愛著衆苦因．由自罪自害．豈應憎於他。譬如諸獄卒．及諸劍葉林．由自業所起．爲當憎於誰。由我業發動．於我作損害．此作地獄因．豈非我害他。」霞婆瓦云「若云非我所致．實是顯自全無法氣。」

觀察有境不應瞋者。若於怨害發生瞋恚．是因於苦不能忍者誠爲相違．以不能忍現在微苦．極力引生惡趣無量大苦因故．故應自念我極愚癡而自羞恥．勵防莫瞋。如云「於現在微苦．我且不能忍．何不破瞋恚．地獄衆苦因。」其怨所生苦．是我宿世惡業之果．由受此故盡宿惡業。若能堪忍不造新惡．增長多福．他似不顧自法退衰．爲淨我罪而行怨害．故於怨害應視其恩。如本生論云「若有不思自法衰．爲淨我惡而行損．我若於此不堪忍．忘恩何有過於此。」入中論云「許爲盡昔造諸不善業果．害他忿招苦．如反下其種。」如爲醫重病當忍針灸等方便．爲滅大苦而忍小苦最爲應理。

觀察所依不應瞋者。一觀能害因及有過無過．如云「他器與我身．爲應於誰瞋．如人形大瘡．痛苦不耐觸．愛盲我執此．損此而瞋誰。」又云「有由愚行害．有因愚而瞋．其中誰無過．誰是有過者。」二觀自所受者．若諸聲聞唯行自利．不忍而瞋且不應理。何況我從初發心時．誓爲利樂一切有情．修利他行．攝受一切有情。修利他行攝受一切諸有情者．如是思惟發堪忍心．博朵瓦云「佛聖教者謂不作惡．略有怨害不修堪忍．即便罵爲．此從根本破壞聖教．由此即是自捨律儀。聖教根本由此破壞．雖總聖教非我等有．自失律儀是滅自者。」又云「如翻鞍牛縛尾而跳．鞍反擊腿．若緩鞦落始得安樂．若於怨害而不緩息．爲其對敵反漸不安。」

第二理應悲愍者。謂當至心作是思惟．一切有情無始生死．無未爲我作父母等親屬友善．又是無常命速分離．常爲三苦之所苦惱．爲煩惱魔之所狂魅．滅壞自己現後利義．我當哀愍．何可瞋恚及報怨害。

破除不忍障利等三作毀等三分二。一破除不忍障譽等三。二破除不忍作毀等三。　初中分三。一思惟譽等無功德之理。二思惟有過失之理。三故於破此應當歡喜。　今初

若他讚我稱我稱譽全無現法延壽無病等及無後世獲福德等二種利益。故彼失壞若不喜者則無屋用沙屋傾塌愚童涕哭與我今者等無有異。應自呵責而不貪著。如云。「讚稱及承事非福非長壽非力非無病非令身安樂我若識自利彼利自者何。」又云。「若沙屋傾塌兒童極痛哭如是失讚譽我心如愚童。」第二讚譽等者於諸非義令心散亂壞滅厭離。令嫉有德退失善事。如是思已則於彼等令心厭離。如云「讚等令我散彼壞厭離心嫉妬諸有德破壞圓滿事。」第三如是令我退失譽稱及利敬者是於惡趣救護於我斬除貪縛遮趣苦門。如佛加被。如是思已。應由至心滅瞋生喜。如云「故若有現前壞我譽等者彼豈非於我救護墮惡趣。我爲求解脫無須利敬縛若有解我縛我何反瞋彼。我欲趣衆苦如佛所加被閉門而不放我何反瞋彼。」

第二破除不忍作毀等三者。心非有體非他能害。若直害身間損於心。毀等於身亦不能損。既於身心二俱無損故應歡喜。如是思已斷除憂悒。憂悒若滅瞋不生故。亦如論云。

「意非有形故.誰亦不能壞.由耽著於身.故身爲苦損。毀訾及粗語.幷其惡名稱.於身若無害.心汝何故瞋。」霞惹瓦云.「若於康壠巴.內鄔蘇巴.照巴三人.任說何語與向土石.全無差別.故得安樂.後時諸人耳根薄弱.故無安樂。」若對馨敦說某作是言.答曰.「暗中可罵國王.汝犯離間.應當懺悔。」有謂慧金剛瑜伽師云.「人說我等爲伏後者。」答云.「人不於人作言說事.又於何事。」次云.「速斷離間。」若作是念.由毀訾等則餘補特伽羅於我不喜.故不歡喜.若餘不喜我.於我有損.可爲實爾.然此於自全無所損.故應斷除不歡喜心。如云.「餘不喜於我.此於現後世.俱不損於我.何故我不樂。」若作是念.雖他不喜無損於我.然由依此.即能障礙從他人所獲得利養.故於毀訾毀謗傳惡名者而發憎憤.所得利養須置現世.瞋他之惡隨逐而行.故無利養速疾死沒.與以邪命長時存活.前者爲勝。設獲利養長時存活.然於死亡終無免脫.終須有死.至臨終時.先經百年受用安樂.與唯一年受用安樂.二者相等.唯爲念境。爾時苦樂無差別故.譬如夢中受樂百年.與唯須臾領受安樂.二睡醒時.樂與不樂全無差別。如是思惟.若於利敬能破貪著.則於毀訾揚惡名等不生憂惱.以不求於他顯我殊勝.雖不顯揚喜無退故。亦如論云.「能障利養故.若我不喜此.我利置此世諸惡則堅住。我寧今死歿．不邪命長活．我縱能久住．終是死苦性。夢受百年樂．若至於醒時．與受須臾樂．若至於醒時。醒已此二者．其樂皆不還．壽長短二者．臨終唯如是。設多得利養．長時受安樂．亦如被盜劫．躶體空手行。」

第二破除不喜怨敵富樂．喜其衰損者。本爲利樂諸有情故發菩提心．今於有情自獲安樂反起瞋恚。又云惟願一切有情皆當成佛．今見彼等略有下劣利養恭敬．反生憂惱極爲相違。故應於他幾大富樂．斷除嫉妬至心歡喜。若不爾者．則菩提心利樂有情唯假名故。如云「爲樂諸有情．而發菩提心．有情自獲樂．何故反瞋彼。云令諸有情．成佛三界供．見下劣利敬．何故起憂惱。若汝所應養．當由汝供給．親友得自活．不喜豈反瞋。不願衆生樂．豈願得菩提．故若憎他富．豈有菩提心。若他從施獲．或利在施家．此俱非汝有．施不施何關。」怨家衰敗而生歡喜．及暴惡心願其失敗．僅由此心於怨無損．唯令自苦。設能損他．然亦俱害．思此過患．當一切種而正滅除。如云「設怨有不喜．汝有何可樂．僅由汝希願．豈爲損他因。縱由汝願成．他苦汝何喜．若謂滿我心．損失豈過此。彼煩惱漁夫．利鈎之所執．我於地獄鑊．定受獄卒煎。」如是若於障礙我樂及我親樂．爲作非樂．并於怨家所有盛事．一向視爲不可樂相．由此生憂．憂增發瞋。若能破其一向不喜．則止其憂．由憂息故．瞋則不生。故應以前所顯正理．於此破其一向不喜．由衆多門滅除瞋恚．以其過失最重大故。能滅教授亦即上說佛子正理．要與煩惱而興駁難．向內摧壞第一仇敵瞋恚之理。是故若能以觀察慧善爲思擇．以多正理而正破除．則能遮止多類瞋恚．由衆多門發生堪忍．能得堅固微妙習氣．以是由其無垢正理．於正教義獲定解故。有捨觀慧思擇修者．即捨此等菩薩一切廣大妙行．當知即是自他暇身受取心要無上障礙．猶如毒蛇應當遠離。

註．菩薩饒益有情戒略有十一相：(一)．謂諸菩薩於諸有情能引義利彼彼事業．與作助伴．於諸有情隨所生起疾病等苦．瞻侍病等．亦作助伴。(二)．又諸菩薩．依世出世種種義利．能爲有情說諸法要．先方便說先如理說．後令獲得彼彼義利。(三)．又諸菩薩於先有恩諸有情所．善守知恩隨其所應現前酬報。(四)．又諸菩薩．於墮種種師子虎狼鬼魅王賊水火等畏諸有情類．皆能救護．令離如是諸怖畏處。(五)．又諸菩薩．於諸喪失財寶親屬諸有情類．善爲開解令離愁憂。(六)．又諸菩薩．於有匱乏資生衆具諸有情類．施與一切資生衆具。(七)．又諸菩薩．隨順道理．正與依止．如法御衆。(八)．又諸菩薩．隨順世間事務言說．呼召去來．談論慶慰．隨時往赴．從他受取飲食等事。以要言之．遠離一切能引無義違意現行．於所餘事心皆隨轉。(九)．又諸菩薩若隱若露．顯示所有眞實功德．令諸有情歡喜進學。(十)．又諸菩薩於有過者．內懷親昵利益安樂增上意樂．調伏訶責治罰驅擯．爲欲令其出不善處．安置善處。(十一)．又諸菩薩以神通力．方便示現那落迦等諸趣等相．令諸有情厭離不善．方便引令入佛聖教．歡喜信樂生希有心．勤修正行。

菩提道次第廣論卷十一終

菩提道次第廣論卷十二

第二引發安受苦忍分三一必須安受苦之理．二引發此之方便．三處門廣釋。　今初

如入行論云「樂因唯少許．苦因極繁多。」我等恆有衆苦隨逐．故以苦爲道不可不知．若不爾者．如集學論說．或生瞋恚或於修道而生怯弱．即能障礙修善行故。此復有苦是由他起．亦有諸苦無論於道若修不修由宿業起。又有一類如下所說由修善行始得發起．若不修善則不發生。如是若由宿業及現前緣增上力故決定起者．此等暫時無能遮止．起已必須安然忍受。若不能忍則反於此原有苦上．由自分別更生心苦極難堪忍。若能安忍雖根本苦未能即退．然不緣此更生內心憂慮等苦。若於此上更持餘苦助道方便．則苦極微而能堪忍．是故引發安受苦忍極爲切要。

第二引發方便分二一有苦生時破除專一執爲不喜．二顯示其苦理應忍受。　今初

若已生苦有可治者．是則其意無須不喜．若不可治縱不歡喜亦無利益．非但無益且有過患。若太嬌愛雖於微苦亦極難忍．若不嬌愛其苦雖大亦能忍故。如云「若有可治者．

有何可不喜．若已無可治．不喜有何益。」又云「寒熱及風雨．病縛捶打等．我不應太嬌．若嬌苦反增。」

第二顯示其苦理應忍受分三．一思惟苦之功德．二思惟能忍衆苦難行之功德．三從微漸修無難之理。　今初

功德有五．謂若無苦則於苦事不希出離．故有驅意解脫功德。由苦逼迫壞諸高慢．故有除遣傲慢功德。若受猛利大苦受時．則知其苦從不善生．不愛其果．須止其因．故有羞恥作惡功德。由苦逼惱希求安樂．若求安樂須修善因．故有歡喜修善功德。由比我心度餘有情．知皆是苦．於諸漂流生死海者．能發悲愍。以上諸德及此所例諸餘功德．自應先知數數修心．謂此諸苦是所願處。如云「無苦無出離．故心應堅忍。」又云「又苦諸功德．謂以厭除慢．悲愍生死者．羞惡而喜善。」

第二思惟能忍衆苦難行之德分二．一思解脫等諸大勝利．二思能遮止無量大苦所有勝利。　今初

我昔流轉生死之時．為求微劣無義欲故．雖知有苦．尚能輕蔑非一大苦．作感當來無

量苦因忍受非一無義大苦。況我今者．為求引發自他無量利益安樂．尚應故知忍受過前百千俱胝倍數大苦而修善行．況輕於彼．應數思惟令心堅固．入行論云「為欲曾千返受燒等地獄．然於自他利．我悉未能辦。現無爾許苦．能成諸大利．為除眾生苦．於苦唯應喜。」思惟往昔於自他利俱無所成．尚能忍受爾許難行．今為引發極大利義．於諸微苦何故不忍。故雖有苦．然有此利．我實善得．如是思惟令心高起。又由惡友之所誑惑．尚能趣向無義惡途．忍諸苦行．謂跳三尖矛及炙五火等。又為世間微劣事故．能强忍受務農．徇利戰競等事．非一大苦．如是思已當於苦行而發無畏。

思能遮止無量大苦所有勝利者．如有一人是應殺犯．若截手指能免殺罪．發大歡喜．如是若由人間小苦．總能脫離無邊生死．別能永斷那洛迦等惡趣眾苦．極為善哉。若能善思現前久遠二苦差別．則於難行能生心力全無所畏。如云「若截殺人手．能脫豈非善．若以人間苦．離獄豈非善。」

從微漸修無所難者．如云．「若習不易成．此事定非有．故修忍小苦．大苦亦能忍。」若被忍甲受苦意樂．雜諸小苦漸次修習．則忍苦力漸能增廣。集學論亦云「此中若修小苦爲先，則於大苦及極大苦而能串習。譬如一切有情由串習力，於諸苦上妄起樂想，如是若於一切苦上安住樂想而漸串習，則亦能住安樂之想。」又生此想，復如猛利請問經云，「應當捨離，如樹棉心。」華嚴亦云，「童女汝爲摧伏一切煩惱，故應當發起難行之心。」謂須心力最極堅穩，非心微薄之所能成，故若先發堅強志力，則諸大苦亦成助伴，譬如勇士入陣戰時見自出血，以此反能助其勇志。若先未聞如是之法，雖聞云我不能行此自輕蔑者，則苦雖微亦能成彼退道之緣，譬如怯夫雖見他血亦自驚倒。如云，「有若見自血，反增其堅勇，有雖見他血，亦驚慌悶絕，此由心堅固怯弱之所致。」

處門廣釋者。若須安忍所生苦者，爲當忍受由何生苦。此分八處，依止處者，所謂衣服飲食坐具臥具病緣醫藥供身什物，是能增長梵行之依，此等諸物若得粗尠，他不恭敬，稽留乃與不應憂鬱，當忍由此所生衆苦。世法處者，衰毀譏苦壞法壞，盡法盡，老法老，病法病，死法死，如是九種是爲世法，依此一切或依一分所生衆苦，應善思擇而忍受之。威儀處者，行住坐臥是四威儀，第一第三晝夜恆時，從諸障法淨修其心，由此生苦悉當忍受，終不非時脅著牀座草敷葉敷。攝法處者，供事三寶，供事尊長，諮受諸法，既諮受已，爲他廣說，大音讚誦．獨處空閒無倒思惟．修習瑜伽作意所攝若止若觀．爲七攝法．於此劬勞所生衆苦悉當忍受。乞活處者．剃鬚髮等誓受毀形．受持裁染壞色之衣．從其一切世間遊涉競攝住故別行餘法．捨務農等從他所得而存濟故．依他存活．不應受用集所獲故．盡壽從他求衣服等．斷穢行故．盡壽遮止人間諸欲．捨離歌舞笑戲等故．及離與諸親友同齡歡娛等故．盡壽遮止人間嬉戲．爲七乞活．由依此等所生衆苦應當忍受。勤劬處者．勤修善品．劬勞因緣所生衆苦悉當忍受。利有情處者．謂十一事．從此生苦皆應忍受。現所作處者．謂出家者便有營爲衣鉢等業．諸在家者．則有無罪營農經商仕王等業．從此生苦悉當忍受。如是八處所生衆苦．隨何苦起．皆應別別精進不廢正趣菩提．已正趣入不令成其退轉障礙．令意全無不喜而轉。

第三引發思勝解忍中勝解之境．略有八種。一淨信境者．謂三寶功德．二現證境者．謂無我眞實．三希樂境者．謂諸佛菩薩廣大神力．此復有三．謂神通力．六波羅蜜多力．及俱生力．四五取捨境者．謂諸妙行諸惡行因．及此所招愛非愛果．此分爲二．六七所修境者．謂大菩提是應得義．及菩薩學一切諸道．是能得彼所有方便．此亦分二．八聞思隨行境者．謂所知境．卓壠巴師說爲無常等．然力種性品說十二分教等正法．爲第八種．或應如是。勝解之理者．謂如實知此諸境已．無所違逆數數思惟。安受衆苦及思擇法．俱分八類者．如菩薩地所說而錄．特於思法此說極廣。

修此等時如何行者。謂隨修一能堪忍時．皆令具足六種殊勝．具足六種波羅蜜多．唯除令他安立於忍．是忍施外餘如前說。

第五此等攝義者。謂應隨念發菩提心．爲行依止而修行者．是欲安立一切有情於漏盡忍所有根本．故須令此漸次增廣．大地諸忍作所願境而勤修習。諸初發業所應學忍善了知已．如理修學。如於所說有所違越．應當精勤而令還出．若修此時捨而不修．恆爲非一大罪所染．於餘生中亦極難修．最爲殊勝諸菩薩行。若能視爲勝道扼要．諸能行者現前修行．未能行者亦能於上淨修意樂．則如妙手問經所說．以少功力及微小苦而能圓滿波羅蜜多。

學習精進波羅蜜多分五．一精進自性．二趣入修習精進方便．三精進差別．四正修行時應如何修．五此等攝義。 今初緣善所緣勇悍爲相．入行論云．「進謂勇於善。」菩薩地說爲攝善法及利有情．其心勇悍無有顚倒．及此所起三門動業。

第二趣入修習精進方便者。謂應多思精進勝利不進過患．此若串習精進起故。其勝利者．勸發增上意樂會云．「能除諸苦及冥暗．是能永斷惡趣本．諸佛所讚聖精進．此是恆常應依止。此世所有諸工巧．及出世間諸巧業．若發精進非難得．智者誰厭精進力。若有趣佛菩提者．彼見昏睡諸過失．常發精進而安住．我爲策彼而說此。」莊嚴經論亦云．「資糧善中進第一．謂依此故彼後得．精進現得勝樂住．及世出世諸成就。精進能得三有財．精進能得善清淨．精進度越薩迦耶．精進得佛妙菩提。」又云．「具進受用無能勝．具進煩惱不能勝．具進厭患不能勝．具進少得不能勝。」菩薩地亦云．「唯有精進是能修證菩薩善法最勝之因．餘則不爾．故諸如來稱讚精進．能證無上正等菩提。」攝波羅蜜多論亦云．「若具無厭大精進．不得不證皆非有。」又云．「非人皆喜饒利彼．能得一切三摩地．晝夜諸時不空度．功德資糧無劣少．獲得諸義過人法．如青蓮華極增長。」過患者．海慧請問經云．「有懈怠者菩提遙遠最極遙遠．諸懈怠者無有布施乃至無慧．諸懈怠者無利他行。」念住經亦云．「誰有諸煩惱．獨本謂懈怠．若有一懈怠．此無一切法。」若無精進隨懈怠轉．一切白法悉當虧損．退失一切現時畢竟士夫義利．

精進差別分二．一正明差別．二發生精進之方便。　初中有三．一擐甲精進．二攝善法精進．三饒益有情精進。　今初

菩薩地說．「謂諸菩薩於發精進加行之前．其心勇悍．先應如是擐意樂甲．若爲除一有情苦故．以千大劫等一晝夜．集爲百千俱胝倍數三無數劫．唯住有情那洛迦中乃能成佛。我亦勇悍爲正等覺非不進趣．發精進已終不懈廢．況時較短其苦極微．如是名爲擐甲精進。若有菩薩於此精進少發勝解．少生淨信．亦名堅固．尚能長養爲求無上大菩提故發起無量精進之因。何況成就如是精進．於求菩提饒益有情．無有少分難行事業可生怯劣難作之心。」若能修習如是意樂．定能醒覺大乘種性．所有堪能．故應修習。攝波羅蜜多論云．「設等生死前後際．成爲極長大晝夜．集此爲年成長劫．以盡大海水滴量．發一最勝菩提心．須以此相漸集餘．一一資糧悲無厭．無諸懈廢修菩提。自心莫思流轉苦．而擐無量穩固甲．住戒悲性諸勇識．是爲最初所應取。」此亦是說擐甲精進。又如無盡慧經所說．「設

從無始生死以來現在以前爲一晝夜．三十晝夜而爲一月．於十二月計爲一年．經十萬年始發一次菩提之心見一次佛．如是等一殑伽沙數始能知一有情心行。以如是理．須知一切有情心行．亦無怯弱而擐誓甲．爲無盡甲。」是爲無上擐甲精進。總之若能引發少分如此意樂．速能圓滿無邊資糧．淨無量障而成最勝不退轉因．如於長劫能生喜樂．如是亦能速當成佛。若於無邊妙行及於極長時等．全無勇悍．唯樂短時速當成佛．反於成佛極爲遙遠．以能障礙諸菩薩衆發最殊勝大志力故。爲何義故如是擐甲發勤精進．其中有二．攝善法精進者．謂爲正引發六種波羅蜜多故．修彼加行。饒益有情精進者．謂於十一事．如其所應而發精進。註：饒益有情精進十一事同饒益有情戒。

第二發生精進之方便者。如前所說．二種資糧一切白法．由依此故生住增長．故修精進極爲重要．此亦唯見寂天菩薩論說易解便修最圓滿．故當說此宗。

此中分四．一捨離障礙精進違緣．二修積順緣護助資糧．三依上二緣發勤精進．四由此身心堪能之理。初中分二．一明所治品．二修斷彼方便。 今初

不入道者略有二類．一雖見能修而不趣入．二怯弱不入．謂我豈能如是修習。雖尚有

餘能不能修未嘗思擇而不趣者．然此是說求解脫者．彼非此說。初中有二．一推延懈怠．謂念後時有暇能修．二雖非如是．然於庸常諸下劣事．貪著覆蔽。如入行論云「說其所治品．懈怠耽惡事自輕而退屈。」能生懈怠之因者．謂諸懶惰味著微樂．愛睡眠樂不厭生死。如云「懶惰受樂味愛習近睡眠．不厭生死苦當生諸懈怠。」有釋前二句文．謂明如何生起之相。

修斷彼方便分三．初破除推延懈怠者．略有三種．謂已得之身速當壞滅．命終之後墮諸惡趣．如此人身極難再得。由修此三能除執爲有暇懈怠．引發恆覺無暇之心．此三於前下士之時已廣宣說。二破除貪著惡劣事業者．應觀正法是能出生現後無邊喜樂之因．無義狂談掉等散亂．是能失壞現前大利．引發當來無義衆苦無依之處．修習對治而正滅除。如云「棄妙喜正法無邊歡喜因．汝何故反喜苦因散掉等。」三破除退屈或自輕者．如是破除推延耽惡事已．雖於正法能起勇悍．然非以此便爲喜足．應於大乘精勤修學．故應除遣於彼怯弱．謂念如我何能修證。此中分三．於所應得破除退屈．於能得方便破除退屈．於所安住修道處所破除怯弱。

所得佛者。謂是永盡一切過失．畢竟圓滿一切功德．我修一德斷一過失且極艱難．故我豈能獲如是果。若實發起如此退怯．已捨發心過患極重．設未實起．亦應從初滅不令起。破除道理者．應作是念策舉其心．佛薄伽梵定量士夫．是諦語者．是實語者．不虛妄語不顛倒語．彼尚記說蚊虻等類能證菩提．何況我今生在人中身報賢善．有智慧力觀擇取捨。故我若能精進不廢．何故不能證得菩提。如云．「不應自退怯．謂不證菩提．如來諦語者．作此諦實說。所有蚊虻蜂．如是諸蟲蛆．彼發精進力．證無上菩提。況我生人中．能知利非利．不捨菩提行．何不證菩提。」又於往昔過去諸佛及現在佛並未來佛．此等亦非先已成佛．次修諸道．初唯如我．由漸昇進而得成佛及當成佛．由如是思破除怯弱。寶雲經云．「菩薩應念所有如來應正等覺．謂諸已現等覺今現等覺當現等覺．此等皆以如是方便．如是修道．如是精進．已現等覺．今現等覺．當現等覺。」乃至說云．「此諸如來亦非皆是成如來已而現等覺．故我亦當於其無上正等菩提而現等覺．我亦應發共同一切有情精進．普緣一切有情精進．如是如是策勵尋求。」無邊功德讚云．「雖諸已得善逝位．亦曾墮諸極下處．佛墮險時不自輕．不應自輕壯亦怯。」生此怯弱是由善知諸佛功德無有邊際．果隨因行．故修道時．須無量門引發功德．及無量門滅除過失。次觀自身而生怯弱．若謂諸佛無量功德於修行時．僅由專懇修學一分微少功德即能成就．於道生此顛倒了解．則於現在全無所怯。然此非是賢善之相．是於修道之理未獲定解．或雖少有散渙了解．然皆未曾親切修持．總覺容易障覆所致。若至實行雖略顯示道之首尾粗概次第滿分之體．生恐懼云．若須如是誰復能修而捨棄故．霞惹瓦亦云．「未曾實行諸菩薩行．如看射箭總覺甚易全無怯弱．現在之法無完善者．故不致到怯弱自輕之地．若善圓滿恐必多起怯懼自輕。」此言極實。

於能得方便破除怯退者．謂念成佛須捨手足等．我不能爾．如此之苦應須堪忍。即不修行自任運住．流轉生死．亦曾多受斫裂刺燒此等大苦．不可說數．然亦未能成辦自利。為求菩提難行之苦．較其前苦尚無一分．然能成辦自他大利。如云．「若謂捨手等．是我所怖畏．是未察輕重．愚故自恐怖。無量俱胝劫．曾多受割截．刺燒及解裂．然未證菩提。我今修菩提．此苦有分齊．為除腹內病．如受割身苦。諸醫以小苦．能治令病癒．故為除眾苦．小苦應堪忍。」又捨身者初怖畏時．非可即捨．先於布施漸次學習．至於自身全無貪著．大悲心力開發之時．若有大利方可施捨．故正捨時全無難行。如云．「如此治療法．勝醫且不用．以柔和儀軌．治無量大病。導師先令行．惠施蔬菜等．習此故而後．自肉漸能施。若時於自身．覺如諸菜葉．爾時捨肉等．於此有何難。」是故有說波羅蜜乘．須捨身命故生逼惱是難作道。今此教典善爲破除．謂於發生難行想時不須即捨．如與菜等極易捨時．方可捨故。

於所安住修道處所破除怯弱者。謂念成佛須於生死受無量生．爾時生死衆苦逼惱．故我不能修如是行。應如是思．菩薩由其已斷諸惡以因遮故．必不能生苦受之果．堅固通達．生死如幻悉無自性．故心無苦．若其身心安樂增盛．雖處生死無厭患義。如云．「斷惡故無苦．善巧故無憂．謂由邪分別．罪惡害身心。福令身安樂．智故心亦安．利他處生死．悲者何所厭。」又云．「故遍除疲厭．騎菩提心馬．從樂而趣樂．有智誰退屈。」如是雖延無量時劫不應怯弱．唯時長久非厭因故．謂苦極重雖時短促亦生厭離．無苦安樂時雖久遠無所厭故。寶鬘論云．「重苦雖時短．難忍況久遠．無苦而安樂．無邊時何害。此中身無苦．意苦從何有．唯悲世間苦．由此而久住。故謂佛久遠．智者無退屈．爲盡過集德．恆勤修資糧。」又念成佛必須圓滿無邊資糧．此極難作故我不能．亦莫怯退。若爲利益無邊有情．求證諸佛無邊功德而爲發起．住無量劫．欣樂修集無邊資糧而受律儀．則於一切若睡未睡心散不散．乃至有此律儀之時．福恆增長量等虛空．故無邊資糧非難圓滿。即前論云．「如一切諸方．地水火風空無邊．如是說有情亦無邊。菩薩普悲愍此無邊有情．欲度諸苦厄．安立於佛位。如是堅住者．從正受戒已．隨其眠不眠．及放逸而住。如有情無邊．恆集無邊福．無邊福非難證無邊德佛。若住無量時．為無量有情．求無量菩提．而修無量善。菩提雖無量．以此四無量資糧非久遠．如何不得證。」是故若由最極猛利大慈大悲．及菩提心衝動其意．為利有情願於短時速成佛者．極為希有。然若未近此之方隅．僅由見於極長時劫．須正修學無邊諸行及多難行．便作是念誰能如是．故妄說云求速近道．此於願心間接損害．正損行心．令大乘種漸趣劣弱．故於成佛反極遙遠。以與龍猛無著決擇如來密意．最極增長菩提心力所有道理極相違故。

如是若僅怯弱而住．全無所益．反漸怯劣．故應善知諸能修證菩提方便．策舉其心．則辦諸利如在掌內。如本生論云．「怯弱無益悅匱乏．是故不應徒憂惱．若依能辦利聰叡．雖極難事亦易脫。故莫恐怖莫憂惱．如其方便辦所作．智者威堅而策舉．辦一切利如在掌。」聖者無著數數說為．「當具二事．一雖善了知於廣大法學習道理．應無怯弱．二於下劣功德不應喜足。」然現在人．若生少分相似功德．或生少分眞實功德．便覺已進極大道位．計唯修此便爲滿足。若爲智者知道扼要．依於教理善爲開曉．謂此雖是一分功德．然唯以此全無所至．果能了解．意必怯退．是故能於一分功德不執爲足．更求上勝．及知須學無邊學處而無怯弱．極爲稀少。

第二積集順緣護助資糧分四．一發勝解力．二發堅固力．三發歡喜力．四暫止息力。 今初

諸論中說欲爲進依．此中勝解即是欲樂．須發此者．如云「我從昔至今．於法離勝解．感如此困乏．故誰棄法解．佛說一切善．根本爲勝解。」勝解如何而起者．如云「又此之根本．恆修異熟果。」此說修習從黑白業生愛非愛諸果道理。諸論又說信爲欲依．以從二種深忍之信．能引取捨二種欲故。此是思惟諸總業果．及特思惟諸菩薩行所有勝利．及越諸行所有過患諸因果等。如是勝解大乘入大乘門．即是誓除自他一切過失．誓引自他一一功德。然一一過及其習氣究竟淸淨．一一功德畢竟圓滿．必須經歷多劫修習．不見我有淨除過失引發功德一分精進．我實徒耗有暇之身．如是思惟自行策發。如云「我應除自他．無量諸過失．然盡一一過．須經諸劫海．未見我有此．斷過精進分．墮無量苦處．我心何不裂．

我應勤引發自他衆功德．然修一一德．須歷經劫海。我終未能起．修此德一分．我將難得身．空棄實奇哉。」

堅固力者。謂於何事發起精進．即於彼事究竟不退。此初不應率爾而行．當善觀察．見其能辦次乃進趣．若不能者則莫趣入．與其既行中間廢捨．莫若最初不趣爲勝。其因相者．以於中間棄捨誓願．若成串習．由此等流．則餘生中亦棄所受學處等故。於現法中增長衆惡．於餘生中增長苦果。又因先思作此事故．未修餘善．退捨先作其果下劣．即此一事亦未究竟．故其所作終無圓滿。總之誓作何事．其事未成亦障餘事．由其等流令其誓願所受律儀．亦不堅固。如云「先應觀加行．應作不應作．未作爲第一．作後不應退。餘生亦成習．當增諸惡苦．障餘及果劣．此亦未能辦。」是故願令誓願究竟．應修三慢．如云「於業惑功能．三事應我慢。」其業慢者．謂自修道全不賴他爲作助伴．唯應自修。如云「謂我應自爲．此即事業慢。」親友書亦云「解脫唯依於自修．非他於此能助伴。」此是念其我當自修．不希望他．與慢相似假名爲慢。功能慢者．謂諸衆生隨煩惱轉．尚不能辦自己利義．況能利他．念我能引自他利義而勤修行。如云「此世隨惑轉．無能引自利．衆生非如我．故我應修此。」

又此諸人於下劣業且勤不捨．我今此業能引妙果何故不爲作是思已而正修習。如云．「餘尚勤劣業．我如何閑住。」然修此二非輕蔑他而自憍慢．謂應觀爲可悲愍相．無慢雜糅。如云．「非以慢修此自無慢爲勝。」由念我能餘則不能．與慢相似假名爲慢．煩惱慢者．謂一切種輕毀煩惱．我當勝此．終不使此有勝於我．爲欲摧伏諸所治品．令心勇悍令心堅穩。如云．「我當勝一切．不使誰勝我．諸佛獅子兒．應住此我慢。」若不如是而退弱者．障品雖小亦能爲害。如云．「若遇死毒蛇．烏亦如鵬鳥．若我太軟弱．小罪亦爲損．怯劣棄功用．豈能脫匱乏。」霞惹瓦云．「棄法之樂．較往昔樂全無過上．於現法中若棄正法．應思當來所受諸苦無有邊際。若自不能勤加功用．煩惱亦必不覺悲愍．對治不說汝不能修．我自圓滿．諸佛菩薩亦不能救。」若能生起如前我慢．障品雖大不能爲障．是故應須發起慢心。如云．「若起慢功用．障大亦難勝．故心應堅固．摧伏諸罪惡。」若不爾者．修行之人爲罪所勝．猶願戰勝三界煩惱．實爲智者所恥之處。如云．「我爲罪所勝．勝三界可笑。」此由輕毀諸煩惱故．欲爲摧伏．故假名爲煩惱我慢．諸作釋者雖有異說．然覺此說與論相符。如是應斷希望於他．當擐誓甲願我自作．此復覺其非餘所能．唯我始能自負其任。如是見已．正修之時令心堅固．唯應向外摧伏煩惱．不令煩惱向內摧伏．更思中途棄捨誓願所有過失。善思擇已．隨所作事．一切誓願悉願究竟．乃至未獲堅穩以來淨修其心。

發歡喜力者。如是由其猛利欲樂勝解之力．精進未生能令生起。又令已生不退之因．謂由成就堅固之力或我慢力。最初入時歡喜而入已趣入時．於其事業不欲斷絕無飽意樂者．即歡喜力．故應引發。應發何等無飽之理．如云「此於所作業．如欲遊戲樂．應著其事業．喜此業無飽。」謂應勵力發起喜心．如同小兒遊戲之業．無飽足心。又如樂果無所飽滿．其因之業亦應無飽．如諸俗人於安樂果能不能得．尚有猶預且策勵轉．況行此業決定能生安樂之果。如云「成樂否無定．尚爲樂作業．若業定感樂．不修云何樂。」又以此理亦不應飽足．如云「諸欲如刀蜜．尚且無飽足．況福感樂果寂靜何故飽。」如鋒刀蜜雖亦略有甜味可嘗．但若舐之必能割舌．可愛欲塵雖與現前少分安樂．然生現後極大痛苦．其受用者尚無飽足。況諸資糧能與無罪現前久遠無邊安樂．何應飽足。如是思已．應當發生無飽意樂．故爲圓滿所修善業．乃至未生如日中時．日熾諸象趣向可意蓮池之心．應善修習。如云「爲圓滿業故．如日中熾象．遇池而入池．亦應趣其業。」

暫止息力者。發勤精進身心疲勞須暫止息．若不爾者則極厭離．能障後時發精進故。休息無間仍發精進．前事究竟不應以此便爲喜足．應於上勝更發精進。如云．「若時力衰乏．爲後故暫捨爲趣後後故．善竟即應捨。」此後所說極爲重要．若以前德而爲喜足．則能障礙修證衆多勝功德故。此又顯示發精進規．謂應俱斷太爲熾然功用過猛及太散緩．當恆相續如瀑流水。吉祥敬母云．「修殊勝德時．尊曾無急緩．故尊諸勝德．前後無差別。」博朵瓦亦云「如席摩圭巴之逐盜者無益．應如絳巴之逐盜者．初先預備．次乃至未及盜處而追．如是緩追．又須耐久。譬若全不停息．速猛而進．走至極乏．坐不能起．等同未進。」

菩提道次第廣論卷十二終

菩提道次第廣論卷十三

如是了知精進三種違緣.修習對治。其未生修持.能令生起之順緣.謂勝解力.若已生者能令不退之因.謂堅固力.修彼業時不欲斷絕者.謂歡喜力.更以息捨力勤發精進。若於此理已得善巧.則於精進當發欣樂之力.茲當宣釋。

第三發勤精進斷所斷時.如云「如與慣戰敵鬥劍.於陣前當避煩惱劍.返擊煩惱敵。」如慣戰智者與諸怨敵鬥劍等時.不應專謀害他.當善二事.謂須善避他來擊刺.及返害他。行者亦爾.與煩惱鬥時.一須善防避煩惱來傷自心.二須依止對治更進害他。若不爾者.雖以對治滅除一分煩惱作用.然餘煩惱.則又劫奪一分善法.或令心中起一大罪.損利平均.則諸善行極難生故。喻如欲修法者.覺以先知爲要.唯於了解執爲堅實極力尋求。此以多聞雖能除遣無知之愚.若不防慎諸餘煩惱.即於爾時染多惡行.致令身心極不調順。又如念云.調伏身心要於多聞.若專重其修不防愚敵.不聞不學正法.即自所受律儀進止之處.亦極愚蒙.則亦恆爲衆罪侵害。又如臨陣手劍失落.恐被他殺.無間拾取。如是與煩惱鬥時．若失明記取捨進止所緣行相憶念之劍．恐墮惡趣．亦須無間依止正念。如云．「臨陣劍失落．畏怖速拾取．如是落念劍．畏地獄速取。」龍猛菩薩亦說此念極爲重要．如云．「大王佛善說念身爲共道．故應勤守念．失念壞諸法。」又所念境先以慧別．次乃念取．以念無擇境力故．慧須分別何法者．謂總諸經中所說一切應進止之處．尤以自所受律儀中應取應捨。若能於彼住念正知．其所修法乃能圓滿．若唯於住心所緣修念正知．全無所益。又如陣中．先必勵力令劍不失．設有所失無間急取．是因實畏所殺．非僅空言故。諸修道者．先恐失落明記取捨所有正念．設有所失無間能修者．亦因心中實畏忘失念時．爲罪染著墮惡趣．果非虛言故．能生此心．尤以修習業果爲要．吾等若未知此爲甚深教授．則爲斷絕道中精髓．聰叡所愛功德之本。若爾何須於微小罪見大怖畏．無間滅除不令相續耶。答譬如毒箭略傷於身．以此不久毒遍全身．故當速割。如是惡行略傷心時．若捨不顧速遍全心．實非微小速能廣大．故於最初須滅令不生．設已生起無間應斷。如云「如毒依於血．速能遍全身．如是罪得便．亦能遍全心。」若爾欲勝煩惱陣者．云何依止念正知耶。如云．「如執滿缽油．執劍住其後．溢則畏其殺．禁者如是勵。」謂應如是策勵．廣如迦旃延那因緣．應當了知。

如是策勵之時．總諸惡行．特見睡等懈怠之因現在前者．應不忍受迎面遏止。如云．「如蛇入懷中．故應急起立．如是睡懈生．皆應速遏止。」非但斷除．應於犯罪心生不喜．謂我往昔如是轉故．乃至現在漂流生死．尤以正受菩薩律儀．而反安住學處障品．極可訶責．及願今後於如是罪定不令生．防護當來．於彼二心應多修習。如云．「一一罪生時．應當自訶責．必不令更生．恆思如是行。」應勵修學能相續生有力正念最深之因．謂與善師善友共住．及應依止多聞等因。如云．「於此等時中．謂當串習念．此因能遇師．或行應理事。」總須多聞善辨菩薩學處取捨．次於所知法義．一切威儀．恆依正念發勤精進．故於所精進處要無錯誤。

第四身心由此堪能之理。謂自在之力．如不放逸品說．「必須善學菩薩學處．及受已不學過患極重．當視煩惱猶如仇敵．於諸難行莫覺爲擔．應發心力視爲莊嚴。」於未修業前先修此等．破除身心於諸善事無堪能性．一切怯弱．學菩薩行令成輕利。如云．「定於修業前．令一切有力．憶不放逸論．令自成輕利。」如是勵力能發何等精進耶．謂如樹棉．去來飄動隨風而轉．自內身心於善勇悍．隨勇悍轉．此後精進能善成辦。由生精進乃能成辦一切資糧。如云「如樹棉去來隨風飄動轉．如是勇悍轉．由是事皆成。」又諸難行唯應策勵不應棄捨．如吉祥敬母云「不修難行業．不獲難得位．故佛不自顧令精進增長。」

第四正修此時應如何行。隨發何精進．皆當具足六種殊勝及六波羅蜜多精進施者．謂自住精進而安立他．餘如前說。

第五此等攝義。應當隨念發菩提心為諸行依而勤修習．則於精進為欲安立諸有情故．策發修學漸令增長。次於大地所發精進修為願境．於初發業所行精進隨力勤學．尤應斷除精進不共所治諸怯弱等。又於所得菩提及為一切有情與樂拔苦．經極長時集無邊資糧行無量難行．先當勇悍擐精進誓甲．妙手問經說「若略發此廣大意樂．即已積集廣大資糧。」故當勤學。若不學者．不能增長種性堪能．恆為衆多惡行染著．於餘生中亦極難學諸菩薩行。如是知已．雖尚未能如實修學．然心亦應趣向彼品．隨力隨能發勤精進．如妙手問經說．則於餘生少以功力無諸苦難．速能圓滿精進波羅蜜多。

學習靜慮波羅蜜多分五．一靜慮自性．二修彼方便．三靜慮差別．四正修彼時應如何行．五此等攝義。

今初

住所緣境心不散亂善心一境性。如菩薩地云「謂諸菩薩於菩薩藏聞思爲先。所有妙善世出世間心一境性。心正安住或奢摩他品。或毘鉢舍那品。或雙運道俱通二品。當知即是菩薩靜慮自性。」入行論云「既發精進已意當住等持。」

第二修彼方便。謂當思維。修習靜慮所有勝利及不修過患。奢摩他時茲當廣說。

第三靜慮差別。如前所引就自性分二。謂世出世。就品有三。就作業分。謂身心現法樂住靜慮。引發功德靜慮。饒益有情靜慮。初謂住定即能引生身心輕安所有靜慮。二謂諸靜慮能引神通解脫遍處及勝處等共諸聲聞所有功德。三謂有靜慮能引十一種饒益有情事。

第四正修彼時應如何行。隨修何善三摩地。皆當具足六種殊勝。六波羅蜜多。自住靜慮亦安立他。是靜慮施。餘如前說。

第五此等攝義。隨念發心爲諸行依而正修習。則於無漏靜慮。爲欲安立一切有情策勵修學。此堅固增長已。以地上諸靜慮作所願境。雖未能生圓滿靜慮。亦應時時精進不捨。隨力學習心一境性諸三摩地。若不爾者。恆違學處罪所染著。於餘生中亦極難學菩薩等持所有學處。若能學者．即於現法亦少散亂心．所修善行勢力強盛．當來亦如妙手問經說．身心喜樂靜慮波羅蜜多極易圓滿。於奢摩他時當廣解釋．故此不說。

學習般若波羅蜜多分五．一慧之自性．二生慧方便．三慧之差別．四正修慧時應如何行．五此等攝義。

今初

慧謂於所觀事能揀擇法．此處是說通達五明處等慧。如菩薩地云．「謂能悟入一切所知及已悟入一切所知揀擇諸法．普緣一切五明處轉．一內明二因明三醫方明四聲明五工巧明．當知即是菩薩慧之自性。」能悟入慧者是未得地前慧．已悟入者是得地慧。

第二生慧方便。謂當思惟生慧功德及未生之過失．其有無通達如實無我性慧之功德過失．毘缽舍那時茲當廣說。今當略說所餘德失．先說功德．此中慧是現後一切功德根本者．如龍猛菩薩云．「慧為見不見．一切功德本．為辨此二故．應當攝受慧。明是求法義．及大解脫本．故應先敬持．大般若佛母。」慧如施等五度之眼者．如攝頌云．「若時為慧所攝持．爾時獲眼得此名．如畫事畢若無眼．未畫眼來不得值。」於餘功德皆須慧者．譬如妙金所作莊嚴雖已殊妙．若更嵌飾帝青等寶．尤為可意。如是從施乃至靜慮五種金莊嚴具．若以揀擇理非理慧鈿寶嵌飾．更爲希有。由此能令施等五法成淸淨故．猶如意識．能於眼等五根之境．分別德失而爲進止。如吉祥勇云「此施等福德．若有妙慧力．如諸金莊嚴．嵌寶尤光顯。慧於彼彼義．增廣功德力．如根於自境．由意顯其力。」如是信等根中以慧爲主．若有慧主．則善了知施信等德．慳等過失。次乃善巧盡諸煩惱．增長功德所有方便。如云「信等根中慧爲主．如餘根中須意識．有此爲主知德失．亦能善巧斷煩惱。」又諸菩薩將自身肉施諸求者．如從藥樹而取．無慢怯等分別變異．亦因智慧現證眞實。又由慧故能觀生死涅槃所有衰損．爲利他故修學尸羅能令戒淨．由慧通達忍與不忍功德過失．令心調伏則邪行衆苦無能奪轉。由慧善知爲應精進事．即勤修彼道極昇進。又住眞實靜慮所有最勝喜樂．亦是由慧依止正理之所引發。故淨施等五法以慧爲依．如云「菩薩開慧眼．雖施自身肉．如從藥樹取．無別無高下。」又云「慧見三有獄．勝解度世間．持戒非自利．何況爲三有。」又云「慧者有忍德．怨敵莫能害．如調伏象王．堪多業差別．唯勤墮苦邊．有慧成大利。」又云「諸已趣歧途．集過重罪染．惡人豈能成．靜慮妙喜樂。」又二功德似有相違．由是慧故能令無違。譬如菩薩作轉輪王．王四大洲．然能不隨欲塵遷轉．是由具足慧臣之力。

如是雖生猛利慈心，見諸有情極可悅意，然無少分貪欲和雜染，見有情苦，雖生恆常猛利難忍大悲，然無懈怠憂惱蔽覆不樂善行。又雖具足歡喜無量心於所緣全無散動。又雖具足大平等捨，然於眾生所有義利剎那不捨，此皆由慧成，以慧力故滅除此等力均之障。如云：「菩薩具王位，根境如天物，性不變非理，是慧臣德力。慈心純利他，然無貪薰染，悲不忍他苦，不憂懈低劣，雖喜無散動，捨不棄利他，諸德所治品，由慧滅故妙。」又如讚應讚云：「不棄捨法性，亦隨順世俗。」謂諸相縛所執之事，雖微塵許亦不可得，於此法性獲大定解而不棄捨，然與世俗內外因緣各別生果所獲定解無違隨順。又諸餘人認為極相違事，然具慧者皆能隨順令無所違。如前論云：「若開若遮止，佛語或有定，或是不決定，然皆不相違。」謂大小乘及經咒中見有眾多開遮不同，若以一人雙修二事，尋求無邊經論密意時，諸愚無慧雖覺相違，然諸智者實見無違，亦是慧之所作。如是無慧覺為相違，及有慧者見不相違事，雖有無邊，然二諦建立及經論中互相開遮眾多不同，以慧分辨意趣無違，即是智慧無上功德。一切功德皆從慧生者，如云：「世間圓滿從慧生，如母育子有何奇，善逝十力超勝力，一切無等最勝事，及餘一切功德聚，皆依如是慧因生。世間藝術及勝藏所有如眼諸經典．救護覺慧及咒等．種種建立法差別。衆多異門解脫門．彼彼利益世間相．大力佛子所顯示．此等皆從慧力生。」

無慧過患中施等無慧如無眼目．攝頌云「俱胝庾他無導盲．路且無知豈入城．五度無慧如無眼．無導非能證菩提。」是故施等不能清淨．亦復不能獲得正見．如云「無慧求果報施．體不能淨利他爲勝施．餘唯爲增財。」又云「無破闇慧光．不能成淨戒．多由無慧故．尸羅成濁染。」又云「慧倒心混亂．不信住忍德．不樂觀善惡．如無德王名。」又云「智者所稱讚．無餘最細深．欲未障直道．無慧不能往。」又云「心不勤修慧．其見不能淨。」王名稱者．謂如無德之王名稱一揚．後仍退失．乃至未發大慧光明．愚癡黑闇終不可滅．慧發即滅。故於發慧應隨力能精勤修習。如云「由發大慧光明力．猶如出現大日光．衆生身中黑闇覆．悉皆除遣唯餘名。」又云「故應盡自一切力．於如是慧勤修習。」愚癡之因．謂近惡友．懈怠懶惰．極重睡眠．不樂觀擇．不解方廣．未知謂知．起增上慢．上品邪見．或生怯弱．念我不能．不樂親近諸有智者。如云「懈怠懶惰近惡友．隨睡眠轉不觀擇．不信能仁最勝智．邪慢所覆而輕問．心劣自耽以爲因．不信親近有智士．並其邪妄分別毒．及諸邪見爲癡因。」故又云.「恭敬承事可親師爲引慧故求多聞。」謂應親近智者.隨自力能而求多聞.若不爾者.聞所成慧思所成慧皆不得生.是則不知修何法故。若有多聞.由思所聞法義.能生思慧.從此能生廣大修慧。如吉祥勇云.「寡聞生盲不知修.彼無多聞何所思.故應精勤求多聞.因此思脩生廣慧。」慈尊亦云.「三輪諸分別.是名所知障.慳等諸分別.是爲煩惱障。除慧無餘因.能斷此二障.聞爲勝慧本.故聞爲第一。」集學論云.「應忍求多聞.次當住林藪.精勤修等引。」自釋中云.「不能忍者.則由厭患.不能堪耐.退失聞等。」無多聞者.則不能知靜慮方便.淨惑方便.故應無厭而求多聞。」那羅延問經云.「善男子.若具多聞.能生智慧.若有智慧能滅煩惱.若無煩惱魔不得便。」是故聖道最勝命根.謂擇法慧.慧無上因.謂於無垢經論勤求多聞.以諸教理善爲成立。

然諸欲修法者.尚不能知聞爲必須者.是由於修時不能定解.必須觀慧思擇而修.反顛倒解.不須多聞.過失所致.故自愛者.應棄此過.猶如惡毒。大瑜伽師云.「覺嚩瓦.欲成佛一切種智者.不於牛負量經函.辨其所作.而將掌許若講若藏.皆無所成。」樸窮瓦開啓經卷安置枕前曰.「我等是學者.故縱未能看.應於此等而發願心.若不知法.云何能修。」慬哦之弟子送博朵瓦時．三云「汝等快樂．」次云「能得依止我如天覆地之知識．不須於他更起口水．不勞多看紅紅本釋．事業微少．不勞思業果內心安泰．以多咒法成多事業令心飽滿。」霞惹瓦云「乃至未成佛求學無完．至成佛時始得完畢。」迦摩瓦云「若謂修法何須求知．是自失壞．我寡聞者易生此失．易說修行不須求知。然修法者．實定須知．縱於此短壽未能圓滿．須不失暇身．相續多聞。若謂修者不須說者．乃須說說法師易生此罪．以修者尤須故。」如是修者慧及慧因多聞．不容或少．應獲廣大定解．然此定解於未知修時．必須觀察修者極難生起．雖自許爲受持三藏之法師．亦多認爲修之前導．或僅爲佐證．非實教授。由此因緣．說欲速成佛則須勤修．欲利聖教則須多聞．內自修與利聖教別執爲二．此是矛盾最大狂言．以聖教中除教證法別無聖教。前者是令了知修行之軌．後者是令知已予以實行．故修行能無錯謬者．即是最勝住持聖教。又能無錯住持修證之聖教．必依無錯了解教法．故先知多法者．修時即應修彼法義．不可忘失．若先未知亦勿怯退．當隨慧力而求多聞。復非聽聞此法．別修他法．即所修處而求聞思．故又不應唯修一分．定應依止．初業菩薩所修圓滿道之次第。若慧劣弱即令修彼．若慧廣大或初雖微劣由修習故增廣之時．將此道次漸為增廣．能與一切清淨經論相屬而修．亦非定須別求多聞．故凡圓滿無錯教授．略亦能攝一切經咒大小諸乘道之宗要。若廣開解亦能遍入一切教法．未獲如斯教授之時．於少分修易生喜足．然於聖教全體修行宗要．難獲定解。故應親近良師．淨持尸羅．數聞教授．每日四次修習所緣．至誠祈禱師長本尊。又由多門積集資糧．淨除業障．若能勤修此圓滿因．其慧倍復殊勝增長．乃能生起澈底定解。如先覺云「先所聞法令心總現．數數思惟稱量觀察．若忘其法專學持心．則無助伴。」故上修者是上法師．中品修者是中法師．凡所修法即知彼法。若由是思定解堅固．則諸惡友唱說善惡一切思惟．皆是分別悉應棄捨者．自知法中無如是語．良師不許．便能不隨彼轉。若無此解．有信無慧．見哭則哭．見笑則笑．隨他所說覺為眞實．猶如流水隨引而轉。

第三慧之差別分三．一通達勝義慧．二通達世俗慧．三通達饒益有情慧。　今初

謂由總相覺悟．或由現量覺悟無我實性。第二通達世俗慧．謂善巧五明處慧．如莊嚴經論云「若不勤學五明處．聖亦難證一切智．故為調伏及攝他．並自悟故而勤學。」謂為調伏未信聖教者．故應求聲明及因明處．為欲饒益已信者．故應求工巧及醫方明．為自悟

故應求內明．此是別義。又此一切皆爲成佛故求是爲通義。第三通達饒益有情慧．通達能引有情現法後法無罪義利。

第四正修慧時應如何行。發三慧時．應令具足六種殊勝．及具六種波羅蜜多．自住慧已．立他於慧是爲慧施．餘如前說。

第五此等攝義。雖有現證空性之慧．若無大菩提心．仍非菩薩之行．故應增長大菩提心爲行所依．地上慧度修所願境。其能圓滿無上妙智資糧所有方便．謂發三慧．現應勵力而求多聞．若不爾者．違越學處罪所染著．諸餘生中亦不樂多聞．不能學習菩薩學處。若於現法勤修開發智慧方便．能遮現法不學之罪．如妙手問經所說．餘生亦能速疾圓滿般若波羅蜜多。如是經咒二道棟梁．六度之中．修習靜慮之次第．尚似略存．修餘五度之次第．皆已隱沒．故於修行攝要及引發定解之方便．略爲宣說。諸大經論所說修習緣如所有及盡所有般若自性毘缽舍那之次第．及修習靜慮自性奢摩他之次第．後當廣釋。凡菩薩成佛．皆依六度而得成佛。菩薩地中．於六度一一之後．皆珍重宣說．故應了知．此是過去未來現在諸菩薩衆共行之道．此六即是一切白法大海．故是修行宗要無上大嗢柁南。如菩薩地云「如是六種波羅蜜多．菩薩爲證無上正等菩提果故精勤修集．是大白法．名大白法海．是一切有情一切種類圓滿之因．名爲涌施大寶泉池。又即如是所集無量福智資糧．更無餘果可共相稱．唯除無上正等菩提。」

第二四攝成熟他相續分五．一四攝自性．二立四之理由．三四攝之作業．四攝受眷屬須依四攝．五略爲解說。 今初

布施如前六度時說．愛語者謂於所化機開示諸度．利行者如所教義令所化機如實起行．或令正受．同事者謂教他所修自亦應修與他同學。如莊嚴經論云．「施同示勸學．自亦隨順轉．是爲愛樂語．利行及同事。」

第二立四之理由。何故定爲四攝耶．答謂攝受眷屬令修善行．須先使歡喜．此必先須施以資財饒益其身。既歡喜已．令修道時．先須令知云何應修．此由愛語宣說正法．除其無知斷其疑惑．令其無倒受持法義。既了知已．由其利行令修善行。若自不修而爲他說應取應捨．彼不信受．反作是難．且不自修何爲教他．汝今尚須爲他所教．若自實行他便信受．謂教我等所修之善．彼自亦修．若修此善定能利益安樂我等．先未修者能新修行．已修行者

堅固不退．故須同事。如云．「能利他方便．令取令修行．如是令隨轉．四攝事應知。」

第三四攝之作業。以此四攝於所化機何所作耶．謂由布施故．令成聞法之器．以於法師生歡喜故．由愛語故．能令信解所說之法．以於法義令正了解斷疑惑故．由利行故．如教修行．由同事故．已修不退長時修行。如云．「由初為法器．第二令勝解．由三使修行．第四成淨修。」

第四攝受眷屬須依四攝。佛說此為成辦一切衆生義利賢善方便．故攝徒衆應須依此。如云「諸攝眷屬者．當善依此理．能辦一切義．讚為妙方便。」

第五略為解說。愛語有二．一隨世儀軌語．謂遠離顰蹙．舒顏平視．含笑為先．慰問諸界為調適等．隨世儀軌慰悅有情。二隨正法教語．謂為利益安樂有情．依能引發信戒聞捨慧等功德．宣說正法。又於能殺害怨敵之家．無穢濁心說利益語．於極鈍根心無疑慮．誓受疲勞為說法語．令攝善法．於其諂詐欺二師等行邪惡行諸有情所．無恚惱心說利益語．於此難行愛語亦當修學。又於相續未熟．欲斷諸蓋向善趣者．為說先時所應作法．謂施及戒。又於已離蓋相續成熟心調善者．為說增進四聖諦法。又在家出家多放逸者．為令安住不放逸行．無倒諫誨。又疑惑者爲斷疑故．爲說正法論議決擇．是爲一切門愛語。

利行略有二種．一未成熟者能令成熟．二已成熟者能令解脫。又分三種．一於現法利．勸導利行．謂勸令如法招集守護增長財位。二於後法利勸導利行．謂正勸導棄捨財位．清淨出家乞求自活．由此定獲後法安樂．不必獲得現法安樂．三於現法後法利勸導利行．謂正勸導在家出家．趣向世間出世離欲．由此現法能令獲得身心輕安．於後法中或生淨天或般涅槃。又應修行難行利行．一於往昔未種善根者．難令行善。二現有廣大圓滿財位者．難行利行．由其安住大放逸處故。三諸已串習外道見者．難行利行．由憎聖教愚癡邪執不解理故。又應修行漸次利行．謂於劣慧者．先令修行粗淺教授．若成中慧．轉中教授．成廣大慧．爲說深法．隨轉幽微教授教誡。

同事者．謂於何義勸他安住．即於此義自當安住．若等若增．如是隨作何事．先應緣於有情義利．定不應離利他意樂．然其加行則先自調伏．如無邊功德讚云「有未自調伏．雖說正理教．違自語而行．不能調伏他。尊知此義故．心念諸衆生．自未調伏時．暫勤自調伏。」

又四攝事可攝爲二．謂以財攝及以法攝。財施爲初．餘三屬法．法爲所緣正行清淨之法．如云．「由財及以法．謂所緣法等由此二攝門．說爲四攝事。」又此即是三世一切菩薩利他方便．故是共道。如云．「已攝及當攝現攝悉皆同．是故此即是成熟有情道。」又菩薩行總有無邊．然大嗢柁南即是六度四攝．以諸菩薩唯二所作．一自內成熟成佛資糧．二爲成熟他有情相續．六度四攝即能成辦此二事故。如菩薩地云．「由諸波羅蜜多能自成熟一切佛法．由諸攝事能成熟他一切有情．當知略說菩薩一切善法作業。」故於此中略說彼二．若欲廣知．應於菩薩地中尋求。又此根本後得時．應如何行者．如尊者云．「六波羅蜜等菩薩廣大行．由本後瑜伽．堅修資糧道。」謂初業菩薩受菩薩戒住資糧道．根本後得皆不出六度．故六度中有是根本定時所修．有者是於後得時修。謂靜慮自性奢摩他．及慧度自性毘缽舍那一分．是於根本定時所修。前三波羅蜜多及靜慮般若一分．是後得時修。精進俱通根本後得．忍中一分定思深法．於定時修．如尊者云．「起根本定時．偏觀一切法．修幻等八喻．能淨後分別．應正學方便．於根本定時．應恆常修習．止觀分平等。」若由未習如是希有難行諸行．聞時憂惱．應念菩薩於最初時亦不能行．然由先知所作願境．漸次修習．久習之後．不待功用能任運轉．故其串習極爲切要。若見現前不能實行．即便棄捨全不修心．是極稽留清淨之道。如無邊功德讚云．「若由聞何法．令世間生怖．尊亦於此法．久未能實行。然尊習其行．時至任運轉．是故諸功德．不修難增長。」故受菩薩律儀者．定無方便不學諸行．未如儀軌受行心者．亦當勵力修欲學心。若於諸行勇樂修學．次受律儀極為堅固．故應勤學上士道次第中．已說淨修願心．及學菩薩總行道之次第。

菩提道次第廣論卷十三終

菩提道次第廣論卷十四

敬禮勝尊具大悲者足。

第二別學後二波羅蜜多，謂修奢摩他毘缽舍那，如其次第，即是靜慮及慧波羅蜜多之所攝故。

此中分六，一修習止觀之勝利，二顯示此二攝一切定，三止觀自性，四理須雙修，五次第決定，六各別學法。今初

大小二乘世出世間一切功德，皆止觀之果。如解深密經云：「慈氏，若諸聲聞，若諸菩薩，若諸如來所有世間及出世間一切善法，應知皆是此奢摩他毘缽舍那所得之果。」若謂止觀，豈非已得修所成者身中功德，今說彼一切功德皆止觀之果，云何應理。答：如下所說，眞實止觀，實是已得修所成之功德，則大小乘一切功德，非盡彼二之果。然以善緣心一境性，諸三摩地悉皆攝爲奢摩他品，及凡揀擇如所有性盡所有性諸妙善慧，悉皆攝爲毘缽舍那品。故密意說三乘所有一切功德，皆止觀之果，無相違過。又於此義，修信大乘經亦

密意說云「善男子由此異門說諸菩薩盡其所有大乘信解大乘出生應知皆是無散亂心正思法義之所出生。」無散亂心謂奢摩他品心一境性正思法義謂毘缽舍那品妙觀察慧故大小乘一切功德皆以觀慧思擇而修及於所緣心一境性二所成辦非唯止修或唯觀修一分而成。如解深密經云「衆生爲相縛及爲粗重縛要勤修止觀爾乃得解脫。」言粗重者謂心相續中所有習氣增長內心顚倒堪能相者謂於外境前後所生顚倒習氣。般若波羅蜜多教授論說前者爲觀所斷後者爲止所斷。此上是引有止觀名者所有勝利餘未說止觀名者凡說靜慮般若勝利其義同故應知皆是止觀勝利。

第二顯示此二攝一切定。譬如一樹雖有無邊枝葉花果然總攝彼一切扼要厥爲根本。如是經說大小乘無邊三摩地然總攝一切之宗要厥爲止觀。如解深密經云「如我所說無量聲聞菩薩如來有無量種勝三摩地當知一切皆此所攝。」故欲求定者不能尋求無邊差別應求一切等持總聚止觀二品一切時中恆應修學。如修次下編云「世尊雖說諸菩薩衆無量無數等持差別然止觀二品能遍一切勝三摩地當說止觀雙運轉道。」修次中編亦云「由此二品能攝一切三摩地故諸瑜伽師一切時中應修止觀。」

第三止觀自性分二。初奢摩他自性．如解深密經云．「即於如是善思惟法．獨處空閒內正安住．作意思惟．復即於此能思惟心．內心相續作意思惟．如是正行多安住故．起身輕安及心輕安．是名奢摩他。如是菩薩能求奢摩他。」義謂隨所定解十二分教中五蘊等義為所緣境．由念正知．令能緣心於所緣境相續安住而不散亂。故心於境能任運住．若時生起身心輕安所有喜樂．此三摩地即奢摩他。此由內攝其心不散所緣即能生起．不要通達諸法眞實。

二毘缽舍那自性．即前經云．「彼由獲得身心輕安為所依故．捨離心相．即於如所善思惟法內三摩地所行影像觀察勝解．即於如是勝三摩地所行影像所知義中．能正思擇最極思擇．周徧尋思．周徧伺察．若忍若樂若覺若見若觀．是名毘缽舍那。如是菩薩能善巧毘缽舍那。」此經宣說毘缽舍那是觀察慧．最極明顯無可抵賴．傳說支那堪布見已謗云．「此是經否不得而知。」用足毀踏。因彼妄計一切分別皆執實相．要棄觀慧全不作意．乃為修習甚深法義．不順此經．故用足毀．現見多有隨此派者。聖無著說．「正思擇者．謂思擇盡所有性．最極思擇．謂思擇如所有性．以有分別慧作意取諸相時．名周徧尋思．眞實觀時名周徧伺察。」尋謂粗思，伺謂細察，取諸相者非執諦實，是明了境相，由是思擇如所有性盡所有性，皆有周徧尋思及周徧伺察。

寶雲經說義同深密，如云「奢摩他者謂心一境性，毘鉢舍那者謂正觀察。」慈尊於莊嚴經論云「應知諸法名總集爲止道，應知妙觀道思擇諸法義。」又云「正住爲所依，心安住於心，及善思擇法，應知是止觀。」依定住心說名爲止，善擇法慧說名爲觀。前經密意作是解已，令更不能別解經義。菩薩地云「於離言說唯事唯義所緣境中繫心令住，離諸戲論離心擾亂想作意故，於諸所緣而作勝解，於諸定相令心內住安住等住，廣說乃至一趣等持，是名奢摩他。云何毘鉢舍那，由奢摩他熏修作意，即於如先所思惟法思惟其相，如理簡擇，最極簡擇，極簡擇法，廣說乃至覺明慧行，是名毘鉢舍那。」此與前說極相隨順，此文雙解經意及慈尊意，故於前文所明止觀應生定解。修次中編亦云「外境散亂既止息已，於內所緣恆常相續任運而轉，安住歡喜輕安之心，是名奢摩他。即由安住奢摩他時，思擇眞實，是名毘鉢舍那。」般若波羅蜜多教授論云「盡所有性如所有性無分別影像者，是止所緣。盡所有性如所有性有分別影像者，是觀所緣。」此說於如所有性盡所有性不分別住名奢摩他思擇二境名毘鉢舍那。解深密經云「世尊．幾是奢摩他所緣．告曰一種．謂無分別影像。幾是毘鉢舍那所緣．告曰一種．謂有分別影像。幾是俱所緣．告曰有二．謂事邊際所作成辦。」集論於事邊際．開說如所有性及盡所有性之二。寂靜論師如前所說止觀皆能俱緣如所有性盡所有性。是故止觀非就所緣境相而分．既有通達空性之止．亦有不達空性之觀。若能止心於外境轉．住內所緣．即說名止．增上觀照即名勝觀。

有說內心無分別住．無明了相說名爲止．有明了力說名爲觀．此不應理。以與佛經及慈尊無著之論．並修次第等諸廣決擇止觀相者．說於所緣心一境性勝三摩地名奢摩他．於所知義正揀擇慧名毘鉢舍那皆相違故。又無分別心有無明了之力者．是因三摩地有無沉沒之差別．以此爲止觀之差別．極不應理．以一切奢摩他定皆須離沉．凡離沉沒三摩地中．心皆定有明淨分故。故緣如所有性之定慧．是就內心證與未證二無我性隨一而定．非就其心住與不住．明了安樂無分別相而爲判別．以心未趣向無我眞實者．亦有無量明樂無分別三摩地故。雖未獲得實性見解．但若執心令無分別．現可生起。故未解空性．生無分別定無少相違．若能由此久攝其心．以攝心力風生堪能．身心法爾能生喜樂．故生喜樂亦不相違。喜樂生已．即由喜樂受相明了力令心明了．故說一切明了安樂無分別定．皆證眞性全無確證。諸證空性妙三摩地．雖有明樂無所分別，諸未趣向空性之定．亦有極多明了安樂及無分別．故應善辨二定差別。

第四理須雙修。修止觀一種何非完足必雙修耶．答．譬如夜間爲觀壁畫而然燈燭．若燈明亮無風擾動．乃能明見諸像．若燈不明．或燈雖明而有風動．是則不能明見諸色。如是爲觀甚深義故．亦須定解眞義無倒妙慧．及心於所緣．如欲安住而無擾動．乃能明見眞實。若僅具有心不散亂無分別定．然無通達實性妙慧．是離能見實性之眼．於三摩地任何薰修．然終不能證眞實性。若雖有見能悟無我眞實性義．然無正定．令心專一堅固安住．則無自在．爲分別風之所動搖．亦定不能明見實義．是故雙須止觀二品。如修次中編云「唯觀離止．如風中燭．瑜伽師心於境散亂不能堅住．不生明了智慧光明．故當雙修。」大般涅槃經云．「聲聞不見如來種性．以定力强故．慧力劣故。菩薩雖見而不明顯．慧力强故定力劣故。唯有如來遍見一切．止觀等故。由止力故如無風燭．諸分別風不動心故．由觀力故．永斷一切諸惡見網．不爲他破。」月燈經云．「由止力無動．由觀故如山。心無散亂．安住所緣．是修止迹。證無我義．斷我見等一切惡見．敵不能動猶如山王．是修觀迹。故於此二應知差別。」

又於未成奢摩他前．雖以觀慧觀無我義．心極動搖如風中燭．無我影像且不明顯．若成止後而善觀察．則已滅除極動過失方能明了無我影像。故毘缽舍那不散動心．是從無分別奢摩他生．通達實義非從止生．譬如燈能照色．是從前念燈火而生．非從遮風帳幔等起．燈固不動則從幔生。若心無掉沉不平等相．住奢摩他定．次以慧觀能證眞實。故正攝法經密意說云「由心住定．乃能如實了知眞實」．修次初編云「心動如水無止爲依．不能安住非等引心．不能如實了知眞義．故世尊說由心住定．乃能如實了知眞實。」

又成就奢摩他已．非僅能遮正觀無我性慧動搖過失．即修無常業果生死過患慈悲菩提心等．凡此一切修觀慧時．於所緣境散亂過失．亦皆能遣。各於所緣無散亂．故所修衆善皆有大力．未得止前多是散心．故所修善皆悉微劣。如入行論云「諸人心散亂．住煩惱齒中。」又云「雖經長時修．念誦苦行等．心散亂所作．佛說無義利。」

如是成就無分別定．心於所緣不餘散者．義爲令心於善所緣．成就堪能如欲而住．此復繫心於一所緣即能安住．欲令起時須於無邊善所緣境．如欲而轉．如通利溝引諸流水。故成止後更須修集緣如所有及盡所有妙慧．施心戒心忍辱精進淨信及厭離等．無邊衆善滅無邊失。若唯安住一所緣境者．是未了知修止之義．不能增長廣大善行。如是若捨行品觀品妙觀察慧．唯修三摩地心一境性．其利極小。又於無我義．若無觀慧引生恆常猛利定解．緣如所有性毘缽舍那．唯久修習正奢摩他．僅能壓伏現行煩惱．終不能斷煩惱種子．故非唯修止．亦定應修觀。如修次中編云．「諸瑜伽師若唯修止．唯能暫伏煩惱現行．不能斷障．以未發生智慧光明．則定不能壞隨眠故。」解深密經云．「由靜慮故降伏煩惱．由般若故斷諸隨眠。」三摩地王經云．「雖善修正定．不能破我想．後爲煩惱亂．如外道修定。若觀法無我．觀已善修習．是證涅槃因．非餘能寂滅。」菩薩藏經亦云．「若未聞此菩薩法門．亦未聽聞聖調伏法．唯三摩地而得喜足．爲憍慢轉墮增上慢．不能解脫生老病死愁嘆苦憂及諸衰惱．不能解脫六道輪迴．不能解脫諸大苦蘊。」如來於此密意說云．「從他聽聞解脫老死．故欲斷諸障發淨智者．應依奢摩他而修妙慧。」寶積經云．「住戒能得定．得定能修慧．由慧得淨智．智淨戒圓滿。」修信大乘經云．「善男子．若諸菩薩不住於慧．我不說彼能信大乘．能生大乘。」

第五次第決定如入行論云．「當知具止觀能摧諸煩惱．故應先求止。」謂先修止．次依止故乃修妙觀。若作是念．修次初編云．「此二所緣無定．」此說止緣無有決定．前文亦說．止所緣中俱有法及法性．故先了解無我深義緣彼而修．則心無散亂之止及緣空性之觀同時俱起．何必先求奢摩他已次乃修觀耶。答．此說觀前先修止者．非說引生正見通達無我須先修止。雖無止者．亦能生正見故。又此正見內生強力之感覺．亦不須以止爲先．以無止者．僅以觀慧數數思擇．此亦能生強力感覺．無所違故。若相違者．則修無常生死過患菩提心等．引生強力之感覺．皆須依止。太爲過失．理相等故。

若爾．觀前修止爲何耶。如解深密經說．若以觀慧而修思擇．最極思擇．乃至未起身心輕安．爾時但是毘缽舍那相應作意．生輕安已乃名妙觀。故先未得止者．僅以觀慧而修思擇．終不能發身心輕安所有喜樂。若得止已．後以觀慧思擇而修．輕安乃生．故觀須止因．下當廣說。故若非僅由住一境．即以觀慧思擇之力．若能引發輕安之時．乃是成辦毘缽舍那。雖緣空性爲境．若但由其住一所緣．引生輕安．仍未能出修止之法．非此即得毘缽舍那。又未得止者．先求了解無我之義．次緣此義數數思擇．由此思擇不能得止。若不思擇安住而修．由此爲依雖可得止．然除修止之外．而無修觀之法．更須修觀。故仍未出先修止已次修勝觀決定次第。若不以思擇引發輕安建立爲觀者．則先修止次乃修觀．全無正理。若不如是次第而修．亦不應理。解深密經說要依奢摩他乃修毘缽舍那。又「依前而生後」說六度中靜慮與般若之次第．及依增上定學而生增上慧學之次第．皆先修止而後修觀。又如前引菩薩地文．聲聞地亦說．當依奢摩他而修毘缽舍那。中觀心論及入行論修次三編智稱論師寂靜論師等．皆說先修奢摩他已後修勝觀。故印度少數論師．有說無須別求正奢摩他．最初即以觀慧思擇．亦能引生毘缽舍那者．違諸大轍所造論典．非諸智者可憑信處。

又此止觀次第．是就新生之時應如是修．若先已生．則無決定次第．亦可先修毘缽舍那．次修奢摩他。何故集論說有先得勝觀而未得止．彼應依觀而勤修止耶．答．此非說未得第一靜慮未到定所攝之止．是說未得第一靜慮三摩地以上之止。此復是說證四諦已．次依此觀．而修第一靜慮以上之止。本地分云．「又已如實善知從苦至道．然未能得初靜慮等．於此無間住心．更不擇法．是依增上慧而修增上心。」又爲便於立言說故．於九住心通說爲止．思擇等四通說名觀。然眞實止觀如下所說．要生輕安乃可安立。

第六各別學法分三．一學奢摩他法。二學毘鉢舍那法。三學雙運法。　初又分三．一修止資糧．二依止資糧修奢摩他．三修已成就奢摩他量。　今初

諸瑜伽師先集資糧．即是速易成止之因。其中有六．一住隨順處．住具五德之處．一易於獲得．謂無大劬勞得衣食等。二處所賢善．謂無猛獸等兇惡衆生及無怨等之所居住。三地土賢善．謂非引生疾病之地。四伴友賢善．謂具戒見相同。五具善妙相．謂日無多人夜靜聲寂。如莊嚴經論云．「具慧修行處易得賢善處善地及善友瑜伽安樂具。」二少欲．不貪衆多上妙衣服等事。三知足．雖得微少粗弊衣等常能知足。四斷諸雜務．皆當斷除行貿易等諸惡事業．或太親近在家出家．或行醫藥算星相等。五清淨尸羅．於別解脫及菩薩律．皆不應犯性罪遮罪．破壞學處．設放逸犯速生追悔．如法悔除。六斷除貪欲等諸惡尋思．於貪欲等當修殺縛等現法過患．及墮惡趣等當來過患．又生死中愛非愛事皆是無常可破壞法．此定不久與我分離．何爲於彼而起貪等。由是修習能斷貪等諸惡尋思．此如修次中編之意．於聲聞地應當廣知。

如是六法能攝正定．未生新生．生已不退．安住增長因緣宗要。尤以清淨尸羅．觀欲過患．住相順處為其主要。善知識敦巴云「我等唯覺是教授過．專求教授．然定不生．是未安住資糧所致。」言資糧者．即前六法。又前四度．即是第五靜慮資糧。修次初編云「若能不著利等諸欲．善住尸羅．性忍眾苦．勤發精進．速能引發正奢摩他。故解深密經等．亦說施等為後後因。」道炬論云「失壞止支分．雖勵力修習．縱經多千年．不能成正定。」故眞欲修止觀定者．應勵力集聲聞地中正奢摩他十三資糧．極為主要。

第二依止資糧修奢摩他分二：一加行．二正行。 今初

修如前說加行六法．尤應久修大菩提心。又應淨修共中下士所緣自體．為菩提心之支分。

第二正行分二：一身何威儀而修．二正釋修習之次第。 今初

如修次中編下編所說．於安樂具．身具八法。足者．謂全跏趺．如毘盧遮那佛坐．或半跏趺。眼者．謂不應太開．亦非太閉．垂注鼻端。身者．謂非過後仰．莫太前屈．端身內念。肩者．謂平齊而住。頭者．莫揚莫低．莫歪一方．自鼻至臍．正直而住。齒與唇者．隨自然住。舌者．令抵上齒。

息者．內外出入莫令有聲．粗猛急滑．必使出入無所知覺．全無功用徐徐而轉。聲聞地說於佛所許．或牀或座或草敷上．結跏趺坐．有五因緣．一善歛其身速發輕安．由此威儀順生輕安故。二由此宴坐能經久時．以此威儀不極令身疾疲倦故。三由此威儀不共外道．及異論故。四由此威儀令他見已極信敬故。五由此威儀佛佛弟子．共所開許共依止故。正觀如是五因緣故．結跏趺坐。端正身者爲令不生昏沉睡眠．先應令身具八威儀．尤於調息如說善修。

第二正釋修習之次第。諸道次第．多依辨中邊論所說．由八斷行．斷五過失．修奢摩他。善知識拉梭瓦所傳之敎授．更於彼上．加聲聞地所說六力．四種作意及九住心．德稱大師道次第云「四作意中．攝九住心及斷六過八對治行．是爲一切正定方便．衆多契經及莊嚴經論．辨中邊論．無著菩薩瑜伽師地論中．觀宗三編修次等．開示修靜慮之方便中一切皆同。若能先住正定資糧．以此方便勵力修習．決定能得妙三摩地。現在傳說修靜慮之甚深敎授中．全不見此方便之名．若不具足正定資糧及無此方便．雖長時修定終不成。」此語是於諸大敎典修定方法．得淸淨解。又總三乘修道次第．無著菩薩於五分中極廣決擇．

故彼爲最廣開示修行之論，然於一處廣說之事，餘則從略。止觀二法，攝決擇說於聲聞地應當了知，故聲聞地最爲廣者。慈尊則於莊嚴經論辨中邊論，說九住心及八斷行，獅子賢論師蓮花戒論師寂靜論師等，印度智者隨前諸論，亦多著有修定次第，又除緣佛像空點種子形等，所緣不同外，其定大體，前諸大論與咒所說，極相隨順。尤於定五過失、及除過方便等經反較詳，然能依彼大論修者，幾同晝星。將自心垢責爲論過，謂彼唯能開闢外解，妄執開示心要義理別有教授，於彼所說修定次第正修定時，竟爲何似，全無疑惑。然此教授一切修行前後皆取大論所出，故於此處修定方法，亦取大論而爲宣說。

此又分二，一引生無過三摩地法，二依彼引生住心次第。　初又分三，一繫心所緣先如何修，二住所緣時應如何修，三住所緣後應如何修。　今初

若不能滅不樂修定，樂定障品所有懈怠，初即於定不令趣入，縱一獲得，亦不能相續速當退失，故滅懈怠爲初切要。若能獲得身心輕安，喜樂增廣，晝夜行善能無疲厭，懈怠盡除。然生輕安，須於能生輕安之因妙三摩地恆發精進。然生精進，須於正定具足恆常猛利希欲。欲樂之因，須由觀見正定功德，生堅信心。故應先思正定功德，數修信心。此等次第修者觀之極顯決定．故應認為最勝宗要。辨中邊論云．「即所依能依．及所因能果。」所依謂欲勤所依故能依謂勤或名精進．欲因謂信深忍功德．勤果謂輕安。此中所修正定功德．謂由獲得奢摩他已．現法樂住．身心喜樂．及由獲得身心輕安．於善所緣心如欲轉。又由息滅於顛倒境散亂無主．則諸惡行皆不得生．隨所修善皆有強力。又止為依能引神通變化等德．尤由依止．能生通達如所有性毘缽舍那．速疾能斷生死根本。若能思惟此諸功德．則於修定增長勇悍．生勇悍故恆樂修定．極易獲得勝三摩地．得已不失．能數修習。

第二住所緣時應如何修分二．一明心住之所緣．二心於所緣如何安住。　初又分二．一總建立所緣．二明此處之所緣。　初又分三．一正明所緣．二顯示何等補特伽羅應緣何境．三顯示所緣異門。

今初

如世尊言．修瑜伽師有四所緣．謂周偏所緣．淨行所緣．善巧所緣．淨惑所緣。周偏所緣復有四種．謂有分別影像．無分別影像．事邊際性．所作成辦。就能緣心立二影像．初是毘缽舍那所緣．二是奢摩他所緣。言影像者．謂非實所緣自相．唯是內心所現彼相。由緣彼相正思擇時．有思擇分別．故名有分別影像。若心緣彼不思擇住．無思擇分別．故名無分別影像。

又此影像爲何所緣之影像耶．謂是五種淨行所緣．五種善巧所緣．二種淨惑所緣之影像。就所緣境立事邊際．此有二種．如云唯爾更無餘事．是盡所有事邊際性．如云實爾非住餘性．是如所有事邊際性。其盡所有性者．謂如於五蘊攝諸有爲．於十八界及十二處攝一切法．四諦盡攝所應知事．過此無餘。如所有性者．謂彼所緣實性眞如理所成義。就果安立所作成辦．謂於如是所緣影像．由奢摩他毘鉢舍那作意所緣．若修若習若多修習．遠離粗重而得轉依。

淨行所緣者。由此所緣能淨貪等增上現行．略有五種．謂不淨．慈愍．緣起．界別．阿那波那。緣不淨者．謂緣毛髮等三十六物．名內不淨．及青瘀等名外不淨。是於內心所現不淨非可愛相．任持其心。慈謂普緣親怨中三．等引地攝．欲與利益安樂意樂。即由慈心行相．於彼所緣任持其心．名曰緣慈．是於心境俱說爲慈。緣緣起者．謂唯依三世緣起之法．生唯法果．除法更無實作業者．實受果者．即於是義任持其心。緣界差別者．謂各別分析地水火風空識六界．即緣此界任持其心。緣阿那波那者．謂於出入息由數觀門住心不散。

善巧所緣亦有五種。謂善巧蘊．界．處．緣起．及處非處。蘊謂色等五蘊．蘊善巧者．謂能了知除蘊更無我及我所。界謂眼等十八界．界善巧者．謂知諸界從自種生．即知因緣。處謂眼等十二處．處善巧者．謂知內六處爲六識增上緣．知外六處爲所緣緣．知無間滅意爲等無間緣。緣起謂十二有支．緣起善巧者．謂知緣起是無常性苦性無我性。處非處者．謂從善業生可愛果是名爲處．從不善業生可愛果是名非處．處非處善巧者即如是知。此即善巧緣起．其中差別．此是了知各別之因。又以此等作奢摩他所緣之時．謂於蘊等所決定相．任持其心一門而轉。

又淨惑者．謂唯暫傷煩惱種子及永斷種。初所緣者．謂觀欲地乃至無所有處下地粗相．上地靜相。第二所緣．謂四諦中無常等十六行．又以此等作奢摩他所緣之時．謂於諸境所現影像．隨心決定任持其心不多觀察。

修次中編說三種所緣。謂十二分教．一切皆是隨順趣向臨入眞如．總攝一切安住其心。或緣蘊等總攝諸法．或於見聞諸佛聖像安住其心。其於蘊等住心之法．謂先了知一切有爲五蘊所攝．次於五蘊漸攝有爲．即緣五蘊任持其心。譬如觀擇而修．能生觀慧。如是攝略而修．亦引生勝三摩地．攝心所緣而不流散．此即對法論之教授。如是亦應了知界處攝一切法．漸攝於彼任持其心。

又淨行所緣．上品貪行等易除貪等．依此易得勝三摩地．故是殊勝所緣。善巧所緣．能破離彼諸法之補特伽羅我．隨順引生通達無我毘缽舍那．故是極善奢摩他所緣。淨惑所緣．能總對治一切煩惱．故義極大徧滿所緣．離前所緣非更別有．故當依殊勝奢摩他所緣修三摩地。有緣塊石草木等物而修定者．自顯未達妙三摩地所緣建立。又有說於所緣住心．皆是著相．遂以不繫所緣無依而住．謂修空性。此是未解修空之現相。當知爾時若全無知．則亦無修空之定。若有知者．爲知何事．故亦定有所知．有所知故．即彼心之所緣．以境與所緣所知．是一義故。是則應許．凡三摩地皆是著相．是故彼說不應正理。又是否修空．須觀是否安住通達實性之見而修．非觀於境有無分別．下當廣說。又說安住無所緣者．彼必先念「我當持心．必令於境全不流散。」次持其心。是則緣於唯心所緣．持心不散．言無所緣與自心相違。故明修定諸大教典．說多種所緣．義如前說．故於住心之所緣．應當善巧。又修次論說．奢摩他所緣無定．道炬論說隨一所緣者．義謂不須定拘一種所緣差別．非說凡事皆作所緣。

二顯示何等補特伽羅應緣何事。若貪增上乃至尋思增上補特伽羅，如聲聞地引頡隸伐多問經云：「頡隸伐多，若有苾芻勤修觀行是瑜伽師。若唯有貪行，應於不淨緣安住其心，若唯有瞋行，應於慈愍，若唯癡行，應於緣性緣起，若唯有慢行，應於界差別安住其心。」又云：「若唯有尋思行，應於阿那阿波那念安住其心，如是名爲於相稱緣安住其心。」聲聞地云：「此中若是貪瞋癡慢及尋思行補特伽羅，彼於最初唯應先修淨行所緣而淨諸行，其後乃能證得住心。又彼所緣各別決定，故於所緣定應勤修。」故於所緣定應勤學。若是等分或是薄塵補特伽羅，於前所緣隨樂攝心，無須決定。聲聞地云：「等分行者，隨其所樂精勤修習，唯爲住心非爲淨行。如等分行者，薄塵行者當知亦爾。」貪等五增上者，謂先餘生中於貪等五已修已習已多修習，故於下品貪等五境亦生猛利長時貪等。等分行者，謂先餘生中於貪等五不修不習不多修習，然於彼法未見過患未能厭壞，故於彼境無有猛利長時貪等，然貪等五非全不生。薄塵行者，謂先餘生中於貪等五不修習等，見過患等，故於衆多美妙上品可愛境等，貪等徐起，於中下境全不生起。又增上貪等經極長時，等分行者非極長時，薄塵行者速證心住。善巧所緣爲何補特伽羅之所勤修，如頡隸伐多問經云「頡隸伐多．若有苾芻勤修觀行．是瑜伽師。若愚一切諸行自相．或愚我有情命者生者能養育者．補特伽羅事．應於蘊善巧安住其心。若愚其因應於界善巧．若愚其緣應於處善巧．若愚無常苦空無我應於緣起處非處善巧安住其心。」此五所緣正滅愚癡。淨惑所緣爲何補特伽羅安住其心．亦如前經云「若樂離欲界欲．應於諸欲粗性．諸色靜性．若樂離色界欲．應於諸色粗性．無色靜性．安住其心。若樂通達及樂解脫遍一切處薩迦耶事．應於苦諦集諦滅諦道諦．安住其心。」此諸所緣．通於毘缽舍那思擇修習．及奢摩他安住修習二種所緣．非唯奢摩他之所緣。然因有是新修奢摩他之所緣．有是奢摩他生已勝進所緣．故於修止所緣中說。

三顯示所緣異門。正定所緣攝持心處．即前所說心中所現所緣之影像。其名異門．如聲聞地云「即此影像亦名三摩地相．亦名三摩地所行境界．亦名三摩地方便．亦名三摩地門．亦名作意處．亦名內分別體．亦名光影．如是等類．當知名爲所知事同分影像諸名差別。」

菩提道次第廣論卷十四終

菩提道次第廣論卷十五

二明此處所緣者。已說如是多種所緣．今當緣何而修止耶。答如前經說．無有限定．須各別緣．以補特伽羅有差別故。尤其上品貪行者等修奢摩他時．所緣各別決定。若不爾者．縱或能得奢摩他相應三摩地．然不能得實奢摩他。若不久修淨行所緣．尚說不得正奢摩他．況全棄捨淨行所緣。多尋思者尤應修息。若是等分補特伽羅．或是薄塵補特伽羅．於前所說諸所緣中．隨意所樂作所緣處。又修次第中下二編．依於現在諸佛現住三摩地經及三摩地王經．說緣佛像修三摩地。覺賢論師說多所緣．如云．「止略有二．謂向內緣得及向外緣得。內緣有二．謂緣全身及依身法。緣身又三．謂即緣身為天形像．緣骨鎖等不淨行相．緣骨杖等三昧耶相。緣依身法又有五種．謂緣息緣細相緣空點緣光支緣喜樂。向外緣者亦有二種．謂殊勝平庸．殊勝又二．謂緣佛身語」。道炬論釋亦引此文。

其緣佛身攝持心者。隨念諸佛故能引生無邊福德．若佛身相明顯堅固．可作禮拜供養發願等．積集資糧之田及悔除防護等淨障之田．故此所緣最為殊勝。又如三摩地王經說臨命終時隨念諸佛不退失等功德．若修咒道於本尊瑜伽尤爲殊勝．有如是等衆多義利。又此勝利及思佛之法．廣如現在諸佛現住三摩地經所明。又如修次下編所說．定應了知．因恐文繁．茲不俱錄。故求所緣既能成就勝三摩地．餘諸勝事兼能獲得．如是乃爲方便善巧。

當以何等如來之像爲所緣耶．答．如修次下編云．「諸瑜伽師．先當如自所見所聞如來形像安住其心修奢摩他。當常思惟如來身像黃如金色．相好莊嚴．處衆會中．種種方便利益有情。於佛功德發生願樂．息滅昏沉掉擧等失．乃至明見如住面前．應於爾時勤修靜慮。」三摩地王經云．「佛身如金色．相好最端嚴．菩薩應緣彼．心轉修正定。」如此所說而爲所緣。此復有二．謂由覺新起及於原有令重光顯．後易生信又順共乘．故於原有令相明顯。

先求持心所緣處者。謂先當求一若畫若鑄極其善妙大師之像．數數觀視．善取其相．數數修習令現於心．或由尊長善爲曉喻．思所聞義令現意中求爲所緣．又所緣處非是現爲畫鑄等相．要令現爲眞佛形相。有說置像於前目覩而修．智軍論師善爲破之．以三摩地非於根識而修，要於意識而修。妙三摩地親所緣境，即是意識親所緣境，須於意境攝持心故。又如前說是緣實境之總義，或影像故。影像亦有粗細二分，有說先緣粗分，待彼堅固，次緣細分，自心亦覺粗分易現起故，應先從粗像為所緣境。

尤為要者，謂如下說乃至未得如欲定時，不可多遷異類所緣修三摩地。若換衆多異類所緣修三摩地，反成修止最大障礙。故於修定堪資定量之瑜伽師地論及三編修次等，皆說初修定時依一所緣而修，未說遷變衆多所緣。聖勇論師於修靜慮時顯此義云：「應於一所緣，堅固其意志，若轉多所緣，意為煩惱擾。」道炬論云：「隨於一所緣，令意住善境。」說「於一」言是指定詞，故先應緣一所緣境，待得止已後乃緣多。修次初編云：「若時已能攝其作意，爾時乃能廣緣蘊處界等差別。如解深密等說瑜伽師緣十八空等衆多差別所緣。」

如是初得攝心所緣之量，謂先次第明了攀緣一頭二臂，身體餘分及二足相，其後思惟身之總體。心中若能現起半分粗大支分，縱無光明，應知喜足，於彼攝心。此中道理，若以此許猶不為足而不持心，欲求明顯數數攀緣，所緣雖可略為顯了，然非僅不得妙三摩地令心安住．且障得定。又若所緣雖不明顯．然於半分所緣持心．亦能速得妙三摩地．次令明顯其明易成．此出智軍論師教授極爲重要。

又所緣境現顯之理．雖有二種四句之說．然由補特伽羅種性別故．種種無定行相現顯有難有易．即已現中有明不明．此二復有堅不堅固。若修密咒天瑜伽時．天之行相定須明顯．乃至未能明顯之時．須修多種明顯方便。此中佛相若極難現．於前隨一所緣持心．以此主要在得止故。又緣像修．若像不現任持心者．不能成辦所樂之義．故須行相現而持心。又緣總身像時．若身一分極其明顯．可緣彼分．若彼復沒．仍緣總像．若欲修黃而現爲紅．顯色不定．或欲修坐而現爲立．形色不定．或欲修一而現爲二．數量不定．或欲修大而現爲小形體不定．則定不可隨逐而轉．唯應於前根本所緣爲所緣境。

第二心於彼所緣如何安住分三．一立無過規．二破有過規．三示修時量。　今初

此中所修妙三摩地具二殊勝．一令心明顯具明顯分．二專住所緣無有分別具安住分．有於此上加樂爲三．餘有加澄共爲四者。然澄淨分初殊勝攝．不須別說。適悅行相喜樂之受．是此所修定果．非初靜慮未到分攝定相應中所能生起。三乘功德最勝依處第四靜

慮三摩地中皆無身樂心樂相應而起．故此不說。極明顯分．雖於無色地攝少數定中亦不得生。然如莊嚴經論云．「靜慮除無色。」除少獲得自在菩薩．餘諸菩薩皆依靜慮地攝正定引發功德．故說明顯殊勝無有過失。昏沉能障如是明顯．掉舉能障無分別住．沉掉二法爲修淨定障中上首．亦即此理。故若不識粗細沈掉及雖識已．不知淨修勝三摩地破彼二軌．況云勝觀．即奢摩他亦難生起．故智者求三摩地．於此道理應當善巧。沉掉乃是修止之違緣．違緣及破除之方法皆於下說．故此當說修止順緣引生三摩地之理。

此中三摩地者．謂心專住所緣．復須於所緣相續而住。此須二種方便．一於根本所緣令心不散．二於已散未散將散不散如實了知．初即正念．次是正知．如莊嚴經論釋云．「念與正知是能安住．一於所緣令心不散．二心散已能正了知。」若失正念忘緣而散．於此無間棄失所緣．故明記所緣念爲根本。由此正念於所緣境住心之理．謂如前說明觀所緣。若能現起最下行相．令心堅持．令心策舉．即此而住．莫新思擇。念如集論云．「云何爲念．於串習事．心不忘爲相．不散爲業。」此說具足三種差別．一所緣境之差別．先未習境．念則不生．故說於串習事．此中即令現起先所決定所緣之相。行相差別者．謂心不忘．即心明記其境．

此中謂不忘所緣。言不忘者.非因他問或自思察僅能記憶師所教示所緣如此.是須令心安住所緣.相續明記無少散動.能生散亂其念便失.故於所緣安住心已.須起是念已住所緣.次不更起重新觀察.相續將護此心勢力.是修念心最切要處。作業差別者.謂從所緣心不餘散.如是調心令住所緣。如調象喻.譬如於一堅牢樹柱.以多堅索繫其狂象.次調象師令如教行.若行者善.若不行者.即以利鉤數數治罰而令調伏。如是心如未調之象.以正念索縛於前說所緣堅柱.若不住者.以正知鉤治罰調伏漸自在轉。如中觀心論云「意象不正行.當以正念索.縛所緣堅柱.慧鉤漸調伏。」修次中編亦云「用念知索.於所緣樹.繫意狂象。」前論說正知如鉤.後論說如索亦不相違.正能令心於所緣境相續住者是明記念.正知間接亦能令心安住所緣.謂由正知了知沉掉或將沉掉.依此能不隨沉掉轉.令住根本所緣事故。

又如世親菩薩亦說.念知俱能令心住所緣故.又說依念生定及說記念如索.正於所緣相續繫心。故修念之法即修能引三摩地之主因.念之行相爲定知相.故修定者若無定知之相.唯憨然而住.心縱澄淨然無明顯定知有力之念.定不得生.亦未能破微細之沉.故三摩地唯有過失。又全不住像等所緣．唯修無分別心者．亦須憶念住心教授．令心於境全不分別。次則令心不流不散．令不流散．義同正念明記所緣．故仍未出修念之規。如彼修者．亦須修習具足定知有力之念。

第二破有過規。有此邪執是所應破．謂「若如前說策舉其心無分別住．雖無少許沉沒之過．掉舉增上．現見不能相續久住．若低其舉緩其策．現見住心速能生起。遂謂此方便是大教授．發大音聲唱言善緩即是善修。」此是未辨沉修二法差別之論．以無過定．須具前說二種差別．非唯令心無分別住一分而足。若謂於境令心昏昧可名爲沉．今無彼暗．內心澄淨．故三摩地全無過失．此乃未辨昏沉二法差別之言．下當廣說。故若太策舉雖能明了．由掉增上住分難生．若太緩慢雖有住分．由沉增上又不明了．其不墮入太急太緩．緩急適中界限難得．故極難生俱離沉掉妙三摩地。大德月云．「若精勤修生掉舉．若捨精勤復退沒．此界等轉極難得．我心擾亂云何修。」精勤修者謂太策舉．策則生掉．若捨策勵太緩慢者．心住其內復起退沒。義謂俱離沉掉平等安住．心於此界平等而轉實屬難得。佛靜釋云．「言精勤者．謂於善品發起勇悍．策勵而轉。」又云．「由見掉過捨其精勤．棄其功用心於內沉。」悔讚又云．「若勵力轉起掉舉．若勵緩息生退沒．修此中道亦難得．我心擾亂云何修。」其釋中云．「若起功用勵力運轉．便生掉散摧壞其心．從功用中心不得住．若如是行即是過失．爲遮此故緩息勵力運轉之心．棄捨功用則由忘所緣等之過失．令心退沒。」故說遠離沉掉二邊．修此中界平等運轉妙三摩地．極屬難得．若可太緩則無難故。

又說從緩發生沉沒．則以此理修三摩地．顯然非理。又極緩心僅明澄分．猶非滿足須策勵相．如無著菩薩云．「於內住等住中．有力勵運轉作意。」此於九種住心方便．初二心時．作如是說。修次初編云．「除沉沒者．當堅持所緣。」修次中編云．「次息沉沒．必須令心明見所緣。」言心明見．故非說境略明顯。是說心相極顯極堅．修念之規此爲最要。未能知此盲修之相．謂修愈久忘念愈重．擇法之慧日返愚鈍．有此多過反自矜爲有堅固定。

若謂如前以念令心住所緣已．爾時可否分別觀察．於所緣境持未持耶．答定須觀察。如修次中編云．「如是於隨樂所緣安住心已．後即於此等住其心．善等住已．即應於心如是觀察．爲於所緣心善持耶．爲沉沒耶．爲外散耶。」此非棄捨三摩地已．如是觀察．是住定中觀其住否根本所緣．若未住者．當觀隨逐沉掉何轉．非纔住定時太短促．亦非太久。是於中間時時觀照。若於前心未盡勢力．修此觀察．能生心力相續久住．亦能速疾了知沉掉。

然能時時憶念所緣而修者．必須有力相續運轉正念之因．故應修念。如聲聞地云．「云何心一境性．謂數數隨念．同分所緣流注無罪適悅相應．令心相續．名三摩地亦名爲善心一境性。何等名爲數數隨念．謂於正法聽聞受持．從師獲得教授教誡．以此增上．令其定地諸相現前．於此所緣正念流注隨轉安住。」辨中邊論釋云．「言念能不忘境者．謂能不忘住心教授意言之增語。」故修正念．爲於所緣滅除忘念．能滅之明記所緣者．謂所緣意言．即是數數作意所緣．譬如恐忘所知少義．數數憶念．即難失忘。故若時時憶念所緣．是生有力正念所須。於所緣境攝心不散而正觀察．是生有力能覺沉掉正知方便．若謂此等皆是分別而遮止者．應知難生有力正念正知。

第三示修時量。由念令心住所緣境．應住幾久有無定量。答西藏各派諸師皆說．「時短數多。」此中因相．有說「時短樂修中止．則於下次愛樂修習．若時長久則覺厭煩。」有說「時久易隨沉掉增上而轉．則極難生無過正定。」聲聞地等諸大論中．未見明說修時之量．修次下編云．「由是次第或一正時．或半修時．或一修時．乃至堪能爾時應修。」此是已成奢摩他後.修勝觀時所說時量.初修止時想亦同此.應如是行。若能如前修念正知.時時憶念觀察所緣.時雖略久亦無過失。然初業者.若時長久多生忘念散亂.爾時其心或沉或掉.非經久時不能速知,或雖未失念.然亦易隨沉掉而轉.沈掉生已不能速知。前能障生有力記念.後能障生有力正知.是則沉掉極難斷除。尤以忘失所緣不覺沉掉.惡於未忘所緣不能速疾了知沉掉.故爲對治散亂失念.修念之法極爲重要。若忘念重.正知羸劣.不能速疾了知沉掉.則須短小.若不忘念能速了知沉掉之時.長亦無過。故密意云.或一時等.未說定時.總以隨心所能.故云「乃至堪能。」又若身心未生疾病.即應安住.有病不應勉强而修.無間放捨除治諸界病難乃修.是諸智者所許.如是修者應知亦是修時支分。

第三住所緣後應如何修分二.一有沉掉時應如何修.二離沉掉時應如何修。 初又分二.一修習對治不知沉掉.二修習知已爲斷彼故對治不勤功用。 初又分二.一決擇沉掉之相.二於正修時生覺沉掉正知之方便。 今初

掉擧如集論云.「云何掉擧.淨相隨轉.貪分所攝.心不靜照.障止爲業。」此中有三.一所緣.可愛淨境。二行相.心不寂靜向外流散.是貪分中趣境愛相。三作業.能障其心安住所

緣。於內所緣令心住時．由貪色聲等之掉舉．於境牽心令不自在．貪愛散亂。如悔讚云．「如緣奢摩他．令心於彼住．惑索令離彼．貪繩牽趣境。」問．由餘煩惱．從所緣境令心流散．及於所餘善緣流散．是否掉舉．答．掉是貪分．由餘煩惱流散非掉．是二十隨煩惱中散亂心所。於善緣流散．隨其所應．是善心心所．非一切散皆是掉舉。

沉者亦譯退弱．與喪心志之退弱不同。於此沉相．雪山聚中修靜慮者．多於「安住不散．相不明澄之昏昧．許之爲沉。」此不應理．論說昏昧爲沉之因．二各別故。修次中編云．「此中若由昏沉睡眠所蔽．見心沉沒．或恐沉沒。」解深密經云．「若由昏沉及以睡眠．或由沉沒．或由隨一三摩鉢底諸隨煩惱之所染汚．當知是名內心散動。」此說由昏沉及睡眠力令心沉沒．名內散動故。集論亦於說隨煩惱散亂之時．說其沉沒．然彼說散亂亦有善性．非定染汚。昏沉如集論云．「云何昏沉．謂癡分攝．心無堪能．與一切煩惱及隨煩惱助伴爲業。」是癡分中身心沉重無堪能性。俱舍論云．「云何昏沉．謂身重性及心重性．即身無堪能性及心無堪能性。」沉沒謂心於所緣執持力緩．或不極明．故雖澄淨．若取所緣不極明顯．即是沉沒。修次中編云．「若時如盲．或如有人趣入闇室．或如閉目．其心不能明見所緣應知爾時已成沉沒。」未見餘論明說沉相。沉沒有二，謂善與無記。昏是不善或有覆無記，唯是癡分。諸大經論皆說除遣沉沒，思佛像等諸可欣境及修光明相策舉其心，故心闇境晦及心力低劣，皆應滅除。雙具所緣明顯與策舉之力，唯境明顯及唯心澄清非為完足。掉舉易了，唯沉沒相諸大經論多未明說故難了知，然極重要，以易於彼誤為無過三摩地故應如修次所說從修驗上細心觀察而求認識。

於正修時生覺沉掉正知之方便者。非唯了知沉掉便足，須於修時能生正知，如實了知沉沒掉舉生與未生。又須漸生有力正知，沉掉生已須生無間能知之正知，固不待言，即於未生將生，亦須正知預為覺了。修次中下編云「見心沉沒或恐沉沒，」又云，「見心掉舉或恐掉舉，」乃至未生如斯正知，縱自斷言從彼至此中無沉掉所修無過，然非實爾，以生沉掉不能知故，有力正知未生起故。如中邊論云「覺沉掉，」覺了沉掉須正知故。若未生正知，凡沉掉生必無所覺，則雖久修不覺沉掉，必以微細沉掉耗時。

正知云何生耶，答，前修念法，即修正知重要一因。以若能生相續憶念，即能破除忘境流散，亦能遮止沉掉生已久而不覺，故生沉掉極易覺了。又覺失念之沉掉，與覺未失念之沉掉二時延促觀心極顯。故入行論密意說云．「住念護意門．爾時生正知。」辨中邊論釋云．「言正知者由念記言．覺沉掉者謂安住念始有正知．是故說云由念記言。」餘一因者．是正知不共修法．即令心緣佛像等所取之相．或緣能取明了等相．次如前說於修念中．觀察於餘散與未散．任持其心．即修正知極切要處。入行論云．「數數審觀察身心諸分位．總彼彼即是守護正知相。」由此能生沉掉將生了知正知。由修念法．是遮散後所起忘念．應善辨別。若不爾者．雜一切心全無分別．如今後人修習而修．由混亂因．三摩地果恐亦如是。故應順大論細慧觀察修驗決擇．極為重要．不應唯恃耐勞。如攝波羅蜜多論云．「獨修精進自苦邊．慧伴將護成大利。」

第二修習知已為斷彼故對治不勤功用。修習正念正知之法．若如前說善修習已．生起有力正念正知。由正知故極細沉掉皆能覺了．必無不知沉掉之過。然彼生已．忍受不修破除功用．是三摩地最大過失。若心成習．難生遠離沉掉之定．故生沉掉為斷彼故．對治不行應修作行功用之思。

此中分二．一正明其思滅沉掉法．二明能生沉掉之因。　今初如集論云「云何爲思．令心造作意業．於善不善無記役心爲業。」如由磁石增上力故．令鐵隨轉如是於善不善無記隨一能令心之心所是名爲思。此中是說生沉掉時．令心造作斷彼之思。

爲斷沉掉發動心已．復應如何除沉掉耶。心沉沒者．由太向內攝．失攀緣力．故應作意諸可欣事．能令心意向外流散．謂佛像等極殊妙事．非生煩惱可欣樂法．又可作意日月光等諸光明相。沉沒除已．即應無間堅持所緣而修。如修次初編云「若由昏沉睡眠所覆．所緣不顯．心沉沒時．應修光明想．或由作意極可欣事佛功德等．沉沒除已仍持所緣。」此不應修厭患所緣．由厭令心向內攝故。又以觀慧思擇樂思之境．亦能除沉。攝波羅蜜多論云．「由勤修觀力．退弱而策舉。」沉沒與退弱者．謂緣所緣力漸低劣說名沉沒．太向內攝說名退弱．故由策舉力及廣所緣即能除遣。中觀心論云．「退弱應寬廣修廣大所緣。」又云．「退弱應策舉觀精進勝利。」集學論云「若意退弱．應修可欣而令策舉。」諸大智者同所宣說．故除沉沒最要之對治．謂思惟三寶．及菩提心之勝利．并得暇身大利等功德．令如睡面澆以冷水頓能清醒．此須先於功德觀擇修習已生感觸。又沉沒所依之因．謂昏沉睡眠．及能生昏睡之心黑闇相．若修光明則不依彼而生沉沒生已滅除．聲聞地說「威儀應經行．善取明相數修彼相及念佛法僧戒捨天六中隨一．或以所餘淸淨所緣策擧其心．或當讀誦顯示昏沉睡眠過患之經論．或瞻方所及月星等或以冷水洗面。」若沉微薄．或唯少起勵心正修．若沉濃厚或數現起．則應暫捨修三摩地．如其所應修諸對治．待沉除已後乃修習。若心所取內外所緣相不明顯．內心黑暗隨其厚薄．若不斷除而修習者．則其沉沒極難斷除．故應數數修能對治諸光明相。聲聞地云．「應以光明俱心．照了俱心明淨俱心．無闇俱心修習止觀。汝若如是於止觀道修光明想．設有最初勝解所緣相不分明．光明微小．由數修習爲因緣故．於其所緣勝解分明光明轉大。若有最初行相分明光明廣大．其後轉復極其分明光明極大。」此說最初所緣分明者尚須修習．況不分明。應取何等光明之相．即前論云「應從燈明．或大火明．或從日輪取光明相。」如此之修光明相．非唯限於修三摩地．餘亦應修。

掉擧者．由貪爲門．令心追趣色聲等境．此應作意諸可厭事．能令心意向內攝錄．以此息滅掉擧．無間於先所緣應住其心。修次初編云「若憶先時喜笑等事．見心掉擧．爾時應當作意思惟諸可厭事．謂無常等．由此能令掉舉息滅．次應勵力令心仍於前所緣境無作用轉。」中觀心論云．「思惟無常等．息滅掉舉心。」又云．「觀散相過患．攝錄散亂心。」集學論云「若掉舉時．應思無常而令息滅。」故掉舉太猛或太延長．應暫捨正修而修厭離．極爲切要。非流散時．唯由攝錄而能安住．若掉舉無力．則由攝錄令住所緣。如攝波羅蜜多論云．「若意掉舉時．以止而遮止。」經中說云．「心善安住．」瑜伽釋爲掉舉對治。

總之若心掉動．應於所緣善住其心。若沉沒時．於可欣境應善策舉．如聲聞地云．「由是其心於內攝略．若已下劣或恐下劣．觀見是已．爾時隨取一種淨妙舉相．慇懃策勵慶悅其心．是名策心。云何持心．謂修舉時．其心掉動．或恐掉動．觀見是已．爾時還復於內攝略其心修奢摩他．是名持心。」心掉動時．不應作意淨可欣境．以是向外散動因故。

第二明能生沉掉之因者。本地分云．「何等沉相．謂不守根門．食不知量．初夜後夜不勤修行覺寤加行．不正知住．是癡行性．耽著睡眠．無巧便慧．懈怠俱行．欲勤心觀．不曾修習正奢摩他．於奢摩他未爲純善．一向思惟奢摩他相．其心昏闇．於所緣境不樂攀緣。」沉沒相者．應知是說沉沒之因．懈怠俱行者通勤心觀。又前論云．「何等掉相．謂不守根等四如前廣說．是貪行性不寂靜性．無厭離心．無巧便慧．太舉俱行欲等如前．不曾修學．於學未善唯一向修．由其隨一隨順掉法親里尋等動亂其心。」掉舉相者．謂掉舉因．太舉者．謂於可欣境太執其心．與此俱行欲等四法如前廣說。

由是前說未修中間防護根門等四．於滅沉掉極為利益．沉掉雖微．皆以正知正覺了已．悉不忍受畢竟滅除。若不爾者．名「不作行。」辨中邊論說是三摩地過。故若有說微細掉舉及散亂等初時難斷．捨而不斷。又謂彼等若無猛利恆常相續．微劣短促不能造業故不須斷．為斷彼故而不作行．此皆不知修習清淨三摩地法．詐現為知欺求定者．以捨慈尊等所決擇修習三摩地之法故。

如是滅沈掉時．多因掉舉散亂為障．先勵斷彼．由此勵力便能止息粗顯掉散．獲少安住。爾時應當勵防沈沒．勵力防慎沉沒之時．又有較前微細掉動障礙安住．為斷彼故又應策勵．掉退滅已住分轉增．爾時又有沉沒現起．故於斷沉又應勵力．總散掉時應當錄心．住內所緣而求住分．住分生時勵防沉沒令心明了。此二輾轉修習無過勝三摩地．不應唯於澄淨住分全無持力俱行明了而起希求。

第二離沉掉時應如何修。如前勤修斷除微細沈沒掉舉．則無沉掉令不平等．其心便能平等運轉．若功用行是修定過．於此對治應修等捨。修次中編云．「若時見心俱無沉掉．於所緣境心正直住．爾時應當放緩功用．修習等捨如欲而住。」何故作行或有功用爲過失耶．此由於心掉則攝錄．沉則策舉．防護修習。有時沉掉俱不現起．若仍如前防沉防掉策勵而修．反令散亂。如修次後二編云．「心平等轉．若仍功用．爾時其心便當散動。」故於爾時須知放緩．此是放緩防慎作用．非是放捨持境之力。故修等捨．非是一切無沉掉時．乃是摧伏沉掉力時．若未摧伏沈掉勢力無等捨故。

云何爲捨．答捨總有三．一受捨二無量捨三行捨．此是行捨。此捨自性．如聲聞地云．「云何爲捨．謂於所緣心無染汚．心平等性．於止觀品調柔正直任運轉性．及調柔心有堪能性．令心隨與任運作用。」謂得此捨時修三摩地．於無沉掉捨現前時．當住不發太過功用。此所緣相．如前論云．「云何捨相．謂由所緣令心上捨．及於所緣不發所有太精進。」修捨之時．亦如彼云．「云何捨時．謂止觀品所有沈掉心已解脫。」如是引發無過三摩地法．是依慈尊辨中邊論．如云．「依住堪能性．能成一切義．由滅五過失．勤修八斷行。懈怠忘聖言．及沉沒掉舉．不作行作行．是爲五過失。即所依能依．及所因能果．不忘其所緣．覺了沈與掉．爲斷而作行．滅時正直轉。」其依住者．謂爲除障品發勤精進．依此而住．於此能生心堪能性勝三摩地。此能成辦勝神通等一切義利．是神變之足或是所依．故說「能成一切義。」

云何能生此三摩地．謂爲斷除五過失故．勤修八行從此因生。五過失者．謂加行時懈怠爲過．於三摩地不加行故。勤修定時忘失教授是其過失．若忘所緣心於所緣不能定故．已住定時沉掉爲過．彼二令心無堪能故。沉掉生時不作功用是其過失．以此不能滅二過故。離沉掉時行思是過．修次等說沉掉二過合一爲五．若各分別是六過失。對治此等爲八斷行．對治懈怠有四．謂信欲勤安．對治忘念沉掉不作行作行．如其次第謂念覺了沉掉之正知．作行之思．正住之捨．廣說如前。此即修定第一教授．故蓮花戒論師於三編修次及餘印度諸大論師．於修定時皆數宣說。道炬論釋於修止時亦引宣說．道次先覺亦皆說其粗概次第．然見樂修定者．猶未了知應如何修．故廣決擇。此乃一切以念正知遠離沉掉修三摩地心一境性共同教授．不應執此是相乘別法．非咒所須．無上瑜伽續中亦說是所共故。

如三補止初章第二品云．「斷行俱行欲三摩地神足．謂住遠離．住於離欲．住於滅盡．由正斷成．由彼欲故而正修習．非極下劣及太高舉。」於勤觀心三三摩地亦如是說．前說正定妙堪能性．是神變等功德所依．猶如足故名為神足。辨中邊論釋等說成此定略有四門．謂由猛利欲樂所得及由恆常精進所得。由觀擇境得三摩地．名欲三摩地．進三摩地．觀三摩地。若心宿有三摩地種．依彼而得心一境性．名心三摩地。極下劣者謂太緩慢．太高舉者謂太策勵．義為離彼二邊而修。

菩提道次第廣論卷十五終

菩提道次第廣論卷十六

第二依彼引生住心次第分三　一正明引生住心次第　二由六力成辦　三具四種作意。　今初

初中九心。一內住者．謂從一切外所緣境攝錄其心．令其攀緣內所緣境．莊嚴經論云．「心住內所緣。」二續住者．謂初所繫心令不散亂．即於所緣相續而住．如云「其流令不散。」三安住者．謂由忘念向外散時．速知散已還復安置前所緣境．如云「散亂速覺了還安住所緣。」四近住者．修次初編說．前安住心是知散斷除．此近住心是散亂斷已．勵力令心住前所緣。般若波羅蜜多教授論說．從廣大境數攝其心．令性漸細上上而住．如云「具慧上上轉．於內攝其心。」聲聞地說「先應念住．不令其心於外散動。」謂起念力令不忘念於外散動．五調伏者．謂由思惟正定功德．令於正定心生欣悅．如云「次見功德故．於定心調伏。」聲聞地說．由色等五境及三毒男女隨一之相令心散動．先應於彼取其過患．莫由十相令心流散。六寂靜者．謂於散亂觀其過失．於三摩地止息不喜．如云「觀散亂過故．止息不欣喜。」聲聞地說．由欲尋思等諸惡尋思及貪欲蓋等諸隨煩惱能擾亂心．先應於

彼取其過患．於諸尋思及隨煩惱不令流散。七最極寂靜者．謂若生貪心憂慼昏沉睡眠等時．能極寂靜．如云「貪心憂等起．應如是寂靜。」聲聞地說．由失念故．若起如前所說尋思及隨煩惱．隨生尋斷．能不忍受。八專注一境者．爲令任運轉故．而正策勵．如云「次勤律儀者．由心有作行．能得任運轉。」又如聲聞地云「由有作行令無缺間．於三摩地相續而住．如是名爲專注一趣。」第八心名專注一趣．即由此名易了其義。九平等住者．修次中說．心平等時．當修等捨。般若波羅蜜多教授論說．由修專注一趣．能得自在任運而轉。如論云．「從修習不行．」聲聞地說名等持。如云「數修數習．數多修習爲因緣故．得無功用任運轉道．由是因緣．不由加行．不由功用．心三摩地任運相續．無散亂轉．故名等持。」此中九心之名．是如修次初編所引．如云「此奢摩他道．是從般若波羅蜜多等所說。」

第二由六力成辦。力有六種．一聽聞力．二思惟力．三憶念力．四正知力．五精進力．六串習力。此等能成何心者．一由聽聞力成內住心．謂唯隨順從他所聞．於所緣境住心．教授最初令心安住內境．非自數思數修習故。由思惟力成續住心．謂於所緣先所住心．由數思惟將護修習．初得少分相續住故。由憶念力成辦安住近住二心．謂從所緣向外散時．憶先所緣於內攝錄．又從最初生憶念力．從所緣境不令散故。由正知力成辦調伏寂靜二心．謂由正知了知諸相諸惡尋思及隨煩惱流散過患．令於彼等不流散故。由精進力成辦最極寂靜專注一趣．雖生微細諸惡尋思及隨煩惱．亦起功用斷滅不忍．由此因緣．其沉掉等不能障礙妙三摩地定相續生。由串習力成等住心．謂於前心極串習力．生無功用任運而轉三摩地故。此等是如聲聞地意．雖見餘處亦作餘說．然難憑信。

若得第九住心．譬如讀書至極串熟．最初發起欲誦之心．雖於中間心往餘散．然所讀誦任運不斷．如是初念於所緣境令心住已．次雖未能一類相續依念正知．然三摩地能無間缺長時流轉．由其不須功用相續恆依念知．故名無加行或名無功用。能生此者．先須一類功用依念正知．令沉掉等諸障品法不能障礙．生三摩地經極長時．此即第八住心．此與第九雖沉掉等三摩地障．不能為障．二心相同。然於此心必須無間依念正知．故名有行或有功用。能生此者．須於微細沉掉等法．隨生隨除而不忍受．故須第七心。生第七心．須先了知諸惡尋思及隨煩惱散亂過患．由有力正知於彼等上觀察令不流散．故須第五及第六心．此二即是有力正知所成辦故。能生此者．須於散失所緣境時．速憶所緣及須最初從所緣境念不令散．故須第三及第四心．以此二心即彼二念所成辦故。又生此者．須先令心安住所緣及令住已相續不散．故應先生初二種心。

如是總謂先應隨逐所聞教授．善令心住。次如所住數數思惟．令略相續將護流轉。次若失念心散亂時．速應攝錄．忘所緣境速應憶念．次更生起有力正念．於所緣境初不令散。若已成辦有力憶念．又當生起猛利正知．觀沉掉等能從所緣散亂過失。次當起功用力．雖由微細失念而散．亦能無間了知斷截。既斷除已．令諸障品不能為障．定漸延長。若生此心策勵修習得修自在．即能成辦第九住心．無諸功用勝三摩地。是故未得第九心前．修瑜伽師須施功用．於三摩地安住其心．得九心已．雖不特於住心功用．然心亦能任運入定。雖得如是第九住心．若未得輕安．如下所說尚不立為得奢摩他．何況能得毘缽舍那。然得此定．有無分別安樂光明而嚴飾者．誤為已生根本後得共相合糅無分別智。尤有衆多於聲聞地所說第九住心．誤為已生無上瑜伽之圓滿次第者．下當廣說。

第三具四種作意。如聲聞地云．「即於如是九種心住．當知復有四種作意．一力勵運轉．二有間缺運轉．三無間缺運轉．四無功用運轉。於內住等住中．有力勵運轉作意．於安住近住調伏寂靜最極寂靜中．有有間缺運轉作意．於專注一趣中有無間缺運轉作意．於等持中．有無功用運轉作意。」此說初二心時．須勤策勵．故有力勵運轉作意。次五心時．由昏沉掉舉故．中有間缺不能久修．故有有間缺運轉作意。第八心時．昏沉掉舉不能爲障．能長時修．故有無間缺運轉作意。第九心時既無間缺．又不恆常勤依功用．故有無功用運轉作意。

若爾初二心時．亦有有間缺運轉．中五心時亦須力勵．云何初二不說有間缺運轉作意．於中五心不說力勵運轉作意。答．初二心中心入不入定．後者極長．中間五心住定時長．故於後者就三摩地障礙立名．前者不爾。故雖俱有力勵運轉．然間缺運轉有無不同．故於力勵運轉作意未說中間五心。如是住前所說資糧．恆依精進修三摩地．乃能成辦正奢摩他。若略修習一次二次．還復棄捨所修加行．必不能成．如攝波羅蜜多論云．「由無間瑜伽．精勤修靜慮．如數數休息．鑽木不出火．瑜伽亦如是．未得勝勿捨。」

由修成辦奢摩他量分三．一顯示奢摩他成與未成之界限．二顯示依奢摩他趣總道軌．三顯示別趣世間道軌。初又分二．一顯示正義．二有作意相及斷疑。　今初若善了知如前所說修定之軌而正修習．則九住心如次得生。第九心時．能盡遠離微細沉掉長時修習．此又不待策勵功用相續依止正念正知而三摩地能任運轉．是否已得奢摩他耶。茲當解釋．得此定者．有得未得輕安二類。若未得輕安．是奢摩他隨順．非眞奢摩他名奢摩他隨順作意。如解深密經云「世尊若諸菩薩緣心爲境內思惟心．乃至未得身心輕安．於此中間所有作意．當名何等。慈氏．非奢摩他．是名隨順奢摩他勝解相應作意。」莊嚴經論云「由習無作行．次獲得圓滿．身心妙輕安．名爲有作意。」此說作意即奢摩他．聲聞地文至下當說。修次中編云．「如是修習奢摩他者．若時生起身心輕安．如其所欲．心於所緣獲得自在．應知爾時生奢摩他。」此說須具二事．謂於所緣得自在住及發輕安．故修次初編說．「若時於所緣境不用加行．乃至如欲心任運轉．爾時應知是奢摩他圓滿。」意在已得輕安．修次中編顯了說故。又辨中邊論說八斷行中之捨與此第九心同一宗要．但此非足．彼論亦說須輕安故。般若波羅蜜多敎授論云「如是菩薩獨處空閒．如所思義作意思惟．捨離意言．於心所現多數思惟．乃至未生身心輕安．是奢摩他隨順作意．若時生起．爾時即是正奢摩他。」此說極顯．此等一切皆是決擇深密經義。

若爾未生輕安以前此三摩地何地攝耶。答．此三摩地欲界地攝．三界九地隨一所攝．而非第一靜慮近分以上定故。又得近分．決定已得奢摩他故．於欲地中雖有如此勝三摩地．然仍說是非等引地．而不立爲等引地者．以非無悔歡喜妙樂輕安所引故。如本地分云．「何故唯於此等名等引地．非於欲界心一境性．謂此等定．是由無悔歡喜輕安妙樂所引．欲界不爾．非欲界中於法全無審正觀察。」由是因緣未得輕安．雖三摩地不須一類依止正念．能無分別心任運轉．復能合糅行住坐臥一切威儀．然是欲界心一境性．應當了知不能立爲眞奢摩他。

若爾云何能得輕安．得輕安已云何而能成奢摩他。答．應知輕安如集論云．「云何輕安．謂止息身心粗重．身心堪能性．除遣一切障碍爲業。」身心粗重者．謂其身心．於修善行．無有堪能隨所欲轉．能對治此身心輕安者．由離身心二種粗重．則其身心於善事轉極有堪能。又能障碍樂斷煩惱．煩惱品攝內身粗重。若勤功用斷煩惱時．其身重等不堪能性．皆得遣除．身獲輕利．名身堪能。如是能障樂斷煩惱．煩惱品攝內心粗重．若勤功用斷煩惱時．愛樂運轉攀緣善境．不堪能性皆得遣除．心於所緣運轉無滯．名心堪能。如安慧論師云．

「身堪能者．謂於身所作事輕利生起。心堪能者．謂趣正思惟．令心適悅輕利之因心所有法．由此相應於所緣境無滯運轉．是故名爲心堪能性。」總略應知若得輕安．於斷煩惱起功用欲．如行難行．恆常畏怯身心難轉不堪能性皆得遣除．身心最極調柔隨轉。如是身心圓滿堪能．是從初得三摩地時．便有微劣少分現起．次漸增長．至於最後而成輕安．心一境性妙奢摩他。又初微時難可覺了．後乃易知．如聲聞地云「先發如是正加行時．若心輕安若身輕安身心調柔微細而轉．難可覺了。」又云「即前所有心一境性．身心輕安漸更增長．由此因果輾轉道理．而能引發强盛易了心一境性身心輕安。」將發如是衆相圓滿易了輕安．所有前相．謂勤修定補特伽羅．於其頂上似重而起．然其重相非不安樂。此生無間．即能遠離障礙樂斷諸煩惱品心粗重性．即先生起能對治彼心輕安性。如聲聞地云「若於爾時不久當起强盛易了心一境性身心輕安．所有前相．於其頂上似重而起．非損惱相．此起無間能障樂斷諸煩惱品心粗重性皆得除滅．能對治彼心調柔性心輕安性皆得生起。」次依內心調柔輕安生起力故．有能引發身輕安因風入身中．由此風大偏全身分．身粗重性皆得遠離．諸能對治身粗重性．身輕安性即能生起。此亦由其調柔風力偏一切身狀似滿溢。如聲聞地云「由此生故有能隨順起身輕安諸風大種來入身中，由此大種於身轉時，能障樂斷諸煩惱品身粗重性皆得遣除，能對治彼身輕安性，徧滿身中狀如滿溢。」此身輕安謂極悅意內身觸塵，非心所法。如安慧論師云「歡喜攝持身內妙觸，應當了知是身輕安。契經中說，意歡喜時身輕安故。」此身輕安最初生時，由風力故身中現起最極安樂，由此因緣心中喜樂轉更勝妙。輕安初勢漸趣微細，然非輕安一切永盡，是初強盛太動其心，彼漸退已，如影隨形有妙輕安無諸散動，與三摩地隨順而起。心踊躍性亦漸退減，心於所緣堅固而住，遠離喜動不寂靜性，乃爲獲得正奢摩他。聲聞地云「彼初起時、令心踊躍令心悅豫，歡喜俱行令心喜樂所緣境界於心中現。從此已後彼初所起輕安勢力漸漸舒緩，有妙輕安隨身而轉，心踊躍性漸次退減，由奢摩他所攝持故，心於所緣相寂靜轉。」如是生已，或名得奢摩他，或名有作意，始得墮在有作意數。以得第一靜慮近分所攝正奢摩他，乃得定地最下作意故。如聲聞地云「從是已後其初發業修瑜伽師名有作意，始得墮在有作意數。何以故，由此最初獲得色界定地所攝少作意故，由此因緣名有作意。」言定地者，是上二界地之異名。

第二分二。初有作意相．具何相狀能令自他了知是為已得作意．謂由獲得如是作意．則得色地所攝少分定心．身心輕安心一境性．有力能修粗靜相道．或諦相道淨治煩惱．內暫持心身心輕安疾疾生起。欲等五蓋多不現行．從定起時亦有少分身心輕安隨順而轉。如聲聞地云「得此作意初修業者．有是相狀．謂已得色界少分定心．已得少分身心輕安心一境性．有力有能善修淨惑所緣加行．其心相續滋潤而轉．為奢摩他之所攝護。」又云．「於內正住暫持其心．身心輕安疾疾生起．不極為諸身粗重性之所逼惱．不極數起諸蓋現行。」又云「雖從定起出外經行．而有少分輕安餘勢隨身心轉。如是等類．當知是名有作意者清淨相狀。」由得具足如是相狀作意力故．奢摩他道極易清淨．謂由奢摩他心一境性住定之後．速能引起身心輕安。輕安轉增．如彼輕安增長之量．便增爾許心一境性．妙奢摩他互相輾轉能增長故。如聲聞地云「如如增長身心輕安．如是如是於所緣境心一境性．轉得增長。如如增長心一境性．如是如是轉復增長身心輕安。心一境性及以輕安．如是二法輾轉相依輾轉相屬。」總之若心得堪能者．風心同轉．故風亦堪能．爾時其身便起微妙殊勝輕安。此若生起．心上便生勝三摩地．復由此故．其風成辦殊勝堪能．故能引發身心輕安．仍如前說。

第二斷疑者。如是前說第九心時．不須策勵勤加功用．心任運轉趣三摩地無諸分別．又盡滅除微細沈沒．具明顯力。又如前身輕安時說．由其風大堪能力故．能與身心勝妙安樂。此三摩地又如前於相狀時說．貪欲等蓋諸隨煩惱多不現行．雖從定起不離輕安。若生具此功德之定．於五道中立爲何道。答．若生如是妙三摩地．昔及現在總有多人立爲入大乘道．尤由隨順生輕安風．一切身中安樂充滿．依此身心起大調適。此又具足無諸分別最極明顯二種殊勝．故許爲無上瑜伽中備諸德相圓滿次第微妙瑜伽。然依慈尊無著等諸大教典及中觀修次等．明顯開示修定次第．定量諸論而觀察之．此三摩地尚未能入小乘之道．何況大乘。聲聞地說．即修根本第一靜慮觀粗靜相諸世間道．皆依此定而引發故。外道諸仙由世間道．於無所有以下諸地能離欲者．皆須依此而趣上地。是故此定是內外道二所共同。若無顚倒達無我見及善覺了三有過失．厭離生死希求解脫．由出離心所攝持者．是解脫道。若菩提心之所攝持．亦能轉成大乘之道。如與畜生一摶之食．所行布施及護一戒．若由彼二意樂攝持．如其次第．便成解脫及一切智道之資糧。然今非觀察由餘道攝持趣與不趣能證解脫及一切種智道．是就此定自性觀察爲趣何道。又中觀師與唯識師決擇毘缽舍那所觀境時．雖有不同．然總明止觀及於相續生彼證德全無不合。故無著菩薩．於菩薩地及攝決擇分集論聲聞地中別分止觀二中．若修止者說由九心次第引發。此復於聲聞地決擇最廣．然不許彼定．即是修毘缽舍那法。故諸論中離九住心．別說修毘缽舍那法．聲聞地亦別說修觀法故。如是中觀修次及般若波羅蜜多教授論等．亦以九心爲奢摩他道．別說毘缽舍那道。慈氏五論所說諸義．除無著菩薩所解之外更無所餘。故於此事．一切大轍同一意趣。

若謂聲聞地所說者．雖有安樂明顯．然無甚深無分別相．唯是寂止．若有無分別即空三摩地。所言甚深無分別者．深義云何．爲由觀慧正見決定．次於其上無分別住耶．抑不思擇無分別住耶。初者吾等亦許如此．即是空三摩地。若汝許此．則應分別有無實性見解二類．若有彼見補特伽羅．次住見上修無分別．是修甚深空三摩地。若無彼見補特伽羅．唯不分別而修．則非修習甚深空性。理應如是分別宣說．不應宣說凡無思惟一切癡修皆是無緣．或於無相或於空性修靜慮師。若謂無論有無了悟空性正見．但若心無分別．全不思擇．

一切止修皆是空定．則前所引聲聞地說奢摩他品諸三摩地．雖非所欲亦應許爲空三摩地．由彼定時除念正知勢力微時．略起觀察。餘時全不略起分別．謂此是此非．故諸能引正奢摩他妙三摩地．解深密經說緣無分別影像．聲聞地亦云「彼於爾時成無分別影像所緣．即於如是所緣影像．一向一趣安住正念．不復觀察不復思擇．不極思擇．不徧尋思不徧伺察。」止觀二中於奢摩他作是說故。聲聞地又云「又若汝心雖得寂止．由失念故及由串習諸相尋思隨煩惱等諸過失故．如鏡中面所緣影像數現在前．隨所生起即更當修不念作意．謂先所見諸過患相增上力故．即於如是所緣境像．由所修習不念作意．除遣散滅．當令畢竟不現在前。」此亦是於修止時說。諸定量論皆說修奢摩他時．不觀察修．唯安住修．故許一切不分別修．皆是修空．實爲智者所應笑處．尤其說修不念作意皆是修空．聲聞地文善爲破除。又修次初編云「奢摩他自性者．唯是心一境性．故此即是一切奢摩他總相。」慧度教授論云「應當遠離緣慮種種心相．意言修奢摩他。」意言者謂分別此是此等。又寶雲經說．奢摩他是心一境性．已引如是衆多經論．曾經多次說奢摩他全無分別．故無分別略有二種．謂修空無分別及於空性全未悟解諸無分別．故不應執凡有一切安樂明顯無分別者．皆是修空。此等乃是略示方隅．應善策勵了知慈尊及無著等所解．修止觀法。若不爾者．尚未得止．便於少分無分別定．誤爲能斷三有根本毘鉢舍那。於此起慢．謂修無緣．空度時日．定欺自他。定量智者所造論中說．於新修奢摩他時．唯應止修無分別住．初修觀時．以觀察慧思擇而修。若執一切分別．皆是實執．捨此一切．即違一切定量經論。未得無謬無我正見．凡無分別．皆說是修甚深空義毘鉢舍那．純粹支那堪布修法．細觀三編修次第中自當了知。

第二顯示依奢摩他趣總道軌。如是已得如前所說無分別三摩地作意．又有明顯無分別等殊勝差別。唯應修此無分別耶。答於相續中引發如此妙三摩地．是爲引生能斷煩惱毘鉢舍那．若不依此令生毘鉢舍那．任如何修此三摩地．尚不能斷欲界煩惱．況能盡斷一切煩惱．故當更修毘鉢舍那。此復有二．一能暫伏煩惱現行．趣世間道毘鉢舍那．二能永斷煩惱種子．趣出世道毘鉢舍那。除此更無上進方便．如聲聞地云「已得作意諸瑜伽師．已入如是少分樂斷．從此已後唯有二趣更無所餘。何等爲二．一者世間．二出世間。」如是已得正奢摩他．或作意者．或欲修習世間道毘鉢舍那．或欲修出世道毘鉢舍那．皆於先得奢摩他道應多修習。如是修故所有輕安心一境性皆得增長．其奢摩他亦極堅固。又應善巧止觀衆相．後於二道隨樂何往．即於彼道發起加行。如聲聞地云．「彼初修業諸瑜伽師．由有作意．或念我當往世間趣．或念我當往出世趣。復多修習如是作意．如如於此極多修習．如是如是所有輕安心一境性。經歷彼彼日夜等位轉復增廣。若此作意堅固相續．強盛而轉．發起清淨所緣勝解．於止觀品善取其相．彼於爾時或世間道或出世道．隨所樂往．即當於彼發起加行。」其中世間毘缽舍那修粗靜相．謂觀下地粗性上地靜性。其出世間毘缽舍那．聲聞地所說者．謂於四諦觀無常等十六行相．主要通達補特伽羅無我正見。

若得前說奢摩他作意．有幾種補特伽羅．於現法中不趣出世道而趣世間道。如聲聞地云．「問此中幾種補特伽羅．即於現法樂往世間道非出世道。答．略有四種．一一切外道．二於正法中根性鈍劣先修止行．三根性雖利善根未熟．四一切菩薩樂當來世證大菩提非於現法。」外道瑜伽師一切得如前說奢摩他者．然於無我無觀察慧觀擇而修．彼於無我不信解故．或唯修此無分別止．或更進修粗靜行相毘缽舍那．故唯能往世間之道。又正法中佛諸弟子．若是鈍根於奢摩他先多修習．故不樂修於無我義觀慧思擇．或雖樂修．然不能了眞無我義．故於現法亦唯能往世間之道．以唯修住分．或唯能修粗靜行相毘鉢舍那故。又諸利根佛弟子衆．雖能悟解眞無我義．若諦現觀善根未熟．則於現法亦不能生諸出世間無漏聖道．故名唯往世間道．非緣無我不能修習毘鉢舍那。又菩薩成佛．雖一生補處亦必來世．於最後有從加行道四道俱生．於一生補處時聖道不起．故於現法唯往世間道．非未通達眞無我義。如俱舍論云．「佛麟喻菩提．依邊定一坐．前順解脫分。」此順小乘教成佛道理．非無著菩薩自許如是。由是外道修粗靜相道伏煩惱現行．內佛弟子修無我義斷煩惱根本．皆須先得如前所說奢摩他定。故前所說此奢摩他．是內外道諸瑜伽師伏斷煩惱所依根本。

又大小乘諸瑜伽師亦皆須修此三摩地．即大乘中若顯密乘諸瑜伽師．一切皆須修奢摩他．故此奢摩他是一切修觀行者共所行道最要根本。又咒教所說奢摩他．唯除少分所緣差別．謂緣形像或緣三昧耶相．或種子字等．及除少分生定方便差別而外．其斷懈怠等三摩地五種過失．及能對治依止正念及正知等。其次獲得第九住心．從此引發妙輕安等．一切皆共此三摩地極其寬廣．故解深密經密意宣說大乘小乘一切等持．皆是止觀三摩地攝。故欲善巧諸三摩地．應當善巧止觀二法。

生此三摩地奢摩他作意義雖多種．然主要者是爲引發毘鉢舍那之證德。毘鉢舍那又有二種．一內外大小乘所共能暫伏煩惱現行粗靜行相毘鉢舍那．二唯佛弟子內道別法．畢竟斷除煩惱種子修習無我眞實行相毘鉢舍那。前是圓滿支分．非必不可少．後是必不可少之支。故求解脫者．應生能證無我眞實毘鉢舍那。以若得前說第一靜慮未到地攝正奢摩他．縱未獲得以上靜慮及無色奢摩他．然即依彼止修習勝觀．亦能脫離一切生死繫縛而得解脫。若未通達未能修習無我眞實．僅由前說正奢摩他．及依彼所發世間毘鉢舍那．斷無所有下一切現行煩惱得有頂心．然終不能脫離生死。如讚應讚論中讚置答云．「未入佛正法．癡盲諸衆生．乃至上有頂．仍苦感三有。若隨佛教行．雖未得本定．諸魔勤看守．而能斷三有。」故預流一來．一切能得聖道毘鉢舍那所依之奢摩他．即前所說第一靜慮近分所攝正奢摩他。如是當知一切頓證諸阿羅漢．皆依前說正奢摩他而勤修習毘鉢舍那證阿羅漢．故若身中未得前說奢摩他定．必不得生緣如所有或盡所有毘鉢舍那眞實證德．后當廣說。故修無上瑜伽觀行師．雖不必生緣所有粗靜行相毘鉢舍那．及彼所引正奢摩他。然必須生一正奢摩他。初生之時。亦是生起圓滿二次第中初次第時生。總應先生正奢摩他。次即依彼或由粗靜行相毘鉢舍那。漸進諸道乃至有頂。或由無我眞實行相毘鉢舍那漸行五道而趣解脫或一切智。是佛教中總印所印。故隨修何種瑜伽皆不應違越。是謂總顯依奢摩他趣上道軌。

第三顯示別趣世間道軌分二。一顯往粗靜相道先須獲得正奢摩他。二依奢摩他離欲之理。

今初

由了相門修粗靜相道。須得前說正奢摩他。如莊嚴經論云。「由此令彼增。由增極遠行。而得根本住。」謂得前說第九住心及諸輕安。由此增長彼三摩地。依此引發根本靜慮。又從第九心乃至未得作意時。說名作意初修業者。從得作意為淨煩惱修習了相作意時。名淨煩惱初修業者。故修了相是先已得作意。如聲聞地云。「云何作意初修業者。謂專注一緣勤修作意。乃至未得所作作意。未能觸證心一境性。是名作意初修業者。云何淨煩惱初修業者。謂已證得所修作意。於諸煩惱欲淨其心。發起攝受正勤修習了相作意。」第四瑜伽卷首亦說已得作意。次修世間及出世間離欲道故。又先具足如前所說正奢摩他次修世間及出世間毘缽舍那．暫伏永斷煩惱之理．於餘對法論中未見明顯如此廣說。故昔善巧大小對法諸先覺等．於此先修專住一緣正奢摩他及依此故．暫伏永斷煩惱之理皆未能顯。若未善解聲聞地義．便覺靜慮無色最下之道．是初靜慮之近分．於彼說有六種作意．初是了相。故起誤解謂初生近分攝心．即了相作意．若如是計極不應理．以若未得正奢摩他．必不能生初靜慮之近分．未得近分定不能得奢摩他故。了相作意是觀察修．由修習此．若先未得正奢摩他不能新生故。又如先引本地分說．欲界心一境性無諸輕安．解深密經等說．未得輕安即不得止。故未得近分即未能得正奢摩他．故初近分六作意之最初者．是修近分所攝毘缽舍那之首．非初近分之最初．其前尚有近分所攝奢摩他故。未得初近分所攝三摩地前．一切等持皆是欲界心一境性。若依諸大教典之義．得奢摩他者亦極稀少．況云能得毘缽舍那。

第二依奢摩他離欲之理。唯修前說．具足明顯無分別等眾多殊勝正奢摩他．全不修習二種勝觀．且不能伏欲界所有現行煩惱．況能永斷煩惱種子及所知障．故欲離欲界欲得初靜慮者．應依此止而修勝觀。前說修奢摩他．能伏煩惱現行豈不相違．答無有過失．前依世間毘缽舍那．悉皆攝爲奢摩他而說．此依二種毘缽舍那前行初禪近分所攝奢摩他說。能引離欲毘缽舍那略有二種．謂由諦行相及由粗靜相離欲之理．此說由其後道離欲。修此之身．謂未少得無我正見諸外道衆．及正法中具足無我見者二所共修。彼修何道而斷煩惱．如聲聞地云「爲離欲界欲勤修觀行．諸瑜伽師由七作意．方能獲得離欲界欲．何等爲七．謂了相．勝解．遠離．攝樂．觀察．加行究竟．加行究竟果作意。」最後作意是證離欲根本定時所有作意．即所修果．前六作意是能修因。

若此非由修無我義而斷煩惱．爲決擇修習何義而斷煩惱耶．雖由此道亦伏欲界餘惑現行．然唯說名離欲界欲。故主要者．謂由修習欲貪對治而斷煩惱．其欲貪者此爲貪欲五種欲塵．故能對治．是於欲塵多觀過患。違貪欲相而善修習．由此能於欲界離欲．此雖無倒了解諸欲過失及初靜慮功德．而有堅固了相定解．若先未得正奢摩他．隨久觀修此二德失．然終不能斷除煩惱。又雖已得正奢摩他．若無明了觀察．隨修幾久．亦定不能斷除煩惱。故須雙修止觀方能斷除．此一切伏斷煩惱共同建立。如是別思上下諸地功德過失善了其相．時爲聞成．時爲思成．故此作意聞思間雜。由如是修超過聞思．唯有修相一向勝解粗靜之義．是名勝解作意。聲聞地云．「於所緣相修奢摩他毘鉢舍那。」第六作意時亦云．「修奢摩他毘鉢舍那。」初作意時說緣義等六事．此於餘處毘鉢舍那中亦多宣說．是故此等雖非修習無我正見．然是毘鉢舍那亦不相違。故此諸作意之時．是由雙修止觀而斷煩惱．修習之理．謂若分辨粗靜之義數數觀察．即是修習毘鉢舍那．觀察之後於粗靜義一趣安住．即是修習正奢摩他。如是所修初二作意．是爲厭壞對治。如是輾轉修習止觀．由修習故．若時生起欲界上品煩惱對治．是名遠離作意。又由間雜薰修止觀．若能伏斷中品煩惱．是名攝樂作意。次若觀見能障善行欲界煩惱住定出定皆不現行．不應粗尋便謂我今已斷煩惱。當更審察．爲我實於諸欲尚未離欲而不行耶．抑由離欲而不行耶．作是念已．爲醒覺故．隨於一種可愛淨境攀緣思惟．若見貪欲仍可生起．爲斷彼故喜樂修習．是名爲觀察作意．由此能捨未斷謂斷諸增上慢。次更如前於粗靜義別別觀察．於觀察後安住一趣．由善薰修此二事故．若時生起欲界下品煩惱對治．是名加行究竟作意。第三第四第六作意．是能伏斷煩惱對治。

如是若斷輭品煩惱．即是摧壞一切欲界煩惱現行．暫無少分而能現起．然非畢竟永害種子．由此能離無所有處以下諸欲．然尚不能滅除有頂現行煩惱．何況能得永度生死。然依靜慮亦能獲得五種神通．恐繁不錄．如聲聞地．極廣宣說．應當了知。現在無修此等根本靜慮之理．故亦無有錯誤引導．然於此等若眞了解．則於餘定亦斷歧途最爲利益。如是四種靜慮．四無色定及五神通與外道共．唯得此定非但不能脫離生死．反於生死而爲繫縛．故於奢摩他不應喜足．更當尋求眞無我見毘鉢舍那。縱未廣知修初靜慮等根本定法．然於前說修奢摩他．或名作意法定當了知。此是般若波羅蜜多甚深經等所說九種住心．中觀修次之所建立．如前已引。又莊嚴經論及無著菩薩．於菩薩地大乘對法攝決擇分解彼意趣。又攝決擇分於止觀二法．指聲聞地．故聲聞地解釋最廣。又此諸義．中觀修次論及慧度教授論亦曾宣說。又辨中邊論說．由八斷行斷五過理．修奢摩他法．今善觀彼等諸心要義．略示一二全無杜撰。現在修靜慮者．且無此等之名。又有一類先學論時．雖知其名．然未善其義．後修行時．見無所須棄而修餘。又有衆多略得止品所攝正定．便謂已得空三摩地．或得內外所共第九住心定．便謂已得無上瑜伽具衆德相圓滿次第．及謂已得根本後得合雜無間無分別智。皆是未能善解之相。若於上說善得定解．則不因其假說修無所緣．

無相了義．美妙名稱而生誤解。若能實知此定之義．便能了知歧非歧途．故於此諸定量教說修三摩地次第．應當善巧。

經及廣釋論善說修定軌．因文簡直故狹慧未能解．反謂此經論無無分別教．
不於有處求無處求謂得．尚且未能辨内外定差別．況能善分辨小乘及大乘．
顯教與密教三摩地差別．見此故顯說大論修定法。久習大論友莫捨自珍寶．
而取他假石願識寶自有．佛見除汝學別無教授義．讚閒住林樂願觀察彼義．
無分別止道修法與修量．未得善了解劬勞修定師．尚須依智者如實知修法．
否則暫休息於教損害小。慈尊無著論所說修止法．爲聖教久住故今略解釋。

已釋上士道次第中學菩薩行．於奢摩他靜慮自性如何學法。

菩提道次第廣論卷十六終

菩提道次第廣論卷十七

如是唯以如前已說正奢摩他心於一緣如其所欲安置而住無諸分別復離沉沒具足明顯又具喜樂勝利差別．不應喜足。應於實義．無倒引發決定勝慧而更修習毘缽舍那。若不爾者．其三摩地與外道共．唯修習彼．如外道道．終不能斷煩惱種子．解脫三有。如修次初篇云「如是於所緣境心堅固已．應以智慧而善觀察．若能發生智慧光明．乃能永害愚癡種子。若不爾者．如諸外道．唯三摩地不能斷惑。」如經亦云「世人雖修三摩地．然彼不能壞我想．其後仍爲煩惱惱．如增上行修此定。」此中說言「雖修三摩地」者．謂如前說．具無分別明等差別妙三摩地．雖修習此．然終不能斷除我執．故云「然彼不能壞我想。」由其我執未能斷故．其後仍當生諸煩惱．故云「其後仍爲煩惱惱。」若爾由修何等．能得解脫耶．即前引經無間又云「設若於法觀無我。」謂若觀察無我之法．能生智慧了無我義。又云「既觀察已若修習。」謂已獲得無我見者．若能修習無我正見。又云．「此因能得涅槃果。」謂此因即能得涅槃果。如由修此能得解脫．若修餘法能解脫否．又云「由諸餘因不能靜。」謂除此外而修餘道，若全無此，苦及煩惱不能寂靜。此言明顯，唯無我慧乃能永斷三有根本。修次論中，亦引此文破和尚執，故於此義當獲定解。

外道諸仙亦有定通等德，然由缺乏無我正見，故終不能略越生死。如是前引菩薩藏經亦云：「未知經說諸眞實義，唯三摩地而生喜足，即便於此起增上慢，謂是修習甚深義道，故終不能解脫生死。故我於此密意說云，由從他聞解脫生死。」此是大師自取密意顯了宣說。從他聞者，謂從他聞解釋無我。又此定爲破除邪執，謂外不從善知識所聽聞思惟無我深義，內自能生，故說「從他聞」等。

總諸佛語，有者直顯眞實性義，未直顯者，亦唯間接令於實性趣向臨入。乃至未發眞實慧光，不能滅除愚癡黑闇，發則能除。故唯由其心一境性奢摩他者，智不能淨，亦不能滅愚癡黑闇，故當尋求達眞實性無我空義定解智慧。如是思已，定須求慧。如修次中篇云：「其次成就奢摩他已，應當修習毘缽舍那。當如是思，世尊所有一切言教，皆是善說，或有現前顯示眞實，或有間接趣向眞實。若知眞實，便能永離一切見網，如發光明便除黑闇。唯奢摩他，智不能淨，亦不能遣諸障黑闇。若以智慧善修眞實，即能淨智，能證眞實。唯以智慧正斷諸障．是故我當住奢摩他而以智慧徧求眞實．不應唯由奢摩他故便生喜足。云何眞實．謂於勝義一切有事由補特伽羅及法二我空性。」又此眞實是諸度中慧度所證．非靜慮等所能通達。莫於靜慮誤爲慧度．更須生慧。如解深密經云「世尊菩薩以何等波羅密多．取一切法無自性性。觀自在．以般若波羅密多取。」前引修信大乘經．亦於此義密意說云「若諸菩薩不住般若信解大乘．於大乘中隨修何行．我終不說能得出離。」

第二學習毘鉢舍那之法分四．一依止毘鉢舍那資糧．二毘鉢舍那所有差別．三修習毘鉢舍那之法．四由修習故毘鉢舍那成就之量。　今初

親近無倒了達佛語宗要智者．聽聞無垢清淨經論．由聞思慧引發通達眞實正見．是必不可少毘鉢舍那正因資糧。若於實義無決定見．必不能生通達如所有性毘鉢舍那故。又此正見要依了義而善尋求．不依不了義．故須先知了不了義所有差別．乃能解悟了義經義。此若不依定量大轍解密意論．如同生盲又無導者而往險處．故當依止無倒釋論。爲當依止何等釋論．謂佛世尊於多經續明了授記．能解深義聖教心藏．遠離一切有無二邊．曰聖龍猛徧揚三處．應依彼論而求通達空性見解。

此又分三．一明了義不了義經．二如何解釋龍猛意趣．三決擇空性正見之法。　今初

諸欲通達眞實性者．須依佛語。然諸佛語由種種機意樂增上亦有種種．當依何等求深義耶．謂當依止了義佛語通達眞實。若爾何等名爲了義．何等名爲不了義耶。答．此就所詮安立。詮顯勝義是名了義．詮顯世俗應知即爲不了義經。如無盡慧經云．「何等名爲了義契經．何等名爲不了義經。若有安立顯示世俗．此等即名不了義經．若有安立顯示勝義．此等即名了義契經。若有顯示種種字句．此等即名不了義經．若有顯示甚深難見難可通達．此等是名了義契經。」

若由顯示世俗成不了義．顯示世俗其理云何．又由顯示勝義而成了義．顯示勝義復云何顯。即彼經中明顯宣說．如彼經云「若有由其種種名言宣說有我．有情命者．養者．士夫．補特伽羅．意生．儒童．作者．受者．於無我中顯似有我．此等名爲不了義經。若有顯示空性．無相．無願．無作．無生．不生．無有情．無命者．無補特伽羅．及無我等諸解脫門．此等是名了義契經。」此說開示無我及無生等．斷絕戲論是名了義．宣說我等是不了義。故亦應知無我無生等是爲勝義．生等是世俗。三摩地王經云「當知善逝宣說空．是爲了義經差別．若說有情數取士.其法皆是不了義。」中觀光明論云.「是故應知.唯說勝義是名了義.與此相違是不了義。」入一切佛境智慧光明莊嚴經云「所有了義是名勝義。」無盡慧經說無生等是名了義.故定應知唯無生等說名勝義。故中觀理聚及諸解釋.應知如實宣說了義.以廣決擇離生滅等一切戲論眞勝義故。何故如是二種宣說而名了義不了義耶.謂由此義不能更於餘引轉故名爲了義.或義定了。此義即是眞實性義.過此已去不可引轉.所決擇事到究竟故。諸餘補特伽羅除此不可引顯餘義.由其具足能成量故。如中觀光明論云.「何等名爲了義.謂有正量依於勝義增上而說.此義除此.餘人不能向餘引故。」由此宣說之力.其不了義亦能了解.謂若此義不可如言而取.須引餘義釋其密意.或雖可如言而取.然彼非是究竟眞實.除彼更須求彼眞實.故非了義.或義未了。

有作是說.諸了義經是如實說.故若彼經宣說無生無補特伽羅等.應須執爲全無有生補特伽羅。若不爾者應非了義.以其言聲非如實故。然不應理.如是說法大師現見衆多了義之經.遮生等時加勝義簡別。若有一處已加簡別.於未加者亦應例加.是共法故。又此即是彼法眞實.豈能成立如是說者爲非了義。若不爾者.總破生故亦別破句.故不能立如是宣說了義之經。故經或論．若不就其前後所說總體之理．唯由其中少分語句不可如言而取義者．應知不壞爲了義經。又若彼語縱可如言而取其義．然亦不成非不了義。

第二如何解釋龍猛意趣。般若經等宣說諸法．皆無自性無生滅等．其能無倒解釋經者厥爲龍猛。解彼意趣有何次第。答佛護．淸辨．月稱．靜命等大中觀師．皆依聖天爲量．等同龍猛。故彼父子是餘中觀師所依根源．故諸先覺稱彼二師名根本中觀師．稱諸餘者名隨持中觀師。

又有一類先覺知識作如是言．「就立名言而立名者．略於二類大中觀師．謂於名言許外境者．名經部行中觀師．及於名言不許外境者．名瑜伽行中觀師。就立勝義亦立二名．謂許勝義諦現空雙聚．名理成如幻．及許勝義諦唯於現境斷絕戲論．名極無所住。」二中初者許是靜命論師及蓮華戒等。其如幻及極無所住之名．印度論師亦有許者。總其印藏自許爲中觀之論師．雖亦略有如是許者．然僅決擇龍猛菩薩弟子之中大中觀師有何宗派．若諸細流誰能盡說。又其覺慧大譯師云．「就勝義門所立二宗．是令愚者覺其希有。」此說極善．以彼所說．唯就理智比量所量之義爲勝義諦．理智所量順勝義諦．故假名勝義。

中觀莊嚴論及光明論俱宣說故。又諸餘大中觀師，亦不許唯以正理斷除戲論便爲勝義諦，故非善說。

智軍論師云，「聖父子所造中觀論中，未明外境有無之理。其後清辨論師破唯識宗，於名言中建立許有外境之宗。次靜命論師依瑜伽行教，於名言中說無外境，於勝義中說心無性，別立中觀之理。故出二種中觀論師，前者名爲經部行中觀師，後者名爲瑜伽行中觀師。」次第實爾，然月稱論師雖於名言許外境有，然不隨順餘宗門徑，故不可名經部行者。如是有說同婆沙師，亦極非理。雪山聚中後宏教時，有諸智者於中觀師安立二名，曰應成師及自續師。此順明顯句論，非出杜撰。故就名言許不許外境定爲二類，若就自心引發定解勝義空性之正見而立名，亦定爲應成自續之二。

若爾於此諸大論師應隨誰行，而求聖者父子意趣。大依怙尊宗於月稱論師派。又此教授隨行尊者之諸大先覺，亦於此派爲所宗尚。月稱論師於中觀論諸解釋中，唯見佛護論師圓滿解釋聖者意趣，以彼爲本，更多採取清辨論師所有善說，略有非理亦爲破除，而正解釋聖者密意。彼二論師所有釋論，解說聖者父子之論最爲殊勝，故今當隨行佛護論師月稱論師，決擇聖者所有密意。

第三決擇空性正見之法分二，一悟入眞實義之次第，二正決擇眞實義。　今初

何者名爲所應現證實性涅槃及能證得涅槃之方便，其悟入眞實又從何門而悟入耶。答，若內若外種種諸法實非眞實現似眞實，即此一切並諸習氣永寂滅故，於一切種悉皆滅盡我我所執，是爲此中所應證得實性法身。如何悟入眞實之次第者，謂先當思惟生死過患令意厭離，於彼生死生棄捨欲。次見若未永滅其因，則終不能得還滅果，便念何事爲生死本，由求其本，便於薩迦耶見或曰無明，爲受生死根本之理。須由至心引生定解，發生眞實斷彼欲樂。次見若滅薩迦耶見，必賴發生智慧通達無彼所執之我，故見必須破除其我。次依教理觀察其我，有則有害，能成其無而獲定解，是求解脫者，不容或少之方便。

如是於我我所無少自性獲定見已，由修此義而得法身。如明顯句論云，「若諸煩惱業身作者及諸果報，此等一切皆非眞實，然如尋香城等惑諸愚夫，實非眞實現眞實相。又於此中何爲眞實，於眞實義云何悟入耶。茲當宣說，由內外法不可得故，則於內外永盡一切種我我所執，是爲此中眞實性義。悟入眞實者，慧見無餘煩惱過，皆從薩迦耶見生，通達我爲此緣境.故瑜伽師當滅我.此等應從入中論求。」又云.「修觀行者.若於眞實起悟入欲.而欲無餘永斷煩惱及諸過失.應如是觀何者爲此生死之本。彼若如是正觀察已.則見生死以薩迦耶見而爲其本。又見我是薩迦耶見所緣境界.由我不可得故.則能斷除薩迦耶見。由斷彼故.永斷煩惱及諸過失。故於最初唯應於我諦審觀察.何爲我執所緣之境.何等名我。」

又於無量各別之法.佛說無量破除自性之理.然修觀行者悟入之時.應略決擇修習我及我所悉無自性。此是中論第十八品之義.月稱論師依佛護論師所說而建立。入中論說補特伽羅無我.亦即廣釋第十八品之義。若謂此中.豈非宣說悟入大乘眞實之法.故唯滅盡我我所執.非是所得眞實性義。又唯決擇我及我所悉無自性.亦未決擇諸法無我.故名悟入眞實之道不應正理。答曰.無過。於一切種永滅我我所執略有二種.一若以煩惱更不生理而永斷者.雖於小乘亦容共有.然由永斷內外諸法戲論之相.皆無可得.即是法身。又若通達我無自性.於彼支分諸蘊亦能滅除有自性執.譬如燒車則亦燒毀輪等支分。如明顯句論云.「依緣假立.諸具無明顚倒執者著爲我事.即是能取五蘊爲性.然所執我爲有蘊相耶．爲無蘊相耶．求解脫者當善觀察。若一切種善觀察已．求解脫者見無所得。故於彼云．『我性且非有．豈能有我所。』由我不可得故．則其我所我施設處亦極不可得．猶如燒車．其車支分亦爲燒毀全無所得。如是諸觀行師．若時通達無我．爾時亦能通達蘊事我所皆無有我。」此說於我達無性時．亦能通達我所諸蘊無我無性。入中論釋云．「由緣色等自性成顚倒故．亦不能達補特伽羅無我．以於諸蘊施設我事而緣執故。如云．乃至有蘊執．爾時有我執。」此說未達蘊無自性．不能通達補特伽羅無我性故。

若即通達補特伽羅無自性慧．而是通達蘊無性慧．則有通達二種無我二種覺慧成一之過。法與補特伽羅二各別故．能達彼二無性．二慧亦應各別．如達瓶柱無常之慧。若即通達補特伽羅無自性慧．不能通達蘊無自性．則正通達補特伽羅無我之時．如何安立亦能通達蘊無自性耶。初問非許．當釋後問。謂正通達補特伽羅無自性慧．雖不即執蘊無自性．然即由此慧不待餘緣．能引定智決定諸蘊皆無自性．能斷蘊上增益自性諸增益執。故說通達補特伽羅無自性時．亦能通達蘊無自性。如佛護論云．「屬我所有名曰我所．若我且無．由無我故．何能更云此是我之所有。」譬如定知無石女兒．雖不即由此慧執云無彼耳等。然能斷除計有耳等增益妄執。故若定知無眞實我。則能滅除執彼眼等眞實有故。

若爾自部說實事宗。許補特伽羅爲假有者。亦皆不許補特伽羅爲勝義有。則彼諸師亦當通達眼等諸法皆無自性。若如是者。眼及苗等諸粗顯法。彼等亦皆許爲假有。亦應通達皆無自性。若謂實爾。違汝自許。應不更成苗等無實。善惡業道亦應建立於相續上。應許相續是無自性。如顯義論云「若同夢者。無十不善及布施等。則未睡時豈非同於已睡之時。」則中觀師說彼如夢無實之時應無駁難。故說實事自宗說勝義世俗成與不成。與中觀宗說世俗勝義成與不成極不相順。故彼諸師世俗所許諸法。由中觀師自量斷之成勝義有。彼師許爲勝義有者。中觀義成世俗有。全無所違。應詳辨別。又彼諸師所許假有補特伽羅與此論師所許假有補特伽羅。二名雖同其義各異。以此論師說彼諸師。皆無通達補特伽羅無我見故。由未通達諸法無我。亦不能達補特伽羅無我義故。故此論師。許其乃至未捨諸蘊實有之宗。亦執補特伽羅實有。彼宗諸師未能通達補特伽羅勝義無故。

第二正決擇眞實義分三。一正明正理所破。二破所破時應成能立以誰而破。三依其能破於相續中生見之法。

初又分三。一必須善明所破之因相。二遮遣餘派未明所破而妄破除。三自派明顯

所破之理。　今初

譬如說此補特伽羅決定無有，必須先識其所無之補特伽羅。如是若說無我無性決定此義，亦須善知所無之我及其自性。若未現起所破總相，則其破彼亦難決定是無顛倒故。入行論云：「未觸假設事，非能取事無。」其所破之差別雖無邊際，然於總攝所破根本而破除者，則能滅一切所破除。又若不從究竟微細所破樞要而滅除者，有所餘存便墮有邊耽著實事，終久不能解脫三有。若未了知所破量齊，破太過者，失壞因果緣起次第，墮斷滅邊，即由彼見引入惡趣。故應善明所破爲要。此未善明決定發生，或是常見或斷見故。

第二遮破他派未明所破而妄破除分二：一明所破義遮破太過，二明所破義遮破太狹。　初又分二：**一說其所欲，二顯其非理。**　今初

現自許爲釋中觀義者，多作是言：就眞實義觀察生等有無之理，從色乃至一切種智一切諸法皆能破除。隨許何法，若以正理而正觀察，皆無塵許能忍觀察。由破一切有無四邊，非有一法此不攝故。又見眞實之聖智，全不見有生滅繫縛解脫等法。如彼所量應是眞實，故無生等。設許生等爲能忍否觀察實性正理觀察？若能忍者，則有堪忍正理所觀之事，

應成實事.若不堪忍.則理所破義而云是有.如何應理。如是若許有生等爲量成不成.若有量成不應正理.見實性智見無生故。若許由名言眼識等成者.彼是能成之量不應道理.彼等是量已被破故。如三摩地王經云.「眼耳鼻非量.舌身意亦非.若諸根是量.聖道復益誰。」入中論云.「世間皆非量。」若雖無量成而許是有.既非自許亦非正理.故亦不成。又若許生非勝義.許須世俗許.此亦非理。入中論云.「於實性時由何理.破自他生不應理.即由彼理於名言.非理汝生由何成。」此說由於勝義破生正理.於名言中亦能破故。又若不許從自他等四句而生.則於勝義觀察四句破除生時應不能破.以除彼等有餘生故。若從四句隨一而生.不許餘三應從他生.此不應理。入中論云.「世間亦無從他生。」故破生時不應更加勝義簡別.明顯句論破加勝義簡別語故。此有一類雖於名言亦不許生等.餘者則於名言許有.然彼一切皆作如是暢亮宣說.由諸正理於諸法上破除自性.是此論師所宗無可疑賴.以雙於二諦破自性故。如是無性復有何法.故於所破冠加勝義簡別語者.唯是中觀自續師軌。

第二顯其非理分二.一顯彼破壞中觀不共勝法.二顯所設難皆非能破。　初又分三.一明中觀勝

法。二彼如何破壞。三諸中觀師如何答彼。　今初

如六十正理論云「此善願衆生集修福智糧。獲得從福智所出二殊勝。」由大乘行。令所化機於果位時獲二勝事。謂勝法身及勝色身。此於道時。須如前說方便般若。未單分離積集無量福智資糧。此復觀待至心定解世俗因果。從如此因生如此果。勝利過患信因果系。即於盡所有性獲得定解。及由至心定解諸法皆無自性如微塵許。即於如所有性獲得定解。若無此二。則於雙具方便智慧二分之道。不能至心而修學故。如是果位能得二身之因。有賴根本決擇正見。道無錯誤。其決擇正見之法。即無間所說雙於二諦獲決定解。除中觀師。任何補特伽羅皆見相違。無慧宣說無違之理。唯具深細賢明廣大觀慧中觀智者。善巧方便通達二諦。決擇令無相違。氣息能得諸佛究竟密意。由此因緣。於自大師及佛聖教生起希有最大恭敬。發清淨語。以大音聲數數宣告「諸具慧者應知性空之空義。是緣起義。非作用空無事之義。」

諸說實事自部智者。雖善修習衆多明處。猶不能許中觀正見。故於中觀師作如是諍。若一切法皆無自性自體空者。則繫縛解脫生死涅槃一切建立皆無立處。如中論云「若

此悉皆空．應無生無滅．則諸四聖諦．於汝皆應無。」此說若自性空．生滅四諦皆不應理。迴諍論云「設若一切法．皆非有自性．汝語亦無性．不能破自性。」此說諍論若語無性．則不堪能破除自性成立無性。若無自性．則能生所生能破能立之作用皆不應理。此是由覺破自性理．能破一切能作所作．故相辯諍。故實事師與中觀師諍論二宗不共之事．唯諍性空可否安立生死涅槃一切建立。故無塵許自性之自體．然能許可能生所生及破立等生死涅槃一切建立．是乃中觀之勝法。如中論第二十四品云「應成諸過失．於空不成過．汝破空成過．彼於我無過。若誰可有空．於彼一切成．若誰不許空．於彼皆不成。」此說於無性者．非但不犯「若一切皆空」等過．且於性空之宗有生滅等．於自性非空之宗反皆不成。如明顯句論云「於我宗中．非但不犯所說衆過．其四諦等一切建立且極應理。」爲顯此故．頌云「若誰可有空」引文而釋。又中觀論第二十六品．顯示十二緣起順轉生起次第及逆轉還滅之次第．第二十五品重破自性．第二十四觀聖諦品．極廣決擇自性不空其生滅等生死涅槃一切建立不成之理．及自性空．彼等一切可成之理。故應了知．持此品義徧一切品。故現自許講中觀義者．說無性中能生所生等一切因果悉不得成．乃說實事之宗。

龍猛菩薩之所許．謂依如此如此因緣．生滅如此如此衆果．即應依此因果建立而求性空及中道義。如第二十四品云「若緣起所生．即說彼爲空．即依他假設．亦即是中道。若非依緣起．是法全非有．故若非性空．全非有是法。」此說性空能遍緣起．莫故違說凡因緣生定有自性。迴諍論云「若誰有此空．彼有一切義．若誰無空性．彼一切非有。諸說空緣起．中道爲一義．無等第一語．敬禮如是佛。」七十空性論云「由一切諸法．自性皆是空．諸法是緣起．無等如來說。」六十正理論云「諸不許緣起．著我或世間．彼遭常無常．惡見等所劫。若有許緣起．諸法有自性．常等過於彼．如何能不生。若有許緣起．諸法如水月．非眞非顚倒．彼非見能奪。」出世讚云「戲論說衆苦．自作及他作．俱作無因作．佛則說緣起。若法從緣起．佛即許是空．說法無自性．無等獅子吼。」此等唯說由緣起因故自性空．故緣起義現爲無性空性之義．即是龍猛菩薩不共之宗。

若謂無性之空．是就中觀自宗安立．而緣起因果之建立．於自宗中不善安立．便謂就他而假立者．非緣起義。如云「若誰可有空．於彼一切成。」此說何宗許無自性．即於彼宗生死涅槃一切緣起．皆應理故。若爾許空性宗．生死涅槃如何成耶。答．一切諸法自性空者．

是由依因緣生起之理．故說彼空．後當廣釋。故於此宗緣起成立．此成立故苦亦成立．苦依因緣緣起建立．若無緣起．苦不成故。若有苦諦．生苦之集．滅苦之滅．能滅之道．亦皆應理．故有四諦。若有四諦．則於四諦．知斷證修亦皆成立。若有知等．則三寶等一切皆成。如明顯句論云．「若於誰宗有一切法皆自性空．即於彼宗如所宣說此等一切皆可得成。云何得成．答．我因緣起故說是空．故誰有空．即有緣起．誰有緣起．則四聖諦於彼應理。云何應理．答．謂由緣起故乃有苦諦．非無緣起．彼無性故即爲性空。若有苦者．苦集苦滅趣苦滅道．皆可成立．故知苦斷集證滅修道．亦得成立。若有知苦諦等．則有諸聖果．若有諸果住果亦成．若有住果則有諸向．若有住果及向．即有僧寶。有諸聖諦．即有正法．若有正法及僧伽者．佛亦得成。是故三寶亦得成立．則世出世一切諸法差別證德一切皆成。諸法非法及其果報．並其世間一切名言亦皆得成。故云．『若誰可有空．於彼一切成』．若誰無空．則無緣起．故一切不成。」言成不成．應知是說彼等有無。又前引迴諍論之諍．龍猛菩薩明顯答云．於無自性能作所作皆悉應理。迴諍論云．「若法依緣起．即說彼爲空．若法依緣起．即說無自性。」自釋中云．「汝由未解諸法空義．故汝難云．『汝語無性．故應不能破諸法自性』．然此是說諸緣起法即是空性．何以故．是無自性故。諸緣起法其性非有．無自性故。何故無性．待因緣故。若法有性．則無因緣亦應恆有．然非如是．故無自性．故說爲空。如是我語亦是緣起．故無自性．無自性故說空應理。如瓶衣等是緣起故．自性雖空然能受取蜜水乳糜．及能遮蔽風寒日曝。如是我語是緣起故．雖無自性．然能善成諸法無性。故說『汝語無自性故．應不能破除一切法自性』．皆悉不成。」此極顯說若有自性．不待因緣．若待因緣定無自性．順行逆返及無性語而能作爲破立等事。由依因緣染淨諸法生滅緣起與無自性隨順和合固不待言．即此緣起爲達無性最無上因．當知唯是中觀智者所有勝法。

若執緣起生滅定有自性．破自性理而破生滅緣起．如天變成魔．於能如實得中觀義作大障礙。故於諸法若見無有塵許自性引生定解．而就自宗於因果系全無引生定解之處．須就他許．若就自宗於因果上善引定解．而於無性自宗全無定解之處．而於無性取密意者．應知未得中觀正見。應於能得正見之因．淨護所受淨戒爲本．多門策勵積集資糧．淨治罪障．親近善士勤求聞思。能於如是現空二事雙引定解者．至極少際．故極難得中觀正見。中論二十四品密意說云「由知諸劣慧．難達此深法．故於說正法．能仁心退捨。」寶鬘論云「且此不淨身．粗惡是現境．恒常而顯現．若尙不住心．爾時此正法．無所住深細．非現最甚深．於心何易轉．此法甚深故．知衆生難悟．故能仁成佛．欲捨不說法。」經論皆說極難通達。若不如是．僅於少數堪爲定量之論．見說觀察瓶等與自支分．以一異理決擇無性而起誤解。便觀瓶等．於自支分嘴項等中．爲是何事．若於彼中全無所得．便起定解．謂瓶非有。次於觀者亦如是觀．則覺觀者亦定非有。爾時觀者且無所得．又由誰知瓶等爲無。由是便謂非有非無．以相似理引顚倒解。若安立此爲得正見．誠乃易事。故具慧者應於了義經．及中觀等清淨釋論所說空義．即緣起義．中觀智者所有勝法．尤於佛護論師．月稱論師．無餘盡解聖者父子所有密意．最微細處．謂依緣起．於無自性生定解法．及性空法現爲因果之理。當生定解．他莫能轉。

第二彼說如何破此之理。如是龍猛菩薩之宗．謂諸法全無塵許自性．若由自性．生死涅槃一切建立皆不得成。然此建立不可不有．其縛脫等一切建立皆當安立．故亦定須許無自性。然汝等說．若一切法皆無自性．餘復何有．破除縛脫及生滅等．不須更加勝義簡別．即由破除自性正理而能破除。故於無性安立縛脫及生滅等．應當審思云何非破．若謂論師就名言許繫縛解脫生死涅槃一切建立．我於名言亦許彼等故無過失．此非應理。月稱論師於名言中亦許諸法全無自性．汝亦共許．若爾破除自性之理．於名言中亦須破彼自性故。又許破自性之理．能破繫縛及解脫等．故於名言亦破繫縛及解脫等．極爲明顯。總許無性與繫縛解脫生滅等相違．則於性空之空生死涅槃一切建立而應理者．隨於二諦皆不得成。故汝破壞中觀所有唯一勝法。若不許彼爲相違者．許於所破全不簡別．以破自性之理而破生滅繫縛解脫等．全無正因。若以破自性之理而破因果．則無性中無生滅等．是與第二十四品「若此等皆空．應無生無滅．則諸四聖諦．於汝應皆無．」實事師宗所起諍論．及迴諍論中「設若一切法．皆非有自性．汝語亦無性．不能破自性．」實事師宗所起諍論．顯然無別。若謂性空不空．其生滅等皆不得成．我俱不許性空不空．故無過失者．此定非論義。明顯句論云「其生滅等非但於我無不成過．其四諦等且極應理。」本論亦善分辨性空之宗．彼等皆成．不空之宗則皆不成。入中論云「事空如像等．依緣非不許．如從空像等能生彼相識．如是諸法空．然從空事生。」

又以正理破縛脫等．非於勝義而能破除．須於世俗中破．然於名言破除生死涅槃一切建立之中觀論師．誠爲先所未有者。

菩提道次第廣論卷十七終

菩提道次第廣論卷十八

第三諸中觀師如何答覆。若諸法性空．生死涅槃所有因果不可安立．龍猛菩薩謂此諍論是中觀師破他之過．今向自擲．應遮回耳。中論二十四品云．「汝將自諸過．欲轉爲我過．如現乘馬上而自忘其馬。若有見諸法．是由自性有．則汝見諸法．皆無有因緣。」又云．「若此不皆空．應無生無滅．則四聖諦等．於汝應皆無。」故謂若無自性．餘更何有者．顯然未分苗無自性與苗全無二者差別．亦未能分苗有自性與苗芽有。故謂若有必有自性．若無自性則謂斷無。若非爾者．何故說破自性正理．能破於有及生滅等。如是若時許有苗等．爾時便說有自性苗．若全無性．說斷無者．定墮二邊．與實事師全無差別。四百論釋云．「如實事師．若時說有諸法．爾時即說是有自性．若時無性．爾時便說諸法一切永無．等同兔角。未出二邊．故此所樂一切難成。」乃至未解月稱論師所分有無自性．與有無法四者差別．定墮二邊．不能通達中觀深義。謂以若無自性．則全無法．於性空之空．全無安立因果之處．故墮斷邊。若許有法．必許有性．則不能立因果如幻．實無自性現似有性．故墮常邊。若達一切法本無自性如微塵許．不墮有邊。如是則於苗等諸法．非由作用空而爲無事．有力能作各各所作．引決定智．遠離無邊。

顯句論中亦明了辨別無與無性．如云．「若汝立諸法皆無自性．如世尊說自所作業自受異熟．則彼一切皆爲汝破．誹謗因果．故汝即是無見之主。答曰．我非無見．我是破除有無二邊．光顯能往般涅槃城無二之道。我亦非說斷無諸業作者果等。若爾云何．謂善安立彼無自性。若無自性．能作所作不應理故．過失仍在。此過非有．唯有自性不見作用故．唯無自性見有作用故。」此實事師謂若無自性以破自性理．即破從業生諸異熟與許破自性理破因果者．所許無別。若破因果即成斷見之主．雖中觀師與實事師共同許可．然中觀師自不許爲破除因果．而實事師覺破自性．亦定破因果．故說中觀師爲斷無者或斷見者。藏地自許中觀師者．多許破自性理能破因果．順實事師．反說以理破壞因果是中觀宗而起勝解。又答諍云．「我非無見．是破有無二邊顯解脫道。」餘文即明破有無理。其中說云．「我等非說無業果等。」是除無邊．謂若許無業果等．則成無見者．然我不許爾。其次問云．「若爾云何。」答云．「安立或許彼業果等全無自性。」是遣有邊。次云．「若無自性能作所作不應理故過失仍在。」是實事師諍云．「汝雖說云．非是無見是說無性．然前設過．若無自性因果不成．尚未能斷。」以於彼宗無性與無．二無差別．故如是諍．次答彼云「因生果等．能作所作於有自性不可成立．唯於無性彼等乃成。」

四百論釋云．「我非說無事．是說緣起故。汝說有事耶．非唯說緣起故。汝何所說．宣說緣起。何爲緣起義．謂無自性義。即自性無生義．能生性如幻現陽燄影像乾闥婆城化夢果義．空無我義。」此顯由許緣起．能除有事無事二邊之理。此由說緣起義是自性無生．故能除有實事論。顯說能生如幻等果爲緣起義．故能除無事論。言「有事」者．略有二義．謂自性義及作用義。實事師之有事．是有自性義．無事論之事．是有作用義。除彼二執即破自性．顯有因果如幻化故。又四百論釋云「豈無緣過去境之念耶．誰云其無．我等非破緣起．如其所有即如是定解。論主已安立云．念謂於倒義．唯顛倒而生．故念所緣是過去事。若彼有性．其念由緣實有義故．亦可有性。若過去事全無自性．則緣彼念亦應無性．故云顛倒亦善成立。言顛倒者．是無自性及緣起義．非是餘義。事斷無義．非顛倒義。又過去事非一切種全無所有．是所念故．見彼果故．亦非有性．應性常故．應可取故。」此說過去等事．既非全無．亦非有性．其顛倒虛妄義即緣起義．非無事義。故許諸法有自性者是實事論．或墮有邊．非說唯有法者．即實事論及實有師。如是若說內外諸法．由作用空爲無事者是無事論．或墮無邊．非說彼無性者即墮無邊。

若未如是分別全無與無自性．有性與有之差別．而於破除有無邊時．但作是說．我非說無．是說非有．及非說有．是說非無者．純相違語．非能略說中觀深義。由破他時觀察有無自性等而破．自亦現許彼二決斷。而又許有俱非義故。隨於何事觀察自性．或有或無．於有無二．須能決斷．若第三聚非彼所攝．理不應觀自性有無。如同有說顯色中有．問青中有或黃中有。如是能斷自性有無決定者．須總於所知．能斷有無決定。如於諦實能斷諦實一多決定者．須總於一多能得決定．能如是決斷者．須能遮第三聚．故許有俱非之法．實屬亂說。如廻諍論云「若違無自性．應是有自性。」如是許者．隨於何法．皆不能遮第三聚法而得定數．唯懷疑惑．以於有無等決斷一品．則於他品不決斷故。

若許於是非等．無第三聚者．則於有無亦相同故．然彼說者．是於中觀論．宣說非有非無之語．所起誤解。若許爾者．如不可說爲有爲無．亦不應說非有非無．俱於四句如是說故。

中觀論云．「說有是執常．言無是斷見．故於有無二．智者不應住。」然非僅說有無．是說諸法若有自性．成常斷見．如明顯句論解釋前文執有執無．為有事無事見。其後又云．「何故若見有事無事成常斷見耶．若有自性者．非無故應常．若先有現無．是故應成斷。若說法由自性而有．性無可滅．終不應無．故許有性應成常見。又先住時許法有性．如是後壞許為無故應成斷見。」此說若許由自性有則成常見．即先自性．若許後壞．則成無見．非說有與壞。佛護論師云．「言有言無成常斷見者．是說彼法若有自性。」此等明顯宣說常斷之理。總若有說無自性之空．非善妙空性．而破除者．謗般若經．由謗法故．當墮惡趣。若於無性雖起勝解．然說「若無自性．餘更何有」。謗一切法畢竟非有．亦是墮於斷見險處．如云．「若惡觀其空．少慧受衰損。」明顯句論云．「且於空性．若謂一切非有者．即成倒見。」如云．「若倒執此法．不智當失壞．謂彼當沉沒．無見不淨中。」設若不欲謗毀一切．爾時便云此一切法現前可得．云何為空．故無性義非是空義．是則謗空．若如是謗．則作匱乏正法之業．定墮惡趣。如寶鬘論云．「又若倒執此．愚者慢為智．謗法暴惡性．倒墮無間中。」

設謂我若先許諸法．後見無者．可成無見．然我從本未許彼有．有何可斷而成斷見。

「若先有現無.是故應成斷。」說如此者.乃爲斷見。明顯句論云.「諸瑜伽師達世俗諦唯無.知生全無自性.達彼空性是勝義相.不墮二邊。若法現在無.爾時更何有.如是諸法自性.先未獲得後亦非見爲無。」此不應理.若斷見中皆須先許所斷法者.則順世等亦非先許前世後世及業果等.後乃謗無。本來不許彼等爲有.亦應非斷滅見故。「若先有現無.是故應成斷」者.是實事師。若許諸法有自性者.決定當生常斷二見.謂若許自性一切時中無轉變者.應成常見。若許先有後時壞者.應成斷見。故顯自無先時有性執後時壞所成斷見者.以自不許諸法有性如微塵許可成正因.非此能離一切斷見。其餘不同說無因果斷見之理.明顯句論廣說.謂斷見者.許無因果及無後世。中觀論師許彼無性.是立宗之差別。又中觀師由緣起因.說業果等皆無自性.諸無見者.不許業果等皆是緣起.故不以彼爲因。是由未見現在有情.從其前世而來此世.及從此世而往後世.以此因相說彼等無.故於因相差別極大。明顯句論云.「有師難云.諸中觀師與無見者全無差別。何以故.此說善不善業作者果報一切世間.皆自性空.諸無見者亦說彼無.故中觀師與無見者全無差別。然非如是.諸中觀師說有緣起.由緣起故說此世他世等一切無性.諸無見者非由如是.是緣起故.

就性空門．達後世等是無實事。若爾云何．謂緣現世諸法行相自性．然未見彼從前世而來此世．及從此世而往他世．謗無餘世．等同此世可緣之事。」

若謂諸中觀師與無見者因雖不同．然達業果及前後世無性是同．此無性見則極相等。此亦不同．他許無性是畢竟無．於二諦中俱不許有。中觀論師許世俗有業果等故。明顯句論云「若爾．彼等亦於諸法無性通達爲無．由此見故．且有相等。答曰．非有。中觀論師許世俗有．彼等不許．故非相等。」此即顯示．若中觀師於世俗中不許業果等．與順世派見解相同。又與斷見不同之理．論師未說彼有所許我無所許。又未曾說彼等許無我不說無．是許非有．而許是說無性及立爲緣起因．並於世俗許諸建立。

若謂業果等法皆無自性是極應理．然斷見者亦說無彼．故許彼等無有自性．就無性分同中觀師。此最不同。譬如於一竊財之賊．有人不知是彼所竊．妄說彼竊．有人見是彼賊所竊．云是彼竊。如其二人說彼竊財．賊雖實竊．然一是妄語．一是實語．故不相同。如明顯句論云．「若云事同．設無實事雖如是同．然證者異．故不相同。譬同於一盜．有非實知由非愛故．覆意倒說是此所竊．餘見彼竊正爲破除。其事雖無異．然由覺者異故．應說前人是說妄語．餘是實語。若審觀察．前者惡稱有罪．餘則不爾。如是此中．諸如實知諸法自性．了解宣說．與無見者非如實知諸法自性．同時知說．皆不相等。」此亦善破「有說了解無自性時．認爲正理破業果等．遂於自宗不立因果．彼於世俗雖是邪行．然得無謬空品正見。」是故空者．非作用所空之空．雖無自性須可安立因果緣起。如四百論釋云「如是若有法．生時無所來．如是滅無去．於此定無性。若謂無性餘更何有．答曰．若以染淨爲因緣起爲性．彼法則有。」此文明答「若無自性餘更何有」。佛護論師亦明分辨有與有性差別而答。二十二品釋云「外曰．設若無時．亦無因果及緣和合．餘更何有．是故汝是說斷無者。我非說無．唯汝所執時等有性．非應正理．然有彼等依緣假立。」此說是破如實事師所許自性不應正理．然有緣起依緣假立。

若能如是分辨有無與有無性．能遮無邊顛倒分別．則於破除有性正理．不致發生破有錯誤。中觀諸師答諸實事智者．其主要者即彼四門．故略宣說。

第二顯所設難皆非能破分四．一觀察堪不堪忍正理思擇而爲破除．然不能破．二觀察由量成不成立而爲破除．然不能破．三觀察是否四句所生而爲破除．然不能破．四觀察有事無事等四

句而爲破除．然不能破。　今初

若於實義如理觀察色等諸法．爲有爲無生不生等．是名觀察眞實正理．及名觀察究竟正理。我亦不許色等之生堪忍以彼正理觀察．故無應成實事之過。

若彼不堪正理觀察．理所破義云何能有。此於不堪正理觀察與理所破誤爲一事。有多人說．「觀察實性正理雖破．然有生等。」此乃亂說．非我所許。堪不堪忍正理觀察之義．謂以觀察眞實之理有得無得。如四百論釋云．「我等觀察．唯爲尋求自性故。」是於色等．尋求有無生滅等性．即於色等尋求有無自性生滅．非以彼理尋求生滅。故說彼理名觀實性．以彼觀察有無眞實生滅等故。若以彼理觀察尋求．無有少分生等可得．名不忍觀察．非唯彼理所未能得．便名彼破。若是有法須由彼成．彼所未成乃名彼破。色等生滅是由名言識所成立．色等雖有．非由理智所成。故彼未得如何名破。譬如眼識雖不得聲．非眼能破。故生滅等若有自性或眞實有．則須由彼正理所得．以彼正理是於色等如理觀察有無自性之生滅故。由如是理未得生等．能破自性或眞實生滅．以有自性須彼所得．彼未得故。譬如若東方有瓶．其尋瓶者決定能得．若於東方尋瓶未得．彼雖能遮東方有瓶．然彼何能遮瓶是有。如是若有自性之生．則中觀理決定能得．若尋求時彼未得生．由彼能破自體或自性之生．然生是有如何能破。如四百論釋云「故以正理如是觀察．若根境識無有自性．則非性成．設若彼等由自性成．則以正理正觀察時．如其安住．應極明了見有自性．然不可得故成性空。又色聲等諸世俗法．雖其是有．非觀眞實或觀有無自性正理之所成立．故正理觀察不於彼轉．此大論師曾數宣說。又以正理觀察時．若以正理未能獲得．便壞彼諸世俗法者．說是對於建立世俗未獲善巧。」若觀有無自性之理能破彼等．則正理觀察於色受等諸世俗法亦極應轉。然此論師之論中．於一切種畢竟破除．故說觀察有無自性正理未得之義．即是正理破除之義者．是極漂流中觀之外。

　如是根本聖智．是未能見色等生滅．豈彼是見生滅等無。觀察有無自性之理．亦是未能得生滅等．非是量定生滅等無．故未辨別諸不堪忍正理觀察與正理所破。根本聖智未見生滅與見無生滅．觀察有無自性．理智未得生滅與得無生滅．混執為一。況現在人．即諸先覺亦有誤解．故具慧者應細觀察．善辨彼等。

　由是因緣我非是說．較勝義量．諸名言識勢力強大．及非是許．諸名言識破勝義量。然汝若說觀察眞實之正理．觀察名言色受等境．若彼未得即是彼理之所破者．非但不能破除於他．返以世間共許之量破彼破者。入中論云「若世於汝無所損．應就世間而破此．汝先與此世間諍．我後當依有力者。」其釋論云「我爲破除世間世俗住極艱辛．汝今當破世間世俗．設若世間於汝無損．我亦於汝當爲助件．然彼世間定能損汝。」此說「我爲破除世間世俗住極艱辛」者．是說爲淨此眼識等錯亂心故．及色塵等錯亂境故．策勵修道．不許彼是正理所破．是由修道所破之事。次言「汝今當破世間世俗」等者．是中觀師破彼實有依他起性。彼云．我亦以正理破汝世俗．出相同過．答曰．如我能破依他性．若汝能以正理破除世俗．我當於汝亦爲助件。此說若理能破．我亦不須爲破彼故修道難行是爲所欲．故顯正理非能破除諸世俗法。又說非但不能破除．若強破者反爲世間共量所害。由名言識能害如是相似正理．故較彼等亦許力大。諸實事師以正理觀察破外境等世俗法時．僅是彼理未能獲得．非彼能破。

有說於名言中不破色等之義．是依牧童等世人不破．觀察實性正理能破。極不應理。具觀慧者．是於觀察實性正理能不能破而有疑惑．未由宗派改變心者．不能破除．無所疑故。若觀實性正理能破．須於名言而破除故。觀察實性正理．非能破一切生者．月稱論師明了宣說。四百論釋云．「若此觀察破一切生．顯示有爲皆無生者．爾時彼等不應如幻．應以石女兒等而爲量度．然恐違犯無緣起過．故不順彼喻．令如幻等．不違緣起。」言此觀察者．謂觀察眞實之正理。言破一切生者．謂於所破不加簡別．凡是有生．一切皆破。言石女兒等者．謂破一切生．如石女兒及兔角等．一切作用空成爲無事。若如是者．恐犯斷無緣起之過．故不同彼．永離一切作用功能石女兒等之無生．當如幻等．破除實有或自性生。又四百論釋云「設若眼等非有．何故建立眼等諸根業異熟體。我等豈破此異熟體。若破眼等彼何非破。我等觀察唯爲尋求自性．故我等於此破除有性諸法．非破眼等所作緣起業異熟體。彼可容有．故有所說異熟眼等。」此顯然說．以諸正理齊此破除．齊此非破．如此辨別一處說已．餘未說者一切皆同．定須了知。故自尋求時．境上有性．正理能破．非破其有。說諸正理唯爲尋求自性爲勝．故彼正理．是爲尋求自性有無。說正理破．亦是破除自性之義．故當分辨彼二差別。非但不破如斯業果．說中觀師定須受許．即彼論後又云「是故智者於世間義．莫以所說順見眞實正理觀察．應當受許不可思議諸業異熟．如從變化起變化理．一切世間皆當受許。」如是自己建立二諦．若以決擇勝義之理．妨害自所建立世俗．建立二諦自內相違．豈可稱爲安立二諦殊勝智者。若二建立無少相違．則以決擇勝義之理．破除世俗建立而成相違。明顯句論云．「汝於勝義及世俗諦．不善巧故．則於一法以理觀察．由非正理破壞其法．我善安立世俗諦故．住世間品。汝爲破除一分世俗立餘道理．我以餘理而返破除．如世者長．唯爲破汝失世間法者．非破世俗。」此說唯破失壞世俗諸宗論師．不破世俗。若以觀察實性之理破壞世俗．說是不善安立二諦．故以正理破世俗色等．決定非此論師眞意。

　總之．非唯中觀論師．凡是自部印度諸宗．許有二諦建立者．雖可由他補特伽羅於自所立二諦建立出相違過．然彼自於所立二諦．許勝義理破世俗義．我敢斷言定無一人。

　第二觀察由量成不成立而爲破除．然不能破。許有色等．非許量所未成．要許量成。若爾論云「世間皆非量」．云何應理。此破世間眼等諸識於眞實爲量．非破於一切境爲量。入中論釋云．「如是思維眞實．唯諸聖者乃爲定量．非諸非聖．爲說世間諸違害故。」若觀察眞實．許世間見亦爲定量．故云．「設若世間是定量．世見眞實聖何爲．諸餘聖道何所作．

愚蒙是量亦非理。」釋云「若唯眼等能定眞實爲證聖道力勵持戒聞思修等應非有果.然非如是。」故云「世間皆非量世無害眞實。」六十正理論釋云「若見彼等有則非見眞實故世尊謂眼耳鼻等皆非量。」引此等證顯然是於勝眞實境破彼爲量非於餘境。若不爾者.則說「若眼等識於色聲等名言義境是定量者.爲見眞實不應更求聖道。」全無關係.等同說云「眼識見色爲聞聲故耳應無義。」

若謂「爲觀色聲等尋求聖道應無有義」是所樂許.由此豈能成所非欲。四百論釋云「若彼於此諸根識等增益爲現.又許爲量極無係屬。不欺誑識世見爲量.然世尊說此識是有爲故.是虛妄欺誑法.猶如幻事。」若是虛妄欺誑之法及如幻者.非不欺誑。以住此相之事現餘相故.若如是者.計執爲量不應道理.餘一切識皆成量故。總破眼等諸識是量.如何會解。

此與眼耳鼻等皆非量等不同.是大疑處.故當詳釋。如是破諸識等是現及量者.是破分別師許.故當先述彼宗。如四百論釋云「此分別師全未熟悉世間義故.如諸愚童最初唯應令練習彼.爲顯此故詰問觀察。汝現云何.答謂現識。爲何等識.謂離分別。分別爲何.諸於境義增益名種．散動轉想。五種根識由離彼故．於不可議境自相轉．故名爲現。」謂離分別無錯亂識許爲現識。無錯亂者．謂於境自相如實而取．由五根現識量度自相．故色聲等自相是彼五現識之所量。五識成量之處．亦即五境之自相也．然此論師如下所說．雖於名言亦不許有自性自相．豈許諸根識於自相爲量。故此破除根識爲量者．是破許彼等於五境自相爲量。破除之理．即引世尊說彼諸識虛妄欺誑而破。由說欺誑破不欺誑．即是破量．以不欺誑是量相故。欺誑之理．即住此相之事．現爲餘相。謂色聲等五境．實無自相．於諸根識現有自相．故說彼等於自相境非是正量。總此意趣．謂諸根識於五境自相非是正量．以待五境所現自相是欺誑故。五境實空無自相．現自相故．如現二月之識。其實事諸師．謂色聲等若無自相自性．則說彼等空無一切作用功能而成無事．故若不於五境自相爲現量．則於五境無成量之處。若於五境成量．亦許於彼自相成量。此論師謂．若有自相或有自性．則成實有．安立實境之量．雖須於自相爲量．然境虛妄．故立此境之量不須於自相爲量。四百論釋云「以世間見．遣眞實見．亦非正理。彼唯於世間立爲量．故彼所緣義亦是虛妄欺誑法故。」故破於自相爲量．非須全破其是量。故非總破名言諸識爲量。若不爾者．則說

「不欺誑識世見為量」不應正理。一切名言識．破為量故．明顯句論云「故由如是四量．安立世間通達諸義。」與此建立現比教喻四量相違故。又破有性能量所量．不破緣起觀待所立能量所量．即前論云「此等皆是觀待假立．若有能量乃有所量義．若有所量義乃有能量．能量所量非有自性。」故無翳等內外錯亂因緣損害諸根識等．唯無明力錯亂．執取實無自性現有性境．此不能害無倒名言。入中論云「許妄見有二．根明有過根。諸有過根識望善根識倒．諸無損六根所取世共證．就世為諦實．餘就世立倒。」此說名言識境．待名言識各立二類．謂倒無倒．內身所有損根因緣。入中論釋云「若諸翳膜黃眼等病．及食達都羅等．是為內有壞根因緣。」身外有者．如前論云「由油水鏡及空谷等發言說聲．又由日光處時差別．正現前等．是為外有損根因緣。內雖未有損根因緣．由此諸緣而於影像谷響陽燄．亦成妄執水等因緣。如是幻師等所配咒藥．亦當了知。能損意者．謂前諸事及諸邪宗．諸似比量。」此說邪宗及諸似因．皆是損害意識因緣。又睡眠等．是損夢中意識因緣．故無明所執之境．如下當說．雖於名言亦無．然由無明所作損害．非此所說違害因緣。

設作是念．若五根識．無餘錯亂因緣損害．便於名言為不錯亂．則彼所現自相．於名言中亦應許有然此師不許．故須許爲錯亂。若如是者．則此諸識爲於名言安立色等之量．不應道理．以於名言色等亦錯亂故。答曰．清辨論師許色等境於名言有自相之性．破唯識師於偏計執。由無自相之性．謂相無自性時．於偏計執設能計所計雙關觀察．若能偏計自性差別之名覺．許於名言無自相之性者．則謗依他起事．是顯然許依他起性．於名言中有自相性。第二十五品般若燈論云．「若謂說色意言言說偏計執性皆爲無者．是謗有事。毀謗意言及言說故。」觀禁大疏云．「此文顯示瑜伽諸師謂偏計執．由相無自性性．故說爲無性。若於說色自性差別．意言分別言說名言能偏計性．謂由相無性性故無自性者．是謗世俗依他起事．不應道理。」此說名覺所攝依他．若於名言許相無性則成誹謗。其相無自性之相者．即是自相或名自性。唯識諸師說偏計執無彼自相．於依他起有彼自相故有自性。然從他生無自然性．說名無性．解深密經亦如是說。謂一切法皆無自性．是密意說。蓮華戒論師云．「彼經顯示三種無性所有密意．開顯遠離二邊中道．故是樹立了義之宗。」若於勝義增益依他有自性者．是偏計執．故彼非有。由於名言依他起性有自相故．遣除損減．故許顯示中道之義．故此論師亦於名言許有自相。入中論釋云．「如於繩上蛇是偏計．於實蛇是圓成實。如是自性．若於緣起諸所作性依他起上是爲徧計．於佛行境立爲圓成．如是了知三性建立。次當解說經中密意．『若經所說非實意知不了義當引釋』」謂解深密經立三自性是不了義。自宗之徧計．謂於依他執有自性．故於名言亦不許依他有自相之性。唯識諸師除徧計執．不許依他及圓成實相無自性。故許彼二．是有自相或有自性。正依解深密經．故許彼二是勝義有。佛護論師月稱論師．謂若有自相所成實體．則是實有．清辨論師等．唯爾不許是勝義有。

菩提道次第廣論卷十八終

菩提道次第廣論卷十九

又唯識師云.「一一極微非根識境.不顯現故.衆多積聚亦非彼境.無實體故.如現二月。」分別熾然論答云.「若成未積單位極微非諸根境.是成已成。」答後難云.「若以積聚一種極微爲宗.說此非因.無實體故.而立因者.其因是他不極成.謂一種類極微體性.彼彼皆有益境功用.故彼皆爲境體支分。於極微塵生起現似積相之覺.從其積聚一類極微而成瓶等.我等亦許彼爲實有.猶如極微.何以故.猶如極微亦是八微積聚爲體.許其實有.故和合體所有瓶等.亦是實有.單不可成。」此說積聚一一極微皆是根識之因.復是實有。又許彼是微塵究竟.故許無分極微是所緣緣。是故根識若無前說內外亂緣之所損害.許爲無亂.許於名言是所緣緣.與經部同。

入中論釋云.「有說經部師宗說爲勝義.中觀諸師即許彼法而爲世俗。當知此說是未了知中論眞實。有說婆沙諸師所說勝義.中觀諸師許爲世俗.此亦未知論之眞實。說出世法與世間法而相同等.不應理故。故諸智者決定當知此宗非共.此顯彼諸部宗不共假立無有方分能所取等．雖於名言亦不受許。」四百論釋云「自部諸師如勝論師．許實極微不應正理。」此說不許無分極微．前二部師許爲勝義．中觀諸師雖於世俗且不許者．謂無方分等事．非說彼二所許實法中觀諸師於世俗中皆悉不許。如色聲等彼許實有．中觀諸師許爲世俗。四百論釋．就諸根微塵積聚位．破許一一是根識因。又即諸根與諸微塵．若即若離皆不得成。故依彼假立爲識所依。如是諸境亦依他立而爲假有．是根識境。此許諸識是假現．諸境是眞現．故此論師與淸辯論師雖二同許諸外境義．然其安立根境道理．極不相同。前破根識於自相境爲量之時．說「住餘相事現餘相故」．謂色聲等境．於根識前現似有自相．然如所現．雖於名言亦定非有．故此論師雖於名言亦許諸識皆是錯亂。然諸根識於名言中是能立色聲等境之量．無不應理。立彼諸識錯亂之因．謂如所現無自相義．此乃觀察有無自相之理智所能成立．非名言量之所能成．故待名言量．非爲錯亂。現第二月及現影像等諸識．如所現義無第二月及本質等．不待理智．即名言量便能成立。故此諸識與前諸識爲正倒世俗之差別．亦皆應理。

若謂由依理智及名言量通達錯亂雖有差別．然如實無現似本質等義．如是亦無現似自相之義。如有自相所空之色等．如是亦有本質所空諸影像等．是故諸識觀待通常之名言覺是倒非倒悉無差別。若爾反問自相之體與現似本質之義．於名言中二者同無．色等像等於名言中二者同有。則入中論釋云．「緣起影像及谷響等略爲虛妄具無明者亦可現見．然青等色及心受等略現諦實其眞自性具無明者一切不現．是故此性與於世俗現虛妄者非世俗諦。」安立青等爲世俗諦．不立像等爲世俗諦．如此差別不應道理。當有何答。若謂此二．於名言識雖同顯現．然影像等由世間識能達爲妄．故不立爲世間俗諦．青等雖妄．然其爲妄由世間識不能證知．故安立爲世間俗諦。如彼二境待名言識諦妄應理．如是二心待名言識．是倒非倒亦應正理。若謂待名言識既不顚倒．於名言中錯亂相違。若於名言說爲錯亂．錯亂之名言與待何識立不顚倒名言之識．二者是一．則犯相違．然彼二種名言各別．有何相違。謂以正理破除色等有自性體時．非就勝義．須就名言．於此名言識．則諸根識皆是錯亂．除此所餘．於諸通常名言識則非錯亂．故不相違。譬如世間言說中說幾人有及幾人無說云幾者．其語雖一．然所有之幾與所無之幾．不立爲同。又彼錯亂是待通常世識．非中觀師許彼不錯．如云「唯由世爲諦」等．故中觀師立彼錯亂。然以安立諸虛妄境．亦無相違．若立實境許以亂心而安立者．則成相違。又於名言．許一切法皆如幻化．故於名言皆是虛妄．然立彼等爲世俗諦．亦不相違。如云無明障性故世俗．於無明世俗立爲諦實．與破諸法有自性時．於彼世俗立爲虛妄．二無違故。又說於世俗中現虛妄者非世俗諦．謂以名言量能達虛妄者．非說凡於名言爲虛妄者。

如是中觀師於名言中．自宗安立生死涅槃衆多建立．及於名言破實事師所樂不共妄計諸義。此諸道理極難通達．故能無倒通達二諦建立者．絕無或有。謂於世俗破實事師所許諸法．須以正理觀察而破．然自於世俗許生滅等。亦作是念．具觀慧者許與不許．是由有無能立．能立復待隨正理行。次以正理正觀察時．見自所許諸世俗法．與實事師徧計所執．若正理害二俱妨害．若不妨害二俱不害。次見大自在天及自性等．於名言中若許爲無．則自色等亦須許無．若於名言許色等有．則自在等亦須許有．二者相等。故覺自宗任於何法此是此非皆不可說．恃爲獲得中觀眞實。又有隨順如此誤解．住無所取便爲修習淸淨正見．尤爲衆多。諸如此類．非是智者所愛正論．由未了知如前所說正理所破．遂以破除自性正理破壞一切名言建立。是執正見與諸邪見．錯則俱錯．不錯則俱不錯．大邪見故。故如此類雖長時修．非但不能略近正見返漸遙遠．由與自宗緣起正道．可許一切生死涅槃緣起建立極相違故。

入中論云「無知睡擾諸外道．如其徧計妄計我．幻陽燄等諸徧計．此於世間亦非有。」此說外道不共欲樂及如前引自部實事諸師不共欲樂諸徧計執．於自世俗亦說非有．此義當釋。此於名言許有許無．爲從何門而安立耶．謂若有一於名言識是所共許．如所許義．餘名言量無能違害．及能如理觀察眞實或有無自性．以此正理亦無違害．則於名言許彼爲有．與此相違．即許爲無。其名言識．謂任於何法．唯如所顯隨順而轉．不更觀察其所現義．爲唯於心如是現耶．抑爲彼義實如是耶．名不思擇眞實義識．非是一切全無觀察。此唯如世間共許．或如名言識顯現而轉．非觀眞理爲何而隨轉故．亦名世許。故如此識徧於宗派．變未變心一切皆有。任於誰身．皆名世許或名無觀察識。莫執唯於世間常人未以宗派變心者乃有．即由宗派已變心者．雖有衆多有觀察識．謂觀唯如名言許耶．抑於眞實如是住耶．然非彼一切識．皆是觀察實理之識。故問何爲世共許．非是唯問離諸宗派世間老人．即可觀察五蘊身中無觀察識．如何而轉．言於彼識共許．謂所顯現或所領納設名言處。

又諸業果及地道等．雖於庸俗未能偏許．然由聽聞及領納等．緣彼境時．於諸通常不觀實理之識．亦能顯現．故無世間不許之過。餘名言量所違害者．譬如於繩妄執爲蛇及於陽燄妄執爲水．雖是未觀實理識所執取．然彼所取義．由名言量而能違害．故於名言亦無彼等。如理觀察有無自性之正理無違害者．謂於名言所立諸義．雖名言量之所成立．然正觀察有無自性正理之識．於一切種定須無害。若由彼理之所成立．是由自性成立爲有．則違名言之義。故無妄執理智無害與彼所成二事爲一．說於名言．從諸善惡感生苦樂與自在自性造生苦樂．是則俱是．非則俱非．邪分別處。自在自性造生苦樂與善不善感生苦樂．二雖俱非觀察有無自性正理之所成立．然以正理違不違害．於一切種不相等故。又自他部諸實事師．不共欲樂偏計無時分方分之能取所取及神我自性大自在等．彼師立時．是以道理已觀自性是否如是．次自亦謂是由如是觀察正理已得彼義而後安立。故於彼義．以餘觀察有無自性正理觀察．亦應受許。以許彼義是堪正理所觀察故。如是觀時．若不能堪無垢正理觀察重擔．故彼非是正理所得．即便遮遣．以彼若有．須此正理所獲得故。色聲等者．唯於無內外亂緣所損名言諸識．如其共許而爲安立。非觀彼等唯名言耶．亦實義如是耶．

由彼觀察獲得自性．然後乃許。故於彼等．不可以觀察有無自性之理而爲觀察．以未許彼義堪忍正理觀察故。等如有人．說此是羊．不可觀察是馬是象。又於世間．雖是無始共許之義．若理所害則於名言亦定非有．如由無明於諸法上增益自性．及薩迦耶見執有自性我及我所．及執昨日山爲今日山等諸境界．故非世間所許一切．中觀諸師便於世俗而偏受許。又色聲等．於名言中與諸外道妄執假立有無不同之理．有說前者．一切世間皆可共許．後唯邪宗乃稱說故。此未能判別．若不爾者．於名言中雖無自性．然世有自性所成．此過繁多。六十正理論釋云「又顚倒者．謂執樂等．雖於世俗諸法亦非住彼性故不顚倒者．謂執苦等．於世俗中諸法容有彼體性故。」此說常恆等四．雖於世間共同稱許．然執是爲彼雖於世俗亦說爲倒．無常等四．雖於世間未徧稱許．然執是彼則不顚倒。如是執蘊爲無常等之分別．雖於現境有所錯亂．然於執境無量能害．故名不倒或不錯亂。諸根之識．於現境錯亂．又無所餘無錯亂分．故不名無錯亂。又諸根識．於所顯現錯亂雖同．然如所顯義．就世間有無．則現影像等之根識．是邪世俗。除此諸餘無損根識．是正世俗。又諸分別執蘊常等之境名言中無．故可破除。然執無常等之境名言中有．故非正理所能破除。又於勝義．或由自性所成常等四法．而非是有．如是於彼二中．無常等四亦是非有．故觀待眞實執有彼八．全無是倒非倒之別。故密意說「隨行色常無常苦樂有我無我皆行於相。」

若謂若以正理．破於諸法增益自性無明之執．而不破壞名言諸義．二者相違。入中論云．「癡覆自性故世俗．由此僞法現諦實．佛說彼是世俗諦。」此說由無明增上安立色等爲世俗諦故。答曰．無過。立色聲等爲世俗諦之諦．是由意樂增上爲諦。此意須是諦執．故於增益自性無明而爲諦。故於已斷染汚無明二阿羅漢及八地以上諸菩薩前．所現諸法唯虛僞性非諦實性．以無諦實增上慢故。論說於諸無實執者．唯現世俗．其理即此。故色聲等．雖由無明立爲諦實．然非由無明立色聲等．譬於執繩爲蛇之邪識．雖繩爲蛇．然繩非由彼邪識安立。其能安立色聲等之心．謂無損害眼等六識。故此所立義名言中有．非是正理所能破除．其無明所執．雖於世俗亦非有．以此是於諸法增益自性．如此自性．雖於名言亦定無故。是故正理雖於名言亦能破除．假若正理不能破此．則於名言不能成立諸法如幻。又於愚癡所增自性．次更增益愛非愛等諸差別相起貪瞋等．故以正理亦能破壞貪等行相。如四百論釋云．「貪等唯於癡所偏計諸法自性．而更增益愛非愛等差別而轉．故非異癡而轉．必依於癡．癡最勝故。」此諸煩惱．雖是無始俱生而轉．然彼行相正理能破．故彼所著境．名言亦無。是故俱生心有二境．謂以正理能不能破。其能安立此色聲等諸名言量俱生之境．名言中有．非以正理所能破除。如是佛護論師及月稱論師宗中．雖於名言亦破自性．故名言諸義極難安立。若未善知安立彼等離諸妨難．則於行品不能善得定解．現見多成毀謗惡見．故具慧者．應當善巧此宗安立世俗之理．恐繁不說。

第三觀察是否四句所生而爲破除．顯不能破。由破自他俱．無因生．若能破生．則四句生雖於名言此宗說無．故於破生不須簡別。若不能破．則破四生亦不能破勝義之生。前說非許．當答後難。若許勝義之生．須許堪忍觀眞實性正理觀察。爾時須以正理觀察自他等四從何句生．由許勝義生．故定須許四句隨一觀察。若僅受許依此因緣有此生起．未許實生。未許彼故．云何能以觀眞實之理．觀從自他等何者而生．以不須許堪忍正理所觀察故。又依緣生．即能破除四句之生．入中論云．「諸法依緣起．非分別能觀．故此緣起理．斷諸惡見網。」故月稱論師．許依緣生破四句生．汝若許不從四句生則全無生．故違月稱所許而說。又彼論云．「無因自在等．及從自他俱．非能生諸法．是故依緣生。」如汝則成自語相違．

故依緣而生之緣起，永離四邊。莫更問云，離四邊者爲四何邊，此等亦是未分無生自性無生二者差別而成過失。云何論說「眞實時若理，觀從自他生，非理以此理，名言亦非理。」此顯若許自相之生或實有生，則於名言由彼正理亦能破除，然非破生。即彼論結合文云，「若謂染淨之因須實體生，此說唯餘言說存在，何以故，眞實時等」、廣引彼頌，其釋又云，「故自相生，於二諦中皆悉非有，雖非樂欲亦當受許。」故自性生是勝義生，若此許者雖名言許，如彼勝義生而當破除、是此論師所許勝處，故於名言亦不應許有自性生、

入中論云「如石女兒自體生，眞實中無世非有，如是諸法由自性，世間眞實皆不生。」若執自性無生或無生性謂全無生，反難緣生與無性生二者相違，呵爲無耳無心，說無性生，未聞所說自性，妄執無生意謂無耳，及說自性未解其義，意謂無心。如六十正理論云「緣生即無生，勝見眞實說。」其釋中云「若見緣起諸法自性皆不可得，以依緣生者，即如影像，無性生故。若謂既依緣生豈非是生，云何說彼無生，若云無生則不應說是依緣生，故此非理互相違故。噫唏嗚呼無心無耳，亦相攻難，此實令我極爲難處、若時我說依緣生法，即如影像自性無生，爾時豈有可攻難處。」故應珍重判彼差別。無熱惱請問經云，

「若從緣生即無生．於彼非有生自性．若法仗緣說彼空．若了知空不放逸。」初句說言「緣生即無生」．第二句顯示無生之理云「於彼非有生自性。」是於所破加簡別．言謂無性生。頗見一類聞彼諸句未解彼理．專相違說「生即無生．依即無依」．狂言愈大知見愈高。明顯句論引楞伽經云．「大慧無自性生．我密意說一切法無生．」此說極顯。又破生等應不應加勝義簡別．義雖已答．然分別答至下當說。此等皆是顯示彼一切能破．皆不能破無自性中因果建立。似能破中最究竟者．謂自破他如何觀察．即彼諸過於自能破無餘偏轉。汝等所立即似能破最究竟者。以破他宗觀察正理害不害等皆被遮迴．其能破理成所破故。若謂汝許有色等．故於彼等此觀察轉．我等無宗故彼觀察不能轉入。此答不能斷彼諸過．於應成派及自續派．何決擇時茲當宣說。

第四破除有事無事四句無能妨害。若謂中觀諸教典中．破一切事．或破自性有無二俱二非四句無不攝法．故以正理能破一切。此如前說事有二種．若以自性所成之事．隨於二諦許何諦有皆當破除．能作用事於名言中非能破除。又無事中．若於無爲許由自性所成無事．如此無事亦當破除．如是之有事無事二俱當破．有自性之俱非亦當破除。故一切破四句之理．皆當如是知。若未能加如此簡別而破四句．破除有事及無事時．作是破云．「俱非彼二。」次又破云．「亦非非二。」是自許相違．雖知如是而云無過．强抵賴者．我等不與瘋狂共諍。復次破蘊自性之體．或破其我便發智慧．了無自性或了無我。若復破慧無自性境．是爲破壞中觀正見．由破能達諸法無性智慧境故。若許雙破有無自性．應問彼云．決定諸蘊無自性慧．其境無性如何能破．應當宣說。若謂中論云．「若少有非空．亦當有少空．若無少不空．空亦云何有。」全無不空故．無自性空亦非有．此中空不空者．謂有自性空與不空．全論前後一切皆然。故性不空即是有性。若謂無少自性無性之空亦非有者．更有何事尤爲可笑。如於苗芽執無自性時．此決定解唯於苗芽執性非有．俱不執云．其無自性爲有爲無．應當閉目向內觀之極易明了。由是因緣．於無自性不可執有．爲遣更執無性爲有．故以正理破有空性。縱使應理．然亦唯是更以餘心破除另執無性爲有覺心之境．若破通達苗芽無性智慧之境極不應理。我等破除苗芽自性．便決定解自性非有．次由餘心縱執無性是有．然所執境亦非正理所破。若許空性是有自性．則當破除．若爾於無自性．云何能起有自性執．謂緣苗芽無自性時．雖不執苗有自性．然能起執苗之無性是有自性．如於無瓶．雖不執謂瓶實是有．然能執謂無瓶是實。由是若說．以無少許非自性空．故芽無性空亦無自性．是為正因。四百論釋說．是破有性之空．如云「若所說空少有自性．是則諸法亦當有性。」為顯非有．故說頌言．「若無不空者．空復從何生．如無餘所治．能治云何起。」不爾若破無性之空．則無無性。若爾則當有自性體．於一切種性不可破。如迴諍論云．「若即無自性．能遣無自性．遮無自性已．即成有自性。」自釋亦云．「如云莫言．即言遮言．如是若以無自性語．遣法無性．其喻應理。然此唯以無自性語．破諸法性．若無性言即能遣除諸法無性．破無性故．諸法有性．有自性故．即非是空。」此說極顯。故前所引中觀論云「空亦云何有．」其後又云．「諸佛說空性．為出一切見．若復見於空．說彼無可治。」此說見於空者．非說凡見自性為空．是說於性空之空．執為諦實．或見為實事。佛護論云．「若執諸法有性為彼說空．謂由緣起因緣增上假名有事．非是諸事實有自性．由顯諸法自性空故．能遣彼執。若有於空執為實事．誰亦不能破除其執．譬如說云．悉無所有．若復乞云．其無所有願當惠施．何能令彼了解為無．」及喻顯說。若不爾者．喻則不合．猶如有一向他乞財．說無財時．若作是念．此人無財．此執非過。若於無財．反執為財．爾時不能令知無財。若問諸法有無自性．告曰無性．若執無性．說者實欲令起是解．彼豈是過。然於無性反執有性．是爲過失。若依汝意說無財時執爲無財．亦當被破．故依我說最爲端嚴。明顯句論云．「於空執事」非是破空．故唯見空亦非有過。故般若攝頌說．「菩薩若執此蘊空．行相非信無生處。」寶鬘論說「諸見我無我．故大能仁遮。」諸餘經論說．不可起空無我見．皆如前說應當了知。若不爾者．則舍利子問觀自在．欲行甚深般若波羅蜜多當云何學．答云「應正隨觀彼諸五蘊皆自性空。」攝頌云「偏知諸法無自性．是行般若波羅蜜。」入中論云「故由觀我我所空．此瑜伽師當解脫．」此等多能與彼相違。是故一切衰損根本．即是增益自性無明．而能與彼行相正反拔除彼者．唯達無性或無我慧。若破此相即破眞實義見．雖非所樂然須受許。四百論云「無二寂靜門。」釋云．永盡貪愛是能證得涅槃之因．除無性見更無少法．是能如是盡貪之因．故無自性爲相無我．是無第二寂靜之門趣涅槃城．此乃無等唯一之門。雖亦有空無相無願三解脫門．然唯無我正見最勝．由了諸法悉皆無我．一切法貪無餘永盡．豈於少法見少可求或相可緣。故唯無我是無第二寂靜之門。是故菩提資糧論云「無自性故空．是空取何相．遣一切相故．智者何所願。」此將經說三解脫門與此處說唯性空見一解脫門．斷相違失．以教理成此爲解脫門。斷性之境何須更破．以證彼者即能對治二我相執．於彼全無相執氣故。若於如此分別亦見過患．善惡分別悉破除者．顯然欲樹支那堪布所遺教規。

第二破所破太狹。有作是言．所破自性具三差別．一自性非由因緣所生．二時位無變．三不待他立。如中論云．「自性從因緣．出生則非理．若從因緣生．性應成所作。若性是所作．云何應道理。自性非新作．及不觀待他。」若許芽等內外諸法有如是性．中觀諸師雖亦須破．然於此中明所破者是當明其所破根本．由破彼故須於相續生中觀見證法無性。諸有爲法是因緣生及有變壞．自部諸師皆共極成．對彼不應更成無性．彼亦應達諸法無性。有是等過故彼豈是不共所破。雖中觀論多難彼云．「若有自性．應不待因緣及不變等。」是就能徧說彼過失．非就所破當體而明。又勝義有及眞實有並諦實有．亦應不由因緣生等．然彼非是勝義等義。譬如於瓶雖徧無常．然非無常即是瓶義．雖立大腹等爲瓶之義。如是若勝義有等雖應許爲無方分法．然非無方分法即根本所破．以彼唯是宗派妄執不共假立．此執非諸有情繫縛生死之本故。又雖決擇彼無自性極善修習．然於無始無明妄執全無違害．即使究竟現證彼義．然終不能遣除俱生諸煩惱故。故以正見善決擇時．若不了知正爲決擇俱生無明所執義無．於彼支分破除分別所執諸境．不破俱生無明行相。破人我時．惟破常一自在之我．破法我時．唯破無分極微所取．及破能取無分刹那．并破具三差別自性等宗派假立諸法．於一切種決定不可。若不爾者．決擇見時唯決擇彼．修時亦應唯修習彼．以決擇見義爲修故。故修已觀證及修究竟亦唯應爾．如是由見無彼分別執計二我．便謂已斷俱生煩惱．太爲過失。入中論云「證無我時斷常我．非許此爲我執依．故達無我爲盡拔我見根本最希有。」釋論亦云「爲以喻門顯示此義互無係屬．故說頌曰．見自室有蛇．除畏云無象．謂能除蛇怖．奇哉爲他譏。」此雖是說補特伽羅無我．然法無我亦同。可作是說「證無我時斷妄我．不許此爲無明依．故知無我謂盡拔．無明根本甚希有。」若爾論師如前所引．說非新作及不待他爲自性相．此說爲就觀察門耶．抑爲許有如是性耶。說彼即是諸法法性．即於彼上立爲自性．非是新作非依仗他。彼性是有．入中論釋云「論師許有如是差別行相性耶．世尊依何增上廣說．隨諸如來出不出世．諸法法性恆如是住．有彼法性．所言法性．此復云何．即此眼等自性。眼等自性復爲何等．謂彼非新作性無待於他。

離無明翳智所證性爲有此耶．誰云其無。彼若無者爲何義故．諸菩薩衆修習波羅蜜多諸道．爲證法性。故諸菩薩發起如是多百難行。」幷引經證而善成立。於前豈非破一切法有自性耶．我等豈未多次宣說諸法．若非由內心立其自性有塵許亦無．於如此性．雖法性勝義諦亦無少許．況諸餘法。明顯句論云．「三世無亂非由新造作火之本性．此非先無後新生起．非待因緣。如火熱性．或彼此岸或長與短．當知說此名爲自性。火如是性爲可有耶．然此亦非由自性有亦非全無．雖然如是．爲令聞者離恐怖故．增益强說世俗中有。」即於此性亦破自性說名言有。若謂此說爲斷聞者恐怖故增益說即不許有。此不應理．餘法皆是爲彼假說．彼亦應無。又如前引．若無彼義．則修梵行應空無義．說彼過難．成立此有。入中論釋云．「又此自性非唯論師自許．亦能敎他受許此義．故此自性．是於兩俱建立極成。」不爾則應許中觀宗不得解脫。得涅槃者現證涅槃．復說涅槃即是滅諦。又說彼是勝義諦故。無勝義諦．故得涅槃時必須現證勝義滅諦．六十正理論釋．以多力勵已善成立。由是眼等有爲．於自性體非可爲有．於以法性所立性中．亦不可有．故隨於何性皆悉不成眞勝義諦雖於法性所立性中．而可爲有．然立此性非無新作及不待他．於自性體亦無少許．故亦唯於名言說有。言新作者．謂先無新生之所作性。不待他者．謂不待因緣。色等諸法．於二自性．悉不成立。故於法性所立自性．爲見彼性而修諸道．所修梵行非空無義。又說畢竟不許諸法有自性體．與今忽爾許有自性二不相違。入中論釋云「奇哉錯誤．若已不許少許實事．忽許自性非由新作不觀待他．汝乃專說互違義者．茲當宣說。汝未了知此論意趣．此論意趣謂說眼等緣起本性．愚稚異生所能執取。若彼即是彼法自性．其性顚倒．爲證彼故而修梵行．則空無義。由非即彼便是自性．故爲見自性修淨梵行則有義利。此復我由待世俗諦．說非新作及不待他。若性非是愚夫所見．此爲自性亦應正理。僅以此故勝義非事．亦非無事。此即自性寂靜性故。」此中有事無事．如前宣說二邊時說．謂自性有及畢竟無。

　　如是決擇諸法無微塵許自性實體．此由自性所空空性．於色等法差別事上．此爲能別法。故於一心之境．有彼二事．非爲相違。由其未能遣二相故．此空是爲假勝義諦。若修能達無性正見．現證彼義實無自性．現似有性一切亂相於彼悉遣。故此現證法性之智．不見色等。如是之法及法性．於彼慧前二皆非有。故立彼二爲法及法性者．是就其餘名言識立。由是因緣．勝義諦者．是於寂滅一切自性戲論之上．更離無性現似有性一切戲論而爲安立。故許彼有．豈須許有自性自體。明顯句論云．「無明翳力緣諸事相．由不見彼．此性即是離無明翳．聖人之境．即立此性爲彼自性。」又云．「諸事之無生自性．此復俱非。唯屬無事無體性故．非於諸事自性中有。」又有許勝義諦．不於所斷二我戲論而爲安立．謂於能證眞實之心無亂境中自現在相．如青黃等。又以知如是有．便爲通達深義正見。又謂通達內外諸法有情執爲二我所依．爲無自性．是正見歧途。此出一切大乘小乘經教之外．由許破除一切有情繫縛生死根本我執。然說通達我執所計我事．無性不能遣執．而說通達與彼無關餘實有法．反能遮遣我執縛故。譬如東方無蛇．妄執爲有．恐怖憂苦．爲遣彼苦．而說令達東方無蛇．不能遣其蛇執．當令別執西方有樹．方能除遣蛇執憂苦．與此說者全無差別。諸自愛者．應當遠棄如此邪執。次於破除繫縛生死．一切衰損根本無明行相之方便．謂當依止建樹諸了義經．及將經義不令向餘引轉諸正理聚聖者龍猛父子論典．度越三有大海彼岸。由於所破破除邪執．是於得中觀斷除歧途．最爲切要．故今廣說。

菩提道次第廣論卷十九終

菩提道次第廣論卷二十

第三明自宗所破分三。一正明所破義。二於餘所破加不加此之理。三釋於所破應不應加勝義簡別。今初

總所破事略有二種．謂道所破及理所破。初如辨中邊論云．「於諸煩惱障．及以所知障．此攝一切障．盡此得解脫。」謂煩惱及所知二障．此所破事於所知有此若無者．應一切有情不加功用而得解脫故。理所破者．如迴諍論云．「又有於化女．起實女邪執．以化而破除．今此亦如是。」自釋中云．「若有士夫．於自性空變化婦女．謂是實女而起邪執．邪執彼故遂起貪愛。次有如來或如來弟子變一化身．以此化身遮彼邪執．如是我語空如變化．於一切法無性本空等同化女．遮遣邪執爲有自性。」此說邪執爲所破事．及彼所執實有自性亦爲所破．故有二種。然正所破厥爲後者．以破顛倒心須先破彼所執境故。如緣起因破人法上所有自性．故此所破須所知中無．有則不能破故。雖如是無．然能發生增益執有．故定須破。破除之理．亦非如以錘擊瓶．是於無令起知無定解．若定解無即能遮遣執有亂識。

如是以理成立．亦非如種發芽先無新生．是於如是法起決定智．知其如是。迴諍論云．「雖無能破語．其無亦成立．然此語云無．令解非令除。」自釋中云．「雖無汝語．若無之滅亦本成立．何爲更說一切諸法皆無自性．汝說彼語有何作爲。此當爲釋說一切法皆無自性．非由此語令一切法成無自性．然說諸法皆無自性．是令了解破無自性。譬如天授原未在家．有云家有天授．有於無彼說云其無．此語非令天授成無．唯顯天授家中非有。如是說云．諸法無性．非由此語令其諸法成無自性．然一切法皆無自性。諸愚衆生爲無明蔽增益自性．如於幻士愚其原無士夫實體．唯爲令解自性非有。故汝說云若性非有即無語言．不假語言．自性非有亦極成立。說無自性此語何爲。此諸言說皆不應理。」此說極顯．當如是知。故有說云有不能破．無不須破．離諸破立．以多破立正理觀察．唯練名言．此全未見正理及道破立影像相違亂言．自現宣說有不能破無不須破之因．破斥他人破立觀察．而謂不應破立故。又以所立之因破斥他許之破立．不應正理。有不能破無不須破故。以正理破者．是爲遮遣顚倒錯亂之分別。以正理立者．是能引發無倒定解之方便。故欲遣邪執及欲生正覺．定當隨行龍猛等之正理衆論．於無倒破立引生定解。

如是以正理破，若是由破倒執，爲欲引發無倒定解者，當以正理破何心之境耶。總所破分別，雖無邊際，然以何顚倒分別而爲一切過失之根本，當先明彼破其所執之境。若能破彼則一切過失悉遮遣故，經說貪等諸餘對治，是一分之對治，說無明對治是一切之對治。無明即是一切過失之根本，如明顯句論云，「佛依二諦說，契經等九部，就諸世間行，於此廣宣說。其爲除貪說，不能斷瞋恚，爲除瞋故說，亦非能盡貪，爲斷慢等說，彼不壞餘垢，故彼非廣徧，彼皆無大義。若爲斷癡說，彼盡壞煩惱，諸佛說一切，煩惱皆依癡。」何者爲癡，謂執內外諸法由自相生，增益自性之心，此爲無明。如四百論釋云，「若識增益諸法自性，由彼染污無知，增上貪著諸法，是爲流轉生死種子，於一切種永滅除故，即便安立生死還滅。爲顯此義故說頌云，『三有種爲識，境爲彼行境，若見境無我，三有種當滅。』此顯由見境無自性，於一切種破除貪因三有種識，安立聲聞獨覺及得無生法忍菩薩生死還滅。」又即說彼是爲實執，如身根於身，愚癡徧安住，故壞癡能壞，一切諸煩惱。四百論釋云，「癡於諸法分別諦實，極愚蔽故，遂於諸法增益實性而轉。」

如是若無明是生死根本，則入中論與顯句論，說薩迦耶見爲生死根本，不應道理，主要之因無容二故。其無明與薩迦耶見，餘師所許中士道時已宣說訖。此說月稱論師所許，餘中觀師許爲所知障之執法諦實，此許爲無明，且是染汚無明。如前所引四百論釋，說爲染汚。入中論釋云，「由此能令諸有情類，於觀如所住事而起愚蒙，故愚癡無明，法非有性而强增益，於見自性障覆爲性，名曰世俗。」又云，「如是由有支所攝染汚無明增上力故，建立世俗諦。」說爲十二緣起初支，故是染汚非所知障。若爾，何爲所知障耶，此後當說。故十二支中初無明支，是生死根本，又說薩迦耶見爲生死根本者。以無明是總，薩迦耶見是別，故不相違。其無明者，謂明相違品，其明亦非任隨何明，是了無我眞實義慧。其相違品，非唯無慧及所餘法，是須與彼相違執者，即增益有我。此復有二，謂增益法我及增益補特伽羅我。故法我執與補特伽羅我執，俱是無明。是故宣說薩迦耶見爲餘一切煩惱根本，非不宣說無明爲本。「乃至有蘊執，爾時有我執，」此說法我愚之無明，爲補特伽羅我愚之因，顯示無明內中二執因果之理。故說薩迦耶見除無明外，爲餘一切煩惱根本，皆無相違。若不了知如是解釋論師意趣，則說生死有二根本，其相違過極難斷除。如是明無明之理，乃是龍猛菩薩所許。如七十空性論云，「因緣所生法，若分別眞實，佛說爲無明，彼生十二支，見眞知法空無明則不生．此是無明滅．故滅十二支。」中論二十六品云．「若永滅無明．諸行當不生．能滅無明者．由知修眞實。由前彼彼滅．後彼彼不生．純一大苦蘊．皆當如是滅。」又與「乃至有蘊執」說執蘊爲生死根本極相符順。又是聖天所許．如前所引「如身根於身」等．及「生死本爲識」等．顯了宣說。又阿闍黎於中論等盡其所說破除所破．所有正理．一切皆爲破除愚癡．於諸法上增益自性．而顯諸法皆無自性。故所說種種正理．皆是唯爲破無明執。如佛護論云「爲何義故宣說緣起．答云．阿闍黎耶大悲爲性．見諸有情爲種種苦之所逼切．爲解脫故．欲顯諸法眞如實性．隨說緣起。故云．見非眞繫縛．見眞實解脫。何爲諸法眞實性．答曰．謂無自性。諸不智者．由愚癡闇障蔽慧眼．而於諸法分別自性。由是彼等遂起貪瞋．若時了知緣起．發慧光明．除愚癡闇．由智慧眼照見諸法無自性性．爾時無所依處．貪瞋不生。」第二十六品結合文云「問云．汝已宣說以大乘數轉入勝義．汝今當說以聲聞教轉入勝義．答曰．無明覆後有」等。第二十七品結合文云「問云．汝今當依順聲聞乘契經邊際．顯示惡見行相非有．答曰．說過去時生」等。故佛護論師亦許增益諸法自性．爲十二支初支無明．及許聲聞獨覺證法無我極爲明顯。是故聲聞獨覺證法無性．最大能立．當知即此以法我執爲十二支無明之理。四百論云．「縛爲分別見．彼是此所破。」其分別者．非說一切分別．是說增益諸法自性之分別。釋論云．「分別者．謂增益非眞自性之義。」又許彼是染汚無明．若說凡是「念此爲此．」一切分別之境．皆是正理所破者．是全未詳細觀察。若不爾者．其眞實義．於諸異生非現見故．除分別外無餘方便能解空義。若謂一切分別之境．皆理所違害．則定智之境．亦如增益自性錯亂邪識。若爾應無正見導赴涅槃．於中觀等論勤聞思等一切無果。四百論云．「言我般涅槃．非不空見空．如來說邪見．不能般涅槃。」又以前說無明所執之境爲根本．自他宗部諸師．而更增益衆多差別。若拔無明所執之境．如拔樹根．則由邪宗一切假立一切俱斷．故具慧者當知俱生無明所執之境．爲所破之根本．不應專樂破除宗派妄計分別。以破所破者．非無事而尋事．是見邪分別心執所破事．繫縛有情流轉生死．故破其所境。能於生死繫縛一切有情者．是俱生無明故。分別無明唯邪宗方有．爲生死本不應理故。故能於此分別決定．極爲切要。

如是計執所破究竟之邪分別．即十二支之初支俱生無明。分別所破．亦以彼爲根本．唯是增益。故根識等無分別識．一切行相．終非正理之所能破。故正理所破之心．唯屬分別意識。後以二種我執或於我執所計之境．增益差別諸分別心．非謂一切分別。由彼無明如何增益自性之理者．總此論師之論中．雖於諸世俗義．亦云自性或自體等．設立多名。然此中者．謂於諸法或補特伽羅．隨一之境非由自心增上安立．執彼諸法各從自體有本住性即是其相．如彼取境之諸法本體．或名曰我或名自性．是就假觀察而明。如云「此皆無自性．是故我非有．」四百論釋云．「若法自性自體自在．不仗他性。」此說彼諸異名．不仗他者．非謂不仗因緣．是說有境名言之識為他．非由彼增上安立為不仗他。言自在者．謂彼諸境各本安住不共體性．即彼亦名自性自體。此如計繩為蛇．其蛇唯就妄執之心假計而立。若觀何為彼蛇自性．則於境上蛇全非有．故彼差別無可觀察。如是諸法．亦唯於名言識．如所顯現觀察安立．若於境上觀察諸法本性如何．全無所有．不如是執．謂非唯名言識增上安立．執彼諸法各由自體有可量見本安住性。如四百論釋云「唯有分別方可名有．若無分別則皆非有．此等無疑如於盤繩假計為蛇．定非由其自性所成。」此說自性所成之相。故若非由內心增上安立．於其境上就自性門有所成就．說彼為我或名自性。若於差別事補特伽羅境上無此．名補特伽羅無我。若於眼等法上無者．名法無我。由此當知．若於法上及補特伽羅執有此性．是二我執。如四百論釋云．「所言我者．謂若諸法不依仗他自性自體。若無此者．是爲無我。此由法與補特伽羅有差別故．當知有二名．法無我及補特伽羅無我。」

若謂執補特伽羅有自相．爲補特伽羅我執．不應道理。若不爾者．緣他補特伽羅執有自相．亦應是補特伽羅我執。若爾應成薩迦耶見．彼不執我薩迦耶見．不應理故。執補特伽羅有自性者．理應許爲補特伽羅我執．如前說補特伽羅有性．爲補特伽羅我故。然非補特伽羅我執．皆是薩迦耶見。若爾何爲薩迦耶見我執．薩迦耶見分別我執。如正量部一分說緣蘊執我．雖無決定．然俱生我執．入中論中破蘊爲所緣．釋說緣依蘊假立之我．故非緣蘊．唯緣補特伽羅。復須可執爲我之補特伽羅．故他補特伽羅亦非所緣。於此所緣執相云何．入中論釋云．「薩迦耶見執我我所行相而轉。」謂非但執有自相．須執爲我。入中論釋云．「唯薩迦耶見是所應斷．此由悟入無我之我．即能斷除。」此說通達所緣之我．無其實我或無自性．由其行相相違而斷．故是執著慧相違品．此後是執補特伽羅有自性．即是執有自相之我．執有我所薩迦耶見．亦當了知。若不執爲我及我所．唯執實有補特伽羅．即愚補特伽羅我之無明.非不染汙。由是因緣.以有自性所立之我及念我心取境之我.二中初者是正理所破.後者許名言有.故非所破。此顯不破薩迦耶見俱生所緣.然非不破彼執行相自性之我。譬如不破執聲爲常所緣之聲.然破彼執境之聲常無有相違。故聖父子及此二論師之論中「若自性有.若自體有.若自相有.若是實有。」其自性等應知如前所說。顯無彼之句義.當知亦是顯示無明所執之義無。

第二於餘所破加不加之理。若石女兒及兔角等.諸畢竟無直可云無.不須簡別。如是雖於所知有.然依時處有有無.若說彼時處無.亦不須簡別。若中觀師雖於名言不許彼有.唯由自他實事諸宗不共增益.破彼等時雖就意樂有時須加.然實無須新加自性簡別.以彼諸宗已許彼義故。除彼所餘中觀諸師.於名言中所立諸義.任破何義皆須簡別。若不簡別.則於能破之正理.過失同轉唯成似破.又如前說中觀諸師.於名言中所立諸義.必須觀察有無自性之正理及名言量所不能害。若不爾者.則於名言不許大自在等.而許色聲等所有差別全不得成。云此是道此是非道。此宗應理此不應理等.世出世間.皆無安立之方便。於自性空生死涅槃一切建立.皆應正理之特法不可成故。若量無害而欲破彼.是爲智者輕笑之處．故破彼時定當簡別。四百論釋及六十正理論釋．破所破時有極多處．加彼簡別。中觀本論及佛護釋．明顯句釋．幷入中論本釋等中．亦多處加．因見文繁及多已加．意其未加亦易通達。故未加處亦定須加．由彼無少加與不加差別理故。又云「觀察非有」．亦有多加觀察之簡別者．此如前說．若有自性．須許觀察實性正理之所能得．由未得故則無自性．當知與說無有自性．同一宗要。如四百論釋云．「設此諸法．非如火輪及變化等．唯現欺誑而無實事．爾時若以正理觀察．定如金等自性可緣．最極顯現．然彼唯由顚倒因生．若以觀察慧火燒煉．其性非有。」

第三釋於所破應不應加勝義簡別。說於所破加勝義簡別．唯是中觀自續派者．極不應理。入中論釋引佛母云．「長老須菩提．豈無所得無所證耶．須菩提曰．長老舍利子．雖有所得亦有所證．然非二相之理。長老舍利子其得證者．是依世間名言而立。預流一來不還阿羅漢獨覺菩薩．亦依世間名言而立．若勝義中無得無證。」須如是許．豈謂入中論釋所引爲自續派之經耶．如是諸了義經加勝義簡別者．實亦繁多。七十空性論云．「住生滅有無．劣等或殊勝．佛依世間說．非是依眞實。」寶鬘論云．「言有我我所．此於勝義無。」又云

「若種子虛妄．其生豈諦實。」又云「如是世如幻．雖現有生滅．然於勝義中．生滅皆非有。」於所破加勝義諦實眞實者極多．未加彼時亦多加無自性自體自相等簡別。佛護論云「諸佛說正法．正依於二諦．世間世俗諦．及以勝義諦。」若以世間世俗諦故．可說有瓶有席．即以此故．亦可說彼無常瓶壞席燒。若時意依眞實．爾時瓶席唯是假名．且不應理．況其壞燒．云何應理。復次如來若以世間世俗增上．可說無常．謂如來老及說如來已般涅槃。若時意樂依於勝義．爾時如來且不應理．況老涅槃．云何應理。月稱論師說破實生．非破有生．如六十正理論釋云「若於何相影像可得．緣生虛妄．我不說彼．現可得者．名爲無生．然於何性立爲無生．即於彼性說爲無生。爲於何性立無生耶．謂許實自性．非虛妄性．以許彼於妄性爲緣起故。」此說不破虛妄幻生．唯破實生．故說緣生與性無生二不相違．即前論云「生與無生二境異故．有何相違。」又云．「若時我說緣生．即性無生．猶如影像．爾時何有攻難之處。」此答緣生與性無生相違之諍。入中論云「由此次第．當知法實性無生．世間生。」此於無生加實性簡別。又云．「如此瓶等實性無．而於世間許爲有．如是一切法皆成．故無過同石女兒。」此說內外一切諸法．於眞實無．於名言有．故非於所破不加勝義之簡別。總於所破．若全不許加勝義簡別．則不可立二諦差別．謂於勝義如此如此．及於世俗如此如此．全未說有如此之中觀師．故唯邪分別。明顯句論破「於所破加勝義之簡別」者．是就破自生．非唯破生．釋中極顯。入中論云．「阿闍黎耶未加簡別．總云『不自』而破其生．若簡別云．『諸法勝義不自生．有故如有思』．當知其勝義之簡別．全無義利。」故中觀自續師與應成師．非就於所破加不加勝義簡別判之爲二．然於名言破不破自性則有差別。若於內外諸法破自性時．如應成派則不須新加或勝義或眞實或諦實之簡別．以有自性．即已成爲勝義等故。若自續派於彼不加勝義等者．則不能破．故加勝義或眞或諦。然於生滅及繫縛解脫等．若不簡別或云勝義或自性等而說能破．兩派中觀俱所不許。

若爾何爲勝義無之義．此中義謂所知．勝謂第一．二同一事。又勝謂無分別智．彼智之義或境故名勝義。又無分別智現證勝義．順彼之慧說名勝義。如云「此中諸地等．於勝義無生。」熾然分別論釋云．「言勝義者．是所知故名義．即所觀所了之增語。勝是第一之異名．略云勝義。謂此是義復是最勝故名勝義。又勝之義．以是無分別勝智之義故名勝義。又順勝義．謂於隨順能證勝義之慧．有彼勝義故名順勝義。如云於勝義非有。或說云無彼說之勝義，即最後者。如此論云「若爾勝義超一切心，破法自性是文字境，是故豈非無可破耶。勝義有二，一謂無作行轉，出世無漏無諸戲論，二謂有作行轉，福智資糧隨順清淨，名世間智有諸戲論。此中立宗取彼差別故無過失。」此取聞思以上，如理觀察眞實義慧，不應唯取聖後得智。中觀光明論云「言勝義無生等，其義通許一切聞思修所成慧，皆名勝義，無倒心故。是此之勝義，故現與不現而有差別。由彼增上知一切法，皆唯無生，故說勝義無生者，是說彼等由正知故生皆不成」，與前說同。中觀莊嚴論釋難云「何爲無自性性，謂於眞實。言眞實者，謂隨事勢轉比量所證眞實義性，眞實義相觀察即空。由此宜說眞實及勝義等。又唯眞智說名眞等，是彼所緣故。由此眞智意樂增上，名無自性，非由世俗無智增上。」於無自性加眞等簡別，般若燈論皦然分別，二論多說。猶如般若燈論釋十五品云，「若無自性，云何是事，若是事者應非無性，故以彼語有謗自宗。」謂立宗云事無自性，則有自語相違過失，即前論中答此諍云「非許勝義諸事有性，次立宗說彼無自性，故無謗宗義。非因不成，故此無過。」謂許諸法勝義無性，非毀謗故。若於名言謂無自性，許爲毀謗極爲明顯。又彼論云，「勝義諸內法皆無自性性，所作性故，殊勝言說待所依故，譬如幻師所化人等。」此破自性決定當加勝義簡別。言勝義無者．義謂若以如理觀察之正理．觀實性時見彼非有。此諸論師一切皆同。故清辨論師論中立世俗時．亦說不以順見眞實觀察．破自性時．多說以理觀察爲無．此與前說諸師皆同。然凡有性．堪忍觀察實性正理推察．許否不同．此二論師若有自性．則定須忍觀察實性正理推察．故亦定成勝義中有．如前數說。

破所破時應成自續．以誰而破分二．一明應成自續之義．二身生正見當隨誰行。　今初

佛護論師釋中未明分別應成自續建立應成。然於解釋「非自非從他非共非無因．諸法隨何處其生終非有」時．唯依說舉他宗違害而破四生．清辨論師出過破謂全無能力成立自宗及破他宗。然佛護宗無如是過．月稱論師廣爲解釋．謂中觀師自身發生中觀方便須用應成．自續非理．破他宗已顯應成宗。

安立應成自續兩派分二．一破除他宗．二安立自宗。　初又分二．一出計．二破執。　今初

雖有多種安立應成自續之理．然彼一切孰能盡說．故當於中略說少分．其慶喜師所說入中論疏云「有作是言．若許應成因．其因爲量成耶．抑未成耶．若謂已成．爾時俱成．云何他許．若謂未成則他不許．云何他許。當答彼曰．凡量所成應是俱成．此非我知．諸立論者

立能立時．其所立因自雖量成．然他量成自何能知．知他心差別非自現量．比量境故。又自量成亦何能知錯謬因緣長夜攝持．有欺誑故。故唯由其立論對論．許量之力．許諸法性．故依所許破除他宗。」此說因於敵者量成不成立者不知．以彼無樂．俱非立者二量成故。自亦不知因是量成．自雖決斷是量所成．亦有欺誑．故無雙方量成之因。就許為量量雖未成．然就所許破亦應理。又於自續之因宗云「若因與所立以量成徧（即同品定有異品遍無也）爾時當許自續之能立．然徧不成．謂能成徧之量或現或比．現且不能成其為徧．謂於灶房由現可緣不可緣故．遂謂火烟．此有則彼有．彼無則此無．通達無則不生．然非於一切境．亦非由比。彼境定故．謂比量境非通一切．何以故．若有所立相屬之因．唯於彼生無常等智．非一切時處．故唯依世許．成立為徧非以量成．故應成因破除他宗．如何非理。此說有火．徧於有煙。及無常性遍於所作．若以量成則自續應理．然非量成。若以量成．應須成立一切時處有火無常徧煙所作．然以現比於灶瓶等成其為徧．是一分故。故徧亦唯就許而成。」此說若用量成三相是自續派．畢竟唯用他許三相是應成派。

彼之弟子諸譯師云「中觀師者．唯破他許．餘無自宗。其有法等二無共許．故自續非理正理之果亦唯令捨他宗．除彼之餘．自無所許．故一切種不應宣說自續之因．唯用應成。又能立應成．即自續究竟．故唯應許能破應成。其因及徧就現前許或究竟許．非由量成。依此因緣略有四門．斷他所許或斷戲論。一．舉唯應成．謂他所許生有盡有義．若許自生．舉相違云．若從自生是有而生．生應無義及無窮盡．故許有義有盡不應正理。若許彼者．而云自生不應道理．令他知已捨宗爲果。二．他許比量．如云許自生芽應不自生．自體有故。舉說他許有法因等而反破他。雖云無自生．亦唯破他許之自生．非自成立無自生義．故自無宗。三．能立同所立．他爲成立自所宗故所立因喻一切如前皆不極成。四．因相相等．謂若許彼．即當許此因相無別．令其相等。若爾汝有無欲破他所許．有即是宗．應有立彼自續之因．無則不應宣說正理破他所許。答．觀勝義時．若許無性或以無生爲所立者．則須受許自續宗因．然不許彼故無過失。若略有欲即有所宗．則一切欲皆應有宗。」此說自己無所立宗唯破他宗．雖有所欲亦無所宗。又自無宗．是就觀察勝義之時．謂不立宗無自性等．非說一切全無所許。故於觀察勝義之時．若許無性爲所成立．而於自宗成立無性是自續派．若自無許唯破他欲是應成派。

現在自許是應成中觀者．作如是說隨依勝義及依名言．雖於名言自宗無許。若有彼宗．亦須許有能立因喻成自續派．故應成派全無自宗。如迴諍論云．「若我有少宗．則我有彼過．然我無所宗．故我唯無過。若以現量等．略見有少法．或立或破除．無故我無難。」六十正理論云．「諸大德本性．無宗無所諍．彼尚無自宗．豈更有他宗。」四百論云．「若有無二俱．誰全非有宗．雖長時於彼．不能舉過難。」說中觀師無宗無立故。明顯句論云．「凡中觀師．理不應用自續比量．不許他宗故。」又云．「應成破義亦唯屬他非屬我等．自無宗故。」入中論云．「能破所破不會破．及會而破所說失．若定有宗彼成過．我無彼宗故無失．」說自無宗過不轉故。故中觀師一切建立皆唯就他而立。入中論云．「如汝依他事．我不許世俗．果故此雖無．我依世說有。」迴諍論云．「所破無所有．故我全無破．是故云能破．是汝興毀謗。」說破他宗亦非有故。

又昔西藏中觀智者．隨行月稱論師善破諸宗．說中觀師自無所宗及無能立之量。次自宗時破以正理．觀擇自相所許能量所量建立及事力轉現比二量．然許名言不加推察．世間共許能量所量。次中觀師自於敵者建能立言．以眞正因立無實義．然非自續．以就世間共許之量．未加推察而安立故。

第二破執分四。破第一家．入中論疏派．說因徧非由量成．說因非以量成之理．且不應理。以許因須由立敵俱用量成之家．非由立者未知敵成便不許因．故汝彼理不能破．須敵者以量成故。又以未知敵者他心．立爲不知他用量成者．亦不應知他許彼義．則以他許而破他等．亦非理故。故他雖說云．我如是許現可決定．然如所說非定許故．及不知他心故。說徧非以量成之理亦不應理．以於灶上成立有火徧有烟時．灶是所通達處．其上所達之義．唯取有火徧於有烟．非取灶中有火徧灶有烟．豈取時處一分之徧。若不爾者．灶非此徧已定之處．須更顯示已定之處。如於聲上所定無常所成立法．須於聲瓶二事隨轉．非立聲上一分無常。由此道理．許無比量成立能徧．亦當了知不應正理。如是有說非由量成．唯由立敵所許而成．亦不應理。唯以彼許爲因．不能破他。以他所許其義不成．量於自他俱非有故。若謂所許而分差別．如此則成．此則不成者．如是分別。若以所許爲因等同所立．若以量有無而分．失量無欲。

破第二家．觀眞實時以不許無自性宗。謂不立自續宗之義者．爲以理智觀有無自性．

不能立宗．故不許彼宗耶．抑以觀眞實時故爲因．不許彼宗耶。如初說者．若以理智不能成立無性宗義．則以理智亦不能破有性宗義．因相等故。若謂觀察眞實義時．亦不能破有性宗義．極不應理。前說以諸正理觀察破他宗故．無觀察心不能破他宗故。若不爾者．何須別說自宗無立．即破他宗亦不許故。若許應成破他宗者．則破有性即立無性．如前迴諍本釋論說．於此更無第三聚故。若不爾者．則翻說云是立無性非破有性．有何答難．若謂決斷無性定遮有性．則遮有性定成無性．理相等故。若謂是觀眞實義時．故不可立無性等宗．更當宣說其中因相．若謂觀眞義時．有所立者即勝義有．故不應許．此不應理。若亦不許觀眞義時．應許全無以中觀理觀察時位。若立彼時．亦定須許能觀之人．觀察之理．所觀之事．與誰同觀之敵者等。爾時所有．何須一切皆勝義有。又說應成唯就他許或究竟許．雖無量成而能出過．非能滿意．如破初家而當破除。又若立云觀眞實時無所受許名言有許。亦不應理。其觀眞實時非於勝義須於名言．此相違故。又若觀眞義時無．即勝義無之義．凡中觀師全無受許勝義有者．非應成派殊勝法故。

破第三家說中觀師雖於名言亦無許者．是如前說未善明了正理所破。以彼理性破除他宗．翻難自時便見自宗．亦如是轉．不知安立自宗離過生死涅槃一切緣起與大自在．有無相同．是故此乃謗中觀師最鄙惡者．破除此執前已廣說。觀中觀師有許無許．由具何事名中觀師．則彼中觀定當受許。須許通達全無塵許勝義中有及許名言緣起之義．一切如幻．故有所許。又安立此．亦須破除彼二違品．許勝義有及名言無諸惡言論。故有正量通達立破．如自所證．以中觀語無倒教他．亦可得故。故建立此等．無一敵者而能如法求少分過．是故此宗最極清淨。由是因緣．若自不知安立離過智中觀宗．莫謗為無．應當受許緣起正理．斬斷一切諸惡見網。賢正慧者．應立中觀宗離一切違．不應專求抵賴為能。明顯句論云．「如是我宗最極清淨一切建立無違而住．與彼自宗具粗近過有相違時．愚蒙不見功德過失如何而住．汝自諸過失」等。如前所引．此說於中觀宗．由決擇勝義之量及名言量道所與建立．無過可設．最極清淨。生死涅槃一切建立．皆可安立．當得定解。若不爾者．謂中觀師全無自宗無過可設．則說一切語言皆是妄語．亦全不能破．以一切因相悉相等故。又不可說．於無所許不可以有許徵察．故無過設．無所許故。若如是者．則說一切語言皆虛妄者．亦說一切語言皆妄．不當觀察彼言為實．不能顯其自語相違。入中論云．「若我少成實有事．如心應非不可說。」如犢子部許有實我．而不可說與蘊一異。破云．若是實有．當說與蘊或一或異．云於此中俱不可說不應道理．則不能破。彼可答云．我說實我若一若異俱不可說．不可推察或一或異．令有說故。若言．「若說實有補特伽羅．不可說與蘊若一若異．則成相違．俱不可說不應正理．故此觀察可於彼轉。」則云無許．已漸有許．亦不可說全無所許．理相等故。若作是言．「云我無財．乞云願施無財之財．我說無許教許無許．二說相等。」此乃未解敵者之意．我非總說令許無許。若爾云何．汝云無許實漸有許．顯示汝言須許無許．故不能斷自語相違。若汝此說非中觀宗．則引聖父子等正教成立．而成相違．不可立爲月稱師宗。又非所餘佛弟子宗．故汝已出此法之外。若是中觀．尤是月稱宗者．許自無宗則成相違。如是意欲解脫有許．云諸建立唯就他立亦不應理。說唯就他許有色等．此縱未許色等是有．然就他立定須受許．故終不能免脫有許。爾時就誰安立之他及能安立之自等．皆須受許。故說唯就他許．於自無宗非但無益．且有違害。若云「我全未說無有自宗．唯就他許．唯汝自現。」順世外道．尚所不能抵賴現事．汝全抵賴汝自所說自無所覺．由我聽聞汝乃了知．實爲希有。若如是者．何須定說無許等言．隨說何事後抵即足．無過難故。若說應成亦說他立．自宗不許．則亦何須破自續派．樹應成教．信月稱宗。如於自宗不許自續．如是應成亦不可許。如就他前可許應成．如是就他所須增上．亦須許自續故。如於自宗不許唯識．唯就他許不可立彼爲唯識師．如是自若不能立．以應成理決擇中義．唯就他立．則亦非是應成派人．亦非自續．顯然自說非中觀師。

菩提道次第廣論卷二十終

菩提道次第廣論卷二十一

又云．「果故此雖無．我就世說有。」此義非說一切建立唯就他立．以諸法無性．須以如理觀察有無自性理智安立．非於庸常名言識前能安立故。若彼能立無性理智應無義故。論云「我就他說有。」此說立有色等就世立故。言不許世俗者．謂如唯識宗所許依他．自不許之義．非說自宗不許世俗．故云如汝依他事。又即彼論連續文云．若汝正理能遣依他．我即以汝正理遣汝世俗。為答此諍．如汝所許依他實事．堪忍正理之所觀察．我諸世俗未如是許．正理能不能破有所不同．是此義故。言就世者．非說就他而非自宗．是於無損名言諸識．安立一切世俗義有．皆就此故。諸中觀師自身亦有此諸安立名言量故。言雖無者．是自相無．不可釋為雖自相無．然於彼有．及雖無而有。以是自宗立名言義之理．其自相有．雖於名言亦非有故。釋論引經證云．「世許有無．我亦許爾。」不可無故。故如常說．「於勝義無．然世俗有。」其有無義異故無過失。若爾迴諍論說無宗無立．其義云何．應當宣說。若立宗云芽無自性．次辯因云是緣起故．喻如影像．皆須受許。如是三相之因及因所成立之宗．并依能立言令諸敵者生悟彼之比量．亦須受許。爾時唯瞋自續之名．何故劬勞破自續耶。彼中雖有如汝所引似說無宗無立之文．然亦多說須立自許。故僅引彼文．豈能立為自無所宗。然許無性宗．則成自續．實有此疑．此乃最細難解處故。立自宗時當為答釋。

迴諍論說無立宗者．謂中觀師說法無自性．實事師難云．「如是立宗之言．若有自性．說一切法無性非理．若無自性．則不能破法有自性。」乃是從此諍辯而出。雖無自性．立破作用皆應理者．如前所引迴諍本釋。故有無宗者．非總諍有無．是於宣說一切諸法皆無自性．立宗之言諍性有無。若於如斯立宗之言許有自性．則與立一切法皆無自性．我有相違之過。然我不許爾．故無彼過。是顯此義非立無宗．無與無性二者差別極重要故。又「若由現等義」等文．說現量等無少可緣者．亦如前引明顯句論．是顯能量所量無自性之能緣所緣．非顯全無緣起之能量所量。又此論意是答他難．他意中謂．若由現量立法自相．次破應理。然中觀師說一切法皆自性空．是則現量及所量境法所攝故亦當性空．若爾則無．故不能破。迴諍論云．「若現量緣法．次乃能遮遣．然能緣諸法．其現量全無。」其釋亦云．「若汝現量緣一切法．次遮一切諸法皆空．乃可應理．然彼非理。何以故．一切法中攝現量故．亦應是空。能緣法者．此亦是空．故量無所緣。若無所緣．破亦非理。故彼說云一切法空不應道理。」四百論說「有無及二俱．」等者．釋說．「於說空者．雖經長時．不能破責。」汝說雖空亦復不許．云何能於全無許者．而資左證。入中論云．「於說假有此二邊論皆不應理。故依二邊．若破若答．於中觀師畢究無難．」如聖天云「有無等」引此四句．謂引此證於破自性所成實物許假有者．諸實事師許有自性．及無事師斷遮色等一切諸法所有作用二不能破．故亦不成無宗之據。又有無等宗．是二邊論宗．最極明顯．如前破四句生及破有無論時所說。六十正理論所說者．如其釋云「若時由見無事無自他宗．爾時見者當斷煩惱。」無宗之因說爲無事．此以自相或以自性安立爲事．若以作用爲事．說見無彼能滅煩惱成相違故。故以不許自性法宗．說爲無宗。即彼論前文六十正理論釋云．諸未測此緣起法性偏計諸事有自相者．「若許有實事．決定生貪瞋．執怖暴惡見．從彼起諍論。」說於諸法增益自相爲許事故。故此諸教．非顯中觀全無自宗。故顯句論中引迴諍論及四百論「不許他宗故」之義．當如是知。又云「所破無所有．故我全無破」者．所破有二．若以增益有性境界所破．以彼爲因說不破者．不應正理。故以能增益之心爲所破。其釋又說「能破亦非有。」彼二無者．是說無自相之能破所破。汝妄執有．謂以彼破此而興誹謗．然非不許彼二如幻。如迴諍論云「如以化破化．及諸幻士夫．以幻破其幻．此破亦如是。」又云．「此執若有性．應非從緣起．若執是緣起．即此豈非空。若執有自性．誰能遮其執．餘執理亦然．故我無彼難。」此說執陽焰爲水．若有自性不應依自因緣而生．此執任誰不能遮故。明顯句論說「自無宗故．」亦非全無自宗之據．此是說無自續之宗故。

入中論說「無宗」者．是說自宗能破所破俱許無性．汝許因果由自性有．故以正理推察徵破因能生果爲會不會．故其能破不於我轉．未許能堪理推察故。故全非說無有自宗．即彼釋云「於我宗中過不同轉．何以故．以我宗中能破所破會亦不破．能破所破未會亦不破能破所破俱無性故。故會未會俱不應思。」謂實事師所設正理推徵不轉之理．是無自性．未立無許故。又爲證此引佛母經舍利子問須菩提云「生無生法由何而得證無生法。」雙破以彼二得．次舍利子問云「若爾無得證耶。」次如前引彼二雖有．然非由二邊。又是名言非於勝義．引此爲喻自如是許。入中論釋云「此顯墮二邊過．俱破以生法或無生法得．然彼二無亦不應理．故未推察於世名言而許有得。如是能破與所破非會未會．

然於名言應知能破破其所破。」此顯然說．以會未會正理觀察．於彼二中雖俱無破．然彼不能遮其有破．故於名言許破他宗。又非唯此．亦許以因成立所立．即前所引無間又云．「復次如日輪上有差別．蝕時汝能見於影．日影會否皆非理．唯依緣有名言生。如為淨相雖無實．有用如是亦應知．能淨慧面諸正因．離實而能證所立。猶如影像全非有．故觀察其生為與日輪會與未會．於一切種雖全非有．然由色緣現前影像可得．決定能令達所樂義。如是以性空之能破破其所破．及以性空離實能立之因．成其所立．無二邊過．故於我語謂過同等當知非理。」此說破他之理．於自不能同等俱轉．作如是答．未說無宗。又許因果有自性者．因生果為會未會觀察．破除其過．於自不能轉者．亦以自許無性為因而離其過．非謂無宗而能遠離。入中論釋云「汝云何許．謂此等法俱如幻化．故我無過亦有世法．若如誰宗能生所生是有自相．則此觀察於彼可轉。若如誰宗諸法如幻．偏計所生是無生性．雖無自性是分別境無可思察．如眩翳者見毛輪等．故我非有所說過咎。諸世間法未加觀察．亦是有故．一切皆成。」此說過失於他轉之理．謂許自相．自無過理．謂許如幻。

如是知已應當了悟．安立中觀離過之宗。了義諸經中觀諸論．凡說此為如是此非如是．此及此無．此及此有．總有無邊．此等皆是造者所許．無須特外引教成立。若不爾者．則諸教中未說受許．如彼之處．釋彼義時．則不能辨此是造者所宗所許．此非宗許．設若定須云許云受及云所宗差別語者．亦多宣說。如迴諍論云「若不許名言．我等不能說。」六十正理論云「如於法生滅．假名之爲滅．如是諸善士．亦許如幻破。」又云「若法依緣生．猶如水中月．許非眞非倒．此不被見奪。」出世讚云「若法從因生．無因則非有．顯同影像性．何故而不許。」又云「無所受無受．故受性無我．佛意許此受．自性全非有。」又云「作者及業性．佛依名言說．互觀待爲性．是爲佛所許。」又云「且從已壞因．生果不應理．從未壞亦非．佛許生如夢。」又云「若是緣起生．佛即許是空。」入中論釋云「諸聰智者．當思此宗無過有德．定當受許。」又云「是故如許緣起唯有此緣．如是唯許依緣假立．故於我宗一切名言無斷滅失．他亦應當受許此宗。」說定須許．如是等類餘尚繁多。入中論釋云「已說四宗．次以正理爲成彼故．頌曰此非自生豈從他．亦非由俱豈無因。」此說四宗．明顯句論亦同彼說．故龍猛菩薩及月稱宗中．是有自許自受自宗。

破第四家．此於名言許有自相．然於名言亦破自相堪理觀察．非爲善哉．前已廣說。又說月稱論師宗中許諸中觀師對實事師．以他比量成立宗時．許有兩宗極成三相之因．不應正理。明顯句論於如是因分別破故。若許此因雖未立名事力轉因．然是自續之因．無可遮故．此等且止．後當廣說。

第二安立自宗述應成派破自續宗而立自宗．二宗俱解．當如是說。明顯句論多說此事．然恐文繁．今於此中略顯宗要。此中分二．一正破自續．二自不同破之理。初又分二．一顯示所依有法不極成之宗過．二由此過故顯示因亦不成。初又分二．一出計．二破執。今初

明顯句論所說此事極難通達．當引彼文而為解說。如云「若謂如說聲是無常．是乃取總法及有法．非取差別。若取差別．能比所比名言皆無．若取四大所造聲者．於他不成．若取空德．於佛弟子自不極成。如是勝論立聲無常．取所作聲．於他不成。若取顯聲．於自不成．隨其所應．壞滅亦爾。若有因者．於佛弟子自不極成．若無因者．他不極成．是故於彼唯應取總法及有法．如是此中亦捨差別．唯取有法。」此中義者．謂佛弟子對勝論師立聲無常．若取大種造聲為有法者．勝論不成。若取空德聲為有法．於自不成。如是勝論對聲顯論立聲無常．若取所作聲為有法．聲顯不成。若取先有由緣顯聲而為有法．於自不成。故不應取不

共別許而爲有法。有法乃是立敵二家觀察能別法之所依．必須兩家共極成故。如其有法必須共許．如是其法亦須共許．取總無常莫取差別。又於成立所立之前．於所立喻先須極成．如是中觀諸師成眼等內處或色等外處．對他部宗立不自生及對自部實事諸師立無他生．取實眼等以爲有法於自不成．取妄眼等以爲有法於他不成。捨此差別唯將眼色立爲有法．是中觀師與實事師觀察有無自生等能別法之所依．須二共許故。共成之義．謂於敵者以何量成立．則於立者亦以比量而爲成立。

第二破執分二　一義不應理　二喻不相同。　今初

顯句論云．「此非如是．若許破生爲所立法．爾時眞實所依有法．唯是顚倒所得我事．悉皆失壞．是此自許．倒與非倒互相異故。是故若時．如眩翳者見毛輪等．由顚倒故非有執有．爾時豈有少分實義是其所緣。若時如無眩翳見毛輪等．無顚倒心不妄增益非眞實事．爾時由何而爲世俗．此非有義．豈有少分是其所緣。以是之故．阿闍黎云．『若由現等義．有少法可緣．應成立或破．我無故無難。』何以故．如是顚倒與不顚倒而相異故．無顚倒位其顚倒事．皆非有故．豈有世俗眼爲有法．是故宗不成過及因不成過．仍未能遣．此不成答。」

此若例云「色處無自生．有故．如現前瓶。」易於領解．當就此上而爲宣說。此論答文．顯無極成有法之理。此復云何．謂顯極成有法與諸敵者不得成立。不能極成之敵者．明顯句論謂爾時是破自生之敵者．然總許諸法勝義有性諸實事師．及於名言許彼諸法有自相性自續諸師．皆是敵者。中觀自續．雖亦名爲無自性師．然此論中爲删繁故言無性師當知是說應成派師．言有性師當知是說實事諸師及自續師。若立色處以爲有法．成立彼者．須以取彼眼識現量而爲成立．此若不以無錯亂識而成立者．則非能立實義現量．故須無亂。彼等宗中成無分別無錯亂者．謂於何處成不錯亂．定須觀待現彼自相．如現而有。由是因緣．敵者何量成其有法．而於立者不許彼量。因於名言任隨何法．皆無自相所成自性．故無能成彼性之量．此阿闍黎以此密意破自續師。此復是說令他新生通達諸法無性正見支分之中．破說必須自續之理。若是中觀應成諸師．自內互相爲生通達盡所有義比量支中．觀察須否自續之理．暫置未說。

此與論文合而釋之．從曰「若許」至曰「自許．」義謂所立法之所依有法．或眼或色等．失壞實有而不極成．此是清辯論師自許。何等有法．謂唯由無明損害顚倒所得我事．

即眼識等名言諸識所立之義。彼自許者．謂若已破於勝義生．其所立法．可依有法。言爾時者．謂以是故．若眞實有爲彼所依．成相違故。若謂縱許爾當有何過．謂彼色等非眞實有．非眞實義．非無亂識所得之義。是虛妄心名言諸識之所得境．故彼皆是無明錯亂。故無亂識所得之義．於錯亂識則不顯現．於錯亂識所現境義．無錯亂識則非能得。顚倒亂識與無顚倒不錯亂識．自境互異．趣異境故．即彼論說「倒與倒相異」之義。又釋此義．從曰「若時」至曰「是其所緣」。言顚倒者．謂眼等名言諸識被無明亂。言由彼等非有執有者．謂色聲等無自性相根識執有。無分別識之所執者．是顯現義．謂即色等現似自相。又言爾時豈有少分實義．是其所緣者．義謂如是實無自相．妄顯現故。此等諸識．豈能成立有微少義由自相有。無自相義妄現之喩．謂如毛輪等。此等是說彼諸根識現色聲等．是錯亂故．不能成立境有自相。次爲顯示無錯亂識全不少執有色聲等．說云若時無眩翳等。不顚倒者．謂無亂識．此於現證眞實乃有．餘者皆無。此不增益非眞實者．謂色聲等非眞實義．而不增益不執爲有。譬如清淨離翳眼識．則不能見毛輪亂相。言爲世俗者．謂色聲等虛妄之義。言非有者．謂無自相緣眞實義無錯亂識．不能成立彼等少分．義謂色等非彼見故。證此諸義．次引龍猛菩薩論云「若等」．此說現量等四．不成少分有自相義．以此爲據。次云「何以故如是」等者．攝前說義。次言「豈有世俗眼爲有法」者．非爲顯示全無世俗眼等有法。義如前說由自相有或無錯亂現量所立色等有法．名言亦無。言「是故」等者．義謂無自性師與實事師安立色處爲有法時．無亂現量不得極成．於二宗中無量能立極成有法．故自續因於諸敵者．不能安立無過之宗。若作是念．於名言中不許自性之宗．雖則如是．然我於名言．不許如是有無過宗．許有自續有法等故。於名言許有如是性不應道理．前已廣說．後亦當釋。故汝此答不應正理。

第二喻不相同。顯句論云．「喻亦非等．於彼二者不說差別．許有總聲及總無常。如是總眼性空諸師與不空師．世俗不許．亦非勝義．故喻不同。」此中義者．非是顯示可有總聲．非大種造及非空德亦非所作先有緣顯有總無常．俱非觀待不觀待因而無實妄俱非眼等．此是立敵俱不許故。如是法喻．誰亦不能成非等故。若爾云何．謂或曰大種所造之聲．或曰虛空功德之聲．不以隨一差別簡別而定有聲立者敵者彼二宗中．皆可容有。性空諸師性不空師二者宗中．若非不亂識所成立．亦非錯亂識所成立．無量能成總眼或色。若由錯亂識所成立敵者不成。由無錯亂識所得者．則爲立者量所不成．故說其喻非可相同。無錯亂者．總謂現量緣勝義諦諸根本智。然此倶說於顯境自相無亂現量．及於著境自相無亂比量．能成有法及因三相．如此之量畢竟非有。故無亂識所得境義非是有法。此言自相者．非同因明師所許有作用法。是如前說．隨於有事無事許各各自性之性．故有性師雖緣無事之比量．亦許於如是性所著之境．爲無錯亂。若於彼性無錯亂識．隨於現境或於著境無有錯亂．則於眞實須無錯亂．故許自宗無如斯量。成有法等．非說立敵二者身中無名言量緣眼色等．敵者身中如前所說．無損根識所引定解．略有色等此定智境．理無違害。此若細釋．如執有芽總有三種執取道理．一執芽實有自性．是執實有．二執芽無性如幻而有．是執妄有．三倶不執取實妄差別．唯執總有。有雖尚執芽常無常等．然若不執此三隨一．則無執取．故於此中不說彼等。若有情身未生正見通達諸法無自性者．唯有二執．一執總有．二執實有．不起如幻無性之執。未見諸法如幻有情．凡執爲有諸分別心．說彼一切皆執實有．於一切種不應道理。於前解釋名言量時．及辨有無與性有無四差別時．已數宣說。若不爾者．未解無性正見之前．謂分別所設．一切名言皆是實執．如前所說．未爲錯亂因緣所壞世間名言所建立義．中觀諸師於名言中所許一切．皆被正理之所違害．與大自在有無無別。此顚倒見．是證中觀義最大障礙故。由彼等門邪解空性．所有相狀即先由分別所修行品衆多善行．後自妄爲得正見時．見前一切皆是執相．生死繫縛。次生倒解．謂彼善行是爲未得如此了義正見者說。遂於一切分別．妄見過失．由邪分別誹謗正法．現見多如支那堪布。

又諸補特伽羅未得無性正見以前．不能判別唯是總有與自相有二者差別。凡是有者．即如前引四百釋說．徧計執爲由自性有。由是因緣．於無自性執爲徧無．故於性空起多攻端．謂因果等不可安立。若於相續已生通達無性正見．此身可生三種執取。然生見已．乃至未失正見功力．若以正理觀察思擇自性有無．許有自性妄執實有．則暫不生．非彼不起俱生實執。以是正見通達無性．生已未失．其相續中執有芽心．非此一切皆執如幻。若不爾者．彼等心中實執現行．應不生故。於名言中．許諸法有自性自相．清辨師等諸中觀師．於自宗中許自續之因者．亦因於名言許有自性自相．故於自宗安不安立自續因者．亦是至此極細所破。以是彼宗顯現自性無損根識．許於名言中對所現境不爲錯亂。又執芽等．有如是性諸分別心．於所著境亦非錯亂。若不爾者．許彼錯亂．與實事師二宗何有極成之量。若如月稱論師．所許對實事師成立實無自性．現有自相妄現根識。若時有法已得成立即成無性．則自續因復何所爲。若謂於他自成即可．不須中觀與彼共成．此非自許．亦非正理。若如是者．一切因式唯就他許．是則隨順應成轉故。靜命師等．許諸外境名言都無．然於名言許青等色．以識爲體．同實相師顯現青等所有根識．觀待青等是取自相義．故待青相是不錯亂。若立眼等．不顯見事爲有法時．雖彼不爲現量親成．然其究竟根本能立．必至現量。是一切宗諸師共許．以諸比量．如盲相牽．故其根本能立．亦許至於現量爲境。爾時所許根本現量．或是無亂見分．或是無亂自證．復如前說．於所顯現自相之義．須於境上如現而有．是彼所許。故彼諸師與無性中觀二宗之中．無立極成不亂現量。未至現量亦能答難．未許自性師．隨於有爲無爲量所成義．是須成立於諸境上有彼諸法各各實性．以諸正理能破彼義．故能立量不應道理。

第二由此過顯因亦不成。顯句論云．「即此所說所依不成宗過之理．亦當宣說其有故因不成之過。」此顯前說性空不空立敵兩宗．無量能成極成有法．故自續因中色處之有法及無自生之法．二合總宗或名所立．皆悉非有。即以此理於兩宗中．亦無正量成其有故。極成之因立因不成之理．如前當知。顯句論云．「如是彼過如所說義．此分別師自己許故。如何許耶．謂他安立諸內六處唯有能生因等．如來如是說故。凡如來說．即應如是．如說涅槃寂靜此於他之能立舉過難云．汝所許因爲於世俗如來說耶．於勝義如來說耶。若於世俗．則其因義於自不成。」又云．「若於勝義．則彼能立不極成故因犯不成及相違過。如是此師．自以此理許因不成．故凡立實事法爲因．一切比量因等於自皆不成．故一切能立自皆破壞。」釋此義中．有諸自許隨月稱行者．作如是說．分別熾然論等立量說云．地於勝義非堅硬性．是大種故．如風。若於勝義立大種故．自所不成。若於世俗立大種故．於實事師敵者不成。若不由此立因不成．則說由此二門不成．因定不成自許相違。又有說云．立唯大種．以理智未成而破。以此理破全非論意．清辯論師非如是許。故於兩派．俱成倒說。若爾云何．其「如所說義．此分別師自己許」文．如前說者．謂前所說有法不成及因不成．以前論無間說彼義故。義謂成立有法及因所有現量．不出二類．謂錯不錯亂。若以錯亂識所得義立爲因等．於實事師不能極成。若以無亂識所得義立爲因等．自量不成。故自續因及有法等．前已宣說不極成者．是「如所說義」．顯由此門立爲不成。清辯論師如何許者．謂於如來如是說故由二諦門而爲推察。有說此義．謂徵難云如來是說世俗說故立爲因耶．勝義說故立爲因耶．全非論義。如前自立有法．謂不可加實妄差別．若異此者．便有立敵隨一不成．於因喩等亦許如是。於斯粗顯似破之理．巧慧圓滿若此論師豈容錯誤。故是問云「如來說故彼因之義二諦爲何。」若是世俗自不許爾．於自不成。若是勝義．我於勝義．破果從其有因無因及二俱生．故我不成。不許俱非二諦義故．無須明破。今自立云．是大種故。亦當如前反詰彼云．彼因大種．二諦爲何．若問「二諦大種立何爲因」是全未解立者之意。如是詰問二諦爲何．若是勝義雖自不成．然是世俗云何可說於他不成。若不爾者．立諸內處爲有法時．世俗有故．亦應敵者不極成故。若爾如所說過．清辯論師爲如何許．以二諦理推求他因耶。茲當宣說．此論師意以無錯亂識所得名爲勝義。以錯亂識所得名爲世俗。問云「二諦爲何」．與問二識何者所得同一扼要。以所立因義．俱非眞俗因即不成．與所立因義俱非錯不錯亂二識所得．因亦不成二理相等．故說是此自許．非親許也。次說「故立實事法爲因」別說實法．清辯論師自立因中．有是無錯亂現量親成．及有以無錯現量爲究竟能立．然此論師正爲破彼。如前引說中觀師不許他宗．謂理不應許自相之義．爲證此故．

引「若由現等義」等文．說無能量自相之量．是對清辯論師弟子而成立故。

第二自不同過。若謂於他比量．說有有法及因不成等過。於自比量．豈非亦轉．是故於他不應徵難。答云．他有彼過．是因他許自續比量．我等不許自續比量．故無彼過。此中比量是說論式。若許自續．則立自相之量先須立敵極成．次以彼量立敵二家成立三相再成所立。若無比量．則有法等皆不得成。若不許自續．則依實事師他自所許比量而成．於自不須以比量成故。諸論中所說比量．亦皆唯爲破除他宗是他彼量．非自續量。如中論第三品云．「此見有自體．於自不能見．若不能自見．云何能見他。」如以不能自見爲因．成立眼等不能見他．自許此因宗之見他無性中觀師亦許．此等量式名他比量。顯句論云．「我等不用自續比量．以諸比量唯破他宗而爲果故。」此許立量皆非自續．及許唯爲破除他宗．故非全不立量。安立量式破他宗者．如彼又云「謂他分別眼是能見彼亦許眼是不自見法．若無見他法．則許不生。是故破云．若彼彼法不能見自．則彼彼法不能見他．譬如瓶等。眼亦不能見自．故此亦不見他。故不見自而見青等相違之他．違自比量．是以他已成比量而爲破除。」在敵者名自許．觀待立者諸中觀師名曰他許．二同一義．立他許量破除邪執極爲切要．故當細說言「他已成」者．非謂有法眼同喻瓶不自見因及所立法不見青等．自宗不許．唯是他宗．故因三相名唯他成。若爾云何．彼等自宗亦許．然能成立彼等之量．若量自性雖於名言自宗亦無。諸有性師成立彼時．定須彼量乃能成立．故無兩宗極成之量．而量自性。故非共許．唯名他許或唯他成。若於名言亦無比量．則由彼所成．應如增益自性．爲正理所害．則依彼等云何能得中觀正見。若所依理爲量所害．而能獲得無謬正見．一切邪宗亦當得故。謂彼敵者．許眼有法不自見因．如瓶之喻．并所立法不見青等．此執之境．自宗亦於名言許有。故以正理非能害彼。然由敵者未辨彼等有與有性二者差別．故執彼等由量自性量所成立。於彼執境正理違害．豈以正理破他身中無損名言諸識所成。故自他宗未能共許能量自性之量．故非自續所能成立．唯當顯他自許相違。此如前立他許量式．眼有法上不能自見之因．於名言可有．其有自性能見青等．於有法上名言亦無．故前能破後。若於眼上因及所破．有則俱有．無則俱無．彼二豈成能破所破。故他比量之有法及法因等．須名言有．非唯由他許有便足．眼等有法他已許有．中觀論師何須更成。若強抵賴．謂我不成．更當成者．是則全無不賴之事．與此辯論徒勞無果．誰有智者與斯對論。

此又有說．若由他許眼不自見及見青等有自性體．顯示相違．其相違義由何而知。若相違義由量成者．須兩極成．則不應說是他所許。若由他許立相違者．則他自許不能自見及能見他．二不相違．故以他許而立相違不應道理。若由自許立相違者．太爲過失。以於敵者云何可說．汝許此義不相違者不應正理．我等說此犯相違故。此過非有。若不自見而有自性．犯相違過是由量成．非唯他許而爲安立。若爾．於他顯示彼量．令其了知相違便足．何須依止他所許耶。於實事師成立相違之量．須待彼許自性乃能成立。若彼不許唯由自許．如何於彼能成相違。若他已許所量無性及立能量無相違過．則由彼量成立相違．他已獲得通達諸法無性正見．何須更成．若不自見見有自性而爲相違。故欲通達月稱師宗．當於彼等審細觀察而求定解。若爾云何依他自許顯示若不自見定無見他性耶。若佛護論師說「譬如有水見地滋潤．由有火故見水溫熱．由有蔻花見衣香馥．共見定須水等三上有潤等三．汝亦自許．如是諸法若有自性．自性於自理當先有．次於餘法乃見有彼。若先於自不見有者．云何於餘而見有彼。如於蔻花不見惡香．於彼香衣亦無惡臭。」此就敵者自許正理．隨有逆無先令決定．次合法時．「是故於眼若有見性先於自見．次色等合而見色等乃應正理。然由彼眼不見自故亦不見他。」四百論亦云「若法有自性．先當於自顯．是則眼於眼何故而不取。」

若謂如火不自燒而能燒他．如是眼不自見而能見他亦無相違。非是總破火能燒木．眼能見色．是破眼有見他之性。若如是者．須以火有燒木自性而爲同喻．爾時引喻等同所立．不應道理。謂火與木若有自性．自性不出或一或異。二者爲何．若是一者火當自燒．復云何成火是能燒木是所燒。若能成者．今我翻云．火是所燒木是能燒．當如何答。若性異者．則無木時火當可得．如無馬時可得其牛。四百論云「火即燒熱性．非熱何能燒．是故薪非有．除彼火亦無。」如是於燒若許自性．既不自燒不應燒他．如是若許眼有見性．既不自見不應見他．前過未移．由見如是爲許自性所說過難．即能棄捨執有性宗。次亦能知無自性中．能作所作皆悉應理．辨了無與無性差別．故亦能分有性與有。又能通達無性之量．而量無性所量事等。通達火薪無性之量．彼非現量．當許是比．若爾所依因爲何等耶。由見有性不出一異．破一異性定無自性．即成二相。決定了解無一異性．即宗法性．故有三相之因。由此爲依．決定火薪無自相者．即是比量。由此當知前立他許三相量式及正引生比量之理。若有自性性應一異．若一性者．火應自燒。此等皆以他許爲因．出他非樂．如是等類是爲應成。以此爲例．諸餘應成皆當了知。由是敵者乃至未捨事實宗時．必待量度自性所量而成能量。若時以量達無少法由自性成．即便棄捨事實宗見。明顯句論云．「有以隨一所成比量．即彼比量而破他耶。答．有謂以自成因而反破自非由他成．即於世間亦現見故。猶如世間有時立敵以證爲量．由證語斷或勝或負．有時唯由自語而斷．非由他語．或勝或負．如其世間正理亦爾。唯世名言．於正理論正適時故。」此說可以他許爲因．舉喻引證。諸分別師．說於敵者．以何等量成立三相．立者亦須比量而成．故許立敵二者極成。又破彼欲．即此論云．「設謂能立能破皆須二家共許．非隨一成．或猶豫性。」彼亦當許如所宣說．依世比量．以教破者．非唯二家共許之教。若爾云何．亦以自許．自義比量．於一切種．唯以自許力強．非是俱成。故分別師所說之相．非所必須。諸佛亦以自許之理．於諸未知眞實衆生．興饒益故。由是因緣．若以前說之量．立敵共成之因．成立所立．名自續因。若不以彼．唯由敵者所許三相．成立所立．名爲應成。此乃論師所有意趣最極明顯。

第二身生正見當隨誰行。如是隨聖父子大中觀師．若有應成自續二派．應隨誰進行耶．此中是隨應成派行。此如前說．於名言中破除自性．破自性後．須善安立生死涅槃一切建立．於彼二理．當獲定解。此二論師．論中數說．若許諸法有自性者．則以觀察實性正理可推察轉．與聖父子諸論善順。由見是故．當許彼宗．故如前說．當許應成宗派。

菩提道次第廣論卷二十一終

菩提道次第廣論卷二十二

第三依此能破於相續中生見之理分三，一決擇補特伽羅無我，二決擇法無我，三修習此見淨障之理。　初又分三，一正決擇我無自性，二顯由此成我所無性，三此諸正理於餘例明。　初又分二，一立喻，二合義。　今初

入中論釋引經說云：「言我是魔心，汝昔起是見，此行蘊皆空，此中無有情，如依諸支聚，假名說曰車，如是依諸蘊，說世俗有情。」此如依自車輪等支假名為車，依於諸蘊假名為我或曰有情。

先說車喻。此中分四，一顯車無性而為假有，二於彼斷諍，三由名差別皆得成立，四依此速得正見勝利。　今初

入中論云：「如車非許離自支，亦非非異非具支，非依他支非支依，非聚非形此亦爾。」如車與自支，於一異等七中皆無，故唯假有，我與取蘊說亦如是。此中若車有自體性，則以正理觀性有無，於一異等七相之中定有所得，然於彼七皆非有，故定無自性。言車支

者．謂軸輪轄等車與彼支自性非一。若性一者．如支衆多車當亦多．如車是一支亦當一．作者作業皆當成一．有此等過。又與自支體性非異．異如瓶衣各別可得．不可得故。亦當無有施設因故。能依所依二品自非支依．如酪在盤．亦非依支．如天授在帳。若性各異．此二容有無別性故。此中非破互有．是破能依所依有實自相。所舉二喩亦就他許．謂有自相能依所依．如此一切當知皆爾。又具支者亦不應理．若車具支．應如天授具足牛等異體可取。如是車與自支各異亦應可取．然不可取故無具義。如云天授有耳．車有支者亦不應理．已破異性故。若此具支有自性者．應是一性．前已破故．天授有耳．於名言有．此非所破．車亦許爾．故是破除自相之具。

餘二執者．如云「若合聚爲車．散住車應有．無有支無支．形車亦非理。」此有二執．謂以支聚及形差別安立爲車。其中唯以支聚爲車不應道理．此中有二．一違正理．謂輪等支分離散布完聚一處亦應有車．以爲支聚即是車故。二違自許．謂自部實事諸師許無有支唯許支集。若爾．支亦應無．無有支故．是則亦無唯支合集．是故支聚亦不成車。破支聚爲車．是此論師所許．不須簡別．聚合是車施設事故．說蘊是我所施設事．非是我故。若唯支集不許爲車．以支合時形狀差別立爲車者．此如前說無有支者．支亦無故．唯以支形安立爲車．不應正理。過違自許．亦字顯示非僅支聚爲車非理。又許形爲車．爲散支形耶爲支聚形耶。若散支形與先未合時形．無異形耶抑異先形有別形耶。初有過云「如汝各支先有形．立爲車時形亦爾．如支分散不名車．如是合車亦非有。」此謂先未合時與後合時．輪等形狀全無差別。如分散時．其車非有．如是合時亦應無車。若後合時與先未合輪等支形．有別異形立爲車者．亦有過失。如云「若現成車時．輪等有異形．可取然非有．故唯形非車。」謂前後時．若輪軸等有別異形．理應可得．然任何觀終不可得．故異前形後形爲車不應正理。若各支形不許爲車．以諸支分合聚總形立爲車者．亦有過失。如云「汝聚無實故．形應非支聚．若依非實法．此中何有形。」此謂依支聚之形名車非理．聚非實故．依假支聚施設形狀不應理故．一切假有所施設事要實有故。又支集聚無實自性．若有自性與能聚支不能出於自性一異。若許爾者．如破車時悉能破故．然於自宗假有所依不許實有支聚假形是車所依．車是依彼假施設法．非唯所依即許爲車．故破聚形爲車．亦於所破不須簡別依無實聚立無實形無不應理．則依無實因無明種等．生無實果行及芽等．一切應理。如云「如汝所許此．則依無實因．當知生一切．無實性諸果。」又此車喻．亦破色等八塵合集．立爲瓶等。又破依於八種實塵．假立瓶等。又破依於實有色等形狀差別．假立瓶等．以色等塵自性無生．彼無性故．實有非理。如入中論云．「由彼色等如是住．覺爲瓶等不應理．性無生故色等無．形爲瓶等亦非理。」若謂瓶若如車．非自支分合集形者．則腹大等應非瓶相．彼是形故。答．若法大腹長頸等相．許彼爲瓶．非大腹等形狀爲瓶。若異此者．理亦應許腹頸是瓶。

第二於彼斷諍．諸實事師於彼難云．若以觀察有無自性之理．如前所說七門求車．由彼無得．理應無車．則諸世間應無施設車名之處．然此非理．現見可云車來買車車持去等．故有車等。入中論釋答說．彼過唯實事師有．及自宗非有。初者．謂世間名言說車來等．若如汝許．理應皆無．以汝安立諸法爲有．要以正理尋求有無自性．而後安立．然以彼理七相推求．車不可得故．汝又不許有餘方便安立事故．故車應無。若以尋求有無自性正理推求無所得者．車應非有。諸實事師所設徵難．現在自許講中觀者．說中觀宗許有此難．若許如是．定犯一切名言建立皆無之過。二自無過者．如云．「或於實性或世間．雖以七相皆不成．若不推察就世間．此依自支而假設。」義謂．若以尋求有無自性正理推求．於七相中車．就二諦俱不可得．雖於七相以理未得．豈能破車。以許有車．非由觀察有無自性正理所立．是捨正理觀察．唯以世間尋常無損諸名言識之所成立．故建立彼是依自支立爲假有。若作是念．修觀行師如是觀察．以彼正理車無所得．雖車無性．然車支分自性應有。如燒布灰中尋求縷線．汝誠可笑。如云．「若時其車且非有．有支無故支亦無。」若無有支．亦無支故．若作是念．彼不應理．車雖散壞．輪等支聚猶可得故。然此非爾．唯先見車．乃執輪等是車之輪．餘則不執。如車壞時．輪等與車全無係屬．非車之支．是故非無有支之車而有車支．爾時其車支及有支二俱非有．然彼輪等待自支分可名有支．餘分爲支．故無有支不能立支。又無有支無支之義．如云．「譬如燒車無支分．慧火燒有支無支。」如此譬喻．應當了知。

第三由名差別皆得成立。入中論釋云．「此宗非但由世共許假立車名顯然成立．即此諸名差別．由無觀察世間共許而當受許。」如云．「即此有支及有分．衆生說車爲作者．衆生又許爲受者。」此說車待輪等諸支諸分．共許名爲有支有分。如是觀待輪等所取之事．說名作者．觀待所受說名受者。自部有說唯許諸支諸分合集．異彼別無有支有分．不可得故。如是唯說有業而無作者．又異所取不可得故．說有所取而無受者．彼皆倒說世間世俗。若爾.支等亦當無故。入中論於此密意說云.「莫壞世許諸世俗。」如於勝義無有支等.支等亦無.如於世俗支等可有.有支亦有.作如是說不壞二諦。

第四依此速得正見勝利。入中論釋云.「如是觀察世間世俗雖皆非有.若不推察.共許有故。修觀行者以此次第.觀察世俗速疾能測眞實淵底。」如何而測.「七相所無如說有.此有觀行師未得.此於眞實亦速入.此中如是許彼有。」此說由其觀車正理.速測眞實無自性義.故彼正理極爲切要。觀擇實義諸瑜伽師.作是思擇而生定解。所謂車者.若有自性.由一異等七相門中.尋求有無自性之理.正推求時定無猶豫.七隨一中而能獲得.然於彼中皆無所得。雖由如是未能獲得.然車名言不可遮止。故言車者.唯由無明眩翳壞慧眼者分別假立.非自性有.此瑜伽師於眞實義速能悟入。頌言「此於眞亦爾。」亦字顯亦不壞世俗。破車自性最決斷者.七相推求.此最顯了破斥之理亦極明顯。故依此理易於通達車無自性。總依前說車之建立有三功德.一.易破增益諸法自性常見功德。二.易破無自性緣起非理斷見功德。三.此二功德以何觀察易於生起修觀行者推察次第。初者.唯破一異而破有性.此理太略.難以通達.廣則太勞.七相推察極爲相稱。第二者.從初破時即於所破簡別而破．由此門中雖破自性．不壞名言有能所作。第三者．若有自性．決定不出一異等七相．次於彼等一一逐次顯其違害．見七相中皆有妨害。由破能徧所徧亦破．先知此已．次於無性多引定解。此後觀見如是無性．然車名言不可遮止．便覺甚奇．業惑幻師幻此車等．極爲希有。以從各各因緣而生．無少紊亂．各各自性亦非有故。如是能於緣起之義自性無生獲定解故。如四百論釋云「瓶等諸法．從自因生爲一爲異．五相觀察雖皆非有．然依緣假立．而能盛取蜜及水乳．作用皆成寧非希有。」又云「若無自性．然亦可得．如旋火輪．自性皆空。」

第二合義分二．一合無自性義．二合由名差別成就義． 初又分四．**一破我與蘊性一品．二破我與蘊性異品．三由此亦能破諸餘品．四依彼能見補特伽羅猶如幻化。** 今初

總凡世間現見一法．心若決定彼爲有對．遮其無對．若是無對．則遮有對。由此道理．總於一異．或於一多．遣第三聚。有對無對．即一多故。若能總於一多決斷．別於自性若一若異．亦能決斷．如是若我或數取趣有自性者．亦不能出若一若異．故當觀察我與取蘊爲一性耶．抑爲異性。修瑜伽者先觀我蘊二是一性有何過失．於計一品當求過難。佛護論師於此

宣說三種過失．謂計我無義．我應成多．應有生滅。其中初過．若許我蘊二性是一．妄計有我全無義利．以是蘊異名故．如月及有兔．中論亦說此義．二十七品云．「若除取蘊外．其我定非有．計取蘊即我．汝我全無義。」第二過者．若我與蘊自性是一．一數取趣如有多蘊我亦應多．如我唯一蘊亦應一．有斯過失。入中論云．「若蘊即我故．蘊多我應多。」第三過者．十八品上云．「若蘊即是我．我應有生滅。」二十七品云．「取性應非我．我應有生滅。」應知此中取即說蘊。如是許我剎那生滅當有何過．入中論本釋說三過失．一過憶念宿命不應道理．二過作業失壞．三過未作會遇。初者．若我剎那生滅．我之生滅應自性有．前後諸我自相應別。若如是者．佛不應說爾時我是我乳大王．我乳之我與佛之我二相別故。譬如天授念宿命時．不作是念我是祠授．若不爾者．前者所受後者能憶．雖性各異．然不相違．則天授所受祠授不憶．亦當宣說不同之理．然不可得。此如破他生之理．若他許種芽皆有自性而爲因果．乃可難云．如此可成因果．則從火燄亦當生黑暗。然非許異皆有彼難．若爾．彼經顯示佛與我乳二爲一耶。彼經唯是遮他相續．非顯是一．故彼經云．「爾時彼者莫作異念。」此即月稱論師所許。誤解彼經有作是云．「佛與彼諸宿生有情應是一人。經云．我於昔時為彼說二是一。又有為法刹那壞滅．是一非理．故彼二常。」此是前際四惡見中第一惡見。為破此故龍猛菩薩於二十七品云「說過去已生．彼不應道理．昔時諸已生．彼即非是此。」若如是者．則一衆生應成六趣．彼等漸受六趣身故．前後諸人是常一故。如是亦破前後性別。若我有性．前後諸人或是一性．爾時應常．或是異性．則成斷見。故諸智者不當許我有實自性。二過作業失壞者．謂若許我一一刹那自相生滅．前我作業後我受果．如下當破。先造業果應無人受．作業之我未受果前已滅壞．故無餘我．故前後諸法其自性異．故除前我別無後來異性之我．前未受果果無受故。若謂是一相續．下亦當破．故不能斷業失壞過。三過未作會遇者．若謂前我雖已壞滅．然由後我受所作果無失壞過。若爾．諸餘補特伽羅未作少業．當受彼業果報因緣．亦當受餘補特伽羅作業之果．以此自性補特伽羅所作業果．由彼異性補特伽羅而受用故。入中論云「未般涅槃前刹那．無生滅作故無果．餘所作者餘應受。」又入中論雖尚說有餘三過失．然唯破除自部所許．今為破共．故不摘錄。以上二理．二十七品云「若此是餘者．無前亦應生．如是前當住．前未死當生．前斷業失壞．餘所作諸業．當由餘受果．此等皆成過。」月稱論師即錄業壞等二言「若此是餘者」．義謂昔生時我與現在我二性若異。若爾於前全無依託．不依前者後亦當生。又如造瓶衣無須壞．後我生時前當不壞而常安住．又前不死當於此生。若謂前後生我體性雖別然無業壞及未造業會遇之過．相續一故。此同各別自相未成尚待成立．若自性異是一相續．不應道理。猶如彌勒鄔波笈多．入中論云．「眞實相續無過者．前觀相續已說過。」前如何觀察者．即彼論云．「彌勒近護有諸法．是餘性故非一續．諸法若由自相別．是一相續不應理。」謂若自相各別如二相續．不可立爲是一相續。第二十七品云．「若天人各異．相續不應理。」總謂若自性異．應堪觀察實性正理之所思擇．然以彼理詳審思擇．下無塵許堪思擇事。故自性異．前所造業後若受果則異相續一切皆同．無可分別。此於一切處皆當了知。

若爾自宗前時所受後時憶念．二者非一．如異相續則憶先受及先造業．後者受果不應道理。答云無過。是一相續此宗無違．唯於他宗是一相續不應理故。如滿瓶酪置茅屋內．鴿住屋頂．雖鴿足爪未入酪瓶．然彼爪跡於酪可得。如是現法補特伽羅未往前世．然憶宿受亦無相違。四百論釋云．「諸因果法應離分別一性異性．由因差別果相顯現．唯有諸行相續無常．能取假我隨念宿生應正道理。於彼諸法皆無自相．若有如是諸緣現前變爲餘相無不應理。是故當知．諸法因緣皆無自相．作用差別不可思議。如稀酪器置於屋中．多草覆頂．鴿居其上跡雖可得．然足入酪理定非有。」入中論中當廣研求．當釋正義。如是若許我蘊是一．二十七品云「云何所取法．而成能取者．」此是大過。如名言云．此數取趣受如是身．蘊是所取．我是能取。若許彼二是一．作業作者亦當成一。能斫所斫．瓶及陶師．火與薪等．皆當成一。如十品云「若薪即是火．作者業成一．以此火薪理．我與所取等．及瓶衣等俱無餘盡當說。」入中論云「取者與取理非一．業與作者亦當一。」如是若許我蘊是一．許我無義．我當成多．作及作者理當成一．造業失壞．未造會遇．說憶宿生不應道理。有六過故．不當許一。

第二破異品。若我與蘊二性非一．而許性異．當有何過。第十八品出此過云．「若我異諸蘊．應全無蘊相。」若我自性異蘊而有．應不具蘊生住滅相．如馬異牛不具牛相。若謂如是．明顯句論立他比量難．謂彼應非設我名言處．非我執境．是無爲故．如虛空花．或如涅槃。佛護論師說．我若不具生滅之相．即應是常．常則無變．全無作爲．計執有我．毫無義利．流轉還滅皆不成故。若離諸蘊變礙等相．自性異者應如是可得．譬如色心異相可得．然不可取．

故無異我。第二十七品云．「我離所取蘊．異者不應理．若異無所取．應見然不見。」入中論云．「故無異蘊我．除蘊不執故。」故諸外道增益離蘊異義之我．是未了解我唯假名。又見與蘊一不應理．由邪宗力妄興增益．非彼相續名言諸識見如是我。以如是理．乃至能見我與諸蘊若自性異有諸過難．得堅定解應當修習。若未於此一異品過引生清淨決定了解．縱自決斷補特伽羅皆無自性．亦唯有宗．終不能得清淨見故。

若欲觀察有無眞實補特伽羅．當觀眞實補特伽羅與蘊一異。若計是一．究竟過難．謂火薪等作者與業皆當成一。此等若一．即以世間現量能破．立敵二宗諸不共許不成過難。如是若異．應如色心各別可見．未見是事．此以常識不取爲難．宗派不共不成過難。故於觀察眞實義時．一切過難究竟根本．要至立敵相續之中．無有損害名言諸識。故云「於眞實時世無害」者．是如前說．於眞實義不許爲量．非於觀察眞實義時．無有損害名言諸識．不許爲難。若不爾者．各別所許諸不共量既不能害．諸至教量有許不許．種種非一．即共許者．了非了義多不合順。彼復尚須以理證成．餘有何理．可爲顯說。又於他許．謂若許彼亦應許此．若不許此亦莫許彼。如是因相若無正理何能決定．是故能破能立一切根本究竟．要至立敵無損名言諸識．違彼而許見自內心能違害故．不可違越此乃中觀因明一切共規。雖則如是．然名言識亦無成立無性等過．猶如現量雖能成立聲是所作．然非現量成立無常。總其能破能立根本究竟雖須至於現量．根本所立豈須由於現量而成。

第三由此亦能破諸餘品。若有異性如盤中酪．或我依蘊．或蘊依我．可有能依所依二品．然無異性．故無所依及以能依．如前說車。入中論云．「蘊非有我我無蘊．何故若此有異性．觀察於此乃可成．無異性故妄分別。」又我與蘊具足品者．當知亦如車說．即前論云．「非我具色何以故．由我無故無具義．非異具色異具牛．我色俱非一異性。」言具牛者．如云天授具足諸牛。言具色者．如云天授具足妙色。若爾唯蘊合集即是我耶．此亦非理．說依五蘊假施名我．其所依事即能依法．不應理故。入中論云．「經說依蘊故．唯蘊集非我。」又唯蘊聚即是我者．入中論本釋俱說業與作者成一之過。許一一蘊是我所取．當許五蘊俱是所取．則諸蘊聚亦所取故．說蘊積聚是我所依．非即是我．則蘊相續顯然亦應如是而許。若謂彼等雖皆非我．然如配合輪軸等時．得一殊形安立爲車．色等合聚於殊特形．應立爲我。若爾．形狀唯色乃有．應於心等不立爲我。入中論云．「形爲色有故．汝唯說色我．心等聚非我．心等無形故。」是故如車於七種相皆無自性．然依有支假名爲車．我與諸蘊一異等性．七中皆無．然由依蘊假名爲我。二者相似．經以彼二說爲法喻．故此善成。

第四依彼能見補特伽羅猶如幻化。如幻之義．略有二說．一說勝義諦如幻．謂唯可言有而破諦實．二說色等幻．謂自性雖空現有色等現境如幻。今說後義．又後義中有前幻義．前中不定有後幻義。修後幻法要依二心．一取現境．二決定空。喩如變幻所現象馬．要眼識見．如所幻現實無象馬．意識決定。依此因緣乃能定解所現象馬是幻或妄．如是補特伽羅等．於名言識顯現無遮．及以理智決定了彼自性本空．依彼二心乃能定解補特伽羅是幻或妄。此中理智不能成立顯現爲有．其名言量不能成立自性爲空．此即雙須尋求有無自性理智與取色等名言諸識所有因相．故若色等不現如幻．其取色等諸名言識任運而有．生此方便不須劬勞。當以觀察有無自性之正理．多觀色等．於破自性起大定解．次觀現境乃現如幻。無餘決擇幻空之理．昔諸智者說以理智於現有法唯遮自性生滅等空．名如虛空空性．次性雖空現似有性色等顯現．名如幻空性。如是臨修禮拜旋繞及念誦等行品之時．先以觀性有無之理．觀察彼等破除自性．以彼定解智力攝持．次修彼事學習如幻．於此幻中修禮拜等。知此宗要定中當修如空空性．由彼力故．於後得時．善解現境如幻空理。此如前說．若不善知所破量齊．唯以正理觀一異等．見一異等有妨難時．便謂全無補特伽羅等及謂補特伽羅等法．如兔角等一切作用皆空無事成大斷見．當知即是正見歧途。如云「如是則三有．云何能如幻。」四百論釋云．「若能如實見緣起者．當如幻化．非如石女兒。若此觀察破一切生．說諸有爲皆無生者．爾時此非如幻．石女兒等乃能量度．我因恐怖無緣起過．不能順彼．當不違緣起順如幻等。」故尋求有無自性之理智．執有幻義雖亦是過．然以彼理觀察破除自性之後．於諸法上定當引生執有幻義．非是過咎。四百論釋云．「是故如是周徧思擇．諸法自性皆不成就．諸法別別唯餘如幻。」此說須餘如幻義故。又若破除苗芽自性乃至正理作用未失．爾時若以正理觀察應不應理．雖於苗芽不執有性．然於苗芽無自性義念爲諦實．及於性空顯現如幻念爲諦實。此執有過．亦是正理之所破除。若不執實．但取有幻．決不當謂取幻亦復有執著故．應當棄捨。若不爾者．緣起定解一切皆無．成大過故．如前廣說。此復定是未能分辨如幻義有與諦實有二者差別。

又先觀境以理分析覺境非有．次於觀者亦見如是。再次於能決定無者亦復非有．任於何法．此是此非．皆無能生定解之處。次覺現境杳茫無實．由是未分自性有無與僅有無．以諸正理盡破一切之所引生。如此之空．是爲破壞緣起之空。故證此空．引覺現境杳茫顯現．畢竟非是如幻之義。故以正理思擇觀察．覺補特伽羅等．於自性境無少安住．依此因緣．此諸現境杳茫顯現．并非難事．如此顯現．凡諸信解中觀宗義．少聞顯說無性法者．一切皆有。然最難處．謂盡破自性．及以無性補特伽羅．立爲造業受果者等．至心定解．而能雙立此二事者．至最少際．故中觀見最極難得。然若未得如斯正見．定見增長．則於行品定解損減。若於行品定解增長．則其定見決定損減．則於二品．無餘方便能正引生勢力均等廣大定解．是故決定或墮妄執實有自性增益常見．有事見邊．或墮妄計諸法作用一切皆空．損減斷見．無事見邊。如三摩地王經云「爾時無罪具十力勝者．說此勝等持．三有衆生猶如夢．此中無生亦無死．有情人命不可得．諸法如沫及芭蕉．猶如幻事若空電．等同水月如陽焰。全無人從此世歿．而更往去餘世間．然所造業終無失．生死異熟黑白果。既非常住亦非斷．無實造業亦無住．然既造已非不觸．亦無他造自受果。」謂以正理雖不能得若生若死補特伽羅．然諸法如幻生黑白果。故造業已定觸其果．非不領受。又無他人所造諸業．其餘補特伽羅不造而遇領受其果．如此所說當獲定解。求定解法如前所說．令善現起正理所破。次善思惟．自心無明．如何增益自性之理．當善認識。次當思惟若有此性．決定不出一異道理及於雙方妨難之理．分別思察。引生觀見妨難定解．後當堅固定解補特伽羅全無自性．於此空品應多修習。其次補特伽羅名言不可遮止．令於心現．即安立此爲造業者及受果者．作意思惟諸緣起品．於無自性緣起得成．於成立理當獲定解。若覺彼二現相違時．當善攝取影像等喻．思不違理．謂如形質所現影像．雖所現爲眼耳等事皆悉是空．然依鏡質緣合則生．若此衆緣有缺則滅．如彼二法同於一事不可遮止。如是補特伽羅雖無自性若微塵許．然造業者及受果者．又依宿業煩惱而生．皆無相違．當淨修習。如是道理．於一切處皆當知之。

若爾．了知彼影像等隨所顯現決定是空．即是通達彼無性者．則諸異生現證無性．皆成聖者。若非通達．彼等何能爲無性喻。若彼諸喻無自性義．更須依因而通達者．隨別安立彼之喻等．觀察推求．當成無窮。先有答云．「雖已現證諸影像等無自性義．然非聖者．唯達少分有法空故．聖須現證一切諸法皆無自性。」然不應理。四百論云．「說見一法者．即見一切者．以一法空性．即一切空性。」此說通達一法無性空性．即能通達諸法空故．故達影像本質雖空．不執實質．然於影像執爲實有．有何相違。又諸童稚不善言說．見質影像於彼戲等．彼等是執實有本質。若諸高邁已善言說．雖知彼等實無本質．本質所空．然即執彼現似本質影像有性．是諦實執。此於自心現有領覺能成．雖其如是．然亦堪爲無性喩者．謂隨所現即彼性空．故所顯現實無彼性現量可成．即彼爲喩。若隨所現即彼性空．於芽等上以量成者．即是通達苗芽無性．故與影像理非全同。以此當知．「如此瓶等眞無性．而於世間共許有．」對實事師安立瓶等．爲無性喩．亦如影等取少分空．非取瓶等無自性空．以如前說車等譬喩尚多成彼無自性故。如是如幻．有觀看者．於象馬等執爲諦實．幻師了知象馬虛妄．亦少分空。又夢所見依正等事．醒時執彼如所現事空而虛妄．及於夢時能如是執．然此皆是執其夢中所現男女．爲餘眞實男女所空．非是通達夢無自性．如同了解影像無質。又如前引「於幻陽燄等假立．此就世間亦非有．」謂於陽燄幻夢執水象馬及男女等．俗名言量皆能違害．了知無彼所執義者．非是通達法無性見。如是前說彼諸幻義．亦當諷詠甚深經偈而正思惟．此如三摩地王經所說而思。如云「猶如陽燄尋香城．及如幻事並如夢.串習行相自性空.當知一切法如是。猶如淨空所現月.影像照顯澄海中.非有月輪入水內.當知諸法相皆爾。如人住於林山內.歌說嬉笑及號哭.雖聞谷響而無見.當知一切法如是。歌唱妓樂如是哭.依此雖有谷響現.彼音於響終非有.當知一切法如是。猶如夢中受欲行.士夫醒後不可見.愚夫希樂而貪著.當知一切法如是。如諸幻師化諸色.象馬車乘種種事.如所顯現悉皆無.當知一切法如是。猶如幼女於夢中.自見子生尋即死.生時歡喜死不樂.當知一切法如是。猶如夜分水中月.顯現無濁澄水中.水月空僞不可取.當知一切法如是。猶如春季日午時.行走士夫爲渴逼.於諸陽燄見水聚.當知一切法如是。如於陽燄全無水.有情愚蒙欲飲彼.終不能飲無實水.當知一切法如是。如於鮮濕芭蕉樹.若人剝彼欲求實.內外一切無心實.當知一切法如是。」

第二合由名差別成就義。如依輪等假名爲車.其諸支分名爲所取車爲取者.如是依於五蘊六界及以六處假名爲我.彼爲所取我爲取者。又如安立車與車支爲作者及業.如是我取蘊等有作用故.名爲作者.蘊等是我所取業.故名爲所作。入中論云「如是以世許.依蘊界六處.許我爲取者.取業此作者。」此亦如車觀眞實義.我於七相皆不可得無少自性．然未觀察許世俗有。

第二顯示由此亦破我所。如是若以尋求有無自性之理尋求我時．於彼七相俱不可得．破我自性．爾時云何能以正理得此即是我之眼等．由是我所亦無自性。修觀行者．若全不見我我所性．能脫生死．此下當說．十八品云．「若我且非有．豈能有我所。」入中論云．「由無作者則無業．無我故亦無我所．故由見我我所空．彼瑜伽師當解脫。」由已通達我無性力．亦能通達我所無性．並其斷疑．如前已說．應當了知。

第三此諸正理於餘例明。如觀我蘊等同觀車．如是瓶衣等事亦當了知．謂以尋有無自性之理．觀瓶衣等與自色等．爲一異等七相尋求．於七相中雙就二諦．俱不可得．然就名言無觀察識安立爲有。如三律儀經云「世與我諍．然我不與世間諍論．以於世間許有許無．我亦許爾。」自許正理不破世間共許事故。如入中論云．「若瓶及衣帳．軍林幷鬘樹宅舍與車乘．客店等諸法．衆生由何門．說有知彼有．何故以能仁．不與世諍故。又諸支德貪．能相及薪等．有支有德貪．所相火等義．彼如觀察車．七相皆非有．其餘如世間．共許而爲有。」謂此世間衆生．由何門故宣說彼等．亦莫觀察．唯當知有．此復云何．謂彼支分及有支等．以瓶爲喩．瓶是有支有德所相．瓦等是支．大腹張口及長頸等是爲能相．衣等亦爾。貪是堅執．其有貪者是彼所依．釋論說爲有貪補特伽羅。火是能燒．薪是所燒．由依支故假名有支．及依有支假名爲支．乃至待火假名爲薪．及以待薪假名爲火。十八品云．「依業名作者．依作者名業．除此緣起外．未見有餘因。」又云．「由業及作者．餘法盡當知。」謂當了知能生所生．行走行者．能見所見．能相所相．能量所量．此等一切皆無自性．唯是互相觀待而立。由是因緣．如於一我云何觀察．能知性空及無自性作用皆成．安立二諦。次以彼理觀一切法．易能通達一切無性．故於前說法喩二事．當獲定解。三摩地王經云．「如汝知我想．如是觀諸法．一切法自性．清淨如虛空．由一知一切．一能見一切．故盡說多法．於說不生慢。」

菩提道次第廣論卷二十二終

菩提道次第廣論卷二十三

第二決擇法無我。補特伽羅假施設事．謂五蘊地等六界眼等六處．是名為法．彼自性空名法無我。決擇此理雖有多種．入中論中以破四生決擇諸法皆無自性．釋論說彼為法無我．故於此中當略宣說。如初品云．「非自非從他非共非無因．諸法任於何．其生終非有。」謂內外諸法．任於何所其從自生終非所有．於餘三宗亦如是立。如是以應成式破自生者．謂如是立已．於此未說能立因喻．是於違逆彼諸宗者顯示妨難。此謂若由自性生者．待不待因兩關決斷．其待因中因果二性一異兩關．亦能決斷。其中因果一性生者是為自生．異性生者是從他生。其中復有自他各別．自他共生二關決定。各別即是自生他生．唯破四生即遣餘邊．道理即爾。

若諸苗芽從芽體生．生應無義．生是為得所生體故．苗芽自體已得訖故．譬如已顯苗芽。其生又當無窮．已生種子若更生者．即彼種子當數數生。若爾唯有種子續生．其苗芽等不得生位．故成過失。二十品云．「若因果是一．能所生當一。」入中論云．「彼從彼生全無德．生已更生不應理．若計生已更當生．故此不得生芽等。」又云．「故此妄計法自生．眞實世間俱非理。」

若謂經說從他四緣而生果故從他生者．若從異性因生果者．當從火焰亦生黑暗．以是他故。又從一切是因非因．當生一切是非之果．同是他故。義謂若許種芽有性．則諸稻芽與非自因火焰等事．由自性門性異之理．及與自因稻種子性性異之理．二種性異一切相同。由是因緣．如與非因見異性時．覺諸異性互無仗託．與自稻種見異性時．相異之分亦覺如是。又此現爲殊異之理．若是彼等自體之性．則其不從火等出生．從稻種生所有差別．於一切種不能分別。若謂可判能不能生所有差別．則其性異殊異之理．亦當分別．此顯相違。如入中論釋云．「如能生稻種．與自果稻芽是爲異性。如是諸非能生火炭麥種彼等亦異。又如從他稻種而生稻芽．如是亦當從火炭麥種等生。又如他稻芽從稻種生．如是瓶衣等亦當從生．然未見是事故彼非有。」此說顯然．故許唯以一類因力成其決定相．非論師意。其中過難．如破灶上不成有烟定有火時．已廣說訖。第二十品云．「若因果性異．因非因應同。」入中論云．「依他若有他法生．從焰亦當生重闇．當從一切生一切．諸非能生他性同。」又於此能破．謂是一相續攝不攝等．亦不能答．以異性他是一相續．非是極成．與前等故。又謂現見其生不生有決定者．亦不能答其異非由名言心立．現是觀察境上自性．云見決定如何應理。

計俱生者作是說云．瓶由泥成是從自生．由陶師等是從他生。內如天授由前餘生有命根故而受今生天授與命二是一．故是從自生。又從父母及黑白業生．是從他生。唯自不生唯他亦不生．二俱乃生。以前正理即能破彼．謂自生分以破自生正理而破．從他生分以破他生正理而破。入中論云．「俱生亦非正理性．俱有已說諸過故．世間眞實皆無此．從各各生未成故。」

自然生者作是說云．蓮藕粗硬．蓮瓣柔輭．未見有人功用而作。如是孔雀等類．未見有人捉而彩布形色顯色．故諸法生唯自然生。此不應理。若無因生．則於一時一處有者．一切時處皆當爲有或全非有。於此時處生不生理．不可說是因有無故。烏鴉應有孔雀色等．總之一生一切當生或全不生。又諸世人爲得果故勤作其因皆應無義。入中論云．「若見唯是無因生．一切恆從一切生．世人不應爲果故．多方攝集種子等。」

如是由見四生違害.即能成立四邊無生.於此能立皆無性生.如前遮止餘邊時說。故於諸法皆無自性.亦由依此而生定解。此是依止應成作用引生比量.非有論式親成所立。入中論云.「諸法非從自他共.無因而生故離性。」總說違害四生義者.是顯安立應成果中依止正因云何引生比量之理.非從最初便對敵者安立如是他許比量。如是若依破自性生.能解有事無自性者.次於無事亦易獲得無性定解.故易獲得達一切法性空中觀。如第七品云.「若法是緣起.其自性寂滅。」入中論云.「若法依緣生.分別不能觀.故此緣起理.斷諸惡見網。」依緣起因.若能定解芽等性空.斷諸歧途於心最顯.故略宣說.如立他比量云.「芽無自性.依自因緣所生起故.譬如影像。」譬如本質所現影像.諸兒童等於彼所現眼耳等事.不謂於心如是顯現.非如所現實有斯義.反執眼等自性實有。諸有情類於自所受所見諸法.不謂由心如是顯現增上安立.妄執此義如所顯現於彼境上自性實有.即是增益有自性理。彼境自性即是自體自性自在之義。若有彼性.依他因緣則成相違。若不相違.許已成瓶.依諸因緣不須更生.不應道理。四百論云.「若法緣起有.即應無自在.此皆無自在.故我終非有。」其釋說云.「若法是有自性自體自在.不依他性.則由自有.應非緣起，然一切有爲皆是緣起。如是若法是緣起有，即非自在，依仗因緣始得生故。此一切法皆無自在，故皆無我，皆無自性。」言自在者，義謂現似有自性時，所現實有，覺非依仗諸識而現。然以不依因緣爲自在義，則破彼義，對自部師不須更成。又破彼義不能立爲得中觀見，故於境上，若由自性能自立性，是自在義。故性空義，即是離彼自在之性，非謂全無作用之事。故緣起因能破自性，即前釋云，「是故此中是緣起故，離自在性，離自在義即是空義，非謂一切皆是無事。」故見全無作用事者，是謗如幻染淨緣起，是顛倒見。又若見有自性之事，亦是顛倒，以此自性無所有故。即前釋論無間又云，「故謗此中緣起如幻染淨因者是倒無見，又無性故見有實事亦是顛倒。故說諸法有自性者，無有緣起成常斷見而爲過失。」故欲遠離常斷二見，應當受許無性如幻染淨緣起。

若作是念，作用緣起破自在性，離自在義即緣起義，汝何破我，我許緣起有作用故。故汝與我全無差別。汝雖亦許緣起因果，然如愚兒見質影像執爲實質，即於緣起增益自性，說爲諸法實有自性，故於緣起非如實知，非如實說。我許無性故說緣起，彼即差別，即前釋論無間又云，「若作是思，無自在義即緣起義，若爾汝難何損於我，汝我何別。答曰，汝未如實了知宣說緣起之義，此即差別。如諸愚童不善言說，於諸影像增益實有，反破如實住性空性執有自性，不知是影。汝亦如是雖許緣起，然未了解等同影像緣起性空如實住性，於無自性而不執爲無自性故。於非有性反增益爲有自性故，亦不善說。不能宣說無自性故，反說諸法有自性故。」雖同受許因果緣起，然許無性與有性故，說於緣起如實證知與不實知，如實善說與不善說，所有差別。由此若說許作用事與實事師許彼實有諍有無諦實，唯諍於名，如是若謂許名言中有作用事與自續師諍名言中有無自相，唯諍於名，以自續師說名言中有自相故，此諸妄執顯然亦破。如是說者，猶如說云「諸數論師說耳識境所聞義常，故若許此耳識境義，然破聲常唯瞋於名。」諸餘有情許因緣生，依此反執實有自性，故成繫縛。餘諸智者依彼因緣破有自性，於無自性引生定解，斷邊見縛。故緣起因成立無性，是最希有善權方便。世尊由見此義，故云「若從緣生即無生，其中非有生自性，若法依緣即說空，若知空性不放逸。」初二句說從緣生者，皆無性生，第三句說依仗因緣緣起之義即性空義，第四句顯通達空性所有勝利。如是又云「聰叡通達緣起法，畢竟不依諸邊見。」說達緣起能斷邊執。若有自性，佛及弟子當能觀見，然未曾見。又彼自性非緣能改，則執有實相諸戲論網．應不可斷故無解脫。如象力經云．「設若諸法有自性．佛及弟子當見知．常法不能般涅槃．聰叡終無離戲論。」三四五品破處蘊界自性之理．決擇法無我雖亦甚善．然恐文繁故不廣說。

第三修習此見斷障之理。如是若見我及我所無少自性如微塵許．由修彼義便能滅除我我所執薩迦耶見。彼見若滅．則欲取等廣如前說四取皆滅。此取若滅．則無取緣所生之愛．故以愛緣結蘊相續其生亦盡．便得解脫。如十八品云．「我我所滅故．無我我所執。」又云「若於內外法．盡我我所慢．即能滅諸取．彼盡故生盡。」取是煩惱．有即是業．其生之因業惑已盡故得解脫。即前論云「業惑盡解脫。」由盡何法業惑乃盡．即前論云「業惑從分別．分別從戲論．戲論以空滅。」此謂流轉生死．係從業生．唯污染心三業諸行．乃是能感生死之業．故業從煩惱生。若不令起非理分別．於境增益淨不淨相．則不能生薩迦耶見爲本一切煩惱．故薩迦耶見爲本貪瞋等煩惱從非理分別生。唯由妄執世間八法男女瓶衣色受等實．乃有非理作意分別分別諸境．故彼分別從執諦實戲論而生。顯句論云．「世間戲論皆以空滅．謂由觀見一切法空．故能滅除。云何能滅．謂緣實事乃有如前所說戲論。

若未曾見石女之女．諸貪欲者緣彼戲論即不生起。若不戲論．則於彼境亦定不起非理分別。若不分別．則從貪著我及我所薩迦耶見以為根本諸煩惱聚皆不得生。若不生起薩迦耶見以為根本諸煩惱聚．則不造諸業。若不造業．則不更受生及老死生死輪轉。」由達空性滅彼之理．即前論云「由依如是．戲論永滅．行相空故．能離戲論。由離戲論．滅諸分別．分別滅故滅諸煩惱。由惑業滅故生亦滅．故唯空性是滅一切戲論行相．名曰涅槃。」此說極顯．即此顯示空見違害三有根本．成立等同解脫道命．於此當得堅固空解。

是故龍猛菩薩諸論．明顯宣說聲聞獨覺亦證一切諸法無性．以說解脫生死要由無性空見乃成辦故。聲聞獨覺乃至未盡自心煩惱當修彼見。若煩惱盡．以此便足不長時修．故不能斷諸所知障。諸菩薩者．唯斷煩惱自脫生死不以為足．為利一切有情欲求成佛．故至斷盡諸所知障．經極長時無邊資糧莊嚴而修。如是拔除二障種子．真能對治．雖是前說空性正見．然由長時修不修故．有唯能斷諸煩惱障而不能斷所知障者。譬如唯一通達無我．俱是見惑修惑對治．然由唯能現見無我．若斷見惑不斷修惑．斷修惑者須長時修。如是斷除所知障者．僅長時修猶非能斷．亦必觀待學餘眾多廣大妙行。不修對治諸所知障．唯修能斷諸煩惱障所有方便．故說聲聞獨覺證法無我．無圓滿修。入中論釋云．「聲聞獨覺．雖亦現見此緣起性．然而彼等於法無我未圓滿修．有斷三界煩惱方便。」由是因緣．餘中觀師許為法我執者．在此論師許為染污無明。又雖斷彼修法無我．然法無我無圓滿修．當知如前及此所說。若爾此宗何為所知障耶．謂從無始來著有自性．由彼耽著熏習內心安立令成堅固習氣．由彼習氣增上力故．實無自性．錯亂顯現名所知障。入中論釋云．「此於聲聞獨覺及諸菩薩．由其已斷染污無明．觀見諸行如影像等．唯現假性非是諦實．以無諦實增上慢故．於諸愚夫而現欺誑。於諸聖者唯現世俗．緣起性故猶如幻等。此於諸聖有相行者乃得顯現．以所知障相無明現行故．非於諸聖無相行者。」永斷染污無明菩薩．如前所引四百論釋．謂得無生法忍菩薩．是得八地。故小乘羅漢及八地菩薩．乃盡新熏錯亂習氣．然昔所熏錯亂習氣尚有衆多應淨治者．其後更須長時淨修。由修彼故．錯亂習氣無餘永滅．是名為佛。聖者父子說大小乘了義見同。此中可引二種希有定解．一況云成佛．若無通達一切法無性正見．無餘方便解脫生死。由此定解．以多方便發大精勤．求彼淨見。二能判大乘小乘不共特法．謂菩提心及諸菩薩廣大妙行。由此定解．於諸行品特能認為教授中心受菩薩戒學習諸行。此說頌云「佛在共稱靈鷲峯．最勝希有大山王．六返震動此大地．神變光明滿百剎。能仁妙喉善演說．猶如經咒二道命．生諸聖子爲大母．無比善說名慧度。授記勇識曰龍猛．如理解釋造勝論．名爲吉祥根本慧。如日共許其釋中．佛護佛子無比論。於彼善說爲善說．善通達已廣解釋．謂月稱論顯句義。彼等無垢清淨宗．謂於無性如幻法．生死涅槃緣起理．作用皆成略顯說。修習甚深中論友．汝心雖覺全無性．因果緣起難安立．然彼乃是中觀宗．依此宣說最端嚴．不爾爲他所立過．自宗不能如實離．願謂無宗尚應學。如是聖父子論中．求見理．令作此善說．爲佛教久住。」

第二觀之差別。如是依止修次中篇所說．親近善士．徧求多聞．如理思惟．毘鉢舍那三資糧已．若有正見．證二無我．次當修習毘鉢舍那。若爾所修毘鉢舍那．總有幾種．此暫不重宣說大地毘鉢舍那．正爲顯示異生所修毘鉢舍那．謂修四種三種及修六種毘鉢舍那。

一四種者．解深密經說思擇等四。正思擇者．緣盡所有．最極思擇．緣如所有。初有周徧尋思周徧伺察之二．第二亦有尋思伺察之二．謂粗細相思擇其義．如聲聞地云「云何四種毘缽舍那．謂有苾芻依止內心奢摩他故．於諸法中能正思擇．最極思擇．周徧尋思周徧伺察。云何名爲能正思擇．謂於淨行所緣．或於善巧所緣．或於淨惑所緣．能正思擇盡所有性．最極思擇如所有性．由慧俱行有分別作意．取彼相狀周徧尋思．審諦推求周徧伺察。」集論毘缽舍那道．亦說彼四。慧度教授論．明彼等相如聲聞地。

又三種者．如解深密經云「世尊毘缽舍那凡有幾種。慈氏．略有三種．一者有相毘缽舍那．二者尋求毘缽舍那．三者伺察毘缽舍那。云何有相毘缽舍那．謂純思惟三摩所行有分別影像毘缽舍那。云何尋求毘缽舍那．謂由慧故徧於彼彼未善了解一切法中爲善了故．作意思惟毘缽舍那。云何伺察毘缽舍那．謂由慧故徧於彼彼已善了解一切法中．爲善證得極解脫故．作意思惟毘缽舍那。」聲聞地說．「謂於所聞所受持法．或於教授．由等引地作意暫思未思未量未推未察．如是名爲唯隨相行。若復於彼思量推察．爾時名爲隨尋思行。若復於彼既推察已．如所安立復審觀察．如是名爲於已尋思隨伺察行．是名三門毘缽舍那。」總此諸義．初者例如緣無我義．作意彼相．不多決擇。第二於前未決定義爲決定故．正善決擇。第三謂於已決定義．如前伺察。

又六種者．謂緣六事．此是尋思毘鉢舍那。尋思之理．謂尋思一義二事三相四品五時六理。既尋思已．復審伺察。尋思義者．謂正尋思如是語中有如是義。尋思事者．謂正尋思此爲外事．此爲內事。尋思相者．謂正尋思諸法二相．此是自相．此是共相．或共不共。尋思品者．謂尋思黑品過失過患．及尋思白品功德勝利。尋思時者．謂尋思如是事曾在過去世．尋思如是事當在未來世．尋思如是事今在現在世。尋思理者．謂正尋思四種道理．一觀待道理．謂諸果生．觀待因緣。此別尋思世俗勝義及彼諸事．二作用道理．謂一切法各有作用．例如火有燒作用等．此尋思相謂此是法．此是作用．由此法故作此作用。三證成道理．謂所立義不違諸量．是正尋思於此法中．有無現比至教三量。四法爾道理．謂火燒熱性．水濕潤性等．於彼法性應發勝解．是爲世間共許法性．難思法性．安立法性。不應思惟有餘道理令其如是。

建立如是六種事者．謂瑜伽師所知唯三．謂言說義及所知中盡所有性．如所有性。依第一故．立義尋思。依第二故．立事尋思自相尋思。依第三故．建立餘三及共相尋思。聲聞地云．「如是六事差別所緣及前三門毘鉢舍那．略攝一切毘鉢舍那。」謂彼所說能攝一切毘缽舍那。又初四種毘缽舍那其門有三．即彼三中隨尋思行．說有六種尋思之理．是故三門六事尋思攝於前四。又前所說力勵運轉作意等四．聲聞地說是奢摩他毘缽舍那二所共同．故毘缽舍那亦有四種作意。慧度教授論云「如是四種毘缽舍那修習圓滿．便能解脫諸粗重縛．九奢摩他修習圓滿解脫相縛。」諸大論中多作是說．故修觀者．謂如解深密經所說由思擇等四門而修。其修止者．謂由無分別九住心修。

第三修觀之法分二一 **破他宗**二 **立自宗**。

初中有四。破第一宗者．有作是說．雖未證得無我正見．但能執心令無分別．便是修習本性實義。以實義空．永離一切是此非此．如是住心與彼實義隨順轉故．以境全非有．心全無執故。當問彼云．如是修者．於諸境界全無所有．為已了知全無所有．次隨順彼心全無執而安住耶。為先未知由境實義無所有故．心無執住即為修習境實義耶。若如初者．云彼未得正見而成相違．汝許彼是了義見故。若如我說彼乃未明正理所破界限．凡有所許．便見正理之所違害。其次全無所受取處．是誹謗見．故住彼上．非是修習無倒眞空．前已廣說。若作是思．若以觀察實義正理推察諸法．其諸有事無事法等皆非正理能立其有。故於勝義．

諸法永離一切戲論．雖彼補特伽羅未如是知．然彼住相與彼相順．是修空者．太爲過失。一切根識皆不妄執此是此非順境實義．應彼一切皆修實義。又如前說一切外道無分別止．皆應修空。此等尙多。又境本性與彼住心二相隨順．唯由餘人證知便足．則外道等皆成修空．無可遮遣。若謂不同．此要由彼補特伽羅自知隨順次乃安住。若知如是隨順道理．即得正見．云未得見無執安住便是修空．成相違失。若謂任隨分別何事．一切分別皆繫生死．故無分別住是解脫道．前已廣破。若如是者．則於和尚派．亦無少過可設。修次後篇云「起如是思．立如是論．諸分別心．起善不善業增上故．令諸有情受善趣等果流轉生死。若全不思惟．全不造作．則解脫生死。以是因緣．當全不思惟．全不應修施等善行。修施等者．唯爲愚夫增上而說。彼乃毀謗一切大乘．大乘既是一切乘本．由謗彼故謗一切乘。言不思惟．謗觀察慧．審觀察慧是正智本．謗彼即謗出世間慧．斷其本故。言不應修施等善行．畢竟謗毀施等方便。總其智慧方便．是名大乘。如聖伽耶經說．諸菩薩道略有二種．何等爲二．謂慧及方便。聖如來秘密經說．方便智慧．由此二種．總攝菩薩一切正道。故謗大乘作大業障。由是因緣．毀謗大乘．是諸寡聞執者我見．未能承事聰叡丈夫．未能了解如來語言．自害害他．違越教理。彼毒語言．凡諸聽叡自愛樂者．猶如毒食．而當遠棄。」此先安立和尚所許．顯然說其若如是許．則是誹謗一切大乘．如是敵者汝當了知。若謂我許修施等行不同彼者．若唯以修施等行故與他分別．是說我與和尚修了義見同。若不爾者．無分別定亦當分別。又一切分別皆繫生死．汝豈非求解脫生死．若求解脫．則行惠施持淨戒等皆須分別．修彼何益．前已廣說。以是若許一切分別皆繫生死．和尚尤善．汝被相違重擔所壓。

又彼學者有作是念．若多觀察二我相執之境．其次乃斷能執之心。如犬逐石是名由外斷截戲論．故從最初持心不散．如犬逐咬擲石之手。由修彼故．於相執境令心不散．一切戲論自內斷截。故學教理決擇正見．唯於名言漂流隨轉。此乃最下邪見．謗毀一切佛經六莊嚴等聰叡諸論。以彼經論唯用教理決擇義故。又二我相執所執之義．當善觀察境爲何等．次以清淨教理．於彼所執定解爲無。須從根本傾彼謬妄。若全未得如斯定解．唯持其心．爾時於二我境雖未流散．然非唯彼證無我義。若不爾者．則重睡眠悶絕等位．彼心無散．彼等亦當通達無我．太爲過失。猶如夜往未諳崖窟．有無羅刹心懷恐怖．不使然燭照觀有無．除彼怖畏．而云持心莫令羅刹分別散動與彼相同。修次下編說．猶如戰時．不效勇士張目．

善觀怨敵所在而相擊刺．反如怯兵見他强敵閉目待死。如云．「曼殊室利遊戲經云．童女．云何菩薩勝諸怨敵。白言曼殊室利．謂善觀察見一切法皆不可得．故瑜伽師應張智眼．以妙慧劍敗煩惱敵．住無所畏．不應如彼怯人閉目。」故如於繩誤以爲蛇生恐怖時．當生定解．知彼盤者是繩非蛇．滅其錯誤及怖畏苦。如是誤執實有二我．由彼錯誤起生死苦．應以教理引決定解．決斷全無我執之境．了知我執純爲錯亂。次修彼義滅除錯誤。若彼滅者．則彼所起生死衆苦一切皆滅。中觀論等觀境破者理由即爾。提婆菩薩云．「若見境無我．能滅三有種。」入中論云「分別依有實事生．實事非有已思擇。」此說由邊執分別執有實事．彼等乃生．已多觀察彼境非有。又云「通達我爲此境已．故瑜伽師先破我。」正理自在云「若未破此境．非能斷此執．故斷有德失貪欲瞋恚等．由不見彼境．非以外道理。」其說極多。

又若宣說．一切分別皆繫生死．故修空時應當斷除一切分別．應如是觀．異生修空．空無我義．爲現不現。若現見者．彼補特伽羅應成聖者．以現通達無我義故。若汝妄說現證無我．不違異生。我等亦說雖未現證空無我義補特伽羅．不違聖者．遍相等故。若謂如此現證眞實補特伽羅．未知自境是眞實義．更待諸餘補特伽羅．以聖教因成立眞實令彼了解．尤爲智者堪笑之處。以說弟子現量證得．猶待師長比量立故。如斯言論．莫於了知正理者前而妄談說。又不應說雖以現量證眞實義．以比量因成立其名．正理自在云「彼爲極愚者．牧女已成故。」謂已成義乃至牧女皆能立名．若於彼義仍復愚蒙．乃立彼因．愚癡如斯．若許亦能現證眞實．當說更有何等愚人不證眞實。縱是眞實．譬如白相雖亦是牛．然非牛相．如是唯由現見眞實．不可安立爲眞實相．亦違自許。故說成立眞實名言．顯然言竭．茲不廣破。若修空者所修無我空義非是現事．則許無分別識取非現事．尤爲可笑。總其修空異生之心．於無我境心未趣向．修空相違．若心趣向．其境定是現否隨一。現證無我應成聖者．若許異生其無我義是不現見．爾時唯以總相證無我義．與離分別．則成相違。又加行道世第一法．尚須總相證無我義．而許現在初發業者修習空性心離分別．最爲相違。於無我義若離分別．猶易成立。其無錯亂．應是瑜伽現量．於無我義是離分別無錯識故。故若未得正見．以正理破我執境．唯執持心於二我等不令逸散．許爲修習眞無我義．及許異生離分別識修習無我．是極漂流教理道外。

破第二宗者。有作是說．若未獲得無我空見．不分別住理非修空．我等亦許．故前非理。然得無我了義正見補特伽羅．其後一切無分別住．皆是修空．此亦非理。若得正見補特伽羅．凡彼所修無分別義．一切皆修了義正見所決擇義．則彼補特伽羅修菩提心有何理由非修正見．汝當宣說。若謂修菩提心．雖是已得了義正見補特伽羅所修之事．然於爾時．非憶彼見安住見上而修習故。若爾已得正見補特伽羅於修行時．若憶彼見安住見上所有修習．縱是修空．然彼一切無分別住．云何皆爲修習正見。故得見已．於修習時當憶前見所決擇義而修眞空唯悶然住無所分別．非修空義。此中自宗言全不分別．前奢摩他及此科中．多數宣說．謂不多觀察此是此非．執一所緣而便安住．非離分別。

破第三宗者。有作是說．不許初宗未得正見無分別住爲修眞空．其得見後無分別住皆修空性．亦非所許。然每臨修無分別時．先以觀慧觀察一次．其後一切無分別住．皆是修習空性之義。此亦非理。若如是者．則臨睡時．先以正見觀察一次．其後重睡無分別時．亦成修空．太爲過失。以此二者同以正見觀察爲先．不須當時安住見上而修習故。故以正見善觀察已．住所決擇無自性義．次略延長便失其見．全無分別安住其心．亦非修空。故當令自分別敏捷住不住見相續觀察而善修習。

破第四宗者。有作是說．不許前三．修空性時．當於空性先引定解。次於彼義攝持其心．不觀餘事正安住者．是爲無倒修習空性。以非如初宗心未向空．非如二宗修無分別不憶空見．非如三宗見觀爲先．次無分別不住見故。此言以見觀察義．謂憶其見．次於見上唯修安住許爲修空．非應正理。如是於空作止住修唯奢摩他．仍無觀修毘缽舍那修習之理．故無止觀雙運修法．唯一分故。

菩提道次第廣論卷二十三終

菩提道次第廣論卷二十四

第二自宗。若未得無我了義正見．其身一切修行．皆未趣無我．故須先得無我正見。又此非唯了知便足．於正修時當憶其見而復觀察．於所觀義應善修習。又於無我義須二種修．謂不觀察住與觀慧思擇．非以一分便為滿足。

此中分三．一雙修止觀之理．二於彼斷諍．三略攝修要。今初

雙修止觀之理者．於無我義．若無決斷定見．則不能生毘缽舍那功德．以說此見是彼因故。又說未聞彼見聖教障彼觀故．解深密經云「世尊此奢摩他毘缽舍那．以何為因。慈氏清淨尸羅．聞思所成清淨正見．以為其因。」又云「於諸聖教不隨欲聞．是毘缽舍那障。」那羅延請問經說「由聞生慧．慧斷煩惱」等．如前所引多宣說故。從彼正見生毘缽舍那之理．謂初決擇時．由多教理觀察決擇。既決擇已．不以觀慧數思擇修．唯止住修．猶不能生．故成奢摩他後．正修觀時當觀察修。此有一類．初雖不許全不觀察．然以聞思決擇之後．於正修時．謂觀察修諸分別心皆是相執．不如是修．是許分別皆是相執．及諸異生離分

別識而修無我．前已廣破．不應道理。又彼一切分別皆是諦執．於正修時須破除者．正決擇時亦是分別決擇．彼等亦應破除。又爲弟子講說辯論著述觀閱．彼等一切皆是分別．汝於爾時．亦當破除。以諸諦執修時應破．餘時不破．無差別故。若不許爾．而說教理多門觀察．是於未解無我義時．爲求通達．已得正見正修行時．則無所須。若爾眞見道中．現證無我．次更修習已見無我．當成無義。若謂須修．以諸修惑由修乃斷．唯以現見不能斷除．此亦相同．前以聞思雖已決擇．更當修習所決擇故。如幾許修所決擇義．則有爾許猛利恆常明了堅固定解等德可現見故。釋量論云．「決定與增益．能害所害故。」此說彼二能所害故．如其定解堅固猛利．增益便受爾許傷損。故於此中．亦須漸增無性定解．當由多門思惟能破及能立故。若不爾者．則於無常業果生死過患大菩提心及慈悲等．得了解已．應不更觀察．惟念我死而修習之．理由等故。故欲引生清淨定解．惟念我死．爲利有情願當成佛．衆生可愍等．但有誓願而非完足．當以衆多理由思惟。如是堅固猛利無性定解．唯有誓願．亦非完足。當由衆多能立能破門中思惟．於下士時已數宣說。修次三篇皆說成就奢摩他後．正修觀時數觀察修。入中論云．「故瑜伽師先破我。」說正修時應修思擇。瑜伽師者．謂於止觀得隨一故．未得止前．非於正見不求解故。又靜慮後．於般若時．說見觀察．意謂由彼次第修靜慮後觀二無我。中觀心論云．「具慧住定後．於名言所取彼諸法有事．以慧如是觀。」釋論說爲生定之後．見觀察修。入行論中．依靜慮品修奢摩他．次修般若說以正理觀擇修故。又後二度及後二學．一切次第皆先修定．次修智慧．以爲次第。又修慧時．凡說觀察如所有性．盡所有性．一切皆是修行次第．莫作異觀。又非但此．諸大經論皆如是說．故正修時定應觀察。如是成就奢摩他後．若修觀時純修觀察．前止失壞復未新修．則無寂止．由無止故觀亦不生．已如前說．故須雙修．前安住止及新修觀．謂修觀後即於彼義而修寂止．故緣無我而能修成止觀雙運。修次中篇云．「聖寶雲經云．如是善巧諸過失已．爲離一切諸戲論故．當於空性而修瑜伽。如是於空多修習已．若於何處令心流散令心欣樂．即於是處尋思自性．了解爲空。又於內心亦當尋思了解爲空．次更尋思能了解心所有自性．亦知其空．由如是解而能悟入無相瑜伽．此顯要由尋思爲先．悟入無相．顯然顯示非唯棄捨作意思惟及不以慧推求法性．而能悟入無分別性。」此論宣說．要先推求心散亂境及散亂心．了達爲空．尋求觀察能解空者．亦達其空．彼等皆是修空時修。由其觀察了達爲空．乃能悟入無相瑜伽．

故若不以正理觀擇推求爲先．如和尚許．唯攝散心棄捨作意．顯然不能悟入無相．或無分別。故如前說．當於諸法以正理劍．破二我性令無塵許．於無我理引發定解。如是若無二我實事．破我無事豈能實有。譬如若執無石女兒無事實有．必待先見石女與兒．若曾未見石女與兒．誰亦不說無實女兒而是實有。任於何處若先未曾見實有事．則執實有無事分別亦終不生。執相分別一切皆滅．以諸分別執實有者．皆是妄執有事無事而爲實有．能徧既滅所徧亦滅．修次第中作彼說故。如是應於有事無事決定全無塵許實性引生定解．及當安住所決斷義．迭次而修．乃能引發無分別智。非於境界全不觀察．唯攝作意所能引發．以不能斷諦實執故。唯於執有．不起分別．非是通達無諦實故。如是唯不分別有我非達無我．唯由修彼則於我執全無損故．故於實有及於二有不起分別．與達無實及無二我．應善分別最爲切要。

第二斷諍。若作是念．於無我義推求觀察．是分別心．從此能生無分別智實屬相違．因果二法須隨順故。世尊於此並喻而答迦葉問品云「迦葉．譬如兩樹爲風振觸便有火生．其火生已還焚兩樹。迦葉．如是觀察生聖慧根．聖慧生已燒彼觀察。」此說觀察發生聖慧。

修次中篇云「彼由如是以慧觀察.若瑜伽師不執勝義諸法自性.爾時悟入無分別定.證一切法無自性性。若不修習以慧觀察諸法自性.唯一修習棄捨作意.終不能滅所有分別.終不能證無自性性.無慧光故。如世尊說從觀察生如實智火.燒分別樹.猶如鑽木鑽出之火。」若不爾者.從有漏道.亦不應有無漏道生.亦無異生而得聖果.因果二法不相似故.如是白種發生靑芽.從火生烟.從女生男.現有彼等無邊因果極不相似。又聖無分別智.是已現證二我執境空無我義.爲生彼故現當思擇我執之境.通達彼無而善修習.彼雖亦是分別.然是無分別智極隨順之因.如前所引三摩地王經云「若於諸法觀無我。」修次下篇云.「此修雖是分別爲性.然是如理作意自性.故能出生無分別智.樂此智者當依彼修。」若作是念.般若經說若於色等空無我行.亦是相行.故觀察空不應道理。如是等類.是說於空執爲實有.非說取空.前已廣說。若不爾者.即彼經云「菩薩摩訶薩.若行般若波羅蜜多.修習般若波羅蜜多.如是觀察如是思惟.何爲般若波羅蜜多.即此般若波羅蜜多.是誰所有.若無何法.若不可得.是名般若波羅蜜多耶.若如是觀察如是思惟。」此說正修般若度時.當須觀察.般若心經問如何行甚深般若波羅蜜多.答「照見五蘊自性皆空。」攝頌亦云「若爲無爲黑白法．慧析塵許不可得．於世說預慧度數。」此說以慧觀察諸法．雖微塵許見不可得預慧度數。如此等類說須觀察．云何相違。若不許爾．經說不應觀察諸法．有何道理。若如和尚說．一切分別皆繫生死．則念當請無分別教授及當修行無分別等．應許一切皆是繫縛．破彼邪執前已廣說。故於諸法不應執實．是彼經義。又如於繩誤以爲蛇起憂苦時．了知無蛇如心所執．能滅錯誤非餘方便．於執實境．當以正因定知無實．修習彼義．乃能滅除執實分別．非唯攝錄執實之心．便能滅除。又當受許執實爲誤．若非錯誤無可破故。雖許心誤．若不了知無彼執境．其心錯誤．云何能知．以誤爲誤．唯由有無所執境故。又無執實如所執境．非爲誓許便能成立．必待清淨能成教理。如是立已決擇無實．次不分別實諦而住．是我所許．故無分別．須以觀慧觀察爲先．非不分別便爲滿足。當知如修次下篇云．「故正法中凡說無念及無作意．當知皆以審察爲先。何以故．由審觀察乃能無念能無作意．非餘能爾。」又云。「毘缽舍那以審觀察而爲體性。」聖寶雲經解深密等．皆如是說。如寶雲經云．「毘缽舍那善思擇故．了達無性悟入無相。」聖楞伽經云．「大慧．以慧推察．乃不分別自相共相．名爲一切諸法無性。」設若不須審觀察者．世尊如是彼彼經中宣說多種審諦觀察．皆與相違。故理當說我慧下劣精進微少．未能周徧尋求多聞．然佛世尊讚歎多聞．故一切時不應謗彼。如是經說從色乃至一切種智心皆不住者．謂不應執有實可住境。若不爾者．於六度等亦如是說．則亦不應住六度等．不應執實而安住者．亦如前說。要先了解彼等無實．凡經宣說．如是無住及無分別．當知一切皆以破除諸境自性．或諦實性觀察爲先。故經說爲不可思議．超心境等．是爲破除諸增上慢．唯以聞思便能證得甚深空義．顯示彼義唯聖內證．餘人難思。又爲破除於甚深義妄執實有非理思惟．故作彼說．當知非破以正觀慧如理觀察。如修次下篇云「如是若聞彼彼經中難思等語．謂若有思唯以聞思能證眞實．彼彼經中爲破如是增上慢故．顯示諸法唯各內證。又當了知是爲破除非理思惟．非爲破除審正觀察。若不爾者．違多教理。」違多教者．如迦葉品云「迦葉．云何中道觀察諸法．迦葉．謂若於法觀察無我．及無有情．無命．無養．無士夫．無補特伽羅．無意生．無儒童．迦葉．是名中道觀察諸法．」與如是等悉皆相違。修次初篇云「入無分別陀羅尼云．由無作意斷色等相。此中密意．以慧觀察見無可得．名無作意．非說全不作意。如無想定暫伏作意．非能斷除無始時來色等愛著。」此論師所造．此陀羅尼釋中．亦顯然解釋。總於大乘．

除聖龍猛及聖無著造論解釋二見之外．更無餘見。印藏智者．亦定依止此二所解二見隨一．故此二派隨一之見．各如論說當善尋求。依聖父子論尋求之理．如前廣說。若隨聖無著行．謂於眞實異體二取一切本空．然於愚夫現似異體．如其所現執境爲實名偏計執．於依他上以正教理破除一切其無二義．名圓成實．於此當得堅固定解。次當安住彼見之上．雙修止住及修觀察。若僅獲得如斯見解．正修之時不住於見．唯不分別亦非修空。決擇彼宗正見之理．及於已決擇義．別修止觀合修雙運。般若波羅蜜多教授論中．最爲明顯．故當觀閱。若善解此宗．能如論說而正修習．亦極希有。大乘經論下至總略顯甚深義．其數極多．然未說者亦復不少．於未說中當引已說．於未廣說當引廣說。如是廣大行品．當知亦爾。若無甚深或無廣大．僅於一分不應執爲如是便足．故多經論於示道師圓滿德相密意說云「善一切乘。」

第三略攝修要。若如前說．已得了義見者．於能發生我我所執．我我所事．如前決擇無自性時．應以觀慧數數觀察．次於彼義發起定解．餘勢當間雜修．持心不散與觀慧思擇。爾時．若由多觀擇故住分減少．當多修止令生住分。若由多修止力住分增盛不樂觀察．若不觀察。於眞實義不生堅固猛利定解。若未生彼．則不能害定解違品增益我執．故當多修觀察．令其止觀二分平均。如修次下篇云「若時多修毘鉢舍那．智慧增上．由奢摩他力微劣故．如風中燭令心搖動．不能明了見眞實義．故於爾時當修正奢摩他。若正奢摩他勢力增上．如睡眠人不能明了見眞實義．故於爾時當修智慧。」加行結行及未修間．應如何行．當知如同下士時說。如是修習無我義時．沉掉生起如何了知．爲斷沉掉修念正知得無沉掉．平等等捨任運轉時．緩功用等．當知同前奢摩他時所說。般若波羅蜜多教授論說．於所修境．修奢摩他令起輕安。又於彼境．觀察修習毘鉢舍那引發輕安。各別修已次乃雙運。若如此說．非定一座連修止觀．是許亦可別別分修。此中要者．謂內無明如何增益．須破其執．彼相違品．謂自性空。於此空上應當引起猛利定解．而修空性。若於我執及無明執．全未破壞別修餘空。於二我執毫無所損．故諸先覺數數說如「東門有鬼西門送俑」．現見實爾。上述此等唯粗概要．其正修時微細得失．更須親近聰叡知識及自內修而當了知．故不廣說。如是修法．是依先覺道次教授．略爲增廣．如博朵瓦寶瓶論云．「有於聞思之時．正理決擇無性．修唯修無分別．如是非眞對治．別修無關空故。是故修時亦以緣起離一異等．修何即當觀察．亦略無分別住．此修能治煩惱．覺窩弟子所許．欲行到彼岸法．彼即修慧方便。又當先修人空．次法如是隨轉。」覺窩亦云「由何能證空．如來記龍猛．現見法性諦．弟子名月稱．依彼傳教授．能證法性諦。」其導引法．如覺窩所造中觀教授說．先修觀察．次住所觀之義．間雜而修。此與蓮華戒論師宗義無別。又如前說入中論．中觀心論．寂天論師等．意趣皆爾。慈氏諸論．聖無著論．亦多宣說。住持彼宗無倒聰叡寂靜論師．於般若波羅蜜多教授論中．解釋尤顯。故修毘鉢舍那法．龍猛無著兩派所傳論典教授．皆相隨順。

第四修觀成就之量。如是觀慧觀擇修習．乃至未生前說輕安．是名隨順毘鉢舍那．生輕安已．乃是眞實毘鉢舍那。輕安體相．生起道理．俱如前說。又奢摩他先得未失．亦有由彼所引輕安．故非略有輕安便足。若爾云何．謂修觀察．若由自力能引輕安．此後乃名毘鉢舍那。緣盡所有性及緣如所有性．二種毘鉢舍那．得限皆同。如解深密經云「世尊．若諸菩薩乃至未得身心輕安．於如所思所有諸法內三摩地所行影相．作意思惟．如是作意．當名何等。慈氏．非毘鉢舍那．是隨順毘鉢舍那勝解相應作意。」般若波羅蜜多教授論云「彼由獲得身心輕安爲所依止．即於如所善思惟義內三摩地所行影像勝解觀察．乃至未生身心輕安．是名隨順毘鉢舍那所有作意。若時生起．爾時即名毘鉢舍那。」此說緣於盡所有性成奢摩他毘鉢舍那及雙運等．與緣如所有性相同。若由自力能引輕安則亦能引心一境性．故由觀慧思擇自力而能引生心一境性．是由已成正奢摩他所有功德。如是善成奢摩他者．由修觀察亦能助伴正奢摩他．故不應執凡修觀察住分損減。又成不成緣如所有止修觀修毘鉢舍那．謂由是否隨於一種無我正見獲得無謬淸淨了解緣彼而修．而爲判別．非餘能判。爲由何等不能判別．謂修習故．心境二相粗分皆滅．如淨虛空．心具顯了澄淨差別．如無風燭不動久住。意識所現內外諸相皆覺如虹或如薄烟．久住彼相。又於意識現起一切所取境界．注心觀察皆不忍觀漸趣隱沒。又彼先從粗相外境色聲等上．如是顯現。次漸修習內心了別領觸等相亦漸離脫．於彼住心皆不堪住．雖有彼等境相現起．然非獲得通達無二眞實正見。又彼諸境現爲杳茫．亦全不能立爲通達中觀所說如幻之義．以於正見心未趣向久修住分．皆有如是境相現故。如幻之義要如前說．依止二量乃能現起．一決斷無性理智定解．二顯現難遮名言量成。色等諸境於意識前．現爲薄淨似虹霓者．是離所觸礙著之相．及雖無礙而甚明顯二相聚合。此定解中全無無性眞定解故．是將所破自性．與質礙觸執二爲一．假名無自性故。若不爾者．許彼即是中觀所說如幻妄義．見如虹霓薄煙之事．應不於彼起諸分別．執有自性．以於彼事所起定解．即是定解境無性故。又凡取其質礙觸事．應不於彼引無性解．以取彼事即是妄執有自性故。是故色等如是現時．現爲微薄澄淨等相．非能破壞執實之境．故亦非是如幻之義。若已先得清淨正見未忘失者．容現如幻．前已廣說。善知識阿蘭若師所傳諸道次中．關于引生空解道理．曾作是說．「先修補特伽羅無我．次於法無我義．若念正知攝持而修．若時太久．念知難攝．時沉時掉．利益極小．故以上午下午初夜後夜四座之中各分四座．一晝夜中修十六座．尚覺明了感觸之時．即當止息。由如是修覺修未久．然觀時間日時速逝．是攝心相．若覺久修觀時未度．是未攝心．攝持心時煩惱輕微．自覺一生似無睡眠．次能一座經上午等。爾時生定能具四相．一無分別．謂住定時．雖息出入皆不覺知．息及尋思至極微細．二明了．謂與秋季午時空界明了無別。三澄淨．謂澄如杯中注以淨水置日光下。四微細．謂住前三相之中．觀外諸法細如毛端了了可見。如是隨順無分別智．然若觀待無分別智．則此自性仍是分別．說名顚倒。辨中邊論云．隨順爲顚倒。」如辨中邊論．說諸異生修習空性．其最善者．亦當立爲隨順顚倒．故雖未生所餘衆相．若修前說無謬正見．是名修習無我之義。若未能修決擇無謬正見之義．縱有四相不能立爲修諸了義．是故是否修如所有義如前所說。如修彼故．後現如幻亦如前說應當了知。

第三止觀雙運法。如前成就止觀量時所說．若先未得止觀二法．無可雙運．必須先得止觀二法。此復初得毘鉢舍那即得雙運．其中道理．謂依先得奢摩他故．修正觀察。論於此中亦說漸生力勵轉等四種作意。若時生起．如前所說第四作意即成雙運．此謂修習觀察之後．雜修安住．若得住相如前奢摩他時所得．則成雙運。如聲聞地云「齊何當言奢摩他毘鉢舍那．二種和合平等俱轉．由此說名雙運轉道。答若有獲得九相心住中．第九相心住謂三摩呬多．彼用如是圓滿三摩地爲所依止。於觀法中修增上慧．彼於爾時由觀法故。任運轉道無功用轉。如奢摩他道不由加行．毘鉢舍那清淨鮮白．隨奢摩他調柔攝受．齊此名爲奢摩他毘鉢舍那．二種和合平等俱轉．由此名爲奢摩他毘鉢舍那雙運轉道。」修次下篇云「若時由其遠離沉掉平等俱轉．任運轉故．於眞實義心最明了．爾時當緩功用而修等捨．當知爾時是名成就奢摩他毘鉢舍那雙運轉道。」何故彼名雙運轉道．答由未雙得止觀之前．唯以觀慧修觀察力．不能引生無分別住．止修觀修必須各別功用修習．得二品已．即以觀慧觀察之力．便能引生正奢摩他．故名雙運。此中觀察．即是毘鉢舍那。觀後安住即奢摩他．其殊勝者謂緣空性。般若波羅蜜多教授論云．「從是之後．即緣有分別影像．若時此心無間無缺作意相續．雙證二品．爾時說名雙運轉道。其奢摩他毘鉢舍那．是名為雙運．謂具足更互繫縛而轉。」無間缺者．謂觀察後不須別修無分別住．即由觀修便能引生無分別住。證二品者．謂緣無分別影相正奢摩他．及緣有分別影相毘鉢舍那．二品俱證．然非同時．謂即觀修作意無間相續而證。若爾．前說成就奢摩他後．即由觀慧修習觀察能引住分．豈不相違。答．若未成就奢摩他前．數數觀察雜修止相．定不能成正奢摩他。若已獲得奢摩他後．如是雜修正奢摩他．答可得成．前文為顯如是差別．故不相違。又將成就毘鉢舍那．其前無間由觀察修．有時能引專注一趣．前亦思彼。今此宣說毘鉢舍那未成之前．以觀察修不能引生無分別者．除彼例外．意取其前未能成時。總其未成奢摩他前．觀察之後雜修止相．不能成就正奢摩他。若已成就奢摩他後．毘鉢舍那未成之前．觀察自力不能引發堅穩安住專注一趣．故以觀慧數數觀察．即由觀察而能引得堅穩住者．要得毘鉢舍那乃有．故亦從此建立雙運。是故唯於未壞堅穩無分別住．兼能觀察無我空義．猶如小魚游安靜水．不當誤爲止觀雙運。如是止觀雙運之理．應如彼等淸淨論典所說而知．餘增益說．非可憑信。由此等門而修止觀．雖尙可分衆多差別．然恐文繁故不多述。

今當略說道之總義．謂於最初道之根本．即是親近知識道理．故於彼上當善修鍊。次於暇身．若起眞實取心要欲．彼從內策令恆修行．爲生彼故當修暇滿。次若未滅求現法心．則於後世不能發生猛利希求．故當勤修人身無常．不能久住．死後流轉惡趣道理。爾時由生眞心念畏．便能誠信三寶功德．安住皈依不共律儀．學其應學。次於業果當由多門引發堅固深忍信解．是爲一切白法根本．勤修十善滅十不善．相續轉趣四力之道。如是善修下士法已．當多思惟．若總若別生死過患．總於生死令心厭捨。次觀生死從何因生．當識煩惱及業自性．發起眞實樂斷之欲．便於眞能解脫生死三學總道．能引定解．特於所受別解脫戒．當勤修學。如是善學中士法已．作意思惟．如自墮落三有苦海．衆生皆爾．應當勤修慈悲爲本大菩提心．必令生起。若無此心．其六度行二次第等．皆如無基而建樓閣．若相續中略能生起菩提心相．當如儀受．勤學學處．堅穩願心。次當聽聞菩薩所有諸廣大行．善知進止．

發生猛利樂修學欲。發此心已．當如法受行心律儀．學習六度成熟自身．學四攝等成熟有情．尤當勤猛捨命防範諸根本罪．中下纏犯及諸惡作．亦當勤防莫令有染。若有誤犯．應勤還出。次當特學最後二度．故當善巧修靜慮法引發正定。又於相續當生清淨遠離斷常二無我見．得彼見已．應住見上善知清淨修法而修．即於如是靜慮般若立止觀名．非離後二波羅蜜多而為別有。故是正受菩薩律儀．學彼應學從中分出。此復若能修習下下．漸於上上增欲得心．聽聞上上而於下下漸欲修行．是最切要。若於前者全無所有．專修心住專樂見解．難至宗要．故須對於圓滿道體引生定解。修彼等時．亦當聰利令心平等．謂於引導修道知識．敬心微劣．則斷一切善法根本．故當勤修依師之法．如是若心不樂修行．當修暇滿．若著現法．當修無常惡趣過患以為主要。若覺漫緩所受佛制．當自思惟是於業果定解劣弱．則以修習業果為主。若於生死缺少厭患．求解脫心則成虛言．故當思惟生死過患。若凡所作．皆為利益有情之心不猛利者．是則斷絕大乘根本．故當多修願心及因。若受佛子所有律儀．學習諸行．而覺執相繫縛猛利．當以理智破執相心一切所緣．而於如空如幻空性．淨修其心。若於善緣心不安住為散亂奴．則當正修安住一趣．是諸先覺已宣說者。以彼為例．其末說者亦當了知。總之莫令偏於一分．令心堪修一切善品。

已釋上士道次第中學菩薩行應如何學慧性毘鉢舍那之法。

第二特學金剛乘法。如是善修顯密共道．其後無疑當入密咒．以彼密道較諸餘法最爲希貴．速能圓滿二資糧故。若入彼者．如道炬論說．先以財敬奉教行等．令師歡喜．較前所說尤爲過上．然是對於能具咒說最下之德相者．乃如是行。其次先以清淨續部能熟灌頂．成熟身心。次當聽聞了知守護．爾時所受三昧耶律。若爲根本罪犯染着．雖可重受．然於相續生道功德最爲稽留．故常勇猛莫令染着。又當勵力莫犯粗罪．設有誤犯．亦當勤修還出方便．彼等皆是修道基礎．若無彼者．則如牆傾．諸危屋故。曼殊室利根本教云．「佛未說犯戒．能成就諸咒。」此說至無上中下品三等成就。無上瑜伽續說．若不守護諸三昧耶．下劣灌頂．不知眞實．此三雖修終無成就．故若不護三昧耶律而云修道．是極漂轉咒理之外。

若能如是護三昧耶．及諸律儀而修咒道．當先修習堪爲依據續部所說生起次第圓滿尊輪。以咒道中不共所斷．謂於蘊處界執爲平俗庸常分別．能斷彼者．亦即能轉外器內身及諸受用．爲殊勝事生次第故。如是善淨庸常分別．一切時中恆得諸佛菩薩加持．速能圓滿無邊福聚．堪爲圓滿次第法器。其次當修堪爲依據續部所說圓滿次第．棄初次第．唯修後攝道一分者．非彼續部及造彼釋聰叡所許．故當攝持無上瑜伽圓滿道體二次宗要。此中唯就彼等諸名．略爲顯示入咒方隅．於諸咒道次第．應當廣知。能如是學．即是修學總攝一切經咒宗要之圓滿道體．令得暇身具足義利．能於自他增廣佛教。

能觀無央佛語目　如實善達一切法　能令智者生歡喜　由親諸修如斯理
知識初佛妙音尊　善歸依故是彼力　故願善擇眞實義　彼勝智者恆護持
南洲聰叡頂中嚴　名稱幡幢照諸趣　龍猛無著漸傳來　謂此菩提道次第
盡滿衆生希願義　故是教授大寶王　攝納經論千流故　亦名吉祥善說海
此由然燈大智者　光明顯揚雪山中　此方觀視佛道眼　故經多時未瞑閉
次見如實知聖教　宗要聰叡悉滅亡　即此妙道久衰微　爲欲增廣聖教故
盡佛所說諸法理　攝爲由一善士夫　乘於大乘往佛位　正所當修道次第
此論文言非太廣　一切要義無不具　雖諸少慧且易解　我以教理正引出
佛子正行難通達　我乃愚中最爲愚　故此所有諸過失　當對如實知前悔

於此策勤有集積　二種資糧廣如空　願成勝王而引導　癡蔽慧目諸衆生
未至佛位一切生　願爲妙音哀攝受　獲得圓滿教次第　正行勝道令佛喜
如是所解道中要　大悲引動善方便　除遣衆生冥闇意　長時住持佛教法
聖教大寶未普及　雖遍遷滅於是方　願由大悲動我意　光顯如是利樂藏
從佛菩薩微妙業　所成菩提道次第　樂解脫意與勝德　令長修持諸佛事
願編善道除違緣　辦諸順緣人非人　一切生中不捨離　諸佛所讚眞淨道
若時我於最勝乘　如理勤修十法行　爾時大力恆助伴　吉祥德海徧十方

總攝一切佛語扼要．龍猛無着二師道軌．能往一切種智地位勝士法範．三士所修一切次第圓滿開示．如此菩提道次第者．謂依哦姓具慧般若摩訶薩埵．彼之紹師精善三藏．正行法義．拔濟衆生．長養聖教．寶戒大師．及因前代持律師中．衆所稱歎賈持調伏。（號精進然）彼之紹師智悲教證功德莊嚴．大雪山聚持律之中高勝如幢．第一律師嗉樸堪布寶吉祥賢．並諸餘衆誠希求者．先曾屢勸。後因精善顯密衆典．珍愛三學．荷擔聖教無能倫比．善嫻二語大善知識．摩訶薩埵勝依吉賢殷勤勸請。係從至尊勝士空諱（號虛空幢）

聞蘭若師傳內蘇巴及慬哦瓦所傳道次。又從至尊勝士賢號（名法依賢）聞博朶瓦傳霞惹瓦及博朶瓦傳授鐸巴道次等義。教授根本道炬論中．唯除開示三士總相．餘文易解故未全引。以大譯師（具慧般若）及卓壠巴父子所著道次為本．並攝衆多道次要義．圓滿道分易於受持．次第安布無諸紊亂。雪山聚中闢道大轍．於無量教辯才無畏．如理正行經論深義．能發諸佛菩薩歡喜．最為希有摩訶薩埵．至尊勝士叡達瓦等（號童慧）頂戴彼諸尊長足塵。多聞苾芻修斷行者東宗喀生．善慧名稱吉祥．著於惹珍勝阿蘭若獅子崖下福吉祥賢書。

菩提道次第廣論卷二十四終

民國二十三年古曆冬月十五日．譯於重慶縉雲山世界佛學苑漢藏教理院．又本文前六卷係在藏地隨學隨譯．次後五卷是在仰光及船上譯．其後十三卷在本院譯．二十四年六月並校改一次。

附錄一：

菩提道次第略論（止觀）

法尊法師

子二別於後二度修學法分四．丑初止觀自性．丑二學止法．丑三學觀法．丑四學雙運法。

今初

經說三乘一切功德皆是止觀之果．大小乘一切三摩地皆於止觀中攝。所言止者．謂內正住已．即於如是善思維法．作意思維．令此作意內心相續。如是正行多安住故．起身輕安及心輕安．是名為止。總之輕安所持．於善所緣心一境性之定．即止自性。觀自性者．經說彼由獲得身心輕安為所依故．捨離心相。即於如是善思維法內三摩地所行影像．觀察勝解。即於如是勝三摩地所行影像所知義中．能正思擇．最極思擇．周徧尋思．周徧伺察．若忍．若樂．若覺．若見．若觀．是名為觀。總謂安住止中．由觀察所緣之力．引生輕安所持之觀慧．即觀自性。莊嚴經論云『正住為所依．心安住於心．及善思擇法．應知是止觀』。

止觀必須俱修．如夜間觀畫．須燈明亮．復無風動．方能明了見諸色相．隨缺其一便不明顯．如是觀甚深空性．亦須無倒了解眞實之慧．及隨欲安住之止．方能明了見眞實義。月燈經云．『由止力無動．由觀故如山。』

丑二學止法分二．寅初修止法．寅二修止量。　初又分二．卯初加行．卯二正行。　今初

入行論云『當知具止觀．能摧諸煩惱．故應先求止．不貪世修成。』故當先求修止。復應先備修止資糧。如莊嚴經論云『具慧修行境．謂易得善處．善地及善友．瑜伽安樂具。』易得謂易得衣食等順緣。善處謂無猛獸怨魔等惱害。善地謂不引生疾病。善友謂具如法良友。瑜伽安樂具謂遠離喧鬧。是謂隨順處所。修止之人．復須少欲．不求衆多上妙飲食等．略有粗劣便能知足。復不營商謀利．棄捨醫卜等雜務．及與他人往還之因緣。嚴持所受淨戒。思維諸欲過患與無常等理。具備如是止資糧已．於安樂座端身正坐．足結跏趺．雙手定印．先調息等。如是所說加行六法．及下士中士法．皆應先修。尤應善修大菩提心。

卯二正行分二．辰初明住心之所緣．辰二明如何修住心。　初又分二．巳初總明所緣．巳二此處所緣。　今初

總有四種所緣．謂周徧所緣．淨行所緣．善巧所緣．淨惑所緣。初中有四．謂有分別影像．

無分別影像．事邊際性．所作成辦。就能緣心安立二種影像。初謂有觀察分別之毘鉢舍那所緣．次謂無觀察分別之奢摩他所緣。言影像者．謂非所緣之自相實事．乃是心中所現之影像耳。第三是就所緣境安立．如思維於五蘊中總攝一切有爲法．於四諦中總攝一切取捨所知．即於彼中數量決定．是謂盡所有邊際性．如思維諸法本性．如是更無他性．是謂如所有邊際性。第四是就所修果安立．謂由多修止觀之力．便能引生輕安等．成辦所作之果。此四名周偏所緣者．謂此四種．非離下諸所緣別有異體．復能偏彼一切所緣也。第二淨行所緣有五．謂多貪者緣不淨．多瞋者緣慈悲．多癡者緣十二因緣．多慢者緣界差別．多尋伺者緣出入息。第三善巧所緣亦有五．謂善巧色等五蘊．眼界等十八界．眼處等十二處．無明等十二緣起．從善業生可愛果爲處．從不善業不生可愛果爲非處。第四淨惑所緣有二．謂從欲界至無所有．觀察下地粗相．上地淨相．暫伏煩惱種子。及修無常等四諦十六行相永斷煩惱種子。

巳二此處所緣。三摩地王經云．『佛身如金色．相好最端嚴．菩薩應緣彼．心轉修正定』由緣佛身持心．即是念佛生廣大福。若佛身相明了堅固．可作禮拜供養發願懺悔等修集資糧．淨治罪障之田．臨命終時不失佛念。若修密法尤與修天瑜伽相順．利益極多。故當以佛身作所緣境也。此所緣境復有二取法．謂由心新想及於原有佛像想令明顯。前者益大．後者通顯密乘．今如後修。先當求一莊嚴佛像若繪若鑄．數數觀察善取其相．作意思維令心中現。此復當作眞佛身想．不應作繪鑄之像想。惟當於一所緣令心堅住．不可改換衆多異類所緣。先令身相粗分略爲明顯．即應專一而修。爾時若觀黃色現爲紅色．欲觀坐相現爲立相．欲修一尊現爲多尊．則不可隨轉．唯應於一根本所緣令心不動。聖勇師云『應於一所緣堅固其意．志若轉多所緣．意爲煩惱擾』。以是作意所修身相時．祇要有粗分於心現起．即是獲得所緣境．當緣彼而修也。

辰二明如何修住心．辨中邊論云『懈怠忘聖言．及沉沒掉舉．不作行作行．是爲五過失』。此說由斷五種過失．修八對治行而修止。初於三摩地起加行時．懈怠是過失。對治此過共有四法。中邊論云『即所依能依．及所因能果』。所依謂希求三摩地之欲心．此是勤修三摩地之因．能依謂精進。所因謂見三摩地功德之信．此是欲心之因。能果謂輕安．此是精進之果。由依淨信引生希欲．依止希欲發生精進．依精進故引生輕安。故此四法是五過失中懈怠之對治也。

次精進修三摩地時．忘失教授是過失。對治此過當修正念。非僅不忘所緣便足．內心專住所緣境已要有明了之定解方可。集論云．『云何爲念．於串習事心不忘爲相．不散爲業。』謂不忘失所緣境．令心與境串習和合．即念自性。

第三心住三摩地時．掉舉沉沒是過失。對治此過當修正知。由正知力．觀察沉掉爲生未生．見沉掉生．上者迎頭遮止．中者纔生尋滅．下者亦須生已不久即當斷除。如是沉掉二法．爲修清淨三摩地之主要障礙。如云．『於明了分沉沒爲障．於專住分掉舉爲障．故當了知沉掉爲修清淨三摩地之主要障礙。』故當善知沉沒．掉舉．惛沉之行相。其中惛沉．俱舍集論皆說所緣不明了．身心粗重爲相．是癡分攝。沉沒有粗細二分．粗者．令心黑闇．或於所緣雖未散動．然失明了之力．但澄淨而已。微細沉沒．謂有明淨二分．而於所緣無定解力．略爲低緩。不應誤解沉沒惛沉爲一事．惛沉雖不向餘境流散．而俱無明淨二分。沉沒則有淨分而無明分。如云．『沉沒謂於所緣．心力放緩．不能明了緣取所緣．雖有淨分而無明了．取境之力．即成沉沒。』又云．『有說心不向餘境流散．俱無明淨之惛沉爲沉沒者．不應正理。』

由此亦可了知惛沉之相。沉沒從惛沉生．有善無記二性。惛沉是癡分．是不善性或有覆無記性。如是沉沒起時．若相微薄．僅起少次．則可策心堅持所緣而修。若沉沒厚．或數數起．則應暫置所修法而修對治。其對治法．如中觀心論云『退弱應寬廣修廣大所緣』又云『退弱應策舉．觀精進勝利』。退弱沉沒之因．謂心太向內攝．或由放緩取境之力．心漸低降．或由睡眠惛沉等因．心覺黑闇。初之對治．當以觀慧觀察所緣令心廣大。第二對治．應當思維三寶功德．菩提心之勝利．人生義大等功德．令心策舉。第三對治．亦應令心策舉．及作意日光等光明相．或以水洗面．或經行等。掉舉者．若心將現親友等可意境．即是微細掉舉。若忽生貪相．即粗分掉舉。集論云『云何掉舉．淨相隨轉．貪分所攝．心不靜相．障止爲業』。微細掉舉之對治．謂心於境將流動時．即應遮止．繫於所緣。粗分掉舉之對治．謂生已即當了知．攝錄其心．令住所緣。若此不能治者．則應暫停所修法．思維無常與惡趣苦等．收攝其心．待掉舉滅已．復修前事。又速道論云『沉掉之對治．當修風心與虛空相合之教授．及強斷掉舉之教授』。初者．謂想自身臍間有一白點．量如雀卵．從頂踊出．與虛空相合．即於彼上令心安住。第二．謂一呼一吸合爲一息．於五息中持心不散而修。次修十息．十五息．二十五息等．

漸漸增長持心不散。或想上風白色由鼻孔入．漸向下壓。下風黃色漸向上提。於臍間相合．修瓶相風。

僅能了解沉掉之義猶非完足．要修定時以正知力．常時伺察沉掉．爲起未起。生此正知之方便因謂不忘所緣之修正念法．及正念堅固之中常時偵察．心散未散．任持其心。入行論云．『住念護意門．爾時生正知。』又說第二因云．『數數審觀察．身心諸分位．總應知彼彼．即護正知相。』沉掉之因．論說共因謂不護根門．食不知量．不修初夜後夜覺寤瑜伽．不正知住。沉沒別因謂重睡眠．心於所緣力太緩．放止觀不均．偏修寂止．心相黑闇．不樂緣境。掉舉別因謂少厭離．心於所緣執力過猛．未串習精進．思親里等令心散亂。

第四如是善修正念正知．沉掉生起雖無不知之過．然沉掉生時．若不無間即斷．亦是過失。此不起功用不作行之對治．即是名爲作行功用之思。其思雖是於善惡無記隨一之境驅役內心之心所法。而此處是說沉掉生時．令心斷彼之思也。若心於所緣．執持之力太猛．此雖有明了分而掉舉增盛．極難安住。若太不用力過於緩懈．住分雖有而沉沒增盛難得明了。故當善忖內心而求急緩適中之界。若覺內心較此再舉便生掉舉．即當較彼略緩。

若覺內心齊此而住便生沉沒.即當較彼略高。如是求得安住界已.便於根本所緣.令心明了而住.隨力所能住一時等。又初發業者.修時宜短次數宜多。

第五已斷微細沉掉.心三摩地相續轉時.若起功用作行.反成三摩地之過失。修此對治謂不作行安住於捨。當知此捨.是捨防護功用.非捨取境之力也。又非凡無沉掉之時皆可修捨.是於已摧沉掉力時乃修。摧伏之義如修次中篇云.『若時已無沉掉.心於所緣能正直住.爾時可緩功用修習於捨.如欲而住』。聲聞地云.『令心隨與任運作用』。又捨總有受捨.無量捨.行捨之三。此是行捨.初發業者最初難生無過妙三摩地.故當以六力成九住心.依四作意之次第.引生無過三摩地。其六力中初聽聞力成辦九住心中初內住心.謂由初聞修定教授.隨順所聞令心內住。爾時便覺分別雜念如同懸河.初識分別之相。第二思維力.成辦第二等住.謂先住所緣.由數數思維而修.初得少分相續安住。此時便覺分別如溪澗水時隱時現.得分別休息之相.此二住心.沉掉時多正定時少.必須力勵心方能住所緣.故於四作意中.是初力勵運轉作意位。第三念力.成辦第三安住第四近住二種住心.如其次第.於心散亂時能速念前緣令心安住.及初以念力令心不散.從寬泛境漸收其心.使其漸細漸高此時便覺分別，如潭中水，無違緣時安靜而住，遇違緣時即不能住，對於分別起疲勞想。第四正知力，成辦第五調伏第六寂靜二心，如其次第，初以正知，了知於分別及隨煩惱諸相流動之過患，令心不散調柔樂修三摩地。次以正知了知散亂之過失，滅除厭修三摩地之情緒，令心寂靜。第五精進力成辦第七最極寂靜第八專住一趣二心。如其次第，以精進力，雖最細分別與隨煩惱，皆能斷除不忍，令心最極寂靜。及由如是精進，令沉掉等初即不起，心能相續住三摩地。從第三至第七，此五住心，住定時雖多，而有沉掉障礙，故是第二有間缺運轉作意位。第八住心時，如大海濤，隨起何分別，略修念知對治即自息滅，爾時雖須恆修功力，然沉掉不能爲障，能長時修定。故是第三無間缺運轉作意位。第六串習力成辦第九等持住心。以於爾時不須專依正念正知，其三摩地亦能任運於所緣轉故。又由爾時既無沉掉爲障，復不須恆依功用，故是第四無功用運轉作意位。

寅二修止量。第九住心，仍是欲界心一境性，乃奢摩他隨順作意。若得身心輕安即奢摩他。莊嚴經論云，『由習無作行，次獲得圓滿，身心妙輕安，名爲有作意』。所言作意即奢摩他。輕安之相如集論云，『云何輕安，謂止息身心粗重，身心堪能性，除遣一切障礙爲業』。所言粗重．謂於善所緣．身心不能如欲而轉。若得彼對治之輕安．則除身心無堪能性．能隨欲轉也。如是身心輕安．初得三摩地時．即生微細少分．後漸增盛．便成輕安與心一境性之奢摩他。將發衆相圓滿易見輕安之前相．謂於頂上似重而起．非損惱相。此起無間．心粗重性即得除滅．能對治彼心輕安性即先生起。依此輕安生起之力．次有隨順身輕安諸風大種來入身中．由此風大遍身轉故．身粗重性皆得除滅．能對治彼身輕安性即得生起。由此力故．身極快樂。由身樂故．心輕安性轉復增長。其後輕安初勢漸漸舒緩。然非輕安永盡．是由初勢觸動內心．彼勢退減．有妙輕安如影隨形．無諸散動．與三摩地隨順而起。心踴躍性亦漸退減．心於所緣堅固而住．遠離喜動不寂靜性。乃是獲得正奢摩他．亦是已得第一靜慮近分所攝少分定地作意。外道諸仙修世間道．於無所有以下離欲．及修五種神通等．皆須依止此奢摩他。內佛弟子．以出離心及菩提心之所任持．修無我義．證得解脫．一切種智．亦要依止此奢摩他。故是內外所共之道。略說奢摩他建立竟。

丑三學觀法分二．寅初總明觀資糧．寅二別明決擇見。　今初

修次中篇說．親近善士．聽聞正法．如理思維．三種資糧。意謂依止彼資糧．決擇了解眞

實義之正見．引生通達如所有性之毘鉢舍那也。如斯正見．要依堪爲定量論師所造之論而求。其能遠離二邊．解釋佛經甚深心要義之論師．顯密經中多授記龍猛菩薩。故當依彼論而求正見。印度諸大中觀師．皆推崇提婆菩薩．與龍猛菩薩相等．咸依爲量。其能無倒解釋．聖父子意趣爲隨應破中觀者．則係佛護月稱二大論師。今當隨彼而決擇聖父子之清淨意趣也。

寅二別明決擇見分二．卯初明染汚無明．卯二尋求無我見。　今初

四百論釋云．『所言我者．謂諸法不依仗他性。若無此性．即是無我。此由人法差別爲二．曰人無我及法無我。』此中所破之實執．謂覺非由無始分別增上而立．執彼境上自體成就。其所執之境．即名爲我．或名自性。若於人上無彼所破．即人無我。若於眼耳等法上無彼所破．即法無我。若於法上人上執有彼所破．即法我執與人我執。人我執之所緣．即流轉生死者及修解脫道者等名言所詮事．依止諸蘊假立之我。若緣他身之我．執爲有自相．亦是俱生人我執．然非俱生薩迦耶見。若緣自身之我．執爲有自相．則俱是俱生人我執與俱生薩迦耶見。俱生我所執．薩迦耶見之所緣．則是俱生心覺有我所之我所．非我之眼等。俱

生法我執所緣．謂自他內身所攝之色蘊眼耳等．及內身不攝之山河房舍等。我執之行相．即緣彼所緣．執爲由自相有也。彼二種我執俱是生死根本。入中論云．『慧見煩惱諸過患．皆從薩迦耶見生．由了知我是彼境．故瑜伽師先破我。』七十空性論云．『因緣所生法．若分別眞實．佛說爲無明．彼生十二支。』

問曰．若二我執俱是生死根本．生死則有異類二種根本．不應道理。答曰．二種我執所緣雖異．行相無別．故無過失。欲斷如是生死根本．須達無我慧。此達無我慧要與無明我執同一所緣．行相相違．方能斷除。四百論云．『若見境無我．能滅三有種。』釋量論云．『慈與愚無違．故非眞除過。』此說慈悲雖是無明之對治品．然非同一所緣．行相相違．故非眞能對治。法稱師云．『若不破彼境．非能破彼執。』此說須以達無我慧．破除無明我執所執之境．而斷我執。故知生死根本無明我執之眞對治．厥爲達無我慧也。

卯二尋求無我見分二．辰初決擇人無我．辰二決擇法無我。　今初

二我執生起之次序．謂從法我執生人我執。修無我之次序．則應先修人無我．次修法無我。於人法上所知無我．雖無粗細之別．然所別事．於人則易了解．於法上則難知。如法我

執於眼耳上不易了解．於影像上則易了解．故成立無我之因時．以影像等爲同喻也。三摩地王經云『如汝知我想如是觀諸法』。故當先決擇人無我而修。此雖有多理．但初修業者．觀察四事最爲切要。

初要．謂決定所破。吾人下至重睡眠時亦有我執堅持不捨．彼心即是俱生我執。當觀彼執．執何爲我．如何執我．如是審細觀察彼執．便見彼執．非執於身心總聚上假名安立．乃執假立之我爲有自體。彼俱生我執所執之我．即所破法。初若未能直識其我．則亦不能知無我義。靜天師云．『未觸所計事．不知彼事無』。

第二要義．謂決定二品。彼堅固我執所執之我．倘於五蘊上有者．與自五蘊爲一爲異。離此二品．當知更無第三品。以凡有者．不出一異二品故。此依了知一異互違之量而成。中觀莊嚴論云．『離於一多外．所餘行相法．決定不得有．此二互違故』。

第三要義．謂破一品。若所執我與五蘊一者．應成一性。此有三過．一所計之我應成無用．二我應成多．三我應有生滅。初過．謂汝所計應成無用．以汝計我原爲成立取捨五蘊之作者．若我與蘊成一體性．則離所取之蘊別無能取者故。自性無分之法．不可安立爲異法故。中論云．『離於所取蘊．別無能取我．計蘊即是我．汝我成無用』。第二過謂若我蘊是一者．如一人有五蘊．亦應有五我。或我是一故．五蘊亦應成一。入中論云．『若蘊即是我．蘊多我應多』。第三過入中論云．『若蘊即是我．我應有生滅』。由分別假立業果所依之我．雖有生滅亦無過失。但如自所執之我若有生滅．則成自性生滅．此中復有三過。初不念宿命過．謂不應憶念我於爾時如是生．以念宿生要前後二我是一相續．汝此二我自性各異不依他故。入中論云．『所有自相各異法．是一相續不應理』。二造業失壞過．謂前所造業應不受果．以造業之我未受果前即已謝滅．別無與彼同一相續之我故。以彼自性壞故。三無業受果過．若謂前我謝滅後我受果者．應未造業即可受果．以他人造業．他人受果故。入中論云．『般涅槃前諸刹那．生滅無作故無果．他所造業餘受果』。由是推察即知我與五蘊非是一也。

第四要義．謂破異品。若所執我與五蘊異者．則離色等五蘊．應有我可得．如驢馬相異．離馬有驢可得。然色蘊等一一除後實無我可得。中論云．『我異所取蘊．是事終不然．若異應可見．而實不可見』。

依此四義觀察．便知身心上．全無俱生我執所計之我。是爲初得．中觀正見。若是宿世曾習此見者．覺如獲得所遺珍寶最極歡喜。若先未習今創得者．覺如遺失極可愛物．起大恐怖。若俱無彼二感覺者．則是未能了知所破．或未善破除也。

修習之法．有定中修如虛空．與後得修如幻化之二。初謂如虛空．唯由遮遣礙觸而立．此亦唯遮自相之我．專一而修．住空見中堅固不動爲主．若覺心相稍低劣時．便應憶念前四觀察．引生定解相續修習。二後得修如幻者．謂由四相觀察．破自相有之後．次觀餘存何法．便覺行住坐臥一切威儀動作．皆唯分別假立．如同幻事都無自性。又善得人無我見時．雖無俱生我執所執之我．但業果所依之我則非全無。如幻師所變象馬．雖無象馬之體．然有象馬之相。如是現在彼我．本無自性現有自相．唯由分別假立之我．即能作善惡業．受苦樂果．一切緣起作用皆應正理。自性雖空非畢竟無．故非斷見。又一切法本來性空通達無我慧．即如是通達。非是原有自性．後由覺慧安立爲空。故空亦非由慧所作。又一切法皆非實有．非一分空一分不空．故亦非少分空。故修一切法皆無自性．即執一切法爲實有之對治也。

辰二決擇法無我分二．巳初決擇有爲法無自性．巳二決擇無爲法無自性。　初又分三．午初決擇色法午二決擇心法午三決擇不相應行。　今初

先當觀察自身心中堅執爲我身者．究執何物爲身．如何執著。非於骨肉五支和集之主執爲分別假立．是於假立境上執有自相成就之身。若果有彼身者．則與色蘊爲一爲異。若是一者．此骨肉五支和集之身．是由父母精血和成．如身有五支．則識所托之精血亦應有五支。又如支有五．身亦應有五也。若是異者．則離一一支外應有身可得．然實不可得。故無如是所執之身也。

午二決擇心法。如今日之識．若覺非於上午識及下午識上分別假立．而爲自相有者．則當觀察與上午識及下午識爲一爲異。若是一者．於上午識上應有下午識．於下午識上亦有上午識。若是異者．除上午識與下午識．應有彼識可得．而實不可得。故無如彼所執之識也。

午三決擇不相應行。例如一年有十二月．若覺非唯分別假立．而有自相之年者．應觀彼年與十二月爲一爲異。若是一者．如月有十二．年應有十二．以年與各月皆成一體故。若

是異者．除十二月後應有年可得．而實不可得也。

已二決擇無爲法無自性。如虛空界亦有四方及中央。若覺虛空非於諸方分上分別假立．而是有自性者．應觀虛空與彼諸分爲一爲異。若是一者．諸分成一．東方虛空與西方虛空亦應成一。則東方空中降雨．西方空中亦應降雨。過失甚多。若是異者．則除虛空諸分之後．應有虛空可得．然實不可得。是故虛空非有自相。

又一切法皆唯名言分別假立．都無少許自性可得．如於繩上妄執爲蛇．較易了解。如黑闇時．見繩盤聚宛如眞蛇。便覺此處有蛇．頓生怖畏。爾時彼繩一一部分．皆非有蛇．諸分積聚亦無有蛇．離繩諸分及積聚外亦無有蛇。然由見繩便生是蛇之心全無相違。故彼繩上之蛇．唯由錯亂分別所假立也。如是眞蛇亦唯分別假立．非自性有。是由見蛇諸蘊而起蛇覺。若觀色蘊一一部分．及彼積聚．皆無有蛇．離彼諸分及積聚外亦無有蛇。然於蛇蘊唯由分別假立爲蛇則不相違。

問曰．如於繩上畢竟無蛇．則於蛇蘊亦應畢竟無蛇．以彼俱是分別假立．尋求實蛇不可得故。答曰．無過．彼二雖同是分別假立．以理智尋求無可獲得．然由分別假立可否安立爲有．則不相同。以於繩上分別假立爲蛇．不可安立爲有。於蛇蘊上分別假立爲蛇．則可安立爲有。以是分別假立非定是有．如計聲常及人我等．雖是分別假立．然非是有。有分別假立雖非定有然屬有者．則定是分別假立。以有者必是名言有。名言有者．尋求名言假立義時必無可得。尋求假義既無可得．則唯是於無觀察識前由分別假立爲有也。繩上之蛇．由名言中無故成畢竟無。蛇蘊上之蛇．由名言中有故非畢竟無。以繩上之蛇世名言量即能違害．蘊上之蛇．世名言量不能害故。

合上法喻．如繩非是蛇．喻五蘊非我。如依於繩而生蛇覺．喻依五蘊而起我想．如依盤繩而現蛇相．喻依五蘊有我相現。如依繩現蛇而蛇非有．喻依五蘊有我相現．而實非有。此即我無自性義。又如繩上雖畢竟無蛇．然由見繩爲蛇故．生大怖畏．如見眞蛇。如是依自五蘊所見之我雖非實有．然由分別假立之我．於行住坐臥等四威儀中作一切事亦不相違。此即緣起義。如是若見一切法都無自性．即由無自性故便能安立緣起因果。是爲性空現爲緣起義。若見一切法唯由分別假立．緣起因果皆應正理。即由此故便能引生一切法皆無自性之定解。是爲緣起現爲性空義。如云．『此皆自性空．依彼生此果．二決定無礙．更互爲助伴。唯此爲甚奇．唯此最希有』又由略見緣起如幻．即能破除妄計諸法實有之實執．引生無自性決定解。是爲正見觀察圓滿。如云『若時二念不分離．由見緣起不欺誑．即破一切所執境．是爲正見觀圓滿』言不分離者．謂解空智與緣起智更互相助也。如云『苗無自性．是緣起故』此於所破加簡別言．謂無自性．非說苗無．由苗無自性語．即能了知非畢竟無苗。故空能除無邊。又由緣起因故．即知苗是緣起必依待他．既待他成即非自主．既非自主便非自相成就。故現能破有邊。如云．『若知現能破有邊．性空即能遣無邊．性空現爲因果理．一切邊見不能奪』。

如是從色乃至一切種智．皆是分別假立．十地佛果等甚深功德．雖初非世間常人之所安立．然諸佛隨順世間分別安立之理設立彼彼名言．所化衆生即依彼地道等名言．不再觀察而有名言識轉。若求地道等甚深功德名言假立之義都無可得。故彼亦唯是名言分別之所假立也。問．若佛假立地道等名．佛意寧非亦有分別．曰．佛身雖無分別．然爲引誘衆生．故順衆生意樂立如是名。以是當知隨應破派一切名言．純係隨順世間建立。如世間俱生心．隨其所見不復推究即便取捨．如是隨應破派亦不觀察而立世俗。有解隨順世間之義．謂凡世間愚人所說有無顚倒之事．我亦皆許。是未如實了知之大錯也。又應知隨應破派自宗．於世俗法不分正倒．觀待世間識則分正倒二類。世俗不分正倒者．以世俗諦眞理與現象必不相符．是顚倒法．無眞正義．觀待世間識分正倒者．如世人說此處有瓶．世名言量不能違害．瓶雖是虛妄法．然亦可立爲有．故觀待世間立爲正世俗。若見一月爲二月．見雪山爲青色。待彼亂識雖是實有．然世間無錯亂心亦能了知彼是顚倒。故觀待世間立爲倒世俗。由是可知．世間愚人所計之顚倒名言．隨應破派亦不必許其有也。總之．當知生死涅槃一切法．唯是分別假立．都無少許自性。生定解已．應善修習。修習之法．即如前說定中修如虛空之空性．後得修如幻事。若時以觀察力．引生身心輕安．彼定即成毘鉢舍那。

丑四學雙運法。若未先得止觀．則無止觀雙運之事．故修雙運必須先得止觀。此復初得毘鉢舍那．亦即獲得雙運。謂由前已得奢摩他爲依止．乃修觀察。若時由觀察力獲得無功用運轉作意．即得雙運轉道。如聲聞地云『齊何當言奢摩他毘鉢舍那．二種和合平等俱轉．由此說名雙運轉道。答．若有獲得九住心中第九住心．謂三摩呬多。用如是三摩地爲所依止．於觀法中修增上慧。彼於爾時由觀法故．任運轉道無功用轉．如奢摩他道不由加行毘鉢舍那淸淨鮮白．隨奢摩他調柔攝受。齊此名爲奢摩他毘鉢舍那二種和合平等俱轉。由此名爲奢摩他毘鉢舍那雙運轉道。』修次下篇云『若時由離沉掉平等任運而轉．心於眞義最極明了。當緩功用而修等捨．當知爾時名成止觀雙運轉道。』般若教授論云『其後即緣有分別影像．若時彼心無間無缺相續作意雙證二品．爾時說名止觀雙運轉道。其奢摩他毘鉢舍那是名爲雙運．謂互相連繫而轉。』無間缺者謂觀察後不須別修無分別住．即由觀修便能引生無分別住。雙證二品者．謂緣無分別影像之止．與緣有分別影像之觀．二品俱證。言相續者．是依觀察修之毘鉢舍那．與觀後安住之奢摩他．非同時生。若由觀力引生眞奢摩他．當知此奢摩他時．有緣如所有性之擇法毘鉢舍那．與專住如所有性之三摩地奢摩他相應而轉。能得如是止觀平等俱轉者．必先已得修所成之智德。故住無分別中。略以觀慧觀無我義．如諸小魚游安靜水．祇可立爲止觀隨順相．非有眞實止觀雙運之義也。

今者於攝道之總義．略爲說之。最初道之根本．於依止善知識之理趣．當淨治之。次於閑暇生起無僞．欲取精實．以是修習．由內懲誡爲生此故．宜修暇滿諸法。次若未反求現世之心．則於後世不生猛利之希求．故於身不久住之無常．及死後飄流惡趣之理．應勵力修習爾。時以生眞實怖畏之念．於三寶功德．心生至誠之決定．而住共同皈依之律儀．於共學處而勤修學。次於一切白法根本之業果．由多門中生起深忍之信．令其堅固．以致力於善不善之行止．而當恆住於四力之道。如是若將下士諸法類貫入其心．更多思惟生死總別之過患．從總生死．遮止其心。次知生死從何而起之因．是爲惑業．而生起眞實欲斷之心．總於能脫生死三學之道．別於自所受之別解脫戒．當努力焉。如是若將中士諸法類貫入其心．如自墮於海．有情諸母亦皆同爾．而爲作意．修習慈悲爲本之菩提心．如何能生．須當勵力。此若無者．則六波羅密及二種次第等．皆如無基而建樓閣。若於彼稍生一二領受之行相．則以儀軌受戒．於其學處而爲努力．以堅固願心．應聽聞諸廣大行．了知行止之諸界限．於彼而生希求．彼若生者．即以儀軌而受行戒．於成熟自身之六度．及成熟他身之四攝等而修習之。別於根本墮罪．當捨命守護．中下品纏及諸惡作．亦勵力而毋令染．設或有犯當於還淨而精勤焉。次於後二度特須修學．於修靜慮法善巧已．則修三摩地．而於清淨之二無我見．當如何能於身心生起而得之．須知住於見上修習之規而爲修習耳。於如是之靜處及慧施設止觀之名．除於此二更無餘者．是受菩薩律儀已．從彼學處中而出也。此亦須修下下道時．於上道愈起欲得．若聽聞上時．於下愈起欲修也。修彼等時．亦須斷除分別．使心平等．如是若於引道之善知識敬信微薄．是則斷善妙資糧之本．故於依止法須應努力。若於修行勇銳微弱．當修暇滿法類．倘於此世躭著若甚．當修無常及惡趣過患以為主要。若見於所受制之界限緩慢．則修業果為主。若於生死厭患微小．則求解脫惟成虛語．當思生死過患。若任何所作於為利有情之心不猛．是斷大乘之根本．故須修習願心．若受菩薩律儀．於行修學．其執相之繫縛若過堅利．宜用理智破壞執相之所緣．於如空如幻之空性而修習。心若不住所緣而作散亂之僕使．則當修心一境性而為主要．是諸前賢之所說。由此為例．諸未說者．如應了知。總之莫成一品．須令身心於一切善品而能安住也。

辛二．別於金剛乘修學之法者。如是於諸顯密共道淨修之後．不應猶豫．當入密乘．此道較餘法特為寶貴．以能速疾圓滿二資糧故。若入彼者．當如道炬論所說．於初令師歡喜．較前所說尤須增上．此亦須於彼中所說最下之性相全者而如是作也。次應先以密部根據所說之灌頂．成熟自己之身心．次於爾時聽聞所受之三昧耶及律儀等了知守護。若犯本罪雖可重受．然道之功德．於身心生起極爲留難．故當勵力毋令染污。粗罪不犯．亦當致力．設有所犯．亦當作諸還淨之方便．此乃修道之根本。彼等若無．如基礎損壞．則樓閣必倒塌也。文殊根本教王經云『能仁於壞戒不說咒成就』。如是所說等之三種成就．任何亦無也。於無上瑜伽之經中．亦說不護三昧耶．及灌頂下劣．不了眞性．以此三者．雖行修習．任何亦無成就。若不守護三昧耶及律儀而言修道者．是飄流於密法之外。如是能守護三昧耶及律儀．於密道而修者．若於下三部．則於有相無相之二種瑜伽依次修學．如於上部則於二種次第瑜伽依次而學焉。以上是唯名言略示轉入密咒之方隅．廣者須於眞言道次第中而知也。若如是學．即是於攝一切顯密扼要之圓滿道體而修學．能於所得有暇．具足義利．將佛聖教於自他之身心增廣也。

佛說顯密二種道　於中顯教諸經論　能生無礙大辯才　速易通達爲教授
又於密教諸共道　亦能光顯淨身心　特於內外大小乘　大乘顯密及諸續
二次第等所共須　正修妙三摩地法　如智者論已善說　能除行者諸歧途
爲利諸求解脫者　重著菩提道略論　如斯甚深廣行道　是由彌勒與文殊

龍猛無著寂靜天　輾轉傳來三法流　滙歸阿底峽尊者　揉成殊勝之教授

願此所得諸善根　迴向衆生利樂本　如來聖教久住世　永離一切諸垢染

謂攝一切佛語之樞要．龍猛無著二大派之準繩．勝士趣入一切智地之法軌．三類士夫修持之次第．宣示一切完全之菩提道次第．是聽聞阿蘭若者．傳內鄔汝巴及傳僅拿瓦相傳之二．並從博朶瓦傳夏惹瓦及博朶瓦傳多巴諸教授義．從廣道次第中此復略攝。

附錄二：

菩提道燈論

阿底峽尊者造

敬禮曼殊室利童子菩薩

敬禮三世一切佛　及彼正法與衆僧
應賢弟子菩提光　勸請善顯覺道燈

由下中及上　應知有三士　當書彼等相　各各之差別
若以何方便　唯於生死樂　但求自利益　知爲下士夫
背棄三有樂　遮止諸惡業　但求自寂滅　彼名爲中士
若以自身苦　比他一切苦　欲求永盡者　彼是上士夫
爲諸勝有情　求大菩提者　當說諸師長　所示正方便
對佛畫像等　及諸靈塔前　以花香等物　盡所有供養
亦以普賢行　所說七支供　以至菩提藏　不退轉之心
信仰三寶尊　雙膝着於地　恭敬合掌已　先三遍皈依

次一切有情　以慈心爲先　觀惡趣生等　及死歿等苦
無餘諸衆生　爲苦所苦惱　從苦及苦因　欲度脫衆生
立誓永不退　當發菩提心　如是發願心　所生諸功德
如華嚴經中　彌勒應宜說

　或讀彼經或師聞　了知正等菩提心
　功德無邊爲因緣　如是數數發其心

勇施請問經　亦廣說此福　彼略攝三頌　今此當摘錄
菩提心福德　假使有色者　充滿虛空界　其福猶有餘
若人以寶珍　徧滿恒沙數　一切佛世界　供獻於諸佛
若有人合掌　心敬大菩提　此供最殊勝　其福無邊際

　既發菩提願心已　應多勵力徧增長
　此爲餘生常憶念　如說學處當徧護
　除行心體諸律儀　非能增長正願心
　由欲增長菩提願　故當勵力受此律

若常具餘七　別解脫律儀　乃有菩薩律　善根餘非有

七衆別解脫　如來所宣說　梵行爲最勝　是苾芻律儀
當以菩薩地　戒品所說軌　從具德相師　受持彼律儀
善巧律儀軌　自安住律儀　堪傳律具悲　當知是良師
若努力尋求　不得如是師　當宣說其餘　受律儀軌則
如昔妙吉祥　爲虛空王時　所發菩提心　如妙祥莊嚴
佛土經所說　如是此當書　於諸依怙前　發大菩提心
請一切衆生　度彼出生死　損害心忿心　慳吝與嫉妒
從今至證道　此等終不起　當修行梵行　當斷罪及欲
愛樂戒律儀　當隨諸佛學　不樂爲自己　速得大菩提
爲一有情因　住到最後際　當嚴淨無量　不思議佛土
受持於名號　及住十方界　我之身語業　一切使清淨
意業亦清淨　不作不善業

自身語心清淨因　謂住行心體律儀
由善學習三戒學　於三戒學起敬重

如是勤清淨　菩薩諸律儀　便當能圓滿　大菩提資糧

福智爲自性　資糧圓滿因　一切佛共許　爲引發神通
如鳥未生翼　不能騰虛空　若離神通力　不能利有情
具通者日夜　所修諸福德　諸離神通者　百生不能集
若欲速圓滿　大菩提資糧　要勤修神通　方成非懈怠
若未成就止　不能起神通　爲修成止故　應數數策勵
止支若失壞　卽使勤修習　縱然經千載　亦不能得定
故當善安住　定資糧品中　所說諸支分　於隨一所緣
意安住於善　瑜伽若成止　神通亦當成　離慧度瑜伽
不能盡諸障　爲無餘斷除　煩惱所知障　故應具方便
修慧度瑜伽　般若離方便　方便離般若　俱說爲繫縛
故二不應離　何慧何方便　爲除諸疑故　當明諸方便
與般若差別　除般若度外　施波羅蜜等　一切善資糧
佛說爲方便　苦修方便力　自善修般若　彼速證菩提
非單修無我　遍達蘊處界　皆悉無有生　了知自性空
說名爲般若　有則生非理　無亦如空花　俱則犯俱過

故俱亦不生　諸法不自生　亦非他及共　亦非無因生
故無體自性　又一切諸法　用一異觀察　自性不可得
定知無自性　七十空性理　及本中論等　亦成立諸法
自性之空性　由恐文太繁　故此不廣說　僅就已成宗
爲修故而說　故無餘諸法　自性不可得　所有修無我
即是修般若　以慧觀諸法　都不見自性　亦了彼慧性
無分別修彼　三有分別生　分別爲體性　故斷諸分別
是最勝涅槃　如世尊說云　分別大無明　能墮生死海
住無分別定　無分別如空

入無分別陀羅尼亦云

佛子於此法　若思無分別　越分別險阻　漸得無分別
由聖教正理　定解一切法　無生無自性　當修無分別
如是修眞性　漸得暖等已　當得極喜等　佛菩提非遙
由咒力成就　靜增等事業　及修寶瓶等　八大悉地力
欲安樂圓滿　大菩提資糧　若有欲修習　事行等續部

所說諸密咒

為求師長灌頂故　當以承事寶等施
依教行等一切事　使良師長心歡喜
由於師長心喜故　圓滿傳授師灌頂
清淨諸罪為體性　是修悉地善根者

初佛大續中　極力遮止故　密與慧灌頂　梵行者勿受
倘持彼灌頂　安住梵行者　違犯所遮故　失壞彼律儀
其持禁行者　則犯他勝罪　定當墮惡趣　亦無所成就
若聽講諸續　護摩祠祀等　得師灌頂者　知眞實無過
燃燈智上座　見經法等說　由菩提光請　略說菩提道

菩提道燈　大阿遮利耶吉祥燃燈智造論圓滿

法尊譯於廣濟寺　一九七八年八月八日

附錄三：

宗喀巴大師的「菩提道次第論」

法尊法師

「菩提道次第論」，是宗喀巴大師總攝三藏十二部經的要義，循著龍樹、無著二大論師的軌道，按「三士道」由淺入深的進程而編成的。「三士道」，是任何一種根機的人，從初發心乃至證得無上菩提，中間修學佛法所必須經歷的過程。本論內容，就是對這些過程的次第、體性和思維修學的方法，加以如理闡述。「菩提」，指所求的佛果，「道」指趣證佛果所必須經歷的修學過程，「次第」就是說明修學的過程必須經歷這些階段，自下而上，由淺入深，循序漸進，不可缺略、紊亂或躐等，故名「菩提道次第」。

本論教授的淵源，遠可以推到釋迦如來的一代言教，近的如本論（漢文本三頁）自說：「總道炬論」。這是全書總的根據。本論內容的每一細支，又各有它所依據的經論或語錄。例如「親近善知識」一科的細支：

「九種意樂」依：華嚴經；

修「信心」依：寶炬陀羅經、十法經、金剛手灌頂經、寶雲經、猛利長者問經；

修「念恩心」依：十法經、華嚴經等；

修「親近的加行」依：馬鳴菩薩事師五十頌論、本生論和彌勒菩薩大乘莊嚴論；其餘還有迦當派的語錄很多，不能一一列舉。所以本論乃是總源於一切佛經和瑜伽、中觀諸論，別依現觀莊嚴論，菩提道炬論和迦當派諸語錄而組成。

本論教授，在西藏，由阿底峽尊者傳種敦巴（hbrom-ston-pa ）、大瑜伽師（rnal-hbyor-pa chen-po ）、阿蘭若師（dgon-pa-ba ）；種敦巴傳樸穹瓦（phu chun-ba ）、僅哦瓦（sbyan-mnah-ba ）、博朵瓦（po-to-ba ）、康壠巴（khams-lun-pa ）等；阿蘭若師也傳僅哦瓦和內鄔蘇巴（snehu zur-pa ）；博朵瓦傳霞惹瓦（sa-ra-ba ）和鐸巴（dol-pa ）等；由他們輾轉傳到虛空幢和法依賢大師。又阿底峽尊者傳授俄善慧譯師（rn̂og legs-pahi ses-rab），俄善慧傳其姪俄大譯師羅敦協饒（blo-ldan ses-rab），再傳到卓壠巴（gro-lun̂-pa ）而著聖教次第論，也漸次傳到法依賢大師。宗喀巴大師即是從虛空幢（nam mkhaḥ rgyal-mtshan ）和法依賢（chos-skyab bz-an-bo ）二位大師學得各家教授，並以聖教次第論為依據，寫成這部菩提道次第論。

本論作者，為中興西藏佛教的宗喀巴大師（一三五七—一四一九）。一三五七年，他誕生於青海宗喀區，即今塔爾寺。七歲出家，法名「善慧名稱祥」（blo-bzan grags-paḥi, dpal ）。十六歲（一三七二年）起，到西藏學法，親近各處著名的大德。十九歲就在前後藏各大寺院，立「現觀莊嚴論」宗。二十四歲（一三八〇年）受比丘戒，已成到處聞名的論師。此後在剎公塘（tshal-gun̂-than̂）閱藏數年，又徧從一些大德學習各種高深密法。三十六歲（一三九二年）將西藏所譯顯密一切教授學習圓滿。三十九歲，在羅札（lho-brag）從虛空幢大師受得內鄔蘇巴和僅哦瓦所傳的「教授派」的菩提道次第教授，又在扎廓（brag-ko）寺從法依賢大師受得由博朵瓦傳鐸巴和霞惹瓦的「教典派」的教授，又從法依賢學聖教次第論，是爲菩提道次第論的依據。四十三歲（一三九九年）應拉薩各寺院邀請，廣講教法，尤其注重大小乘戒的弘揚。四十六歲由勝依法王（skyab-mchog chos rje）等衆多大善知識勸請，在惹眞（rwa-sgren̂）寺著「菩提道次第廣論」，後又著「密宗道次第論」，詳釋四大密部修行次第。五十三歲（一四〇九年）建格登（dgah-ldan）寺，是爲黃教根本道場。五十九歲（一四一五年），命妙音法王（ḥjam-dbyan chos-rje）建哲蚌（hbras-spuns）寺（一四一六年建成），又因菩提道次第廣論卷帙太多，鈍根衆生難於受持，另造一略本「菩提道次第論」。六十二歲（一四一八年），由大慈法王（byams-chen chos-rje）建色拉（se-ra）寺（一四一九年建成）。是爲黃教三大寺。六十三歲（一四一九年），大師示寂於格登寺。

一、本論的結構

本論是根據菩提道炬論所說的「三士道」，下士道、中士道、上士道的次第而組織的。「下士道」，指脫離三惡趣，生人天善趣的法門；「中士道」，指解脫三有輪迴，斷煩惱證涅槃的法門；「上士道」，指發菩提心，修菩薩行，證大菩提果的法門。

說明下士道有四大段：一、思維人身無常，二、思維三惡趣苦，三、皈依三寶，四、深信業果。

說明「中士道」有四大段：一、思維苦諦（三有生死過患），二、思維集諦（煩惱及業流轉次第），三、思維十二有支（流轉還滅道理），四、思維解脫生死正道（戒定慧三學）。

說明「上士道」有二大段：一、發大菩提心，二、修菩薩行。修行又分二段：總說六度四攝和別說修止觀法。

在三士道之前，作爲三士道基礎的，又有二大段：一、親近善知識，二、思維人身難得。

在上士道之後，又說明發大菩提心者如對密咒信仰愛好，亦可進修密乘。

親近善知識是修學一切佛法的基礎，要親近善知識才能趣入佛法，所以最先說。趣入佛法後，就要思維有暇圓滿的人身難得，才能策勵自己，起大精進，修學佛法。所修學的，就是三士道。若不能脫離惡趣，就沒有修學佛法的機會，更不能出離生死，成大菩提。若對於現世五欲塵（色聲香味觸的享受）貪求還不能止息，三惡趣的苦還不知怖畏，就更不能厭三界苦，勤求出離。所以最迫切的，也是淺易的，應當先修下士道。修下士道中，若貪著現世五欲，於後世的安樂就不能起猛利希求，於三惡趣苦也不能生眞實怖畏；所以先應思維人身無常，才能怖畏惡趣，由怖畏惡趣，才能至誠皈依三寶，深信佛說因果道理，止惡修善；由此才能遠離惡趣。僅修下士道，雖能生人天善趣，終不能脫三界生死輪廻。因此，應進修中士道：先思維生死總別過患（總謂三苦、六苦、八苦等，別謂六道別苦等），對於三界生厭離心；進而研求三界生死的起因，是一切煩惱和有漏業，發起斷除的決心；眞正認識戒定慧三學是斷煩惱的唯一方法，精勤修學，由此才能出離三界生死。若自己還不能厭生死苦，如何能發心度脫一切衆生？若自己還不能出三界，如何能度一切衆生出三界？所以在修上士道之前，必須先修中士道。修中士道後，進一步就該想到：一切衆生沉沒生死苦海，只是自己解脫生死，仍不能救度一切衆生；爲欲救度一切衆生，自己必須成就無上佛果。由此發起菩提心，求受菩薩戒，學習六度成熟自身，修學四攝成熟有情，就是上士道。這三士道，是不論修或不修密乘的人都要修學的，故又稱爲「共同道」。爲欲迅速圓滿福智資糧，在已能修諸共同道的基礎上，應進修密乘諸道，即先依善知識受大灌頂，嚴守三昧耶戒及諸戒律。若學下三部密，當先修有相瑜伽，後修無相瑜伽，由此能得密宗所說的各種悉地。若學無上瑜伽部密法，當先學生起次第，後修圓滿次第，最後證得大金剛持果。這就是本論結構的大意。

菩提道次第，是成就無上菩提必須經歷的過程，修下士道不只爲自求人天安樂，修中士道也不只爲求自了生死，都是爲上士道準備條件，所以都是菩提道的一部份；不過由於緩急、淺深、難易的不同，就不能不分出次第。不僅各大科有一定的次第，就是大科以下的細支，也都有一定的次第，不可紊亂。但是，由於修前面各科，就更能引起對後面各科要求學習的心；學習後面各科，又更能促進對前面各科要求修習的心；所以三士道又是一個整體的，要平等修行，不能偏廢。那一部份缺乏，就應該多修那一部份，使其平均發展。不是各科孤立的前後無關，而是脈絡的貫串，通體靈活的。

二、本論的主要內容

本論以三個要點爲它的骨幹，稱爲「三種要道」。三士道次第，如整個房屋的結構，三種要道，就是房屋的棟樑。三種要道就是：一、出離心，二、菩提心，三、清淨見。

一、出離心：就是厭離三有希求涅槃的心，也名「求解脫心」。學佛的人，若沒有眞正的出離心，所作的一切功德，只能成爲感人天善趣的因，不能成爲解脫生死的正因。若以出離心爲發起（動機），或爲出離心所攝持（掌握），所作不論大小何種功德，就是布施畜生一握粗糠，或經一日一夜受持一戒，都成爲解脫生死的資糧。修學的次第，須先思維人身難得，壽命無常，息滅貪求現世五欲的心；再思維業果不虛，生死衆苦，和三有流轉道理。若能看整個三界如同火宅，深可怖畏，毫無顧戀，決意出離，一心趣求涅槃妙樂，便是發起了眞出離心。由此進修戒定慧三學，才能證得解脫涅槃。沒有出離心，就不能發起菩提心，所以出離心是菩提道次第的第一個要點。

二、菩提心：就是總觀三界一切有情，沉溺生死苦海，無有出期，爲欲度一切有情出生死苦，志求證得無上菩提。學佛的人，若未發起大菩提心，所修一切功德，或墮生死，或墮小乘，都不能作成佛的正因；這個人也不能算是大乘人。若發起了大菩提心，雖然沒有其他功德，也可稱爲菩薩；所作任何善事，都能成爲成佛的資糧。所以在上士道中，修菩提心最重要。

修菩提心的次第，本論說有兩種：一是金洲大師傳的七重因果的教授，一是靜天論師的自他相換的教授。這兩派教授，都是以出離心爲基礎，進一步思維一切有情，都被我執煩惱所縛，善惡有漏業所漂，長期沉溺生死大海，爲衆苦所逼惱，深發大慈悲心。爲救拔有情出離生死苦海，能犧牲自己的一切安樂，而急於利他，求大菩提，就是發起了大菩提心，由此進修六度四攝，經三阿僧祇劫，圓滿福智資糧，才能證得三身四智無量功德莊嚴的大菩提果。

三、清淨見：也稱爲離增益、損減二邊的「中道正見」。一切法唯依仗因緣而生起或安立，本來沒有獨立的實在的自性（就是涅槃，也是依斷障來安立的）。衆生由無始傳來的妄執習氣，於無實性法，執爲有實性，就是「增益執」，也叫做「有見」、「常見」等。一切法雖無實性，但依一定的因緣，決定當生、當立，並非全無。譬如鏡中人影，本無實體，但由明鏡、空間、光線、人體等因緣會合，自然便有人影現起，且能發生應有的作用。若說「諸法既無實性，就該完全什麼都沒有，所見所聞，都是錯亂」，這就是「損減執」，也叫做「無見」、「斷見」等。反之，則爲「增益執」。這「斷」、「常」二見，都不合於眞理，偏於一邊，所以又叫做「邊見」。「中道正見」，既不執諸法實有自性，也不撥無（否認它的存在）所生所立的諸法，如實了知「諸法仗因緣而有，故無（獨立的）自性」而不墮「常邊」，也了知「諸法既仗因緣而有，就有（不亂的）因果」而不墮「斷邊」。由此正見，不墮二邊，故名「中道」。無始傳來的無明實執，是一切煩惱的根本，也是生死的根本，要由此清淨見才能斷除。若未得此見，僅有出離心、菩提心，任憑如何修學，終不能斷任何煩惱。所以清淨見是大小乘一切道的命根，最爲重要。

修此見法，先以四理或七相，觀察衆生無始時來所執的「我」，通達「我空」；再以四理或破四生等理，觀察衆生無始時來所執的「實法」，通達「法空」。四理就是：一、認識所破的我；二、決定我與五蘊的或「一」或「異」，二者必居其一；三、認識我與五蘊是一的不合理；四、認識我與五蘊是異的不合理。七相就是：一（我與五蘊是一）、異（我與五蘊是異）、能依（我依五蘊）、所依（五蘊依我）、具有（我有五蘊）、支聚（五蘊合聚爲我）、形狀（五蘊組合的形式爲我），從這七方面，認識執我的不合理，四生就是：自生、他生、共生、無因生（破四生的道理，本論引中觀諸論廣說）。以「四理」來破所執實法，先認識所執實法與構成它的支分，再以我和五蘊爲例，照上述以四理破我的道理來破。既通達無始妄執的「我」及「實法」空，再詳細推察緣起道理，得知諸法雖無性而有「緣起因果」。如果還覺得緣起因果與自性空各是一回事，就是還沒有眞正通達中道深義。若是由見諸法因果緣起，就能破除內心實執，了達諸法實無自性，才是得了「中道正見」。這樣的正見，不只是由見空來破常執，而且由見有（緣起的有）的力量來破常邊；不只是由見有來除斷執，而且由見空（無實性空）的力量來破斷邊。這尤其是中道正見的特殊作用。

本論中士道以前一切法門，都是引生出離心的方法；上士道中廣說發菩提心、修菩薩行。「毘缽舍那」一章，詳細抉擇清淨正見。全部菩提道次第論，以此三種要道，爲主要內容。

三、本論的特點

本論從「親近善知識」到「修毘缽舍那」，每一科都先依正理成立，次引經論證明，後引迦當諸語錄顯發，結出要義，多是前人所未道及。如克主傑（mkhos-grub rje）說：「阿底峽尊者所傳菩提道次第教授，如教典派、教授派等，雖有多種道次第論，要像宗喀巴大師的廣略二部論中所說的道之總體和一一支分，在過去西藏曾沒有任何人能這樣說出過，所以應該知道這是大師的不共希有善說。」今就本論突出的獨到之處，略舉數點：

一、修菩提心法：修菩提心法有多種，如瑜伽師地論說的「四因」、「四緣」、「四力」等，都是指已種大乘善根的人說，才能由「見佛」、「聞法」、「見衆生受苦」或「因自身受苦」，便能引發大菩提心。若一般有情，未種善根，必須依教漸修，才能發起。發菩提心的教授，過去諸大論師，有時因機對境，略說數語，多不全面，本論將阿底峽尊者所傳各種教授，分為二類。其一，從金洲大師傳來的七重因果的教授：㈠知母（思維法界有情都是自己的母親），㈡念恩（思維一切有情於我有恩），㈢報恩（思維當報一切有情恩），㈣悅意慈（見一切有情猶如愛子生歡喜心），㈤大悲（思維一切有情於生死中受無量苦，我當如何令其得離此苦），㈥增上意樂（恆常思維自己應該擔負令諸有情離苦得樂的重大責任），㈦菩提心（須具兩種欲樂：1欲度一切有情出生死苦，2欲成無上菩提。若但欲利他，不求成佛只是大悲心，不是菩提心；若但求成佛，不為利他，只是自利心，也不是菩提心。菩提心，一定要具備「為利眾生」和「願成佛」的兩重意義）。從知母到增上意樂，都是修利他心的方法；已發起增上意樂，知道惟有成佛才能究竟利他，為利他而進求無上菩提，才是菩提心。在修知母以前，還須先修「平等捨心」為基礎，才能於一切怨、親、中庸（非怨非親）的有情，都容易修起「知母」等心。其二，靜天菩薩入行論中所說的「自他相換法」，就是把貪著自利、不顧利他的心，對換過來，自他易地而居，愛他如自，能犧牲自利，成就利他。此法：**1.**先思維修自他換的功德，和不修的過失（如由利他故成佛，由唯自利故只是凡夫等）。**2.**思維自他相換的心，定能修起（譬如父母精血，本非自身，由往昔習氣，也能起我執）。**3.**應對治二種障：(1)覺自他二身各不相關，應思維自他是相對安立的，如在此山時覺彼山是彼山，到彼山時也覺彼山是此山，不比青就是青，黃就是黃，絕對不同。(2)覺他人痛苦，無損於我，不須顧慮，當觀自他相依而存，猶如手足，足痛雖無損於手，但並不因此手就不治足的病。**4.**正修：(1)思維凡夫無始以來由愛執我所生過患，令我愛執未生不生，已生者斷，制不再起。(2)再進思維諸佛菩薩由愛他所生一切功德利益，令愛他心未生者生，生已增長，安住不退。5.最後乃至出息入息，都修與有情樂，拔有情苦。這是利根衆生修菩提心的簡捷方法（修自他相換之前，也須先修平等捨心）。

像這樣完備具體的修菩提心的方法，是以前諸西藏語錄的教授所沒有的。

二、修止除沉法：修止有兩障礙：掉擧和沉沒。掉擧是心隨可愛境轉，其相散動，較易覺察，沉沒其相隱昧，很近於定，不易認識。修定的人，很多墮在沉沒中，還自以爲住在定中，久了反轉增長愚癡和妄念。又有人把八大隨煩惱中的惛沉，誤認爲沉沒；修定的時候，只要沒有惛沉，便自以爲沒有沉沒了，因此就墮於沉沒中而不自覺。本論引解深密經說：「若由惛沉，及以睡眠，或由沉沒……」證明惛沉與沉沒性質不同。惛沉是大隨煩惱，其性或不善，或有覆無記，唯是染污。沉沒是心於修定所緣的境，執持力弛緩，或不很明了。心雖澄淨，只要取境不很明了，就是沉沒。它的性是善或無覆無記，非是染污。又引集論說「沉沒爲散亂攝」，證明沉沒不屬於惛沉心所。又集論所說的散亂，也通善性，非唯染污。以這些理由，說明惛沉性惟染污，沉沒則非染污，其性各別，斷定惛沉絕不就是沉沒。修定的人，不但已生的沉沒應當速斷；在沉沒將生未生之際，尤應努力防止。本論詳細分析惛沉與沉沒的差別，使修定的人，能辨認沉沒，免入歧途，最爲切要，對治沉沒的方法，本論引修次第論說：「心沉沒時，應修光明想，或作意極可欣（興奮）事佛功德等」，令心振奮；並廣引瑜伽師地論聲聞地，詳說對治方法。

三、修空觀的抉擇：修觀，是爲引生聖慧，對治煩惱，所以最重要的是修緣空性（或名無我）的觀。正確的修法，要先求通達無我的正見，然後於正修觀時，就緣所通達的無我義而修觀察。到了由觀察力引生輕安，其觀即成。

當宗喀巴大師時代，對於修空觀，有很多不同的說法，歸納起來總有如下四類：

第一說以爲：修空就是修諸法眞理，諸法眞理離是絕非，所以只要攝心不散，不起任何思念，無分別住，就與眞理自然契合；不須先學空見，然後學空。此說起自唐時摩訶衍那（一個曾到西藏盛傳此說的漢僧），雖然蓮花戒論師詳加破斥，但宋元以來，西藏講修空的，仍多墮於此見。宗喀巴大師在本論中，對此抉擇甚詳（見「抉擇大乘道體須雙修方便般若」，及「毗鉢舍那」科中「抉擇眞實義」，並「修觀方法」諸科中），今略摘述如下：1.若不分別住便是修空、悶絕、睡眠、無想定等，應該都是修空。2.若不起是非分別便是修空，眼等五識都不起是非分別，應該也是修空。3.若攝心一處不起分別便是修空，一切修止的時候，應該都是修空。

他們有的人這樣說：「若先觀察所執的境，再來斷除能執的心，如狗被人拋石塊打擊，追逐石塊，不勝其煩。若攝心不散，不令起分別，一切分別即從自內心斷除，如狗咬拋石塊人的手，他就不能拋石塊了，這才是扼要的辦法。」本論對此說，廣引經論破斥。

如引文殊遊戲經說：「故瑜伽師，應張智眼，以妙慧劍敗煩惱敵，住無所畏，不應如彼怯人閉目。」又在修次第論說：「猶如戲時，不效勇士張目視敵所在而相擊刺，反如怯兵見他強敵閉目待死。」這都說明修空觀的人，必須先認清所執的境，再依正理通達所執境空，才能斷除妄執。若但不分別住，絕不能斷任何煩惱。本論喻之爲：如於暗中誤認繩爲蛇，生起恐怖，必須用燈燭來照，看清繩不是蛇，恐怖才能除去，若不看清，恐怖終不能去。

又引提婆菩薩說：「若見境無我，能滅三有種」；引入中論說：「分別依有實事（所執的境）生，實事非有已思擇」；「通達我爲此（妄執）境已，故瑜伽師先破我」；又引法稱說：「若未破此境，非能斷此執」，這一切都說明必須先觀察所執的「我」等境空，才能斷除「我」等妄執，不是閉上眼睛，一切不分別，便是修空。

這第一種誤解，是修空觀的最大歧途，本論所抉擇的，極爲扼要。

第二說以爲：若未得空見，令心不起分別，這雖不是修空，但是只要得了空見，再令心無分別住，就是修空。本論斥之爲：若依此說，先得了空見，後修菩提心時，應該也是修空。所以此說不合理。

第三說以爲：未得空見固然不是修空；得了空見，完全無分別住，也不是修空；要每次修空之前，先用觀慧思擇空理，再無分別住，才是修空。本論指斥此說：如此，則「臨睡前先用空見觀察一次，再入睡眠，酣睡無分別時，應該也是修空。」所以此說也不合理。

第四說以爲：以上三說，都不合理：唯認爲要在修空觀前，先引起空見，再緣空性令心住定，才是修空觀。實際上緣空之見令心住定，雖是修空見，但只是緣空見的修「止」，不是修空「觀」。本論引修次第論說：「若時多修毘缽舍那，智慧增上，由奢摩他力微劣故，如風中燭令心動搖，不能明了見眞實義，故於爾時當修正奢摩他。若奢摩他勢力增上，如睡眠人不能明了見眞實義，故於爾時當修智慧。」這說明在修空的時候，止觀必須兼修，使止觀勢力平均，才能明了見眞實義。若專修觀，不兼修止，先得的止，容易退失，止退失了，觀也不能成就。但若只修止，不修觀，就完全不是修空觀的意義了。

這樣詳細分析這些錯誤，申明修空觀的正軌，尤爲本論獨到之處。

四、安立世俗諦：般若部經、中觀諸論，都說「一切法都無自性」，所以學中觀見的，多偏於空，不善安立世俗諦，易墮斷見。本論說明中觀宗雖破一切諸法自性，但要安立無自性的緣起——世俗諦。安立世俗諦，要具備以下三個條件：

㈠是名言識所共許：名言識，通指一般人的眼等六識。名言識於境，只隨所現而轉，不再推求其境是否有自性。世俗諦法，必須是這種名言識所一致承認的。

(二)無餘名言量妨難：名言量，是指正確的名言識。如錯亂識見繩為蛇，他人不錯亂識見是繩非蛇，就不能安立錯亂識所見的蛇為世俗有，因為與他人不錯亂識所見不同的緣故。

(三)無觀眞實量妨難：觀眞實量，就是觀諸法是否實有的正量。有情由無明習氣的力量，見任何物時，很自然的便執為實有體性，如見房屋時便覺房屋是實有。房屋是名言識共許，也無餘名言量妨難。若不推求其是否有自性，也就不為觀眞實量所妨難。因此所見的房屋，可安立為世俗有。但房屋是否實有體性，就要由觀眞實量來判斷。以觀眞實量觀察，就見房屋並無實體。因此有情所執房屋實體，不能安立為世俗有。

具備這三種條件的，才可安立為世俗諦。這樣安立的世俗諦，既無實體，不墮「常邊」；也有因果作用，不墮「斷邊」。這是本論的一個重要特點。

四、本論的弘傳

宗喀巴大師四十六歲（一四〇二年），在慈眞寺造菩提道次第廣論後，廣事弘講。五十六歲（一四一五年）在格登寺，為普利群機，又將廣論中所引教證及諸破立省去，概括要義，造成菩提道次第略論（byaṅ-chub-lam gyi rim-pa chuṅ-ba）。此後諸大弟子，或依廣論，或依略論，自行化他，利益很廣。

大師爲策發徒衆，利於修行，又將道次第的建立，以讚頌功德的方式攝爲四十五頌，此後作攝頌的有：

㈠阿旺羅桑却敦（n̂ag-dban̂ blo-bzan̂ chos-ldan 清初人），將全論編成頌文，約三千頌，文義明暢，便於誦持。

㈡公薄智精進（kon̂-po ye-ses brtson-ḥgrus ），就修行時思維次第造成攝頌，約四百八十頌。

㈢阿嘉善慧幢（a-kya blo-bzan rgyal-mtshan）作成一百九十三首攝頌。

其他作數十攝頌的很多。

後來弘傳本論的，更衍爲講義式的略論。例如：

㈠三世達賴福幢（bsod-nams rgyal-mtshan ）大師，依本論攝頌而講的菩提道講義（byan-chub-lam gyi rim-pahi ḥkhrid-gser gyi yan-shun ）。

㈡班禪善慧法幢（blo-bzan̂ chos-kyi rgyal-mtshan ）的安樂道論。

㈢班禪善慧智（blo-bzan̂ ye-ses ）的速疾道論。

以上二種就正修時的觀行而講。

㈣五世達賴的妙音教授論，攝義周詳，文詞精要，最爲盛行。

㈤智幢（ye-ses rgyal-mtshan）的講義（在文集第六函）。

㈥後藏水銀寺法賢（dhārma bhadra）的講義（在文集第六函）。

㈦青海霞瑪（shua dmar）大師的講義。

㈧甘孜札迦（brag-dkar）大師的講義（在文集第一函）。以上㈤—㈧四種，都很精要，利於修持，也可屬於略論之類。

作注疏的有：

㈠跋梭天王法幢（ba-so lha-dban̂ chos-kyi rgyal-mtshan）的硃註；

㈡阿旺饒敦（n̂ag-dban rab-brtan）的墨註；

㈢妙音笑（hjam-dbyans bshad-pa）的黃註；

㈣札底格什寶義成（bra-ti dge-bses rin-chen don-grub）的毘缽舍那註。

後來將此四家註合刊，成上下二函。但廣論中引有迦當派諸師語錄，多係方言或古語，四家註中多未詳解，後阿嘉永贊（a-kya yonshlzin），特錄出解釋，對學者裨益更大。

依據菩提道次第論中所指示的「六加行法」編成儀軌修法的，有阿旺羅桑（n̂ag-dban̂ blo-bzan̂）（在文集第一函）、智幢大師、法賢大師、護教（bstan-skyon̂）大師、札迦大師等，都著有六加行的修法，很便於初學。

五、本論漢譯經過

本論著成之後，就盛傳於西藏、西康、甘肅、青海、蒙古各地（藏文系佛教區）。但是數百年來，漢地的佛教徒，知道的却很少。一九二六年留藏學法團同人在康定跑馬山，從慈願（byams-pasmon-lam）大師聽講略論。一九二七年大勇法師在甘孜講略論，由胡智湛居士筆記，錄成漢文菩提道次第略論；但當時未講止觀章，後由法尊補譯。一九三一年，法尊在拉薩從安東格什（a-mdodge-bses）學廣論，後經歷三年，在拉薩、仰光及重慶漢藏教理院，陸續譯出，共二十四卷，一九三五年冬初版印行。

參考資料：

宗喀巴大師傳（京主造及漢文本）
菩提道次第廣論
菩提道次第略論
西藏佛教各宗派源流（土官法日造）
青史（童祥造）
西藏佛教史（滾却倫主等康熙三十一年編）
三世達賴的講義
班禪善慧法幢的講義
班禪善慧智的講義
五世達賴的講義
章嘉阿旺羅桑却敦文集第一函
智幢文集第六函
札迦喇嘛文集第一函
霞瑪大師的講義
阿嘉善慧教幢的攝頌
公薄智精進的攝頌
跋檢天王法幢的菩提道次第廣論硃註
阿旺饒敦的菩提道次第廣論墨註
妙音笑的菩提道次第廣論黃註
札底格什的菩提道次第廣論止觀註
阿嘉永贊的解釋名詞論
各種六加行法

附錄四：

菩提道次第廣論科判

大勇法師　造

科判 分二

初歸敬頌及略述本論之重要

次開爲四門

甲一爲明法源無染故釋作者之重要（指阿底峽尊者）

甲二爲於教授生敬故釋法之重要（指尊者所作之菩提道炬論爲本論根本所依之典）

甲三於具足二種重要之法應如何聽受講說

甲四正教授弟子引導之次第如何

甲一爲明法源無染故釋作者之重要 分三

乙一生於勝族

乙二所得功德 分二

丙一一切智者所得教之功德 初四明次内明

丙二如理修者所得證之功德 分三

丁一具足戒學 分三

戊一具足殊勝別解脫戒

戊二具足菩薩戒

戊三具足金剛乘戒

丁二具足定學 分二

戊一共者 止

戊二不共者 生起次第

丁三具足慧學 分二

戊一共者 觀

戊二不共者 圓滿次第

乙三於教中所作之事業 分二

丙一於印度所作

丙二於西藏所作 并明著述者以具足三因爲最圓滿

一通五明　二有傳承　三見本尊得印可

甲二爲於教授生敬故釋法之重要 分四

乙一會通佛說一切經教互不相違之重要

乙二顯示一切經皆爲教授之重要

乙三易得佛密意之重要

乙四自能滅除極大惡行之重要

甲三於具足二種重要之法應如何聽受講說 分三

乙一聽者之規律 分三

丙一思聞法之勝利

丙二於法及說法者生起承事

丙三正明聽之規律 分二

丁一除三種過

丁二依六種想 分六

戊一於己須如病者想

戊二於說法者須如醫師想

戊三於教法生起藥物想

戊四於修行生起療病想

戊五於如來須作正士想

戊六於正法眼生起久住想

乙二說者之規律 分四

丙一思說法之勝利

丙二於大師及法生起承事

丙三以如何之意樂與加行而說 分二

丁一意樂 五種想

丁二加行

丙四觀機說默之差別

乙三於完結時共作之規律

甲四正教授弟子引導之次第如何 分二

乙一依止善知識法爲道之根本 分二

丙一爲生決定故略爲開示 分六

丁一所依善知識之相 分十

一具戒　二具定　三具慧　四多聞　五通達眞實或教理　六功德勝己　七善說法　八具悲憫　九有勇猛　十無疲厭

丁二能依弟子之相 分四

一求法義利　二善攝心聽　三敬法及師　四取捨善惡說 具慧與住質直也

丁三依止法如何 分二

戊一以意樂依止法 分二

一淨信爲本　二念恩生敬

戊二以加行依止法 分三

一以內外財供　二以身口給侍　三如教示修行

丁四依止之勝利

丁五不依止之過患

丁六總明其義

丙二略示修法 分二

丁一正明修法 分二

戊一於正修時應如何 分三

己一於加行應如何 分六

一淨地設像　二莊嚴供具　三入座皈依　四觀想聖衆　五積資淨障　六三事求加 一滅不敬知識等邪見

己二於正行應如何 分二

庚一總修持法

庚二此間修法

一思惟依止之勝利不依止之過患

二不起尋求師過之心念戒定等德生信

三念於己有恩生敬

己三於完結時應如何

戊二於未修間應如何 分二

己一總明

己二別明 分四

庚一守護根門

庚二正知而行

庚三於食知量

庚四勤修悎悟瑜伽及睡眠時應如何 分二

辛一悎悟時經行宴坐從順障法淨修其心

辛二睡眠時 分四

一身之威儀　二正念善法

三惑起覺知　四思惟起想

丁二須以二種修法修習之相 分二

一修觀　二修止

乙二得依止已修心之次第如何 分二

丙一於有暇身勸受心要 分三

丁一曉了暇滿 分二

戊一明閑暇 分二

己一人之無暇 分四

一邊地　二缺根　三邪見　四佛不出世

己二非人之無暇 分四

一三惡趣爲三　二長壽天第四此又三　一色界之無想　二無色界之異生　三於欲事常散亂之欲天

戊二明圓滿 分二

己一自圓滿 分五

一善得人身　二生於聖處　三諸根無缺　四離諸業障　五勝處淨信

己二他圓滿 分五

一諸佛出世　二說正法教　三教法久住　四法住隨轉　五他所哀愍

丁二思惟大義

丁三思惟難得

丙二心要受持之法如何 分二

丁一於道總建立生起決定 分二

戊一三士之道攝一切佛教之理 分二

己一增上生滿 下士

己二決定圓滿 分二

庚一二乘 中士

庚二大乘 分二 上士

辛一波羅密多乘

辛二金剛乘

戊二顯示從三士門如次引導之相 分二

己一所有由三士道引導之意義

明上士與中下士所共者即上士之支分應爲其前導

己二明如次引導之相 分二

庚一正明其相

庚二明其要義 分二

辛一摧伏我慢

爲摧伏尚未發生共同中下二士心念之士夫自謂爲上士之我慢故

辛二普益三士

若導上根先以其共下之法無過有利若對下根說上法上下二善皆不能生又於上根示以共下之法令修已生者則能攝持未生者速得修生以爲輾轉向上之引導於其自乘並非遲緩發心須要次第者有密經及龍樹無著提婆等聖言爲證故

丁二正明受持心要之法 分三

戊一與下士所共修心之道次第 分三

己一正修此心 分二

庚一發生希求後世義利之心 分二

辛一此世不久住念死之心 分四

壬一不修念死之過患

壬二修之勝利

壬三發何種念死心

壬四修念死之法 分三

此三爲根本開爲九相束爲三決定

一須修　二須現在修　三須不戀色身財物親友等而修

癸一思惟定死 分三

子一思惟死王必來任何法不能免

子二思惟壽命無增有減

子三思惟雖存在時亦無暇修法而死必決定

癸二思死期無定 分三

子一思贍部洲人壽無定死期亦無定

子二思死緣極多活緣甚少

子三思極微劣軀死期無定

癸三思死時除佛法外他皆無益 分三

子一雖極憐愛之親友圍繞無一能留住

子二雖盡其所有悅意之財聚一微塵許不能攜去

子三雖與生俱有之骨肉亦要棄捨其他尚何說

辛二思後世二趣苦樂如何 分二

壬一總明二趣

壬二別明惡趣

癸一思地獄之苦 分四

子一大地獄八　一等活　二黑繩　三衆合　四號叫　五大號叫　六燒熱　七極燒熱　八無間

子二近邊地獄四　一煻煨　二屍糞坭　三劍刄　四廣大河

子三寒地獄八　一皰　二皰裂　三嚇哳詀　四郝郝凡　五虎虎凡　六青蓮　七紅蓮　八大紅蓮

子四獨一地獄

癸二思傍生之苦

癸三思餓鬼之苦 三

一外障　二內障　三飮食障

庚二於後世樂之方便之所依 分二

辛一皈依爲入佛教之妙門 分四

壬一依何者爲皈依之因 二

一畏惡趣苦　二三寶能救

壬二依於彼因明皈依境 分二

癸一指示境

謂離過具德之三寶並明有辨別可否皈依之慧者爲無誑皈依

癸二應可皈依之相 三

一自離諸怖　二於離他怖善方便故　三以大悲心平等饒益

壬三皈依之法如何 分四

癸一知功德 分三

子一佛之功德 四　身之功德　語之功德　意之功德（一智二悲）　作業之功德

子二法之功德

子三僧之功德

癸二知差別 六　相　業　信解　修行　隨念　生福

癸三自誓願

癸四不說有餘皈依處

壬四皈依後應學之次第 分二

癸一各別學處 分二

子一遮之學處 三　一不皈餘天神　二不損害於有情　三不與疑謗三寶者爲侶

子二行之學處 三　一敬佛像　二敬教法　三敬僧伽

癸二共同學處 分六

子一隨念三寶之差別功德數數而皈依

子二隨念大恩常勤供養並於嚼噉前供之

子三隨念大悲亦安立餘有情於如是法中

子四凡所作事及有所須唯供養三寶而爲請求離其他之世俗法

子五既知勝利於晝三夜三而皈依 其勝利有八

一入佛子數　二諸戒之本　三昔積諸障皆得輕微或永滅盡　四獲得大福　五不墮惡趣　六人與非人不能爲災　七隨願皆成　八速得成佛

子六雖爲失命或戲笑亦不捨離三寶而爲守護

辛二心生決定信爲諸善之根本 分三

壬一思惟業果總相 分二

癸一正明思惟總相之法 四

一業決定之理　二業增長廣大　三業不作不得　四業作已不失

癸二各別思惟 分二

子一正明十業道

子二決擇業及果 分三

丑一黑業果 分三

寅一正明黑業道 分十

卯一殺生 分四

辰一事

辰二意樂三　想四　煩惱　發起
辰三方便二　作者　作具
辰四究竟
卯二不與取分四同上
卯三欲邪行分四
辰一事四
一非所應行妻妾外　二非支產門外
三非處塔寺等　四非時齋期等
辰二意樂三　同前
辰三方便
辰四究竟
卯四妄語
卯五離間語
卯六麤惡語
卯七綺語

卯八貪欲
卯九瞋恚
卯十邪見皆各分四大約同前
寅二重輕差別分二
卯一釋十業道之重輕六
一現行　二串習　三自性　四處　五所治一類　六所治損害
卯二兼略釋有力業門四
一田　二所依　三事　四意樂
寅三釋彼等果三
異熟果三　等流果十　增上果十
丑二白業果二　白業　果三同前
丑三別釋業之差別二
辨引滿業　辨定不定受
壬二思惟差別相分二

癸一異熟之功德及業用 八

一壽量圓滿　二形色圓滿　三族姓圓滿　四自在圓滿 親屬及資財盛　五信言威肅　六大勢名稱 樂施等　七男性具足　八大力具足 離病或少病

癸二異熟之因 八

幷明具意樂加行及田之三種清淨因爲圓滿

壬三思已應行止之法 分二

癸一總示

癸二以殊勝四力淨修之法 分四

子一能破之力

子二現行對治之力 六

一依深經　二信解空性　三依持明　四依形像　五依供養　六依名號

子三遮止力

子四依止力

己二發心之量 重後世輕現世

己三除邪分別

依殊勝身財眷屬等爲展轉出世資糧亦大乘前四度之果德故不可執爲過患

戊二與中士所共修心之道次第 分四

己一正修此心 分二

庚一認定求解脫之心

庚二生此之方便 分二

辛一思惟苦諦流轉之過患 分二

壬一釋四諦之初說苦諦之密意

壬二正明修苦 分二

癸一思惟流轉總苦 分二

子一思惟八苦 分八

丑一生苦 五

一衆苦所隨　二粗重所隨
三衆苦所依　四煩惱所依
五不隨所欲離別法

丑二老苦 五

一盛色衰退　二氣力衰退
三諸根衰退　四受用境界衰
退　五壽量衰退

丑三病苦 五

一身性變壞　二憂苦增長多
住　三於可意境不喜受用
四於不可意境非其所欲強受
用　五能令命根速離壞

丑四死苦 五

一離別所愛盛財寶　二朋友
三眷屬　四自身　五於命終
時備受種種極重憂苦

丑五怨憎會苦 五

一與彼會生憂苦　二治罰畏
所依止　三惡名畏所依止
四苦逼迫命終怖畏所依止
五越正法惡趣怖畏所依止

丑六愛別離苦 五

一不與彼會生愁惱　二由此
因緣生怨歎　三由此因緣身
擾惱　四念彼衆德思戀因緣
意熱惱　五應受用等有所闕

丑七求不得苦 五　同前

寅一死墮苦二

一死苦　二墮苦

寅二凌懱悚懼苦

寅三斫截破壞殘害及驅擯苦

丑二上界天苦

辛二思惟集諦趣入於流轉分三

壬一煩惱發生之相分三

癸一煩惱之認識十

一貪　二瞋　三慢　四無明　五疑

六薩迦耶見　七邊執見　八見取

九戒禁取　十邪見

癸二發生之次第如何

癸三煩惱之過患

壬二此業積集增長之相分二

癸一所作業積集增長之認識

丑八五取蘊苦五

一生苦器　二依生苦器　三苦

苦器　四壞苦器　五行苦性

子二思惟六苦攝爲三

丑一於流轉中不可保信四

一數數捨身　二損益無定　三

勝劣無定　四無伴而往

丑二不知厭足

丑三無始流轉

癸二思惟別苦分四

子一三惡趣苦

子二人苦

子三非天苦

子四天苦分二

丑一欲天苦分三

癸二此積集增長法如何

壬三死及結生相續之相 分五

癸一死之緣 三

一壽盡　二福盡　三不避不平等 九

癸二死之心

癸三暖從何收

癸四死已成中有之理

癸五從此於生有受生相

己二發心之量

己三除邪分別

己四抉擇趣解脫道之自性 分二

庚一依何等身違反生死

庚二修如何道違反之

戊三上士修心之道次第 分三

己一明發心爲入大乘之門

己二此心如何發法 分三

庚一修菩提心之次第 分二

辛一從阿底峽尊者所傳七種因果言教 分二

壬一生起之次第決定 分二

癸一明大悲爲大乘道之根本 三

初中後之重要

癸二諸餘因果爲彼之因果法 分二

子一從知母至慈心成其因

子二增上意樂及發心成其果

壬二正修之次第 分三

癸一修求利他之心 分二

子一修習此心發生之根本 分二

丑一於有情修平等心

丑二修一切悅意之相 三

一知母　二念恩　三報恩

子二正發此心 三

一慈　二悲　三增上意樂

癸二修求菩提之心

癸三認定修果發心

辛二依寂天菩薩教而修 分三

壬一思惟自他換否之功過

壬二明若能修習則彼心發生

壬三修習自他相換法之次第 分二

癸一除其障礙

癸二正明修法

庚二發心之量

庚三以軌則受 分三

辛一未得令得 分三

壬一從何處受

壬二以何身受

壬三受之軌則如何 分三

癸一加行儀軌 分三

子一殊勝皈依 分三

丑一淨地設像陳供

丑二啓白與皈依

丑三皈依竟說學處

子二積集資糧

子三淨修其心

癸二正行儀軌

癸三完結儀軌

辛二得已守護不失 分二

壬一修學於此世發心不壞之因 分四

癸一修學爲猛利增長發心故念其勝

利 分二

子一成勝福田

子二攝持無惱害福

癸二修學正爲增長發心故於六次發心 分二

子一修學不捨已發之願心

子二修學增長

癸三修學發心已於任何事不捨有情

癸四修學積集福智資糧

壬二修學於他生亦與彼不離之因 分二

癸一修學遠離能壞之四黑法 分四

子一欺誑和尙闍黎尊長及有德者

子二令無悔者悔其善行

子三誹謗安住大乘之有情

子四隨行諂誑無正直心

癸二修學受持不壞之四白法 分四

子一設遇喪命因緣不以妄語親近戲笑

子二與人從事心行正直離諸諂詐

子三於諸菩薩起大師想隨於四方稱讚其德

子四化度衆生志不求餘令住圓滿菩提

辛三犯已還淨法

己三發心已學行法 分三

庚一發心已於學處須修學之相

庚二釋方便與慧隨學其一不能成佛

庚三釋於學處修學之次第 分二
辛一總於大乘修學法 分三
壬一於菩薩學處求學
壬二學已受菩薩戒
壬三受已修學之法如何 分三
癸一依何學處（六度）
癸二諸學攝於彼 分二
子一正義數決定 分六
丑一觀待於現上數決定
丑二觀待於成就二利數決定
丑三觀待於成就圓滿一切利他相數決定
丑四觀待於攝一切大乘數決定
丑五於一切道或方便之相爲增上數決定

丑六觀待於三學數決定
子二兼則次第決定 分三
丑一生起次第
丑二勝劣次第
丑三粗細次第
癸三此中修學之次第如何 分二
子一行者總修學法 分二
丑一學行六度成熟自佛法 分六
寅一布施學處 分三
卯一施之自性
卯二差別 分二
辰一對人不同之差別二
一在家財施　二出家法施
辰二施自性之差別三

一法施　二無畏施　三財施

卯三於身心生起之法 分二

辰一思執持之過患

辰二思施捨之勝利

寅二戒之學處 分三

卯一戒之自性

卯二差別 三

一律儀戒　二攝善法戒　三饒益有情

戒

卯三於身心生起之法

寅三忍之學處 分三

卯一忍之自性

卯二差別 三

一耐怨害忍　二安受苦忍　三法思勝

解忍

卯三於自心生起之法 分二

辰一須思忍之勝利

辰二須思不忍之過患

寅四精進學處 分三

卯一精進自性

卯二差別 分三

辰一擐甲精進

辰二攝善法精進

辰三饒益有情精進

卯三於身心生起之法 分四

辰一勤發精進之勝利

辰二不勤發之過患

辰三於精進發起之違緣 分二

巳一雖見於善法能成而不行 分二

午一思待後有暇而爲推緩

午二否則爲着惡事等所映蔽
巳二念我如此如何能成之怯弱 分三
午一果
午二因
午三時
辰四精進所依之順緣 四
一勝解力　二堅固力　三歡喜力
四捨力
寅五靜慮學處 分三
卯一靜慮自性
卯二差別 分三
辰一從自性門 分二
世及出世
辰二從品類門 分三
止觀與雙運

辰三以作業 分三
巳一現法樂住靜慮
巳二引發現證功德靜慮
巳三饒益有情靜慮
卯三於身心生起之法
寅六智慧學處 分三
卯一智慧自性
卯二差別 分三
辰一通達勝義慧
辰二通達世俗慧
辰三通達義利有情慧
卯三於身心生起之法 分二
辰一思惟智慧發生之勝利 分二
巳一前五度淨
巳二知見清淨 分三

午一不被欲染

午二四無量淨

午三善會通眞俗及異說

辰二思惟智慧未生之過患

丑二學行四攝成熟他有情 分四

一布施　二愛語　三利行　四同事

子二別修學後二度法 分六

丑一修止觀之勝利

丑二釋此二能攝一切三昧

丑三止觀之自性 分二

寅一止之自性

寅二觀之自性

丑四須修二者之相

丑五次第決定之理

丑六各各修學之法 分三

寅一修止法 分三

卯一依止資糧 分六

辰一住於順境 五

一衣食易得　二無惡人畜　三不生疾處　四同戒見侶　五晝無多人夜聲微小

辰二少欲

辰三知足

辰四遠離事務

辰五戒律清淨

辰六遠離貪等尋伺

卯二依於此已修止之法

辰一加行

辰二正行 分二

巳一身之威儀應如何修 八

足　眼　身　肩　頭　齒唇　舌　息

巳二正明修之次第　分二

午一無過三昧生起之法　分三

未一心於所緣安住之前應如何

未二於所緣安住之時應如何　分二

申一心於何所爲安住之本須認識所緣　分二

酉一所緣總建立　分二

戌一正明所緣　分四

亥一徧滿所緣　四

一無分別影像

二有分別影像

三事邊際性

四所作成辦

亥二淨行所緣　五

一不淨　二慈愍　三緣性緣起　四界差別　五阿那波那念

亥三善巧所緣　五

蘊　處　界　緣起　處非處

亥四淨惑所緣　二

一觀下地粗性上地靜性

二四諦無常等

戌二明何種有情應緣何等

酉二認識此處所緣

申二心安住於此之法如何　分三

酉一住於無過之規律

酉二除有過時規律

酉三釋修之量

未三於所緣安住之後應如何 分二

申一沉掉生時應如何 分二

酉一依不識沉掉之對治 分二

戌一決擇沉掉之體相

一掉　二沉

戌二修時發生通達彼之正知之方便

酉二依雖已認識於斷彼不精勤之對治 分二

戌一認識思心所及除沉掉之法

戌二認識依何爲生沉掉之因

申二離沉掉時應如何

午二依於此已心住生起之次第 分三

未一正明「心住」生起之次第 九

內住　等住　安住　近住　調順　寂靜　最極寂靜　專注一趣　等持

未二由六種力成辦彼 六

一聽聞力成內住　二思惟力成等住　三憶念力成安住及近住　四正知力成調順及寂靜　五精進力成最極寂靜專注一趣　六串習力成等持

未三於此有四種作意法

一力勵運轉 初二心　二有間缺運轉 次五心

三無間缺運轉 第八心　四無功用運轉 第九心

亥三見我與蘊一之失 分三
乾一我無義
乾二我成多
乾三我生滅 分三
坎一前後不屬
坎二失壞作業
坎三不作而遇
亥四見我與蘊異之失 分二
乾一我成無爲
乾二我無有相
戌二我所無自性之決擇
戌三明依於此已顯數取趣如幻 分二
亥一明如幻之義 分二
乾一示無倒顯如幻之理
乾二示相似顯如幻之理
亥二依何方便顯如幻之理
申二決擇法無我 分二
酉一由前說之理移於此以遮止之
酉二前未說之理以餘遮止之 分二
戌一示緣起之因
戌二以此及前理雖無爲亦成無實法
未三建立世俗諦與勝義諦 分四
申一從何辨明二諦之所依
申二其數如何分辨
申三如是分辨之意義
申四釋各各分辨之意義 分三
酉一明世俗諦 分三
戌一釋世俗與諦之語意
戌二世俗諦之體相
戌三世俗之差別

酉二明勝義諦 分三

戌一釋勝義與諦之意

戌二釋勝義諦之體相 二

一正義　二斷諍論

戌三釋勝義之差別

酉三釋二諦之數決定

卯二觀之差別 分三

辰一自性有四

一思擇　二極思擇　三周徧尋思　四

周徧伺察

辰二門類有三

一從相所生　二從周徧尋思所生　三

從各各伺察所生

辰三尋思有六

義　事　相　品　時　理 四

觀待一　作用二

證成三　法爾四

卯三修觀之法 分三

辰一釋依於止已說修觀之

意

辰二此法凡大小乘道皆爲

其增上

辰三正釋依於止已修觀之

法

卯四以修成觀之量

寅三止觀雙運法

辛二別於金剛乘修學法

科判終

國家圖書館出版品預行編目資料

菩提道次第廣論 / 宗喀巴大師著作；法尊法師漢譯. --
1 版. -- 新北市：華夏出版有限公司, 2022.08
面； 公分. --（Sunny 文庫；231）
ISBN 978-626-7134-11-5（平裝）
1.CST: 藏傳佛教 2.CST: 注釋 3.CST: 佛教修持

226.962 111005130

Sunny 文庫 231
菩提道次第廣論

著　作　宗喀巴大師
漢　譯　法尊法師
印　刷　百通科技股份有限公司
電話：02-86926066 傳真：02-86926016
出　版　華夏出版有限公司
220 新北市板橋區縣民大道 3 段 93 巷 30 弄 25 號 1 樓
電話：02-32343788 傳真：02-22234544
E-mail：pftwsdom@ms7.hinet.net
總 經 銷　貿騰發賣股份有限公司
新北市 235 中和區立德街 136 號 6 樓
電話：02-82275988 傳真：02-82275989
網址：www.namode.com
版　次　2022 年 8 月 1 版
特　價　新台幣 980 元 (缺頁或破損的書，請寄回更換)

ISBN：978-626-7134-11-5

《菩提道次第廣論》由佛教出版社同意華夏出版有限公司出版